Meisterwerke der Literatur

Was macht aus Werken der Literatur Meisterwerke? In ihnen sind Tradition und Avantgarde vereint, sie überzeugen durch die Macht der Komposition, durch die Evidenz der Sprache, durch das Mit- und Ineinander einer Vielzahl von Motiven. Sie sind Schnittpunkte sprachlicher, sittlicher, kultureller Bildung.
Dieser Band versammelt meisterhafte Interpretationen namhafter Autoren, die exemplarisch den Reichtum künstlerischer Schöpfungen freilegen, die Zusammenhänge erschließen und fehlerhafte Auffassungen korrigieren.

Reinhard Brandt, geboren 1937, lehrt Philosophie an der Universität Marburg. Letzte Veröffentlichungen *Die Wirklichkeit des Bildes. Sehen und Erkennen – Vom Spiegel zum Kunstbild*, 1999; *Philosophie in Bildern. Von Giorgione bis Magritte*, ²2001.

Meisterwerke der Literatur

Von Homer bis Musil

Herausgegeben von Reinhard Brandt

RECLAM
LEIPZIG

Herausgegeben in Zusammenarbeit mit Judith Tralles, Marburg

Die Publikation ist aus der gleichnamigen Vortragsreihe des »Studium generale« der Philipps-Universität Marburg im Sommersemester 2000 hervorgegangen.

Mit 2 Abbildungen

Besuchen Sie uns im Internet:
www.reclam.de

Reclam Bibliothek Leipzig, Band 20014
1. Auflage, 2001
Reihen- und Umschlaggestaltung:
Gabriele Burde | Kurt Blank-Markard
Gesetzt aus ITC Slimbach
Satz: Reclam Verlag Leipzig
Druck und Bindung: Ebner Ulm
Printed in Germany
ISBN 3-379-20014-X

INHALT

Einführung

Anerkannte, zweifelsfreie Meisterwerke der Literatur - wer könnte sie zählen? Jede literarische Saison überrascht uns mit neuen meisterlichen Dramen, Erzählungen, Romanen, Gedichten; Meisterwerke begleiten die Geschichte der Völker auf der Erde. Der sensible Hörer und Leser erkennt sie am sicheren Zugriff des Themas, der inneren Konsonanz des sprachlichen Duktus, der ungewöhnlichen Gewalt, mit der das Kunstwerk den Hörer oder Leser sogleich packt. Daneben gibt es jedoch Merkmale, die einer eingehenden Beschäftigung bedürfen, um erkennbar zu werden. Die Griechen waren erstaunt, welch ein Reichtum sich bei der genaueren Analyse der Homerischen Epen zeigte. Sie sind, so wissen wir heute, hochdifferenzierte innovative Produkte einer literarisch versierten Spätkultur - und nicht, wie die Laien in den europäischen Heimatlanden glauben wollten, die Inspirationen einer naiven blinden Dichterseele. Wie die Homerischen Epen sind die anderen Meisterwerke der Literatur außerordentlich komplexe Schnittpunkte einer sprachlichen, musikalischen, sittlichen und kulturellen Bildung. Die Dichter sind Naturtalente, Genies, aber zugleich höchst raffinierte Techniker und überdurchschnittlich gelehrte oder gebildete und erinnerungsmächtige Menschen. Der Laie rechnet in seiner eigenen Naivität beim Dichter und Schriftsteller gern mit einer gleichgestimmten naiven Seele, die die Fülle der Bilder etc. aus ihrem Inneren schöpft. Daran ist richtig: Zum meisterhaften Schreiben muß man geboren sein wie zum meisterhaften Musizieren, Erfinden, Philosophieren und Fußballspielen; die Demokratie endet vor der Natur, dem Talent und der Begabung. Das ist jedoch nur die eine Seite. Die zweite Gegenseite ist die des geschulten Könnens und der immensen, im Gedächtnis thesaurierten und immer abrufbaren Bildung, so wie die seit der Antike tradierte Dreiheit von Naturbegabung, Lehre und Übung es zusammenfaßt. Eine naive große Literatur hat es nie gegeben; eine Kultur, die literarische Meisterwerke ermöglicht, war immer eine Reflexions- und Bildungskultur, eine Kultur der Kritik und Auseinandersetzung und Innovation.

Interpretationen stellen sich die Aufgabe, die inneren und äußeren Beziehungen eines Dichtwerks freizulegen und es dadurch gewissermaßen zu sich selbst zu bringen. Die sorgfältige Analyse entdeckt den Reichtum, über den der erste Eindruck, besonders unter den Zeitgenossen, noch hinwegsieht. Der Laie glaubt (in der Nachfolge einer rousseauistischen Ideologie), nur die Zeitgenossen würden die Fülle eines Werks gewissermaßen intuitiv begreifen; er selbst könne sich vielleicht einfühlen in die fremde Zeit und Kultur, aber die philologische Analyse des kalten Verstandes sei ein schlechtes Surrogat der intuitiv erfaßten Fülle, sie zersetze das Ganze, indem sie es in nur noch tote Teile zerlege. Tatsächlich liegt die Fülle im Meisterwerk, nicht im zeitgenössischen oder einfühlenden Bewußtsein; die Zeitgenossen können von der dichterischen Gewalt gefaßt und gebannt sein, der Beziehungsreichtum jedoch, die Probleme und neuen Problemlösungen und die Komplexität jener »Fülle« entzieht sich ihnen gewöhnlich. Sie treten erst durch sorgfältige Interpretationen zutage.

Jede Interpretation korrigiert eine vorhergehende falsche Auffassung eines Werks; sie will primär nicht das ganze Werk erfassen (wie sollte das sein? das Werk ist ja schon da), sondern fehlerhafte Eindrücke und festgefahrene Meinungen am Werk messen, sie korrigieren und ersetzen. Es ist auffällig, wie viele der hier vorgestellten Interpretationen so verfahren: Es wird eine Fehlentwicklung vorhergehender Auffassungen festgestellt, und dann wird im Rekurs auf das Werk selbst und vertrauenswerte Zeugen ein Zugang zu bestimmten Elementen der komplexen Dichtung gefunden.

Reinhard Brandt

ARBOGAST SCHMITT

Homer, *Ilias* – ein Meisterwerk der Literatur?

Wenn man nach einem Kriterium fragt, das über die Berechtigung Auskunft gibt, einen Text ein ›Meisterwerk der Literatur‹ zu nennen, und sich mit dieser Frage an die gegenwärtige Literaturwissenschaft wendet, so wird man als jemand gelten, der eine unzeitgemäße Frage stellt. Die Frage scheint ja die geschichtliche Relativität der Normen des Schönen, Guten, Vollendeten gar nicht zu bedenken.

Über den zweiten Teil der Frage, was denn ein literarisches Werk ist, ja ob Literaturwissenschaft überhaupt einen eigenen Gegenstand hat, gibt es in den letzten Jahren eine breite Debatte mit sehr unterschiedlichen Stimmen. Die Grundtendenz läuft aber darauf hinaus, der Literaturwissenschaft keinen eigenen Gegenstandsbereich zuzuerkennen, sondern sie in einer allgemeinen Kulturwissenschaft aufgehen zu lassen, für die es keinen Unterschied macht, ob sie sich mit einer Kultur der Baustelle[1] oder einer Kultur des ästhetischen Geschmacks befaßt. Auf diesen letzteren Aspekt berufen sich einige wenige, eher konservative Literaturwissenschaftler, die die Eigentümlichkeit einer literarischen Produktion – immer noch – in ihrer ästhetischen Qualität erkennen möchten.

Im Blick auf die ästhetische Qualität scheint vielen auch die Beschäftigung mit Homer allein noch lohnenswert. Die Ästhetik hat sich ja um die Mitte des 18. Jahrhunderts als eine eigene Wissenschaftsdisziplin ausgebildet mit dem erklärten Ziel, der abstrakten Regelpoesie der Franzosen und der Rationalität neuzeitlicher Wissenschaft überhaupt gegenüber die lebendige

1 Dieses Beispiel verwendet Hartmut Böhme zur Illustration des Umfangs des Gegenstandsbereichs der Kulturwissenschaft: Böhme 1998, S. 476–485, bes. S. 482–484.

Konkretheit anschaulichen Denkens zurückzuerobern. Inbegriff aber, ja Ideal einer anschaulich konkreten Dichtung war für das 18. und 19. Jahrhundert Homer.

Für Homer schien das Problem, um das jede moderne Dichtung zu ringen hat, nämlich die Kluft zwischen der abstrakten Reflektiertheit des Denkens und der naiven Unmittelbarkeit des Anschauens und Fühlens wieder zu schließen, überhaupt noch nicht bestanden zu haben. Für ihn war, davon waren vom 18. bis weit ins 20. Jahrhundert hinein fast alle Kenner überzeugt, die Anschauung selbst noch unmittelbar von Geist durchdrungen.[2] Daher komme es, daß seine objektive, konkrete Schilderung der äußeren Welt, wie sie sich der Anschauung darbot, zugleich schön, d. h. von einem inneren geistigen Gestaltungswillen geprägt sei.

Nun hat schon Schiller in seinem berühmten Aufsatz über naive und sentimentalische Dichtung[3] darauf verwiesen, daß eine Dichtung nicht bereits deshalb Gestalt hat, weil sie naiv ist. Es gibt auch die konfuse oder triviale Naivität. Deshalb mußte man für Homer mehr voraussetzen, als daß er naiv war. Er mußte zugleich Originalgenie sein, d. h., es mußte eine geistdurchdrungene Natur oder auch ein Volksgeist vorausgesetzt werden, die sich in den dichterischen Äußerungen gleichsam selbst offenbar machten, ohne daß der Dichter mit den Mitteln

2 Ich zitiere ein beliebig herausgegriffenes klassisches Beispiel dieser Position: Schadewaldt ³1959 (darin das Kapitel: »Die Gestalt des Homerischen Sängers«, geschrieben 1943), S. 85: »Die Griechen jener Tage waren ungewöhnlich offene Naturen, sie besaßen die wunderbare Fähigkeit, das Sinnliche sehr unmittelbar und das Geistige wieder auf eine sehr sinnliche Weise zu erfahren. Sie genossen die Dinge des Wissens, so wie sie umgekehrt in Bildern dachten; und wie sie ein abgesondertes geistiges Vermögen im Menschen gar nicht kannten, sondern es als einen inneren Sinn in körperlichen Organen wirken spürten, so schieden sie auch draußen im Grunde nicht zwischen Sinnlichem und Geistigem, sondern kannten nur Seiendes.«

3 Siehe Schiller 1986.

bewußter, technischer Reflexion auf diesen Prozeß Einfluß nehmen konnte, ja sollte.

Den Glauben an eine solche, Originalgenies hervorbringende Natur teilt heute kaum jemand mehr, er gilt uns selbst als Produkt einer bestimmten historischen Situation. Das kann die Aufmerksamkeit dafür frei machen, daß auch die Übertragung des Geniegedankens auf die homerischen Epen, als seien sie Werke eines Naturdichters oder gar eines genialisch dichtenden Volkes, der Geschichte angehört.

Auch wenn philologische Forschung nie exakte Sicherheit erreichen kann, so haben wir jedenfalls dafür gute und gut belegte Gründe,[4] daß Homer als Dichter am Ende einer langen Dichtungstradition steht und mit deren Inhalten und Techniken auf reflektierte Weise souverän umgeht. Das heißt bereits: Die homerischen Epen, die uns vorliegen, sind kein Anfang, sind nicht ursprünglich, original, archaisch, naiv, nicht Ausdruck einer Frühzeit, sondern sind Zeugnis eines Stadiums der Vollendung, der bewußten Aufarbeitung vorhandenen und bereits vielfach und vielfältig poetisch geformten Materials.

Eine große Zahl der neueren Ergebnisse aus der Archäologie, der Vor- und Frühgeschichte, sowie der Sprachgeschichte[5] belegen, daß die Welt der homerischen Epen orientalischen Hochkulturen zugeordnet werden muß, deren Geschichte wir zum Teil über viertausend Jahre zurückverfolgen können. Was die Produktionsweise der Dichtung betrifft, so bieten die *Ilias* und die *Odyssee* selbst viele und eindeutige Indizien dafür, daß sie in einer über mehrere Jahrhunderte überlieferten und in eige-

4 Siehe v. a. den von Joachim Latacz herausgegebenen Band der »Wege der Forschung«: Latacz 1979; Holoka 1991, S. 456–481.

5 Siehe Latacz 1988, S. 385–413; Latacz 1997; Latacz 1991; Korfmann 1997, S. 171–184; Morris/Powell 1997; Starke 1997, S. 447–487; Bremer/De Jong (Hrsg.) 1987; siehe auch Kirk (Hrsg.) 1964. Siehe auch Edwards 1997, S. 261–283 (ausgehend von den Forschungen Milman Parrys), und Bakker 1997, S. 284–304.

nen Dichtergilden gelehrten Verfahrensweise geschaffen sind, wie sie für eine bestimmte Art mündlicher Dichtung charakteristisch ist.

Dabei geht es nicht etwa um ein rein improvisierendes mündliches Erzählen, sondern ganz im Gegenteil um poetische Techniken, durch die man sich, wie wir das heute in der Forschung nennen, eine ›epische Sprachkompetenz‹[6] erwarb. Gemeint ist damit die Fähigkeit, vor einem bestimmten Publikum, zu denken ist dabei in der Regel an den Adel, aus dem Stegreif eine gewünschte Geschichte zu erzählen, und zwar inhaltlich abgerundet und formal durchgestaltet.

Dazu mußte man zunächst einmal die formale Gestaltung der Sprache,[7] den Versbau, beherrschen, d. h., man mußte im allgemeinen wissen, wie man den Vers, in dem die Epen vorgetragen wurden, den sogenannten Hexameter, baut, und man mußte im konkreten Vortrag schnell und sicher korrekte Verse formulieren können. Dazu kommen inhaltliche Vorgaben: man mußte – abgesehen davon, daß man viele Geschichten im Gedächtnis haben mußte – wissen, wie man Personen und Sachen

6 Siehe Latacz 1977, S. 4–7.

7 Dies ist, wie Aristoteles in der *Poetik* sagt (Aristoteles, *Poetik*, Kap. 6 1450a35–38), diejenige notwendige Bedingung für gute Dichtung, die am leichtesten erfüllt werden kann und in der historischen Entwicklung der Dichtkunst auch zuerst erfüllt wurde, in der der einzelne Dichter zuerst eine Fertigkeit erwirbt, während das eigentliche Kriterium, die hinreichende Ursache guter Dichtung, die Komposition einer geschlossenen Handlungseinheit, nur aufgrund großer Erfahrung und Begabung geleistet werden kann. Diesen Vorzug spricht Aristoteles unter den frühen Dichtern ausschließlich Homer zu. Siehe auch Aristoteles, *Poetik*, Kap. 9 1451b27–29: zum Dichter wird jemand gemäß seiner Fähigkeit, eine Handlung, die eine eine und ganze ist usw., zu konstruieren, nicht durch die Fähigkeit, Verse zu komponieren und auszuarbeiten. (Das ἐκπονεῖν des Dichters ist nicht wie bei Horaz das Feilen an der Versform und sprachlichen Gestalt.) Zur Technik des Versbaus bei Homer siehe vor allem die innovative Arbeit von Visser 1987.

charakterisiert, wie man wiederkehrende Szenen im Tagesablauf, beim Essen, im Kampf usw., anlegt, wie man eine Geschichte einführt und endigt, usw.

Nun gibt es bestimmte Stücke in *Ilias* oder *Odyssee*, deren Alter und historische Herkunft wir ziemlich genau bestimmen können. Im zweiten Buch der *Ilias* gibt es z. B. eine Beschreibung der Schiffskontingente, mit denen die einzelnen griechischen Adligen an dem Zug nach Troja teilgenommen haben.[8] Diese Beschreibung bzw. der Fundus an Material, aus dem diese Beschreibung eine Auswahl darstellt, muß, das zeigen die geographischen und kulturgeschichtlichen Details, die sie enthält, noch in mykenischer (richtiger: archaischer) Zeit, vermutlich kurz nach dem Fall Trojas entstanden sein. Die Abfassungszeit der uns erhaltenen *Ilias* dagegen liegt etwa in der zweiten Hälfte des 8. Jahrhunderts vor Christus. Das heißt: Die Erzählungen, die unsere *Ilias* noch einmal neu wiedergibt, wurden bereits vier- bis fünfhundert Jahre lang von immer neuen Dichtergenerationen bearbeitet und weitergegeben, bevor der Dichter, den wir Homer nennen, die bis heute erhaltene *Ilias* verfaßt hat.

Diese Neukomposition, die mit größter Wahrscheinlichkeit bereits schriftlich gemacht ist,[9] hatte einen so außergewöhnlichen Erfolg, daß uns von den Dichtern vor, neben und nach Homer[10] nur wenige Namen erhalten sind und einige Inhaltsangaben von Werken, die den Kreis der Geschichten behandeln, die sich um *Ilias* und *Odyssee* gruppieren, in ihnen aber nicht dargestellt sind.

8 Siehe Visser 1997.

9 Siehe zu einer Diskussion der Frage der Bedeutung des Epos und insbesondere der homerischen Epen für die Entwicklung der Schriftkultur: Powell 1991.

10 Die es aber wohl nichtsdestotrotz in großer Anzahl gegeben hat: Einen Hinweis darauf kann man z. B. auch einigen Äußerungen des Aristoteles entnehmen: *Poetik*, Kap. 23 1459a29.

Wenn man daher das Kriterium zur Bestimmung des Rangs eines Kunstwerks an die *Ilias* anlegen würde, das die sogenannte rezeptionsästhetische Richtung der Literaturwissenschaft der siebziger Jahre für das allein noch mögliche hielt, das Kriterium nämlich, von wie vielen und wie lange ein Literaturwerk hochgeschätzt wurde, dann ist die *Ilias* ohne Frage ein klassisches Meisterwerk.

Die homerischen Epen galten von der ersten Stunde, d. h. vom 8. Jahrhundert vor Christus an, bis in die ausgehende Spätantike nicht nur als hohe Kunst, sondern beinahe ohne Einspruch als absolute Vorbilder.[11] Und auch in der Neuzeit und Moderne ist ihnen dieser Rang nur von einzelnen und phasenweise streitig gemacht worden.

Interessant ist aber, daß die Begründungen in der Antike und in der Moderne sehr unterschiedlich ausfallen.

Während wir, wie schon gesagt, eher die ›ästhetische‹ Qualität der *Ilias* betonen, ihre konkrete Objektivität, in der sie die Dinge unmittelbar, wie sie sich neben- und nacheinander der Anschauung darbieten,[12] erzählt, und während wir daraus auch die inhaltlichen Qualitäten der *Ilias* ableiten – daß in ihr die Menschen noch nicht in ein vordergründiges Äußeres und eine subjektive Innerlichkeit[13] zerfallen, daß es für diese Menschen noch

11 Siehe zur antiken Rezeptionsgeschichte Homers: Lamberton 1997, S. 33–54. Siehe auch Lamberton 1992.

12 So Erich Auerbach in seiner wirkmächtigen Monographie: Mimesis. Dargestellte Wirklichkeit in der abendländischen Literatur, [9]1994; in dem Kapitel »Die Narbe des Odysseus«, S. 1–27, beschreibt er den »Grundimpuls des homerischen Stils« folgendermaßen (S. 8): »die Erscheinungen ausgeformt, in allen Teilen tastbar und sichtbar, in ihren räumlichen und zeitlichen Verhältnissen genau bestimmt zu vergegenwärtigen«; oder siehe S. 9, wo er von der Vermeidung des perspektivischen Eindruckes spricht, von einer »gleichmäßig beleuchteten Gegenwart« und dem »Vorüberziehen der Erscheinungen [...] im Vordergrund«.

13 So z. B. Lesky 1981, S. 25; oder Marg 1967, S. 56–58. Er sieht in dem

nicht den Konflikt zwischen reicher Sinnlichkeit und abstraktem Verstand gebe, weil dieser Unterschied ihnen noch gar nicht zum Bewußtsein gekommen sei, daß in ihr der Einzelne sich noch in völliger Einheit mit der Gemeinschaft fühle, usw.[14] – setzt die Antike den Akzent auf ganz andere Qualitäten, und zwar auf Qualitäten, die der modernen Vorstellung vom plastischen Griechen, der sich noch unbesehen auf die Evidenz der sich ihm in der »lichtdurchfluteten Landschaft Griechenlands«[15] von selbst offenbarenden Dinge verlassen konnte, diametral widersprechen, ja die es in der *Ilias* gar nicht geben dürfte, wenn unser neuzeitliches Urteil zutreffend wäre.

Aristoteles z. B., auf dessen Beurteilung wir uns im folgenden

Bewußtsein von dem Auseinanderfallen von Innen und Außen eine Entwicklungsstufe, die erst mit der *Odyssee* erreicht werde. Detailliertere Untersuchungen stellen demgegenüber an Einzelfällen zwar fest, daß es sowohl in der *Ilias* als auch in der *Odyssee* das ›Auseinanderklaffen innerer und äußerer Werte‹ gebe, bleiben aber dennoch in ihrer Deutung denselben Denkgewohnheiten und Prämissen verpflichtet; so z. B. Bernsdorff 1992, der die *Ilias* im Vergleich mit der *Odyssee* als immer noch einem eher der Anschauung verpflichteten Denken zugehörig versteht, S. 116 f.: während in der *Ilias* noch der Glaube vorherrsche, daß das Äußere das Wesen eines Menschen unmittelbar sichtbar werden lasse oder zumindest sichtbar werden lassen sollte, verliere der »Mensch in der Odyssee an Durchschaubarkeit«. »Das Aussehen erscheint hier als eine veränderliche Schicht, unter der das wahre Wesen des Menschen unverändert ruht.« Eine Auseinandersetzung versuche ich in: Schmitt 1990. Trotz des großen Umfanges der Untersuchung in den entscheidenden Punkten bleibt die Arbeit von Pellicia 1995, v. a. S. 13 ff. und S. 259 ff., undifferenziert.

14 Siehe zu einer Auseinandersetzung mit dieser These jetzt: Schmitt 2000.

15 Siehe Blumenberg ^{2}1999, S. 211: »Das Licht, in dem Landschaft und Dinge standen, die das Leben der Griechen umgaben, gewährte allen die Klarheit und schon optisch unfragwürdige Präsenz, die dem Zweifel an der dem Menschen offen gehaltenen Zugänglichkeit der Natur erst spät und erst aus der Erfahrung des Denkens mit sich selbst Raum gab.«

beschränken, rühmt an Homer gerade, daß er seine Geschichten nicht so erzählt, wie sie sich der Anschauung im räumlichen und zeitlichen Nebeneinander darbieten, sondern daß er – im Unterschied zu allen anderen epischen Dichtern – diese Geschichten so organisiert, daß sie die Einheit einer Handlung zum Ausdruck bringen.[16] Von Handlung – und damit dann auch von dem, was als ›Plot‹, als dichterische Handlungseinheit, gelten kann[17] – hat Aristoteles allerdings einen viel strengeren Begriff, als wir ihn zu gebrauchen pflegen. Ein Tier, das sich bewegt, oder ein Kind, das seine Puppe holt, handelt für Aristoteles nicht. Die Fähigkeit zu handeln, setzt für Aristoteles die Fähigkeit voraus, eine Wahl zu treffen, eine überlegte Entscheidung zwischen Alternativen. Zu dem Handeln einer bestimmten Person, eines bestimmten Charakters wird diese Handlung erst, wenn sich die Charakteranlagen bereits zu bestimmten Haltungen ausgebildet haben.[18] Man muß so weit in sich selbst organisiert sein, daß man nicht beliebig auf Äußeres reagiert, sondern ihm mit eigenen Entscheidungen entgegentritt. Zu solchen eigenen Entscheidungen ist fähig, wer seine natürlichen Anlagen so ausgebildet hat, daß man bei ihm gewisse individuelle Grundtendenzen feststellen kann,[19] Bestimmtes vorzuziehen oder zu meiden.[20]

Die Dichtung hat sich also nach Aristoteles erstens auf wirkliches Handeln zu beschränken (und soll nicht z. B. automati-

16 Siehe Schwinge 1991, S. 482–512. Siehe auch: Aristoteles, *Poetik*, Kap. 8 1451a22–30 und Kap. 23 1459a30–b7.

17 Siehe Aristoteles, *Poetik*, Kap. 7 passim.

18 Dazu, inwiefern ›Charakter‹ und ›Individualität‹ nach der Auffassung des Aristoteles nichts einfach Gegebenes sind, sondern eine Aufgabe und Leistung, siehe: Schmitt 2000 (wie Anm. 14).

19 Siehe zum Verhältnis von ἕξεις und Charakter: Aristoteles, *Nikomachische Ethik*, z. B. B 4 ff., 1105b19 ff., bes. 1106b36 ff.

20 Siehe zu einer ausführlicheren Darstellung der aristotelischen Handlungstheorie: Schmitt 1997, S. 5–49; Schmitt 1994, S. 331–343; Cessi 1987.

sche Prozesse oder zufällige Schicksalsschläge darstellen) und zweitens auf solche Handlungen, in denen sich wesensbestimmende Vermögen eines einzelnen Menschen realisieren. Aristoteles sieht darin geradezu das Wesensmerkmal von Dichtung, das sie von einer bloßen Wiedergabe von Fakten unterscheidet,[21] daß sie nicht alles darstellt, was in der äußeren Wirklichkeit, etwa im Verlauf der Geschichte eines Menschen[22] oder innerhalb eines bestimmten historischen Zeitraums,[23] vorkommt, sondern daß sie sich auf das beschränkt und genau diejenigen Momente aus dem Gesamt des Geschehens auswählt, die für das Handeln einer bestimmten individuellen Person charakteristisch sind.

Hier scheint Aristoteles etwas benannt zu haben, was tatsächlich auf Homer zutrifft.

Denn das vom Dichter der *Ilias* selbst angegebene Thema seines Epos ist nicht die ›Ilias‹, d. h. die Geschichte des Trojanischen Krieges, sondern es ist der Zorn des Achill, seine Entstehung und seine unheilvollen Folgen für Achill selbst und für die ganze Gemeinschaft der archaischen Griechen. Die Handlung, mit deren Beginn die *Ilias* einsetzt, erstreckt sich lediglich über einundfünfzig Tage, die im zehnten Kriegsjahr liegen und nicht einmal das Kriegsende mit einschließen. Und von diesen einundfünfzig Tagen wird nur die Handlung von fünfzehn Tagen und fünf Nächten dargestellt, das Geschehen der restlichen Tage wird nur benannt: Neun Tage wütet die Pest im Lager der Griechen, elf Tage sind die Götter abwesend, elf Tage mißhandelt Achill die Leiche Hektors.

Dennoch heißt die *Ilias* nicht zu Unrecht *Ilias*. Wer das Buch nach der Lektüre aus der Hand legt, kennt nicht nur die Geschichte von ein paar Tagen im zehnten Kriegsjahr vor Troja,

21 Siehe Aristoteles, *Poetik*, Kap. 9 1451a36ff. und dazu: Schmitt 1996, S. 528–563.

22 Siehe Aristoteles, *Poetik*, Kap. 8 1451a16ff.

23 Siehe Aristoteles, *Poetik*, Kap. 23 1459a21–29.

sondern er kennt die Geschichte des gesamten Trojanischen Krieges, ja er hat das Gefühl, diesen Krieg ganz miterlebt zu haben.

Selbst wenn uns über die Gestaltung der *Ilias* nur diese Besonderheit bekannt wäre, wäre bereits mehr als wahrscheinlich, daß die *Ilias* kein gemeinschaftliches Produkt irgendeiner oralen Kultur (wie wir heute statt ›Volksgeist‹ sagen)[24] sein kann, sondern daß sie einen individuellen Verfasser haben muß, und zwar einen Verfasser, der nicht genialisch improvisiert, sondern der eine große Menge vorhandenen Erzählmaterials auf ein von ihm selbst und bewußt gewähltes Ziel hin neu organisiert hat. Meiner Meinung nach gibt es keinen Grund, diesen Verfasser nicht mit dem überlieferten Namen Homer zu benennen, auch wenn seine Biographie für uns weitgehend im dunkeln liegt.

Zunächst einmal wollen wir festhalten, daß es in dieser homerischen *Ilias* zwei Erzählebenen gibt, die man vielleicht als Achilleus-Handlung (oder: *Ilias*-Handlung) und Troia-Geschichte (oder: *Ilias*-Geschichte) auseinanderhalten kann.

Die Achilleus-Handlung umfaßt die knapp drei Wochen dargestellter Handlung im zehnten Kriegsjahr, die Troia-Geschichte die gesamte Geschichte des Trojanischen Krieges, von deren Verlauf man an jeweils durch die Handlung motivierten Stellen erfährt[25]: vom Anlaß des Kriegs durch den Raub der schönen

24 So z. B. Seaford 1994, S. 152–154. Gegen solche ›Diskurs‹-Deutungstendenzen, die ein Werk vor allem als Produkt einer bestimmten politischen und gesellschaftlichen Situation auffassen und als etwas, das primär der Erfüllung bestimmter Funktionen in der Gesellschaft dient, siehe z. B.: Griffin 1999, S. 73–94; und Griffin 1995, S. 7 f.

25 Es ist vielleicht erforderlich vorauszuschicken, daß für die folgende Betrachtung der Handlung der *Ilias* in ihrer Einheit und in dem Zusammenhang der einzelnen Momente und Teilhandlungen untereinander etwas scheinbar Selbstverständliches vorausgesetzt ist: nämlich daß alle diese Momente und Teile, die man in der *Ilias* findet, eine Bedeutung haben und daher auch für die Interpretation als bedeutungstragende Elemente berücksichtigt werden können und müssen. Als

Helena, von ihrer Flucht aus Sparta mit dem schönen jungen trojanischen Prinzen Paris nach Troia, ihrer Aufnahme in Troia, von der Reaktion der Griechen, von der Ausfahrt der griechischen Flotte aus Aulis, ihrer Ankunft vor Troia, von der ersten hochrangigen Gesandtschaft nach Troia, vom Wunsch der meisten Troianer, Helena wieder herauszugeben, und der Nachgiebigkeit des alten Königs Priamos, der seinem Sohn Paris zuliebe den Kampf mit den Griechen aufnimmt, von der neunjährigen vergeblichen Belagerung der Stadt wegen der Uneinnehmbarkeit ihrer (von Apollon und Poseidon gebauten) Mauern, aber auch vom Ausbleiben eines offenen Kampfes der beiden Heere, da die Trojaner der Stärke Achills nichts entgegenzusetzen hatten, bis hin zum durch den Tod Hektors besiegelten Untergang Troias und dem Vorverweis auf den Tod Achills durch Paris.

›scheinbar‹ selbstverständlich habe ich diese Prämisse deshalb bezeichnet, weil sie einer lange verbreiteten Auffassung von der ›archaischen Fülle‹ oder auch ›epischen Breite‹ der homerischen Dichtungen widerspricht, die diesen vermeintlichen ›Überschuß an Informationen‹ auf allen Ebenen finden zu können meinte: sowohl auf der ›Makro-Ebene‹ der einzelnen Szenen, Kampfschilderungen, Unterbrechungen von Handlungssträngen durch ausführliches Nachtragen früherer Geschehnisse usw. (siehe dazu exemplarisch: Auerbach [9]1994, [dazu siehe oben Anm. 12]) als auch auf untergeordneten Ebenen: zum Beispiel in bezug auf das ›Zuviel‹ an Aspekten, die Homer in die Gleichnisse aufnehme, oder in bezug auf die ›ornamentalen Epitheta‹. Offenbar leitet sich auch diese Deutungstendenz aus der oben bereits erwähnten Auffassung von der sinnlichen Unmittelbarkeit der archaischen griechischen Dichtung ab, weshalb eine Auseinandersetzung mit dieser These auch auf dieser allgemeineren Ebene geführt werden müßte. Zunächst muß es genügen, darauf hinzuweisen, daß es sich in letzter Zeit in der Forschung immer mehr durchsetzt, die Wiederholung typischer Szenengestaltungen, die epischen Konventionen und auch die allgemein charakterisierenden homerischen Epitheta positiver zu beurteilen und ihnen eine spezifische, positive Funktion für den jeweiligen Kontext zuzugestehen: siehe z. B. gegen die Deutung der Epitheta als bloß ›ornamental‹ durch Parry 1928: Sacks 1987, v. a. S. 1–30; siehe außerdem z. B.: Vivante 1982.

Wenn wir uns nun der eigentlichen *Ilias*-Handlung zuwenden, so ist bereits die Wahl gerade dieser Handlung durch Homer sehr aussagekräftig, ja sie macht erst verständlich, wie es möglich war, in diese kurze Handlung die ganze *Ilias*-Geschichte, also die ganze Geschichte des Trojanischen Krieges einzuarbeiten.

Natürlich ist die Erzählung vom Streit zweier Könige schon an sich interessant, da dergleichen nie ohne Pathos und unerhörte Begebnisse verläuft. Von der *Ilias*-Geschichte her betrachtet, hat der Zorn Achills, also das, was die *Ilias*-Handlung zu einer Einheit macht, aber den Charakter eines tragischen Handlungsumschwungs, einer Peripetie. Denn der Streit zwischen Achill und Agamemnon, dem obersten Heerführer aller Griechen, ist nicht irgendein aufregendes Geschehen vor Troja, sondern diejenige Handlung, durch die der Fall Trojas überhaupt erst möglich wird und schließlich auch zustande kommt. Das ganze Untergangsgeschehen wird durch diese Handlung selbst von einer bloßen Verkettung äußerer Ereignisse zu einer Folge von Handlungen,[26] und zwar von Handlungen, die unmittelbarer Ausdruck der Charaktere der beteiligten Personen sind und die – in einem gleich noch näher zu erläuternden Sinn – tragisch sind.

Wenn Goethes *Faust* seinem innersten Sinn nach eine Komödie ist,[27] weil in ihm selbst das absichtlich gewollte Böse, das sich am göttlich geplanten Weltenlauf gleichsam vergeblich die Zähne ausbeißt, zum Komischen herabgesetzt wird, ist die *Ilias* eigentlich eine Tragödie, wenn auch nicht im Sinn eines modernen Tragikbegriffs, wie er etwa bei Schiller formuliert ist, sondern im Sinn des Tragikverständnisses, das die griechische Tragödie hat. Tragisch meint hier, daß jemand nicht aus verbre-

26 Dies ist eine Unterscheidung, die Aristoteles im 10. Kapitel der *Poetik* explizit macht: 1452a20f.: »Denn es ist ein bedeutender Unterschied, ob etwas wegen etwas oder bloß nach etwas geschieht.«

27 So die These von Borchmeyer 2000, S. 199–225.

cherischer Gesinnung, sondern wegen eines verständlichen Fehlers, den zu vermeiden aber in seiner Macht gestanden hätte, bei seinem Handeln in einem Ausmaß scheitert, das er nicht verdient hat.[28]

Vielleicht kann man sogar sagen, daß die Darstellung, warum und wie menschliches Handeln (genauer: das Handeln einzelner Individuen) scheitert, und zwar das Handeln eigentlich guter Menschen (und welche der Faktoren, die in der Verfügungsgewalt des einzelnen Menschen liegen, diejenigen sind, die Gelingen oder Scheitern des Handelns bedingen),[29] das wichtigste Anliegen der *Ilias* ist.

Wenn ich sage ›vielleicht‹, so deshalb, weil sich dann, wenn man einfach die Mehrzahl der in der *Ilias* dargestellten Szenen zur Grundlage des Urteils macht, ein gegenteiliges Bild zu ergeben scheint, und weil dieses gegenteilige Bild auch bis heute weitgehend in der Forschung von Homer gezeichnet wird.

Es scheint nämlich so zu sein, daß es ein individuelles und subjektiv zu verantwortendes Fehlhandeln bei Homer gar nicht gibt, weil diese Möglichkeit in seiner Gesellschaft noch nicht denkbar war. Denn die homerische Gesellschaft gilt vielen als eine sogenannte konventionelle Gesellschaft – das Konzept ei-

28 Siehe dazu Schmitt 1994 (wie Anm. 20).

29 Das heißt: Es soll versucht werden zu zeigen, daß Gelingen oder Scheitern von menschlichen Handlungen bei Homer eben nicht letztlich unentrinnbar determiniert werden von einem (undurchschaubaren) Schicksalsnexus, wie er von der Stoa vorausgesetzt wird (und in diesem Sinn interpretiert z. B. Yamagata 1994 [in Auseinandersetzung mit v. a. Lloyd-Jones 1971], z. B. S. 105 ff. das Verhältnis von Moira, Göttern und Menschen), sondern daß es Homer gerade darum geht, die Momente herauszuanalysieren, die in der Hand des Einzelnen liegen (also das, was ἐφ’ἡμῖν ist); siehe dazu die neuplatonische Interpretation des Er-Mythos in dem Traktat zu diesem Mythos in dem Kommentar des Proklos zu der Platonischen *Politeia*: In Platonis rem publicam commentarii, ed. Wilhelm Kroll, Leipzig 1899/1901, Vol. II, 274,22 ff. Siehe dazu: Schmitt 1990 (wie Anm. 13).

ner konventionellen Gesellschaft hat vor allem Jürgen Habermas neu und aktuell diskutiert[30] – oder auch einer sogenannten Schamkultur.[31] Gemeint ist mit allen diesen Begriffen das gleiche: In eine konventionelle Gesellschaft wächst man einfach hinein, indem man ihre Konventionen in konkreten Situationen einübt. Es ist eine Gesellschaft, in der es kein Bewußtsein gibt von der subjektiven Konstruiertheit dieser Normen: Sie werden wie etwas objektiv Gegebenes unmittelbar angenommen und als die eigenen akzeptiert.

Auf einen ersten Blick geben viele Darstellungen bei Homer tatsächlich das Bild einer solchen Gesellschaft. Wenn z.B. Odysseus im Kampf gegen eine gefährliche Übermacht überlegt, ob er standhalten oder fliehen soll, sagt er sich: »Die Ideale unserer Gemeinschaft verlangen von einem guten Mann, daß er standhält.« Und er hält tatsächlich stand (*Ilias* XI, 401–410).

Was in dieser Einzelszene geschieht, läßt sich nicht nur in vielen analogen Situationen beobachten: Homer hat für dieses Sich-Ausrichten des Einzelnen an den Werten der Gemeinschaft eine Formel, die er in vielen Entscheidungssituationen Einzelner benutzt und dadurch diesen Situationen den Charakter von etwas Typischem, Wiederholbarem, Allgemeinem verleiht.

Diese Entscheidungsszenen verlaufen in der Regel so, daß jemand, der dabei ist, mehrere Handlungsmöglichkeiten zu erwägen, zuerst einer falschen Entscheidung zuneigt, die von Angst, Wut, Scham und dergleichen geprägt ist. Dann aber stellt er sich das objektiv Richtigere, Bessere (das zugleich auch das den Normen der in der *Ilias* dargestellten Gesellschaft Gemäßere ist) vor Augen. Diesen Vorgang beschreibt Homer mit dem Formelvers: »Während er dies überlegte, erschien es ihm vorteilhafter …«,

30 Habermas 1991, S. 209ff.; Habermas [7]1999, S. 172ff. Auseinandersetzung mit dieser These in: Schmitt 2000, S. 1ff. (wie Anm. 14).

31 Dieser zuerst von der Anthropologin Benedict 1935 geprägte Begriff, findet sich zum Beispiel bei Dodds 1951, S. 18; siehe auch Adkins 1960, S. 48; Adkins 1971, S. 1–14; Adkins 1982, S. 292–326.

oder: »... erschien es ihm als der beste Plan ...«, und er läßt ohne weitere Darstellung der Motivation den Überlegenden tatsächlich im Sinn des Besseren, Vorteilhafteren handeln.

Diese Darstellungsweise erschien den meisten Homer-Erklärern überaus merkwürdig. Homer, so meinte man folgern zu müssen, hatte ›noch‹ gar kein Bedürfnis, die Entscheidungen seiner Personen psychologisch zu motivieren, und hatte deshalb mit einer individuellen Abweichung von dem, was die Gesellschaft für richtig hält, noch gar nicht gerechnet, ja, im Sinn der Überzeugung, Homer habe noch einer anschaulich-naiven Frühzeit angehört, glaubt man, Homer habe dazu noch gar nicht das Vermögen gehabt, weil die Menschen seiner Zeit noch gar kein Ich-Bewußtsein hatten, das es ihnen ermöglicht hätte, sich als Individuum von der Gemeinschaft zu unterscheiden. Sie konnten damit auch nicht den Willen entwickeln, sich auch nach außen erkennbar von dieser Gemeinschaft abzugrenzen und dadurch als Individuum zu definieren.[32] Trotz der Tatsa-

32 Hinter dieser Schlußfolgerung, daß nur im Abweichen von gesellschaftlichen Normen und Wertvorstellungen Ich-Bewußtsein dokumentiert werden kann, steht eine Prämisse, die in besonderem Maß auch die Forschung zum antiken Porträt bestimmt: nämlich die Auffassung, daß Individualität in der Abweichung von einem Ideal oder einer Norm - ob man sich diese nun als etwas Absolutes oder nur als etwas geschichtlich Relatives vorstellt - gedacht und dargestellt werden kann. Alles ›Schöne‹ muß dann folglich auf bestimmte Bildkonventionen, Bildchiffren usw. - oder produktionsästhetisch formuliert: auf bestimmte politische Wirkabsichten o. ä. - zurückgeführt werden (siehe z. B. Zanker 1995; Giuliani 1986). Auf erzählende Darstellung übertragen bedeutet das: Im Tun des objektiv Richtigen kann das handelnde Subjekt nicht seine Selbständigkeit und Autonomie beweisen, sondern dies gelingt nur in der Abweichung von dem Besten. Die von Homer über die attische Tragödie bis zu Platon reich belegbare Überzeugung, daß jemand sich nur dann als er selbst bewähre, wenn es ihm gelingt, das Richtige und Beste zu wählen und im Handeln durchzuführen, ist dabei geradezu in ihr Gegenteil verkehrt.

che, daß diese Folgerung gewisse Anhaltspunkte im homerischen Text hat, beruht sie auf sehr ungenauen Beobachtungen. Denn natürlich gibt es, um damit zu beginnen, hinreichend viele Beispiele für Abweichungen von den Konventionen der Gesellschaft und vom objektiv Besseren.

Selbst Odysseus, der oft als das ideale Beispiel eines Menschen angeführt wird, der nur an einen konventionellen Wert zu denken braucht, um sich auch schon an ihn zu halten, läuft in einer extremen Situation – und noch dazu vor den Augen eines tapfereren Mitkämpfers (Diomedes) – davon »wie ein Feigling aus dem gemeinen Haufen«.[33] Menelaos, der Ehemann Helenas, in dessen Interesse der ganze Krieg geführt wird, erlaubt sich in einer für ihn gefährlichen Situation eine sehr subjektive Relativierung der allgemeinen Werte, indem er einen Scheinkonflikt zwischen zwei verschiedenen Verhaltensnormen erfindet. Einer Übermacht von Feinden gegenüber sagt er sich, ein guter Mann läuft zwar nicht davon, wenn sie aber in der Übermacht sind, werden sie offenbar von einem Gott unterstützt, einem Gott aber darf man sich nicht widersetzen – und er läuft davon (*Ilias* VIII, 94).

Schlechtere oder gar verbrecherische Charaktere, die bei Homer freilich nur seltenste Ausnahmen bilden, widersetzen sich sogar mit vollem Wissen strengsten Geboten ihrer Gesellschaft. So bricht etwa der troische Bogenschütze Pandaros aus persönlicher Gier nach Geld und Ansehen bei den Fürsten heilig geschworene und zwischen beiden Heeren bekräftigte Eide,[34] oder Aigisthos, der in Mykene zu Hause gebliebene Cousin Agamemnons, verführt dessen Frau Klytaimnestra und ermordet Agamemnon bei seiner Rückkehr, obwohl Zeus selbst ihn vor der verbrecherischen Tat hatte warnen lassen.[35]

Von der Sache her war der Nachweis, den ich eben zu führen

33 *Ilias* VIII, 94.

34 *Ilias* IV, 86 ff.; dazu Schmitt 1990 (wie Anm. 13), S. 82–84.

35 *Odyssee* III, 253 ff.

versucht habe, eigentlich nicht nötig, denn es sind nicht einige eingestreute Abweichungen, die bezeugen, daß es viel zu undifferenziert ist, die bei Homer dargestellte Gesellschaft als eine archaisch konventionelle Gesellschaft auszugeben. Der Konflikt zwischen den subjektiven Zielsetzungen Einzelner und den allgemeinen Werten der Gemeinschaft ist vielmehr das zentrale Thema dessen, was wir die *Ilias*-Handlung genannt haben, d. h., er ist nicht ein Seitenthema, sondern das Hauptthema der *Ilias* Homers.

Ich wollte auf diese Abweichungen aber schon einmal hingewiesen haben, um vor der Besprechung dieser Haupthandlung wenigstens plausibel gemacht zu haben, daß es nicht unbegründet ist, bei Homer die Darstellung eines individuellen und individuell zu verantwortenden tragischen Handelns für möglich zu halten. In welchem Sinn bei Homer von der Zeichnung individueller, ihrer selbst bewußter Charaktere die Rede sein kann, wird später noch deutlicher werden. Zunächst wollen wir uns etwas genauer mit der *Ilias*-Handlung selbst befassen.

Die *Ilias* beginnt mit der Darstellung der Entstehung des Zorns des Achill, und sie endet in dem Augenblick, in dem dieser Zorn endgültig beigelegt ist.[36] Weshalb dieser Bogen vom

36 Die *Ilias* hat den Zorn des Achill zu ihrem alleinigen Thema; die Achilleus-Handlung ist nicht eine unter vielen Handlungen, die Homer in der *Ilias* erzählt, sondern Homer leistet genau das, was er im Proöm auch ankündigt, wenn er sein Epos unter dieser ›Überschrift‹ – er wolle vom Zorn des Peleiden Achill singen – eröffnet. Daher kann Aristoteles in der *Poetik* auch behaupten, Homer habe in der *Ilias* eine Handlung gestaltet, die ihrem Wesen nach der ›Mythos‹ – das heißt nach der aristotelischen Begrifflichkeit: der ›Plot‹ – *einer* Tragödie sei (so wie die *Odyssee* ebenfalls eine ›tragödientaugliche‹ Handlungseinheit sei – oder vielleicht sich aus höchstens zwei Handlungseinheiten zusammensetze) (Aristoteles, *Poetik*, Kap. 23 1459b2–4). Das mache, so Aristoteles, die Überlegenheit dieser homerischen Dichtungen gegenüber den Epen des sogenannten ›Kyklos‹ aus, die eine lose zusammenhängende Summe vieler Handlungen ohne einenden Handlungskern seien. Dies steht aber keineswegs im

Beginn bis zum Ende des Zorns des Achill eine Handlung ist, versteht man, wenn man nicht einen modernen, sondern den strengeren aristotelischen Handlungsbegriff zugrunde legt. Eine Geschehensfolge hat nach Aristoteles ja nur dann den Charakter einer Handlung, wenn sie von einer subjektiven Zielsetzung ausgelöst ist, wenn sie zustande kommt, weil jemand etwas, das er für einen subjektiven Wert hält, anstrebt. Mit diesem Streben beginnt die Handlung, und sie endet als diese besondere Handlung mit der Erfüllung oder dem Mißlingen dieser Intention.[37]

In der Achilleus-Handlung ist dieses Handlungsziel unmittelbar bestimmt von Achills Zorn: Er möchte seine Ehre wiederherstellen und Genugtuung für das ihm widerfahrene Unrecht.

Die Darstellung der Entstehung dieses Zorns bildet den größten Teil des ersten Buches der *Ilias*.

Agamemnon hat auf einem der Ausweichmanöver, bei denen das griechische Heer Städte rund um Troja erobert hat, eine

Widerspruch zu der hier im folgenden vorgetragenen Deutung, daß sich in der *Ilias* eine Vielzahl weiterer ›tragödienhafter‹ Handlungen unterscheiden lassen: eine Patroklos-Tragödie, eine Hektor-Tragödie usw. Denn hier kann und muß man unterscheiden zwischen zwei Handlungs- oder Strukturebenen: zwischen diesen Szenen oder Episoden jeweils für sich betrachtet und diesen Szenen, sofern sie Teile der *Ilias* als Ganzer sind. In bezug auf die *Ilias* als Ganze gibt es nur eine Tragödie oder nur eine Handlungseinheit: nämlich die Achilleus-Handlung; die Handlungen und Geschicke aller anderen Personen (und Gruppen) verhalten sich zu dieser wie Teile zu einem ihnen ihre spezifische Funktion und Bedeutung zuweisenden Ganzen; je für sich betrachtet haben aber auch diese ›Teilhandlungen‹ des Handlungsganzen ihrerseits wieder die Qualität einer tragischen Handlungsstruktur und können für sich als abgrenzbare Einheiten nur dann richtig gewürdigt und begriffen werden, wenn man in ihnen wiederum nach dem ihre einzelnen Aspekte einenden Moment fragt. Auch für diese Auffassung kann man Aristoteles für sich in Anspruch nehmen: siehe Aristoteles, *Poetik*, Kap. 24 1459b22ff.

37 Siehe Cessi 1987 (wie Anm. 20), S. 136ff.

schöne junge Frau als Beute-Anteil vom Heer zugeteilt erhalten und zu seiner Geliebten gemacht. Diese Frau aber ist die Tochter eines Apollonpriesters, der sie als Vertreter dieses Amtes zurückerbittet. Agamemnon jedoch will sie, obwohl das ganze Heer ihn dazu drängt, nicht wieder hergeben, da sie ihm, wie er sagt, sogar noch lieber als seine eigene Frau Klytaimnestra ist.[38] Daraufhin läßt Apollon neun Tage lang die Pest im griechischen Heer wüten. Am zehnten Tag veranlaßt Achill auf einen Wink der Göttin Hera hin die Einberufung einer Heeresversammlung und rät, einen priesterlichen Seher zu befragen, ob es einen Grund und Heilung für diese Pest gibt. Der herbeigeholte Seher vergewissert sich erst der Unterstützung Achills, bevor er offenbart, daß der König selbst die Ursache der Pest ist.

Bereits diese kleine Szene[39] zeigt Wichtiges über die Art, wie Homer Charaktere zeichnet. Wenn der Seher Kalchas sich gerade an Achill wendet, obwohl er sich z. B. auch an Aias, Diomedes, Odysseus, Nestor oder einfach an das ganze Heer hätte wenden können, um sich gegen Agamemnon abzusichern, dann tut er das natürlich deshalb, weil er weiß, daß Achill ihm seine Bitte erfüllen wird. Mut und selbstlose Hilfsbereitschaft sind zwei Charakterzüge, mit denen Kalchas grundsätzlich bei Achill rechnet und von denen er annimmt, daß Achill sie auch in diesem konkreten Fall bewähren werde. Genauso hatte zuvor wohl auch Hera gedacht, die nicht an den eigentlich zuständigen König, sondern auch an Achill appelliert hatte, an sein Mitgefühl und seine Courage, sich nach Hilfe in der Not umzusehen.[40]

Ein auktorialer Erzähler, wie wir ihn aus neuerer Literatur gewohnt sind, würde aus seinem Wissen um das Innere seiner Figuren diese Charakterzüge auch allgemein benennen und kommentierend erklären, warum sich Hera und Kalchas gerade an

38 *Ilias* I, 113–115.

39 *Ilias* I, 68–83.

40 *Ilias* I, 54–56.

Achill wenden. Da man bei Homer solche allgemeinen psychologischen Deutungen in keiner Weise findet, hat man behauptet, Homer habe noch nicht die Fähigkeit, in das individuelle Innere seiner Personen zu blicken, sondern sei ganz auf die Beschreibung des Äußeren beschränkt.[41]

Anders hat auch in diesem Fall Aristoteles geurteilt. Er lobt nämlich Homer ausdrücklich dafür, daß er anders als die meisten anderen Dichter keine langen Erklärungen über die Beweggründe des Verhaltens seiner Personen gebe, sondern seinen Personen genau die Worte in den Mund lege und sie die Handlungen ausführen lasse, die man in einem bestimmten emotionalen und charakterlichen Zustand äußert.[42] Dieses Äußere[43] wird von Aristoteles also als Zeichen eines Inneren aufgefaßt. Es macht dieses Innere erkennbar, weil es der unmittelbare und eigentümliche Ausdruck dieses Inneren ist. Nach Aristoteles ist es daher die eigentliche Aufgabe eines Dichters, aus erfahrenem Umgang mit den Ausdrucksformen, in denen sich charakterliche Haltungen realisieren, heraus genau die zu einem bestimmten inneren Zustand passenden Äußerungsweisen aus der Vielzahl möglicher Äußerungen auszuwählen und auf diese Weise darzustellen, in welchem Zustand sich jemand befindet, statt diesen Zustand in allgemeinen Reflexionen zu

41 Dies ändere sich, je nach gewähltem Untersuchungsgegenstand, je nach dem betrachteten historischen Ausschnitt, erst mit der Entdekkung des Innerlichen in der archaischen griechischen Lyrik oder in der klassischen Tragödie oder auch erst in der empathetischen Darstellungsweise der hellenistischen Literatur: siehe z. B. Fränkel 1957, S. 1–19, S. 11: Während es bei Homer noch keine Kluft zwischen Innen und Außenwelt gebe, thematisiere der Hellenismus besonders die subjektive Perspektive des Individuums.

42 Siehe Aristoteles, *Poetik*, Kap. 24 1460a5–11.

43 Wobei hier ein anderer, und zwar ein differenzierterer Begriff von dem Äußeren zugrunde gelegt wird als etwa durch die Definition, daß zu dem Äußeren alles das gehöre, was sinnlich wahrgenommen werden kann. Siehe dazu etwa: Hans Bernsdorff 1992 (wie Anm. 13).

erklären. Für dieses Stilideal gibt es in der Antike auch einen Terminus technicus. Er lautet: *orthoepeia*, d. h. etwa: für die richtig erfaßte Sache das richtige, angemessene Wort gebrauchen. Homer wurde in der ganzen Antike für seine *orthoepeia* gerühmt.[44]

Der Eindruck, es gebe bei Homer noch keine Charakterdarstellung, die uns einen Einblick in das individuelle Innere des Menschen gibt, kommt also nicht daher, daß Homer zu einer solchen Darstellung noch gar nicht fähig war, sondern daß er sich dafür einer anderen poetischen Verfahrensweise bedient, als wir sie gewohnt sind. An die Stelle kommentierender Erklärungen und Beschreibungen innerer psychischer Motive und Zustände durch einen allwissenden Erzähler oder in inneren Monologen tritt bei Homer – und zwar nicht zufällig und blindlings, sondern weil er darin das bessere Stilideal verwirklicht sieht – die Darstellung genau der Verhaltensformen, in denen eine bestimmte charakterliche Motivation sich äußert.[45]

Wenn man den Blick für diese poetische Verfahrensweise einmal gewonnen hat, kann man leicht bemerken, daß bei Homer alle Personen genau und prägnant charakterisiert sind. Wir wollen uns, weil das für das Verständnis der Anlage der *Ilias*-Handlung wichtig ist, wenigstens an ein paar Beispielen noch etwas genauer ansehen, wie Achill charakterisiert ist.

Besonders aussagekräftig ist eine Szene aus dem 24. Buch der *Ilias*, in der das Ende der *Ilias*-Handlung, d. h. die endgültige Beilegung von Achills Zorn, dargestellt wird.

44 Siehe z. B.: Pseudo-Longinus, περὶ ὕψους (ed. with an English Translation by W. Hamilton Fyfe) (Aristotle: The Poetics, »Longinus«: On the Sublime, Demetrius: On Style [London 1927]), X 5 ff. Zur antiken Wertschätzung Homers: Lamberton 1992, Einleitung; Clarke 1981.

45 Dies ist gemeint mit dem Allgemeinen, das die Dichtung darstellen soll: »›Etwas Allgemeines‹ aber meint, daß gezeigt wird, wie ein Mensch aus seiner charakterlichen Beschaffenheit heraus ganz Bestimmtes sagt oder tut«; Aristoteles, Poetik, Kap. 9 1451 b 8 f.

Priamos, der Vater des von Achill getöteten und elf Tage lang mißhandelten Hektor, ist zu Achill gekommen in der seiner ganzen Umgebung verwegen erscheinenden Hoffnung, Achill werde ihm den Leichnam seines Sohnes zur Bestattung herausgeben.

Schon auf dem Weg dahin erfährt er aber eine Ermutigung durch die Götterbotin Iris, die ihm sagt: »Wende dich nur direkt an Achill, er wird dich nicht töten und dich auch vor den andern schützen, denn er ist jemand, der Verstand hat, der auch den Ausgang seines Handelns beachtet und niemals absichtlich Böses tut.«[46] Auch Iris also äußert etwas, was grundsätzlich auf den Charakter Achills zutrifft.

Tatsächlich hat Priamos Erfolg. Er erinnert Achill an seinen eigenen alten Vater, mit wie vielen Gefährdungen dieser leben muß, und mit wie vielen Sorgen um den Sohn, und erreicht sogar, daß Achill mit ihm gemeinsam ihr wechselseitiges Unglück beweint.

Und nun kommt die Szene, auf die ich aufmerksam machen wollte: Bevor Achill Hektor an Priamos zurückgibt, wendet er sich an seine Mägde und befiehlt ihnen, den Toten zu waschen und am ganzen Körper zu salben, ihn zuvor aber heimlich wegzutragen, damit Priamos seinen Sohn nicht sieht und im Schmerz über den Anblick seine Empörung nicht verbergen kann, sonst könnte auch ihn die Wut wieder packen, und er könnte ihn erschlagen und sich an den Geboten des Zeus versündigen (*Ilias* XXIV, 582–586). Nicht nur einige andere also kennen Achill, er kennt sich auch selbst und weiß, wie leicht die Wut in ihm hoch kocht.

Wenn man nur diese wenigen, bisher gesammelten Züge Achills zusammen nimmt, erkennt man schon, daß Homer auch nicht etwa nur Charaktertypen oder ideale Charaktermodelle darstellt, sondern ganz im Gegenteil Charaktere von großer Individualität. Achill ist nicht etwa, wie dies z. B. Horaz von einem guten Dichter meint verlangen zu müssen, ein homogener, von

46 *Ilias* XXIV, 184–187.

nur einem Charakterzug ganz geprägter Mensch, niemand, der ein Schaubild des Zorns bietet, der immer nur ungeduldig, jähzornig, unerweichlich, heftig ist, der glaubt, sich an keine Rechtsverpflichtungen halten zu müssen. Das ist die Weise, wie eine literarisch gelungene Charakterdarstellung Achills nach Horaz auszusehen hätte.[47] Bei Homer vereinigt Achill dagegen geradezu widersprüchliche Charakterzüge in sich: Er ist zu heftigem Zorn und anhaltendem Groll fähig, aber auch mitleidig, weich, hilfsbereit, ja er hat, wie man auch an einigen noch nicht besprochenen Szenen zeigen könnte, sogar eine gewisse Tendenz zu wehleidigem Jammern in sich (die Platon übrigens gar nicht gefallen hat und für deren Darstellung er Homer in gewisser Hinsicht kritisiert);[48] gleichzeitig ist er tapfer, ausdauernd, hat Zivilcourage und einen großen Gerechtigkeits- und Gemeinschaftssinn. Von all diesen Zügen zeigt Homer zudem - ich hoffe, das später noch etwas deutlicher machen zu können -, wie sie in seinem Charakter neben- und miteinander möglich sind, ja er zeigt oft sogar die innere Entwicklung auf,[49] in der sie ineinander übergehen.

Wir wollen uns zunächst wieder der Fortsetzung der *Ilias*-Handlung zuwenden, jetzt aber schon mit einem geschärfteren Blick für die Abhängigkeit der Handlungsgestaltung von der Charakterzeichnung.

Nachdem der Priester ausgesprochen hat, wer die Ursache der Pest ist, geschieht, was er erwartet hatte: Agamemnon beschimpft ihn und auch die anderen, die den Priester ja offen-

47 Siehe Horaz, *Ars poetica* 120–122. Achill soll, wenn man eine richtige dichterische Darstellung von ihm machen will, der Prototyp des Jähzornigen sein; das heißt aber: es soll von dem wirklich Individuellen abgesehen und eine Stilisierung zu etwas abstrakt Allgemeinem geleistet werden.

48 Siehe Platon, *Politeia* 387d1ff. und dort v. a. 388a5–b4.

49 Die es ja nach verbreiteter Ansicht der Forschung in der gesamten antiken griechischen Literatur noch nicht gegeben haben soll: so z. B. Else 1957, S. 71.

bar stützen, und droht ihnen, sich an ihnen dafür schadlos zu halten, daß er jetzt seine geliebte Chryseis hergeben muß. Das versucht Achill abzuwehren, indem er Agamemnon bittet, sich später bei einer neuen Eroberung einer der Städte rund um Troja Ersatz zu holen, alles Bisherige sei gerecht und nach Verdienst verteilt.[50] (Man kann hier einen der Anknüpfungspunkte, wie die *Ilias*-Geschichte in die *Ilias*-Handlung hinein geholt wird und was aus dem ›Material‹ der Ereignisse aus dem Umfeld des Trojanischen Krieges ausgewählt und erzählt wird – nämlich ausschließlich das, was für die eigentliche Handlung notwendig ist, was wirklich ein Teil dieser Handlung ist[51] –, beobachten. Aus Achills Hinweis erfährt man ja, was die Griechen seit neun Jahren hier treiben.) Agamemnon läßt sich dadurch keineswegs besänftigen, sondern verdächtigt Achill der Intrige, er wolle die Situation ausnützen und sich heimtückisch besserstellen als er, der König. Deshalb kündigt er ihm an, er werde ihm seine Ehrengabe, die schöne und auch von Achill sehr geliebte Briseis, wegnehmen, außerdem brauche er Achill gar nicht, er habe ja genügend andere Freunde und vor allem Zeus als Helfer.

Wenn man daran denkt, daß Achill, jedenfalls der Achill, wie ihn Homer gesehen wissen will, seit neun Jahren die Hauptlast des Krieges trägt, daß er sich immer mit dem gerechten Anteil beschieden hat und daß er auch jetzt nicht zu seinem Vorteil, sondern in Sorge um das ganze Heer gehandelt hat, braucht man keine Erklärung, um zu erahnen, wie tief verletzt Achill von diesem Hohn und dieser unfairen Verdächtigung sein muß. Homer gibt eine solche Erklärung auch nicht, sondern fährt fort: Tief verletzt überlegte Achill, ob er nicht auf der Stelle Agamemnon niederstechen solle, statt sich immer noch zu beherr-

50 *Ilias* I, 122–129.

51 Auch in der *Poetik* legt Aristoteles einen strengen Begriff von dem, was als Teil von etwas angesprochen werden kann, zugrunde: Aristoteles, *Poetik*, Kap. 8 1451a33–35.

schen – und nun kommt die vielleicht berühmteste Szene der *Ilias*, die man wohl einmal im Wortlaut hören muß[52]:

»Während er dies im Gedanken in heftiger Erregung bewegte und er bereits dabei war, aus der Scheide das gewaltige Schwert zu ziehen, da kam Athene, vom Himmel her. Sie trat hinter ihn, packte am blonden Haar den Peliden, ihm allein sich zeigend; von den andern sah sie nicht einer. Da staunte Achilleus, wandte sich um und erkannte sofort Pallas Athene. Gewaltig strahlten ihm die Augen. Und er sprach sie an mit Worten, die ihr Ziel erreichten: Warum bist du wieder, Tochter des aigishaltenden Zeus, gekommen? Wohl, damit du den Hochmut Agamemnons, des Atriden siehst? Aber das sage ich dir, und so wird es, glaube ich, auch eintreffen: Für seine Unverschämtheit wird er bald mit dem Leben bezahlen. Ihn aber sprach wieder die Göttin an, Athene mit dem strahlenden Blick: Ich bin gekommen, um deinen heftigen Zorn zu besänftigen, wenn du mir folgen willst, vom Himmel her. Geschickt hat mich die Göttin Hera mit den weißen Armen, die euch beide von Herzen liebt und um euch besorgt ist. Also, laß ab vom Streit und greif nicht mit der Hand zum Schwert, mit Worten aber schmähe ihn, wie es nur sein kann. Denn das sage ich dir, und so wird es auch eintreffen: bald werden dir noch dreimal so herrliche Ehrengaben geboten werden wegen dieser Arroganz (Hybris), du aber halt an dich und folge uns.«[53]

Wenn wir diese Szene mit unseren Worten beschreiben würden, würden wir etwa sagen: Im Augenblick der heftigsten Verletztheit fährt Achill der Gedanke durch den Kopf, Agamemnon umzubringen. Als er aber zum Schwert greift, um die Tat auszuführen, scheut er vor ihrer Ungeheuerlichkeit zurück, und es kommt ihm der Gedanke, Agamemnon dadurch büßen zu lassen, daß er sich tatsächlich vom Kampf zurückzieht.

52 Zu einer ausführlichen Interpretation dieser Szene siehe: Schmitt 1990 (wie Anm. 13), S. 76–81.

53 *Ilias* I, 193–214.

Diesen in unseren Augen ganz und gar innerseelischen Vorgang beschreibt Homer so, als ob die eigentliche Aktivität von außen, von einer Gottheit komme: Nicht Achill schreckt vor dem Äußersten zurück, sondern Athene hält ihn zurück, und nicht Achill kommt der Gedanke, wie er sich auch auf andere Weise Genugtuung verschaffen kann, sondern Athene gibt ihm diesen Gedanken vor.

Daraus hat man den Schluß gezogen, den man in Interpretationen des 18. so gut wie des 20. Jahrhunderts lesen kann[54]: Homer habe noch nicht gewußt, was wir doch alle wissen, daß seelische Regungen aus uns selbst kommen, unsere eigene psychische Aktivität sind, auch wenn wir in gewissem Sinn nachvollziehen können, daß es einem manchmal so scheint, als wisse man gar nicht, was in einer bestimmten Situation über einen gekommen ist oder was einem eingefallen ist.[55]

So kam man zu der Überzeugung, die Götter Homers seien nichts als, wie Hegel das formuliert hat, die Kräfte und Mächte in der Brust des Menschen selbst, die sich Homer wie äußere und auch von außen wirkende Mächte vorgestellt habe.[56]

Auch von dieser altehrwürdigen Homerdeutung gilt, daß sie - vielleicht aus einem zu großen Vertrauen auf die Fortschrittlichkeit der eigenen Modernität - zwar bis heute viele überzeugt hat, daß sie aber auf ziemlich ungenauen und voreingenommenen Beobachtungen beruht.

Es ist zwar richtig, daß die Andeutung, die Athene Achill

54 Exemplarisch sei auf die wirkmächtige Monographie von Bruno Snell verwiesen: Snell [7]1993, S. 30–44, z. B. S. 36: »Es fehlt bei Homer das Bewußtsein von der Spontaneität des menschlichen Geistes, d. h. das Bewußtsein davon, daß im Menschen selbst Willensentscheidungen oder überhaupt irgendwelche Regungen und Gefühle ihren Ursprung haben.«

55 Snell [7]1993, S. 36.

56 Siehe z. B. Hegel 1955, Bd. I, S. 460ff. (»Das Ideal der klassischen Kunstform überhaupt«).

macht, wie er Agamemnon, auch ohne ein Verbrechen zu begehen, für seine Unverschämtheit büßen lassen kann, genau dem entspricht, was ein Charakter wie Achill in dieser Situation denken mußte. In dieser Übereinstimmung zwischen dem, was in unserem Urteil ›eigentlich‹ in Achill vorgeht, mit dem, was die Göttin sagt, kann man ein gewisses Indiz dafür sehen, Homer habe seine Götter gleichsam aus dem Inneren des Menschen herausgebildet. Wo wir uns selbst tätig sehen, müßte sich Homer Götter am Werk vorgestellt haben. In diesem Sinn hat etwa auch Goethe gesagt, Homer vermenschliche die Götter nicht, sondern er vergöttliche den Menschen. Bei Homer seien nicht die Götter anthropomorph, sondern der Mensch theomorph.

Es geht aber sogar aus dieser kurzen Textstelle selbst hervor, daß Homer die Göttin Athene nicht mit dem gleichsetzt, was er sie zu Achill sagen läßt. Athenes eigene Gedanken und Absichten sind nicht die Gedanken und Absichten, die sie Achill in den Sinn legt. Athene ist bei Homer die Göttin, die ganz auf seiten der Griechen steht und sich für die Wiedergutmachung des Unrechts, das ihnen von den Trojanern widerfahren ist, einsetzt. In dieser Gesinnung kommt sie auch zu Achill, weil sie, wie sie selbst sagt, zusammen mit Hera um beide, um Agamemnon und um Achill, in Liebe besorgt ist. Daß Achill diese Besorgtheit nicht teilt, braucht man nicht zu betonen. Umgekehrt ist es später dieselbe Athene, die sich darum bemüht, die für die Griechen verheerenden Konsequenzen aus Achills unnachgiebigem Verhalten, die aber Achill selbst mit seinem Rückzug aus dem Kampfgeschehen gerade herbeiführen will, abzuwenden oder zumindest abzumildern. Von einer Identität der Motivationen kann hier also in keiner Hinsicht die Rede sein.

Die Lösung dieser scheinbaren Ungereimtheit liegt auf der Hand: Aus Athene spricht für Homer gerade nicht das eigene Innere Achills, sondern eine Göttin mit ihren eigenen Plänen, die sie mit großer Einsicht in die Psyche des Menschen Achill durchsetzt.

Denn wenn man fragt, warum Athene, die doch die Göttin der

Vernunft und Besonnenheit ist, Achill einen so unbesonnenen Rat gibt, sieht man leicht, daß das einfach das Äußerste an Vernunft ist, das man Achill in seiner momentanen inneren Verfassung zumuten kann. Sie hält Achill vom Schlimmsten zurück, indem sie sich trotz des Abstands, den sie als die strahlende Göttin auch ihm gegenüber wahrt, in großer Vertrautheit in seinen Zustand hineinversetzt[57] - man erkennt das auch daran, daß sie beinahe wortwörtlich Achills empörte Rede »und das sage ich dir, und so wird es auch eintreten« wiederholt - und so genau die Seite - und sicher auch die einzig mögliche Seite - in Achill trifft, von der her er überhaupt noch offen für eine gewisse Vernünftigkeit war.

Wenn Athene wie Achill spricht, dann nicht, weil sie ›eigentlich‹ Achill ist, sondern weil sie - in der Deutung Homers - absichtlich so mit ihm spricht, wie er sie verstehen kann. Dieser von Athene absichtlich angestrebte vertraute Umgang mit Achill zeigt sich auch daran, daß sie keinerlei Gewalt oder Schrecken über ihn ausübt, sondern ihm in vornehmer Geste sogar selbst überläßt, ob er ihr folgen will: »Ich bin gekommen, deinen Zorn zu besänftigen, wenn du mir folgen, wenn du dich überzeugen lassen willst.« Davon daß die homerischen Menschen in dem Bewußtsein lebten, bei ihren eigenen Entscheidungen gar nicht selbst tätig zu sein, sondern sich dabei im Bann eines göttlichen Wirkens fühlten, kann keine Rede sein. Achill gibt sogar von sich aus eine Begründung, warum er Athene folgen will: »So ist es besser«, sagt er, »denn wer auf die Götter hört, auf den hören auch sie« (*Ilias* I, 217-218).

Man kann natürlich fragen und muß diese Frage auch stellen,

57 Man könnte auch sagen: Achill kann in diesem Moment des stärksten Zorns das, was Vernunft ist, nur in dieser eingeschränkten Form erfassen und annehmen: siehe zu der Rolle der geistigen ›Aufnahmekapazität‹ Proklos in seinem dichtungskritischen Traktat im Rahmen seines Kommentars zur Platonischen *Politeia* (wie Anm. 29): Proclus in Rem Publicam Vol. I, 105,1-6 und 9-12.

warum Homer, wenn er seine Menschen selbständig, ja aus von ihm klar durchschauten psychischen Motiven handeln läßt, warum er dann dennoch an innermenschlichen Entscheidungen und Vorgängen Götter mitwirken läßt.

Diese Frage können wir hier nicht erschöpfend behandeln.[58] Grundsätzlich kann man aber sagen, daß Homer einen anderen Begriff von Selbständigkeit hatte als den, den die neuzeitliche Aufklärung geprägt hat. Selbständig kann nur sein, das lehren viele Beispiele in der *Ilias* wie in der *Odyssee*, wer sich selbst kennt. Und sich selbst kennen, heißt: unterscheiden können zwischen dem, was zu tun in der eigenen Macht liegt und was nicht in unserer Verfügungsgewalt steht. In diesem Sinn kann jemand, der seine Grenzen nicht kennt und nicht weiß, wo er abhängig ist, nicht selbständig sein. Die Erkenntnis der eigenen Grenzen schafft demgegenüber das Wissen, daß nicht alles Handeln, bei dem man sich selbständig fühlt, auch selbständig ist. Fast alles Handeln ist vielmehr gemischt, enthält Aspekte der Selbständigkeit wie der Abhängigkeit. Wo diese Erkenntnis der Abhängigkeiten, in denen man steht, nicht nur zufällige oder blinde Gewalten oder Kräfte feststellt, sondern auf der Unterscheidung von etwas beruht, was in sich vernünftig ist und von sich selbst her bestimmte Fähigkeiten hat, da entsteht der Glaube an etwas, das die Griechen als olympische Götter bezeichneten.

Das Überzeugende oder Einleuchtende, das ein Gedanke in sich selbst hat, der Anspruch, den die Forderung nach Gerechtigkeit von sich her hat, die Macht, die der Liebreiz der Schönheit ausübt, derartiges wird bei Homer nicht den Menschen, sondern Göttern – Athene, Apollon, Aphrodite – zugeschrieben. Es ist ja nicht in der Welt, weil wir es in dieser oder jener Weise auffassen oder dafür empfänglich sind. Des Menschen Teil ist, es sich in dieser oder jener Weise zu erschließen, nicht aber, es in die Welt zu bringen.

58 Siehe daher Schmitt 1990 (wie Anm. 13), passim.

So ist es auch bei Achill. Die Forderung der Vernunft, einen Menschen und gar den König, der die Verantwortung für die ganze Gemeinschaft trägt, nicht zu töten, ist keine bloße Fiktion Achills, sondern ein Anspruch, den jeder, der der Vernunft zugänglich ist, erkennen kann. Achills Verdienst ist, daß er diesen Anspruch auch für sich anerkennt, ja, daß er ihn überhaupt bemerkt. Das verschafft ihm die bei Homer keineswegs selbstverständliche, sondern sehr seltene Auszeichnung, daß sich ihm die Göttin selbst zeigt.[59] Sein selbst zu verantwortender Mangel ist, daß er diesen Anspruch nur leidenschaftlich verzerrt wahrnimmt und meint, es genüge schon, Agamemnon nicht zu töten, das Recht, ihn und mit ihm die ganze Gemeinschaft schwer zu schädigen, habe er aber sehr wohl. Es ist ja seine mangelnde Aufnahmefähigkeit für die Vernunft, die Athene veranlaßt, ihm nicht ihre wahren Gedanken zu offenbaren, sondern ihm nur so viel zu sagen, wie er in dieser Lage aufzunehmen bereit ist.

Wir halten also fest: Daß Homer an Götter glaubt, liegt nicht daran, daß er von einer Selbständigkeit des Menschen noch gar nichts weiß, sondern daß er dieser Selbständigkeit in einer Hinsicht eine andere, engere Grenze setzt als die moderne Aufklärung, in einer anderen Hinsicht dieser aber mehr Bedeutung einräumt: nämlich insofern, als er den Bereich, in dem der Mensch selbständig sein, selbst Einfluß nehmen kann, nicht vollständig in einen Bereich der von der äußeren Wirklichkeit radikal abgeschnittenen Innerlichkeit verbannt, sondern an dem äußeren Handeln, an den äußeren Ereignissen selbst, Momente unterscheidet, die menschlicher Einflußnahme unterliegen können.[60]

59 Siehe *Ilias* I, 198: »ihm allein zeigte sie sich; von den anderen sah sie keiner«.

60 Genauer zu der neuzeitlichen Auffassung, von Freiheit und Selbstbestimmtheit könne nur die Rede sein, wenn das Handeln Resultat eines inneren, zu einem Äußeren Stellung nehmenden und diesem

Auch die Handlungen, die wir selbst durchführen, stehen nicht völlig in unserer Macht, sondern enthalten in sich viele Momente der Abhängigkeit. Auf diese nicht in unserer Macht liegenden Determinanten des Handelns legt Homer in seiner Darstellung besonderes Gewicht, aber nicht, um menschliche Selbständigkeit zu bestreiten, sondern um den Handlungsstrang, den der Einzelne tatsächlich selbst in der Hand hält, überhaupt erst klar herausarbeiten zu können. Zu diesen Determinanten menschlichen Handelns gehören für Homer nicht nur Götter, sondern ebenso z. B. Herkunft und natürliche Anlagen, Einwirkungen der Erziehung und der Gesellschaft usw.

Dort aber, wo Homer Einflüsse erkennt, die in sich selbst vernünftig sind und denen man deshalb auch eine vernünftige Selbständigkeit zusprechen muß, ist in seiner Darstellung von göttlichem Wirken die Rede. Dieses göttliche Wirken ist, wie wir schon gesehen haben, zwar grundsätzlich für alle gleich vorhanden, der Einzelne erfährt von dieser Wirkung aber – im Guten wie im Schlechten – nur so viel, wie er von sich aus aufzunehmen fähig und bereit ist.

Diese Eigenart, Handlung als ein Geflecht einander zugeordneter und gemäßer innerer und äußerer Motive darzustellen, kann man auch im weiteren Fortgang der *Ilias*-Handlung beobachten: Nach dem Weggang Athenes tut Achill genau das, was ihm Athene geraten hat, er sagt Agamemnon geradeheraus die Meinung und zieht sich vom Kampf zurück. Durch diese Entscheidung Achills werden auch die Handlungsmöglichkeiten Agamemnons grundlegend verändert. Er muß nun wahr machen, womit er vor Achill in der Heeresversammlung geprahlt hatte, er muß mit seinen übrigen Freunden und vor allem im Vertrauen auf Zeus' persönliche Unterstützung den Kampf ge-

zustimmenden (bzw. die Zustimmung verweigernden) Bewußtseinsaktes ist, wobei die Selbständigkeit dann nicht in dem Handeln selber, sondern eben nur in der innerlichen Stellungnahme liegt: siehe Schmitt 1990 (wie Anm. 13), S. 28–35.

gen die Troer wagen. Das will er in seiner Verblendung selbst, und Zeus treibt ihn in diesem Wahn auch noch an.

Ähnlich wie sich Athene gegenüber Achill verhalten hatte, verhält sich nun nämlich Zeus gegenüber Agamemnon. Er erscheint ihm allerdings nicht selbst, sondern schickt ihm einen Traum, der ihn in genau dem Zustand bestärkt, in dem er sich selbst schon befindet. Bei Agamemnon ist dieser Zustand ein bloßer Wahn, und so ist es auch ein Traum, der zu ihm tritt und ihm sagt: »Von Zeus bin ich dir da, als Bote von Zeus, der, wenn er auch fern von dir ist, sich große Sorgen um dich macht und mit dir mitfühlt.«[61]

Natürlich fällt Agamemnon auf den Traum herein, der ihm rät, jetzt endlich mit ganzer Heeresmacht gegen Troja aufzumarschieren, er werde es ›noch heute‹ einnehmen. Das wäre nicht nötig gewesen, d. h., hier gab es keinen Zwang, nicht eine Situation absoluter Determiniertheit, denn der alte, weise Ratgeber Agamemnons, Nestor, hatte den König eigens noch einmal darauf hingewiesen, wie trügerisch Träume, auch gottgesendete Träume, sein können.[62] Der Traum hatte aber zu genau die innersten Wünsche Agamemnons erraten, als daß dieser sich wehren wollte und könnte.

Von dieser Entscheidung Agamemnons geht ein Handlungsbogen aus, der in der Darstellung bis zum neunten Buch reicht und in der äußersten Demütigung Agamemnons gipfelt. Die erzählte Zeit umfaßt vier Tage, davon zwei Kampftage, die unterbrochen sind durch einen Tag für die Bestattung der Toten und einen Tag, an dem die bedrängten Griechen ihr Lager mit einer Mauer zu schützen versuchen. Nach Anfangserfolgen am ersten Kampftag, die Agamemnon natürlich nicht deshalb hat, weil Homer, wie nachrechnende Philologen meinen, vergessen hat, daß Zeus eigentlich Achill die Bestrafung Agamemnons versprochen hat, sondern die Zeus zuläßt, um Agamemnon völlig

61 *Ilias* II, 26–27.

62 *Ilias* II, 79–83.

in die Illusion zu verstricken, er werde jetzt auch ohne Achill den Sieg erreichen,[63] steigert sich die Bedrängnis der Griechen, bis sie am Abend des zweiten Kampftages in schlimmster, aussichtsloser Notlage sind. In der eilends einberufenen Versammlung steht Agamemnon mit Tränen in den Augen vor dem Heer und schlägt vor, schleunigst die Flucht nach Hause zu ergreifen (*Ilias* II, 266ff.). Zur Räson gerufen von tapfereren und besonneneren Mitkämpfern, vor allen von dem mutigen und kühnen Diomedes, bleibt Agamemnon kein anderer Ausweg, als eine Bittgesandtschaft zu Achill zu schicken und ihm dabei tatsächlich, wie Athene vorhergesagt hatte, unendliche Versöhnungsgaben, darunter eine seiner Töchter und sieben Städte, anzubieten.[64]

Damit geht die Handlung, die bisher ja eine Reaktion auf Achills Rückzug, also eine Art negativen Handelns Achills war, durch das er zum Anlaß der Tragödie Agamemnons geworden war, wieder auf Achill selbst über.[65] Der neue Handlungsbogen, der vom 9. bis ins 19. Buch reicht, umfaßt die Stadien, in denen sich Achill schrittweise von seinem Zorn auf Agamemnon löst und ihn schließlich ganz ablegt, wenn auch nicht ohne durch sein überlanges Zögern eine neue tragische Handlung ausgelöst und seinen geliebten Freund Patroklos in das Unglück mit hineingezogen zu haben, das sein Zorn über die Griechen gebracht hat.

Die Qualität einer Handlung hat ein Geschehen nur dann, wenn der Einzelne nicht einfach von den Ereignissen überrollt wird, sondern wenn er aufgrund seiner charakterlichen Tendenzen Bestimmtes vorzieht oder meidet und dadurch in akti-

63 Damit erweisen sich auch hier alle Teile als auf ein Telos bezogen und damit als wirkliche Teile, die man nicht beliebig hinzufügen oder wegnehmen könnte, ohne das Ganze ins Wanken zu bringen: siehe Aristoteles, *Poetik*, Kap. 8 1451a33–35.

64 Rede des Agamemnon: *Ilias IX*, 116ff.

65 Latacz 1979 (wie Anm. 4), S. 156f.

ver Weise in das äußere Geschehen eingreift, so daß der Ausgang dieses Geschehens maßgeblich durch seine Entscheidungen mitbestimmt ist.

Das gilt auch für Achills Rückkehr zum gemeinsamen Kampf unter dem Oberbefehl Agamemnons. Zwar sieht es auf einen ersten Blick so aus, als verharre er unerweichlich in seinem Zorn – als sei er tatsächlich, wie Horaz sagt,[66] *inexorabilis* –, solange bis dieser Zorn durch ein äußeres Ereignis, eben durch den Tod seines geliebten Patroklos, gleichsam umgelenkt wird, umgelenkt zur Rachewut gegenüber Hektor, der Patroklos besiegt und getötet hat. In Wahrheit ist der Zorn Achills von Anfang an nicht völlig blind[67] und hat deshalb auch von Anfang an einen Ansatzpunkt in sich, von dem aus er beeinflußbar ist.

Das hat bereits sein Hinhören auf die Stimme Athenes bewiesen, das hat sich gezeigt, als er die Herolde, die im Auftrag Agamemnons seine Briseis abholen mußten, nicht wie es Tyrannen mit den Boten schlechter Nachrichten zu tun pflegen und wie es Agamemnon mit dem Seher Kalchas getan hatte, in seine Wut mit einbezog, sondern ausdrücklich zwischen dem Schuldigen und den Unschuldigen unterschied.[68] Das demonstriert jetzt Achill auch bei der Bittgesandtschaft, die er mit großer Freundschaftlichkeit und vornehmer Höflichkeit empfängt und bewirtet. Auch das, was ihm diese Gesandtschaft zu sagen

66 Horaz, *Ars poetica* V121.

67 Diese Auffassung, nach welcher es einen radikalen Gegensatz zwischen vernünftiger Überlegung und absolut irrationalen Affekten gibt, ist eine These, die auch in der Antike bereits vertreten worden ist, nämlich im Hellenismus von der Stoa; eine der Konsequenzen dieser strikten Opposition ist, daß jeder Affekt sich in genau der gleichen Weise grundsätzlich und von Anfang an jeglicher Möglichkeit der Beeinflussung durch das ›von ihm betroffene‹ Subjekt entzieht und nur noch als ein äußeres, unentrinnbares Widerfahrnis erlebt (und angenommen bzw. abgelehnt) werden kann. Siehe zu einer möglichen, differenzierteren Gegenposition: Schmitt 1994, S. 573–599.

68 *Ilias* I, 334–336.

hat, stößt bei ihm nicht auf taube Ohren: »Seid herzlich willkommen, ihr kommt ja als Freunde und wohl in großer Not. Auch wenn ich zürne, seid ihr mir die liebsten der Achäer« (*Ilias* IX, 197–198); so begrüßt Achill die Gesandtschaft, und er antwortet auf die Bitten der Freunde mit der Darlegung der Gründe für seinen Zorn – auch dies ein Zeichen, daß dieser Zorn kein völlig irrationaler Affekt ist, nicht zuletzt deshalb, weil auch die Freunde diese Gründe begreifen und akzeptieren können.[69] »Bis jetzt war es nicht unbillig, daß du gezürnt hast, nur wenn du auch jetzt dich nicht umstimmen läßt, verfehlst du dich an der Gemeinschaft«, sagt ihm etwa sein alter Erzieher Phoinix.

Als die Bittenden am Ende äußerlich doch unverrichteter Dinge abziehen, ist Achill innerlich keineswegs unverändert. Im Gegenteil, er hat seinerseits die Gründe der Freunde akzeptiert: »Alles hast du mir gleichsam aus der Seele gesprochen«, sagt er zu Aias, dem neben ihm Tapfersten der Griechen, »aber mir schwillt der Zorn, wenn ich daran denke, wie höhnisch mich der Atride damals behandelt hat ...«[70] Das heißt: Es gibt in Achill bereits ein Gegengewicht gegen den Zorn – daß es noch nicht schwer genug wiegt, liegt auch an Agamemnon, der Achill zwar ungeheuer viele und große Geschenke angeboten, aber seine Rede mit einer Forderung an Achill geendet hat, in der dieser kaum eine Einsicht Agamemnons in sein Unrecht erkennen kann: »Er soll sich bezwingen und sich mir unterordnen, da ich doch der Königlichere bin« (*Ilias* IX, 15–16).[71] Auch wenn Achill

69 Und das bedeutet auch, daß Vernunftdenken und Gefühlsebene nicht zwei getrennte und getrennt agierende Systeme im Menschen sind, wie dies heute wieder die Emotionspsychologie als ›Neuentdekkung‹ und ›Überwindung des neuzeitlichen Logozentrismus‹ preist (siehe zum Beispiel den Sammelband: Kahle [Hrsg.] 1981), sondern sie sind verschiedene Instanzen ein und desselben Unterscheidungsvermögens. Siehe dazu Schmitt 1990 (wie Anm. 13).

70 *Ilias* IX, 645 ff.

71 Siehe Latacz ^{2}1997, Anm. 133.

diese Worte nicht gehört hat, kennt er Agamemnon zu genau und erkennt an dem, was Agamemnon ihm von der Bittgesandtschaft nicht anbieten läßt, daß er gerade das nicht wiedergutzumachen bereit ist, was für Achill der eigentliche Grund seiner Empörung ist: die ungerechtfertigte Demütigung.

Wirkung zeigt dieses Gegengewicht aber sehr wohl. Denn Achill sitzt nun nicht mehr im Zelt und spielt auf der Laute, sondern steht auf dem Hinterdeck seines Schiffes und verfolgt intensiv den verlust- und tränenreichen Kampf der Griechen (*Ilias* XI, 599–601) – auch dies wieder ein Zeichen dafür, wie Homer einen Blick in das Innere seiner Personen öffnet, ohne auf das Mittel einer bloßen Beschreibung zurückgreifen zu müssen. Der nächste Schritt ist, daß er nicht mehr nur aus der Ferne zuschaut, sondern seinen Patroklos selbst hinüberschickt, um die Situation zu erkunden. Als dieser mit den schrecklichsten Nachrichten zurückkommt, ist Achill schon fast umgestimmt und läßt sich auf den verhängnisvollen Kompromiß ein, Patroklos in seiner, Achills, Rüstung und mit seinen Leuten in den Kampf zu schicken, aber mit dem klaren Auftrag, die Trojaner nur von den Schiffen der Griechen zu vertreiben und auf keinen Fall ihm den Ruhm, der Zerstörer Trojas zu sein, zu nehmen.

Damit wird Achills Zorn Anlaß einer neuen Tragödie, der Tragödie des Patroklos. Denn natürlich kann sich Patroklos der Wirkung, die er als scheinbarer Achill auf die Trojaner macht, nicht entziehen, sondern überschreitet eine Grenze, die er sehen könnte und sehen müßte, nach der anderen, bis er sich schließlich einem gewaltsamen Schicksal ergeben muß.

Das können wir hier leider nicht genauer verfolgen. Denn nun richtet sich der Blick auf eine (Teil-)Handlung, die sich auf der Seite der Trojaner zuträgt: Achills überlanges Zögern wird Anlaß für Hektor, einen verhängnisvollen Fehler zu machen, d. h., Achills Unfähigkeit, seinen Zorn loszulassen, wird nun auch noch Anlaß für eine Tragödie Hektors (die natürlich im Sinn der *Ilias*-Geschichte unbedingt nötig ist, da ohne diesen Fehler Hektors Troja nicht zu Fall gekommen wäre – und die in anderer

Weise, z. B. indem sie Wesentliches zur Charakterisierung Achills beiträgt und indem sie vor Augen führt, welche kriegsentscheidende Bedeutung Achills Kampfeskraft und damit auch seine Weigerung, am Kriegsgeschehen teilzunehmen, hat, usw., auch für die eigentliche Ilias- oder Achilleus-Handlung unentbehrlich ist).

Damit sind wir bereits im Schlußteil der *Ilias*. Achill ist der Streit mit Agamemnon jetzt gleichgültig, er versöhnt sich öffentlich und treibt zum Kampf. Hektor, der seit beinahe zehn Jahren Troja vor dem Untergang bewahrt hat, weil er sich Achill nie in offener Feldschlacht gestellt hat, will aber nun, da er die Griechen beinahe ins Meer getrieben und den ›Schein-Achill‹ Patroklos besiegt hat, nicht wahrhaben, daß er sich wieder hinter die Mauern zurückziehen muß. Also bleibt er trotz der dringenden Warnung seines klugen Ratgebers Polydamas im Feld vor der Stadt, stellt sich Achill und fällt.

Dabei ist eine Szene von besonderer Aussagekraft über die Darstellungsabsichten Homers.[72] Als Hektor vor der Stadtmauer steht und auf Achill wartet und schon weiß, daß er ihm nicht gewachsen sein wird, da sagt er sich, daß es sein persönlicher Fehler war, durch den die Stadt jetzt zugrunde gehen wird. Das habe er eigentlich nicht gewollt. Das heißt: Als er damals zu Polydamas gesagt hatte: »Ich will nicht in die Stadt zurück«, hat er gar nicht seinen wahren Willen ausgesprochen, dieser Wille war Folge einer leidenschaftlichen Verblendung und enthielt gar nicht das, was er selbst, von sich aus, wie er jetzt bei klarer Besinnung sieht, wirklich wollte. Und in der Tat paßte dieses Verhalten nicht zu dem klugen Strategen Hektor, als der er sich in vielen Kampfjahren bewährt hatte. Er hatte sich von den Erfolgen der letzten Tage und von dem Wahn, jetzt Zeus auf seiner Seite zu haben, verführen lassen.

72 Siehe die Interpretation dieser Szene in: Schmitt 1990 (wie Anm. 13), S. 92 ff.

Das macht auf eine Einsicht aufmerksam, deren Vermittlung offenbar ein zentrales Anliegen Homers war. Was man hier an Hektor sehen kann, das gilt ja für alle großen Figuren der Ilias-Handlung, für Achill, Agamemnon und Patroklos genauso wie für Hektor. Jeder von ihnen scheitert in seinem Handeln nicht einfach, weil er irgendwelche Pflichten oder Konventionen seiner Gesellschaft verletzt, sondern weil er sich, wenn auch aus sehr verständlichen Motiven, davon abbringen läßt, seinen eigenen wahren Vorteil im Auge zu behalten.[73]

Homer unterscheidet also nicht, wie wir es häufig tun, zwischen einem egoistisch motivierten Handeln, einer subjektiven Neigung, und einem pflichtgemäßen, dem Allgemeinwohl dienenden Handeln,[74] sondern zwischen einem Handeln, bei dem man seinen wahren Vorteil im Auge behält und das tut, was man selbst will und was zu einem paßt, und einem Handeln, bei dem der Blick auf das tatsächlich Vorteilhafte perspektivisch verzerrt ist, weil man sich von irgend etwas hat ablenken und so in Abhängigkeit von Umständen, Menschen oder Göttern hat bringen lassen.

Dabei ist in der homerischen Darstellung immer deutlich, daß die Verfehlung des eigenen Vorteils auch zu einer Schädigung der Gemeinschaft führt, genauso wie umgekehrt die Wahrung des eigenen Vorteils, sozusagen die Verfolgung eines richtigen Egoismus, auch zu einer Steigerung des Gemeinwohls führt. Hätte Achill auf die Bitt-Gesandtschaft,[75] hätte Hektor auf seinen Ratgeber gehört, hätten sie nicht nur sich selbst, sondern auch ihren Gemeinschaften viel Unglück erspart.

Es ist deshalb kaum zu leugnen, daß die *Ilias* auch eine mo-

73 Siehe dazu: Schmitt 2000 (wie Anm. 14).

74 Siehe zu den Unterschieden zu einem solchen in Schillers Theorie des Tragischen exemplarisch formulierten Konzept: Schmitt 1992, S. 191–213.

75 Dazu, ob dies eine wirkliche Möglichkeit war, siehe: Latacz ^{2}1997 (wie Anm. 71), Anm. 134–139.

ralische, oder richtiger, eine ethisch-politische Darstellungsabsicht hat. Diese Absicht verwirklicht Homer aber nicht durch Formen direkter Belehrung, auch nicht in einer ästhetisch ›versüßten‹ Umkleidung eines an sich abstrakten Gedankens,[76] sondern auf einem ganz anderen Weg, nämlich durch eine Erziehung der Gefühle, und zwar richtigerer und der Situation angemessenerer Gefühle, als es die Gefühle sind, die die Handelnden scheitern lassen. Wer beim Lesen oder Hören innerlich miterlebt, wie Achill seinen Patroklos in den Kampf schickt oder wie Hektor behauptet, Achill sei auch nur ein Mensch, der empfindet ja nicht dasselbe wie diese Personen, sondern es steht ihm schon vor Augen, wie Patroklos fallen, wie Hektor Achill gegenüberstehen wird, und er wird, weil seine Perspektive die richtigere, weitere ist, keine falsche Hoffnung, sondern eine berechtigte Furcht um seinen Helden empfinden, zugleich um ihn zittern und mit ihm mitleiden, wenn er miterlebt, wie ihn ein viel schlimmeres Unglück ereilt, als er es verdient hätte.

Aristoteles spricht mit Blick auf diese Wirkung der Dichtung von einer Katharsis, einer Reinigung der Gefühle. Gegen diese Gefühle soll die Dichtung nicht etwa abhärten oder Gelegenheit geben, sich von ihnen zu befreien, sondern sie soll die richtigen Gefühle in uns wecken, die man haben soll, um das Scheitern menschlichen Handelns mit einem nicht verzerrten Blick für die in ihm liegenden, aber auch uns, die Hörer und Leser, betreffenden Gefährdungen zu erleben.

Die Moderne hat Homer vor allem wegen seiner ungekünstelten Natürlichkeit geschätzt. In seinen Dichtungen sollte die Welt noch unmittelbar so dargestellt sein, wie sie sich dem Auge, das noch von keinem Einbruch der Reflexion getrübt war, darbietet. Seine Menschen sollten deshalb hohe, plastische, heroische

76 Zu einer solchen bereits in der Antike formulierten formalästhetischen Dichtungsauffassung siehe z. B. Gorgias, Enkomion der Helena, Kap. 9 ff., und zur stoischen Dichtungstheorie: Kyriakou 1995.

Figuren sein, die noch nichts von der zerrissenen Innerlichkeit der Moderne wußten. Darin sollte auch die Schönheit der homerischen Dichtung liegen, daß sie gleichsam von selbst ästhetisch war. Es gab noch nicht den abstrakten Gedanken über die Welt und den Menschen, sondern alles hatte wie von selbst konkrete Gestalt.

Selbst der kurze, notgedrungen sehr undifferenziert bleibende Gang durch die *Ilias* hat aber schon deutlich gemacht, daß die Moderne in diesem Homer-Bild mehr ihr eigenes Gegenbild als die homerischen Gedichte selbst anschaut.

Von einer naiven, archaisch-mythischen Ursprünglichkeit kann bei Homer keine Rede sein. Der Verlust dieses vielen vertrauten und auch mit einigem Grund geschätzten Homer-Bildes ist aber kein Verlust in der Sache. Im Gegenteil, das Bild, das uns die Erforschung der großen kulturellen Traditionen, in denen Homer steht, und der besonderen poetischen Verfahrensweise, die in seinen Dichtungen dokumentiert ist, zeigt, rückt uns einerseits Homer viel näher, gibt seinen Darstellungen größere aktuelle Relevanz, sie macht die Auseinandersetzung mit ihm aber auch dort lohnend, wo seine Denkhaltung und sein Kunstverständnis uns fremd geworden sind.

Von besonderem Interesse scheint mir, daß Aristoteles, dessen Literaturtheorie ja nicht nur die Antike, sondern auch die Neuzeit von der Renaissance bis mindestens ins 18. Jahrhundert beherrscht hat, Homer geradezu zum Musterbeispiel für das nehmen kann, was Dichtung überhaupt zur Dichtung macht und sie von bloßer nichtliterarischer Prosa unterscheidet. Der Unterschied von Literatur und Nichtliteratur kommt nach Aristoteles nämlich nicht aus der ästhetischen Form, sondern aus dem besonderen Gegenstand, dem sich Literatur zuwendet.[77] Literatur bildet nach Aristoteles Welt nicht einfach ab, gibt nicht einfach die äußere »Realität« wieder, sondern gestal-

77 Siehe Aristoteles, *Poetik*, Kap. 1 1447b14–20 und vor allem Kap. 9 1451a38–b5.

tet – paradox formuliert – eine wirklich mögliche Welt. Dies gelingt ihr dadurch, daß sie nur das darstellt, was ein bestimmter Charakter aufgrund der in eben diesem Charakter liegenden Möglichkeiten sagt oder tut und alles andere als uninteressant beiseite läßt. Daß Homer eine solche Darstellung einer möglichen Welt, einer Welt, die möglich geworden ist, weil sie einem Charakter wie Achill möglich war, gelungen ist, heißt also, daß er aus Achill einen Gegenstand der Literatur und aus der Darstellung seiner Geschichte ein Meisterwerk der Literatur gemacht hat.

Adkins, Arthur W. H.: Values, Goals and Emotions in the Iliad, in: Classical Philology 77, 1982, S. 292–326.

Ders.: Homeric Values and Homeric Society, in: Journal of Hellenistic Studies 91, 1971, S. 1–14.

Ders.: Merit and Responsibility. A Study in Greek Values, Oxford 1960.

Auerbach, Erich: Mimesis. Dargestellte Wirklichkeit in der abendländischen Literatur, Tübingen/Basel [9]1994.

Bakker, Egbert: The Study of Homeric Discourse, in: Morris, Ian/Powell, Barry B.: A New Companion to Homer, Leiden u. a. 1997, S. 284–304.

Benedict, Ruth: Patterns of Culture, London 1935.

Bernsdorff, Hans: Zur Rolle des Aussehens im homerischen Menschenbild, Göttingen 1992 (= Hypomnemata 97).

Böhme, Hartmut: Zur Gegenstandsfrage der Germanistik und Kulturwissenschaft, in: Jahrbuch der Deutschen Schillergesellschaft 42, 1998, S. 476–485.

Borchmeyer, Dieter: Faust – Goethes verkappte Komödie, in: Mennemeier, Franz Norbert (Hrsg.): Die großen Komödien Europas, Tübingen/Basel 2000, S. 199–225.

Blumenberg, Hans: Die Legitimität der Neuzeit, Frankfurt am Main [2]1999.

Bremer, Jan Maarten/De Jong, Irene (Hrsg.): Homer beyond Oral Poetry, Amsterdam 1987.

Cessi, Viviana: Erkennen und Handeln in der Theorie des Tragischen bei Aristoteles, Frankfurt am Main 1987.

Clarke, Howard: A Historical Introduction to the Iliad and Odyssey, Newark 1981.

Dodds, Eric R.: The Greek and the Irrational, London 1951.

Edwards, Mark W.: Homeric Style and Oral Poetics, in: Morris, Ian/Powell, Barry B. (Hrsg.): A New Companion to Homer, Leiden u. a. 1997, S. 261–283.

Else, Gerald F.: Aristotle's Poetics: The Argument, Leiden 1957.

Fränkel, Hermann: Das Argonautenepos des Apollonios, in: Museum Helveticum 14, 1957, S. 1–19.

Giuliani, Luca: Bildnis und Botschaft: Hermeneutische Untersuchungen zur Bildniskunst der römischen Republik, Frankfurt am Main 1986.

Griffin, Jasper: Sophocles and the Democratic City, in: ders. (Hrsg.): Sophocles Revisited. Essays Presented to Sir Hugh Lloyd-Jones, Oxford 1999, S. 73–94.

Ders.: Homer. Iliad Book Nine, Oxford 1995.

Habermas, Jürgen: Moralbewußtsein und kommunikatives Handeln, Frankfurt am Main ^{7}1999.

Ders.: Erläuterung zur Diskursethik, Frankfurt am Main 1991.

Hegel, Georg Wilhelm Friedrich: Ästhetik, Hrsg. Friedrich Bassenge, Berlin 1955.

Holoka, James P.: Homer, Oral Poetry Theory, and Comparative Literature: Major Trends and Controversies on Twentieth-Century Criticism, in: Latacz, Joachim: Zweihundert Jahre Homerforschung. Rückblick und Ausblick, Stuttgart/Leipzig 1991, S. 465–481.

Kahle, Gerd (Hrsg.): Logik des Herzens: die soziale Dimension der Gefühle, Frankfurt am Main 1981.

Kirk, Geoffrey S. (Hrsg.): The Language and the Background of Homer, Cambridge 1964.

Korfmann, Manfred: Hisarlik und das Troja Homers – Ein Beispiel zur kontroversen Einschätzung der Möglichkeiten der Archäologie, in: Pongratz-Leisten, Beate/Kühne, Hartmut/Xella, Paolo (Hrsg.): Ana sadî Labnani la allik. Beiträge zu altorientalischen und mittelmeerischen Kulturen. Festschrift Wolfgang Rölling, Neukirchen-Vluyn 1997, S.171–184.

Kyriakou, Poulheria, Aristotle's Poetics: Its Theoretical Foundations and Its Reception in Hellenistic Literary Theory, Ann Arbor (Mich.) 1995.

Lamberton, Robert: Homer's Ancient Readers, Princeton 1992.

Ders.: Homer in Antiquity, in: Morris, Ian/Powell, Barry B. (Hrsg.): A New Companion to Homer, Leiden u. a. 1997, S. 33–54.

Latacz, Joachim: Achilleus: Wandlungen eines europäischen Heldenbildes, Stuttgart u. a. ²1997.

Ders.: Homer. Der erste Dichter des Abendlandes, Düsseldorf/Zürich ³1997.

Ders.: Neues von Troja, in: Gymnasium 95, 1988, S. 385–413.

Ders. (Hrsg.): Homer. Tradition und Neuerung, Darmstadt 1979.

Ders.: Kampfparänese, Kampfdarstellung und Kampfwirklichkeit in der Ilias, bei Kallinos und Tyrtaios, in: Zetemata 66, 1977, S. 4–7.

Lesky, Albin: Epos, Epyllion und Lehrgedicht, in: Griechische Literatur, Neues Handbuch der Literaturwissenschaft, Bd. 2, Wiesbaden 1981.

Lloyd-Jones, Hugh: The Justice of Zeus, Berkeley 1971.

Marg, Walter: Der Charakter in der Sprache der frühgriechischen Dichtung, Darmstadt 1967.

Morris, Ian/Powell, Barry B.: A New Companion to Homer, Leiden u. a. 1997.

Parry, Milman: L'épithète traditionelle dans Homère. Essai sur en problème de style homèrique, Paris 1928.

Pellicia, Hayden: Mind, Body and Speech in Homer and Pindar, Göttingen 1995 (=Hypomnemata 107).

Powell, Barry B.: Homer and the Origin of the Greek Alphabet, Cambridge 1991.

Sacks, Richard: The Traditional Phrase in Homer. Studies in Form, Meaning and Interpretation, Leiden u. a. 1987.

Schadewaldt, Wolfgang: Von Homers Welt und Werk, Stuttgart ³1959.

Schiller, Friedrich: Über naive und sentimentalische Dichtung, Hrsg. Johannes Beer, Stuttgart 1986.

Schmitt, Arbogast: Der Einzelne und die Gemeinschaft in der Dichtung Homers und in der Staatstheorie bei Platon, Frankfurt am Main 2000.

Ders.: Wesenszüge der griechischen Tragödie, in: Flashar, Hellmut (Hrsg.): Tragödie. Idee und Transformation, Stuttgart/Leipzig 1997, S. 5–49.

Ders.: Theologie und Geschichte bei Aristoteles. Wie kommen nach Aristoteles Anfang, Mitte und Ende in die Geschichte?, in: Warning, Rainer/Stierle, Karlheinz (Hrsg.): Das Ende. Figuren einer Denkform, in: Poetik und Hermeneutik, München 1996, S. 528–563.

Ders.: Aristoteles und die Moral der Tragödie, in: Bierl, Anton/Möllendorff, Peter von/Vogt, Sabine (Hrsg.): Orchestra. Drama, Mythos, Bühne, Festschrift Hellmut Flashar, Stuttgart/Leipzig 1994, S. 331–343.

Ders.: Leidenschaft in der Senecanischen und Euripideischen Medea, in: Albini, Umberto u. a. (Hrsg.): Storia, poesia e pensiero nel mondo antico, Studi in onore di Marcello Gigante, Neapel 1994, S. 573–599.

Ders.: Zur Aristoteles-Rezeption in Schillers Theorie des Tragischen. Hermeneutisch-kritische Anmerkungen zur Anwendung neuzeitlicher Tragikkonzepte auf die griechische Tragödie, in: Zimmermann, Bernhard u. a. (Hrsg.): Antike Dramentheorien und ihre Rezeption, Stuttgart 1992, S. 191–213.

Ders.: Selbständigkeit und Abhängigkeit menschlichen Handelns bei Homer. Hermeneutische Untersuchungen zur Psychologie Homers, Stuttgart 1990.

Schwinge, Ernst-Richard: Homerische Epen und Erzählforschung, in: Latacz, Joachim (Hrsg.): Zweihundert Jahre Homer-Forschung, Stuttgart/Leipzig 1991, S. 482–512.

Seaford, Richard: Reciprocity and Ritual, Oxford 1994.

Snell, Bruno: Die Entdeckung des Geistes. Studien zur Entstehung des europäischen Denkens bei den Griechen, Göttingen ^{7}1993.

Starke, Frank: Troia im Kontext des historisch-politischen Umfeldes Kleinasiens im 2. Jahrtausend, in: Studia Troica 7, 1997, S. 447–487.

Visser, Edzard: Homers Katalog der Schiffe, Stuttgart/Leipzig 1997.

Ders.: Homerische Versifikationstechnik. Versuch einer Rekonstruktion, Frankfurt am Main u. a. 1987.

Vivante, Paolo: The Epithets in Homer. A Study in Poetic Values, New Haven/London 1982.

Yamagata, Naoko: Homeric Morality, Leiden u. a. 1994.

Zanker, Paul: Die Maske des Sokrates: Das Bild des Intellektuellen in der antiken Kunst, München 1995.

BODO GUTHMÜLLER

Dantes *Commedia*

Als Dante, vermutlich 1320, die dritte Cantica, das *Paradies*, seinem Gönner Cangrande della Scala, dem Stadtherrn von Verona, überreichte, fügte er ihr eine Anleitung zur Lektüre, einen *accessus*, bei.[1] Er stellt sich mit dieser Kommentarform in die mittelalterliche Schultradition, mit der für die Zeit auffälligen Besonderheit freilich, daß der Autor sein eigenes Werk erläutert. Was er in der Lektüreanleitung sagt, ist ein unentbehrlicher Schlüssel für das Verständnis des Gedichts. Dante wirft, wie in den *accessus* üblich, die Fragen nach dem Gegenstand des Werks und nach dem Autor auf, nach der Form, der Absicht, dem Titel, dem Bereich der Philosophie, dem es zuzuordnen ist.[2] Unter der Frage nach dem Autor[3] steht die berühmte Antwort: Dante Alighieri »florentin[us] natione, non moribus«, »Florentiner der Herkunft, doch nicht den Sitten nach«; die ganze Bitterkeit Dantes gegenüber seiner Heimatstadt, die ihn in die Verbannung geschickt hatte, aus der er nie zurückkehren sollte, kommt hier zum Ausdruck. Das Ziel, das Dante mit seinem Werk verfolgt, könnte nicht höher gesteckt sein: Die *Commedia* soll »die Menschen in diesem Leben aus dem Stand der *miseria*, des Elends und der Sünde, befreien und dem Stand der Glückseligkeit zuführen«.[4] Das Werk gehört insofern nicht der

1 Dante Alighieri 1979, S. 598 ff.; vgl. Mazzoni 1955, S. 157–198; Nardi 1961, S. 273–305; Padoan 1977, S. 30–63.

2 »Sex igitur sunt que in principio cuiusque doctrinalis operis inquirenda sunt, videlicet subiectum, agens, forma, finis, libri titulus, et genus philosophie« [6].

3 Unter der Frage nach dem Autor steht, genauer gesagt, ein Rückverweis auf den Titel, wo der Autor genannt worden war [10].

4 »Finis [...] est removere viventes in hac vita de statu miserie et perducere ad statum felicitatis« [15].

spekulativen Philosophie zu, sondern der Ethik: es ist »ad opus« geschrieben, d. h., es hat einen praktischen Zweck, es will aufrufen zur »Wiederherstellung der gottgewollten weltlichen und geistlichen Ordnung der Gesellschaft«.[5]

Der Teil des *accessus*, der aufgrund der Radikalität des Anspruchs vor allem überrascht, sind die Zeilen, die Dante dem Kanon der Fragen vorausschickt.

Der Sinn des Gedichts, so Dante, ist nicht ein einfacher, sondern ein mehrfacher Sinn (»non est simplex sensus, ymo dici potest polisemos, hoc est plurium sensuum«). Der erste Sinn ist der wörtliche oder historische Sinn (»sensus litteralis sive historialis«). Die anderen Sinne sind der allegorische, der moralische und der anagogische, die jedoch zusammengefaßt alle als allegorischer Sinn bezeichnet werden können.[6] Der Gegenstand der *Commedia* ist dementsprechend ein doppelter: Er ist »litteraliter«, auf der Ebene des Wortsinns, der Stand der Seelen nach dem Tode (»status animarum post mortem«) und allegorisch der Mensch, »dem, aufgrund seiner Willensfreiheit, im Jenseits eine gerechte Belohnung oder Strafe für seine Verdienste oder Vergehen [im irdischen Leben] zuteil wird« (»prout merendo et demerendo per arbitrii libertatem iustitie premiandi et puniendi obnoxius est«).

Dante greift hier, wie die gebrauchten Begriffe anzeigen, auf das thomistische Deutungsschema für die Bibel zurück, das den *sensus litteralis* mit dem *sensus historicus* gleichsetzt und auf der Ebene des übertragenen Sinns den allegorischen, den moralischen und den anagogischen Sinn unterscheidet.[7] Das aber

5 Buck 1987, S. 158.

6 »Nam primus sensus est qui habetur per litteram, alius est qui habetur per significata per litteram. Et primus dicitur litteralis, secundus vero allegoricus sive moralis sive anagogicus. [...] Et quamquam isti sensus mistici variis appellentur nominibus, generaliter omnes dici possunt allegorici, cum sint a litterali sive historiali diversi« [7].

7 Vgl. De Lubac 1959 ff., zu Dante: Bd. 2. 2, S. 320 ff.; Hollander 1969, bes. Kap. I; Pépin 1970.

heißt: Dante nimmt für die *Commedia* ein Deutungsschema in Anspruch, das sich mit dem der Bibelexegese deckt, mit anderen Worten: Die Jenseitsschilderungen sind auf der Ebene des Wortsinns nicht *fictio poetica*, Dichtung, Erfindung, sondern berichten ähnlich wie die Erzählungen in der Bibel wahres Geschehen. Zur Veranschaulichung des für die *Commedia* postulierten Deutungsschemas wählt Dante ausdrücklich ein Beispiel aus der Bibel: den Auszug der Israeliten aus der Knechtschaft in Ägypten.

Es wird deutlich, wie unerhört ein solcher Anspruch beim Leser klingen mußte, was er an Explosivkraft und auch an Anmaßung enthielt. Dante sieht sich als Auserwählten, dem Gott in einem Akt besonderer Gnade erlaubt hat, das Jenseits als transempirische Wirklichkeit zu erschauen. Die zeitgenössischen Kommentare, die schon kurz nach dem Tode Dantes in großer Zahl entstanden, schreckten verständlicherweise davor zurück, einen solchen Anspruch ernst zu nehmen; sie ließen das theologische Deutungsschema fallen und plädierten für eine Deutung der *Commedia* nach Art der Dichter.[8]

Hier nur ein Beispiel dieser Verharmlosung, die sich in den frühen Dantekommentaren durchgängig nachweisen läßt und die auch in der heutigen Dantekritik noch vorherrscht.[9]

Eine der umstrittensten Stellen der *Commedia*, die in den frühen Kommentaren seitenlang diskutiert wird, findet sich im XIII. Gesang des *Inferno*, »passum fortem et arduum«, so nennt sie Benvenuto da Imola.[10] Gemeint ist Dantes Behauptung, die Seelen der Selbstmörder würden in knorrige Dornbüsche verwandelt und behielten diese Gestalt selbst nach dem Jüngsten Gericht noch bei. Wohl bekommen die Selbstmörder nach Dante ihrerseits am Tage des Jüngsten Gerichts ihre menschlichen Körper zurück, doch nur um sie an den Ästen der Dornbüsche, in die sie verwandelt sind, aufzuhängen. Dante gewinnt

8 Vgl. Padoan 1977, S. 41ff., Hollander 1969, S. 19 und S. 266ff.

9 Vgl. Buck 1987, S. 146.

10 Benvenuto da Imola 1887, Bd. 1, S. 448.

mit dieser Version ein überaus eindrucksvolles Bild: Die für alle Ewigkeit an den Ästen der zu Dornbüschen gewordenen Seelen aufgehängten Leichen sind ein Sinnbild des Selbstmordes und der Last, der Schuld, die die Selbstmörder tragen. »Was der Autor hier sagt, ist nicht nur falsch, sondern eindeutig häretisch« (»Quod auctor hic dicit non solum videtur erroneum, sed expresse haereticum«), so lautet der Kommentar Benvenutos.[11] Die Metamorphose von Menschen in Tiere und Pflanzen widerspricht der gottgewollten Hierarchie der Geschöpfe.[12] Nach kirchlicher Lehre gewinnen Seele und Körper aller Menschen nach dem Jüngsten Gericht ihre ursprüngliche Einheit zurück, die Seligen, damit sie ihre Glückseligkeit noch intensiver empfinden, die Verdammten, damit sie die Qualen der Hölle noch stärker erleiden. Ist Dante also ein Häretiker? Nein, »ich behaupte, daß der Autor etwas anderes schrieb und etwas anderes meinte« (»teneo quod aliud scriptum fuerit et alia fuerit auctoris intentio«), so erklärt schon der früheste Dantekommentator Ser Graziolo de Bambaglioli.[13] »Der verständige Leser soll beachten« - ich zitiere Guido da Pisa, einen weiteren frühen Kommentator -, »daß der Autor [der der Wahrheit des katholischen Glaubens zu widersprechen scheint] hier wie an anderen Stellen als einfacher Dichter aufzufassen ist« (»tanquam simplex poeta«): »Non heretice sed poetice penas talium poetizat«, »nicht als Häretiker, sondern als Dichter erfindet er deren Strafen«.[14] Man könnte viele Beispiele dieser Verharmlosung anführen, die bei den Kommentatoren nicht zuletzt die Funktion hat,

6

11 Benvenuto da Imola, 1887, Bd. 1, S. 448.

12 »Fa tale transmutazione Dante per allegoria«, so schreibt Iacopo della Lana (Jacopo della Lana 1866, Bd. I, S. 250); Guido da Pisa 1974, S. 246: »poetice convertit in prunos«); ähnliche Formulierungen finden sich auch in den anderen frühen Kommentaren.

13 Graziolo de Bambaglioli 1892, S. 61. Der Verfasser des Ottimo Commento [Andrea Lancia] verweist auf Ser Graziolo (Torri [Hrsg.] 1827, I, S. 248).

14 Guido da Pisa 1974, S. 251.

Dante vor dem gegen ihn erhobenen Vorwurf der Häresie in Schutz zu nehmen. Dantes Abstieg in die Hölle, sein Aufstieg ins Paradies finden nicht wirklich statt, sie sind erfunden; sie geschehen »poetice«, »per phantasiam«, »mentaliter«.[15]

Eine solche Deutung der Jenseitsschilderungen als *fictio poetica* widerspricht nun offensichtlich dem Selbstverständnis Dantes, so wie es im *auto-accessus* zum *Paradies* zum Ausdruck kommt. Doch auch in der *Commedia* selbst macht Dante immer wieder klar, daß er gerade nicht erfindet, sondern wirklich Gesehenes wiedergibt. Nur ein Beispiel: Im XXV. Gesang der *Hölle* werden die Diebe bestraft, indem Gott sie zu Schlangen oder zu Zwitterwesen halb Mensch, halb Schlange werden läßt. Dante greift zur Beschreibung der Verwandlungen Motive aus den *Metamorphosen* Ovids auf, von dem er sich jedoch andererseits in ungewöhnlich scharfer Form distanziert:

> »Taccia di Cadmo e d'Aretusa Ovidio,
> ché se quello in serpente e quella in fonte
> converte poetando, io non lo 'nvidio« (97-99).

»Von Cadmus und von Arethusa schweige/nun auch Ovid,/ wenn er in Schlang, und in Quelle/den Mann, das Weib vertauscht, ich neid's ihm nicht.«[16]

»Converte poetando« - Dante verweist explizit darauf, daß Ovids Verwandlungen dichterische Erfindung sind. Dem setzt er mehrfach im Gesang ein »io vidi«, »ich sah es mit eigenen Augen«, entgegen. »Io che'l vidi«, so heißt es am Beginn der Beschreibung der Verwandlungen in einer Anrede an den Leser (48), »Cosí vid'io la settima zavorra/mutare e trasmutare«, am

15 Siehe Padoan 1977, S. 42.

16 Dante Alighieri 1966; alle Zitate aus der Commedia nach dieser Ausgabe; die deutschen Zitate stammen aus der Übersetzung von Karl Vossler (Dante Alighieri o. J.).

Ende (142 f.). Dante erhebt also den Anspruch, daß er nicht erfindet, sondern als Zeuge berichtet.[17] Er läßt keinen Zweifel daran, daß der *Commedia* eine Vision, eine »mirabile visione«, wie er sagt (*Vita Nuova* XLII, cf. *Par.* XVII, 128), zugrunde liegt: Gott hat an ihm ein Wunder getan, indem er ihn das Jenseits visionär erschauen ließ. An anderer Stelle nennt er sein Werk ein »sacrato poema«, ein heiliges Gedicht (*Par.* XXIII, 62), ein »poema sacro«, an das Himmel und Erde Hand angelegt haben (*Par.* XXV, 1–2). Dante ist sich freilich bewußt, daß er das Jenseits nicht in seiner ganzen Fülle einfangen kann: Immer wieder betont er das Unaussprechbare dessen, was er gesehen hat, nur einen Bruchteil davon kann er wiedergeben; sein Gedächtnis ist zu schwach, um sich an alles erinnern zu können, die menschliche Sprache reicht nicht aus, all das Gesehene zu fassen.[18] »E fa la lingua mia tanto possente, / ch'una favilla sol de la tua gloria / possa lasciar a la futura gente«, »Schenke meinen Worten so viel Kraft, / daß einen Funken doch von deiner Glorie / ich zu den künftigen Geschlechtern trage«, so ruft er auf dem Höhepunkt der Vision des Paradieses Gott um Hilfe an (*Par.* XXXIII, 70–72). Gott hat Dante die wunderbare Vision geschenkt, ihre sprachliche Wiedergabe jedoch ist Sache des Dichters. Hier liegt ein wesentlicher Unterschied zur Bibel, als deren primärer Autor Gott selbst galt. Dantes *Commedia* ist ein »*sacro* poema«, da es die gottgewollte Vision zur Grundlage hat, sie ist ein »sacro *poema*«, da ihre Niederschrift allein das Werk des Dichters Dante ist.[19] Nicht zuletzt wegen seiner besonderen literarischen Fähigkeiten wurde Dante die göttliche Mission an-

17 Vgl. Guthmüller 1986, S. 3–17 und S. 144–149 (ital. in: ders. 1997, S. 17–36); ders. 2000, S. 345–357.

18 Die Frage, ob das Jenseits nach Meinung des Dichters Dante wesentlich so ist, wie der Protagonist Dante es sieht, oder ob Gott es diesem nur so erscheinen läßt, damit er in der Lage ist, es sinnlich wahrzunehmen, kann hier offenbleiben.

19 Vgl. Padoan 1977, S. 62.

vertraut. Insofern ist die *Commedia* auch Ausdruck des literarischen Stolzes Dantes, der sich mit seinem Werk in die Tradition der größten antiken Dichter stellen will und sich in *Inf.* IV als sechster nach Homer, Virgil, Horaz, Ovid und Lukan in die »bella scola« (94) der besten Dichter aufnehmen läßt: »Nachdem sie kurz sich unterredet hatten [die antiken Dichter], / bewegten sie sich grüßend zu mir her, worüber lächelnd sich mein Meister [Virgil] freute, / und taten mir noch größre Ehre an: / sie ließen mich in ihrer Mitte gelten / als sechsten auf so hohem Rang der Weisheit« (*Inf.* IV, 97 ff.).

Über die Form seines Gedichts sagt Dante im *accessus* wenig aus: Er unterscheidet – wie üblich – die »forma tractatus« und die »forma tractandi«, also Aufbau und Darstellungsweise. Die Darstellungsweise veranschaulicht er anhand zweier Reihen von Prädikaten, von denen die eine, wie Ernst Robert Curtius gezeigt hat, den philosophisch-lehrhaften Charakter des »poema sacro« herausstellt (Beweis, Widerlegung, Anführung von Beispielen ...) und die andere dessen poetisch-rhetorische Gestalt (Beschreibung, Digression, Metaphorik ...).[20] Hinsichtlich des Aufbaus betont Dante vor allem die auf verschiedenen Ebenen vorliegende Dreiteiligkeit: Die *Commedia* ist untergliedert in drei Cantiche, in denen die drei jenseitigen Reiche dargestellt werden; die einzelne Cantica besteht aus dreiunddreißig (3×10+3) Gesängen, wobei der erste Gesang des *Inferno* als Einleitung zum Gesamtgedicht zu verstehen ist; dieses umfaßt demnach 100 (10×10) Gesänge. Die kleinste metrische Einheit des Gesangs ist die von Dante speziell für die *Commedia* erfundene Terzine, die aus drei durch ein bestimmtes Reimschema verbundenen Versen besteht. Die Zahl Drei spielt natürlich nicht zufällig diese überragende Rolle im Aufbau des Gedichts: Sie verweist

20 »Poeticus, fictivus, descriptivus, digressivus, transumptivus, et cum hoc diffinitivus, divisivus, probativus, improbativus, et exemplorum positivus« [9] (vgl. das Zitat o. Anm. 2, wo Dante von der Commedia als einem »opus doctrinale« spricht). Siehe Curtius ^{4}1963, S. 228 ff.

auf die Trinität und damit auf das Zentrum des christlichen Glaubens, während die Zahl 10 die Gesetzestafeln des Moses mit den Zehn Geboten als Grundlage des Alten Testaments evoziert. Der Zahlensymbolik kommt überhaupt in der *Commedia* große Bedeutung zu, was aber hier nicht weiter verfolgt werden kann.[21]

Das narrative Schema der *Commedia* ist das einer visionären Reise. Dante besucht nacheinander die drei jenseitigen Reiche der Hölle, des Läuterungsberges und des Paradieses und trifft dort auf immer neue Seelen. In den Begegnungen, die Dante schildert, ist jeweils ein doppelter Aspekt der Figuren präsent, ihre historische Bedeutung einerseits, die eschatologische andererseits: Der Status der Seelen im Jenseits offenbart Gottes Urteil über ihr irdisches Dasein und damit die definitiven von Gott garantierten Wahrheiten, aus denen Lehren für das Heil zu gewinnen sind.[22] Cato von Utica, der Wächter des Purgatoriums, zum Beispiel, ist als historische Figur der politische Freiheitsheld, der sich, um die Republik zu retten, der Alleinherrschaft Caesars entgegenstellte und für die Freiheit sein Leben opferte. Aus eschatologischer Sicht ist er Sinnbild der Freiheit schlechthin und kann so als Wächter des Purgatoriums fungieren, wo die Seelen sich von den Sünden läutern und die spirituelle Freiheit erlangen. »Denn die politische und irdische Freiheit, für die er starb«, so Erich Auerbach, »ist nur *umbra futurorum* gewesen: eine Präfiguration jener christlichen Freiheit, als deren Hüter er hier bestellt ist. [...] Es ist [...] die Befreiung der Seele von der Knechtschaft der Sünde, als deren *figura* Catos freiwillige Wahl des Todes vor der politischen Knechtschaft hier eingeführt wird.« Was von Cato gesagt wird, gilt nach Auerbach für die *Commedia* überhaupt, »sie ist ganz und gar auf figuraler Anschauung gegründet«.[23] Dante hat die Mission, den Menschen

21 Siehe Hardt 1973.

22 Bárberi Squarotti 1988, S. 5–25, hier S. 8.

23 Auerbach 1938, S. 436–489, hier S. 480 und S. 484.

mitzuteilen, was die ewigen und unveränderlichen Folgen ihres irdischen Handelns und Denkens sind, um sie auf diese Weise zur Umkehr zu bewegen. Denn nach Dantes Überzeugung befindet sich die Welt in einem Stadium größter Gefährdung, Papst und Kaiser kommen den ihnen von Gott übertragenen Aufgaben nicht mehr nach, so daß die Welt darniederliegt, zur Hölle auf Erden verkommen ist.

Im 50. Gesang der *Commedia*, in der genauen Mitte des die vollkommene Zahl von 100 Gesängen umfassenden Gedichts, im XVI. Gesang des *Purgatorio*, macht Dante einen Adligen aus der zweiten Hälfte des 12. Jahrhunderts, dessen Klugheit und Stolz in zeitgenössischen Quellen gerühmt werden, über dessen Leben wir jedoch nichts Sicheres wissen,[24] Marco Lombardo, zum Sprachrohr seiner politisch-religiösen Überzeugungen: Das moderne Italien - und überhaupt die moderne Menschheit - befindet sich in einem Zustand der Degradation, weil Kaiser und Papst, die die Menschen nach Gottes Willen führen sollen, den ihnen übertragenen Aufgaben nicht nachkommen: Der Kaiser, der für Frieden und Gerechtigkeit auf Erden sorgen soll, verschafft den Gesetzen nicht den gehörigen Respekt (»Le leggi son, ma chi pon mano ad esse?«, Gesetze gibt es, doch wer setzt sie durch? [97]). Der Papst, der für die geistliche Führung der Menschen verantwortlich ist, beansprucht für sich die weltliche Macht. Die beiden »Sonnen«, Kaiser und Papst, die den Menschen den Weg zur weltlichen und zur ewigen Glückseligkeit weisen sollen,[25] haben sich gegenseitig ausgelöscht. »Ben puoi veder che la mala condotta/«, so faßt Marco Lombardo zusammen, »è la cagion che'l mondo ha fatto reo,/e non natura che'n voi sia corrotta«, »So kannst du einsehen, daß nur schlechte Führung/der Grund ist, der die Welt verkommen läßt,/und nicht Entartung euerer Natur« (103-105). Das Versagen der

24 Favati (Hrsg.) 1970, S. 227 und S. 245.

25 »Che l'una e l'altra strada/facean vedere, e del mondo e di Deo« (V. 107-108).

weltlichen und geistlichen Führung gilt als die Hauptursache für die Degradation der modernen Welt.

Läßt Dante im XVI. Gesang des *Purgatorio* Marco Lombardo die Erklärung für die allgemeine Degradation liefern, so kommt einem weiteren Adligen der Zeit, der aufgrund seiner *leggiadria* und *cortesia* gepriesen wurde,[26] Guido del Duca, im XIV. Gesang des *Purgatorio* die Aufgabe zu, dem Leser die moderne Dekadenz so drastisch wie möglich vor Augen zu führen.[27] Guido beschreibt hier das Arnotal, doch mit der geographischen Beschreibung verbindet er die Schreckensvision einer Landschaft, in der die Bewohner zu Tieren verkommen sind. Im oberen Flußverlauf (im Casentino) sind die Anwohner des Arnotals schmutzige Schweine; in Arezzo wohnen kleine kläffende Hunde; je näher man Florenz kommt, um so mehr Wölfe trifft man an, in Pisa schließlich leben betrügerische Füchse (43–54). Die Tiere sind für Dante, der hier Boethius folgt, Sinnbilder der Laster. In der *Consolatio Philosophiae* erscheinen die Tiere in der Reihenfolge: Wolf (gewalttätige Habgier), Hund (Streitsucht), Fuchs (Betrug), Schwein (Wollust).[28] Dante ändert und wählt die folgende Reihenfolge: Schwein, Hund, Wolf, Fuchs und erreicht dadurch eine Steigerung der Laster, die der moralischen Abstufung der Hölle entspricht: Auf die Sünden der Willensschwäche folgen die der Gewalttätigkeit und des Betrugs. Das Arnotal wird so zum Abbild der Hölle auf Erden. Der Absturz des Arno in immer tiefere Regionen ist wie in der Hölle ein Absturz in immer schwerere Sünden. Dante unterstreicht diese Beziehung, indem er für die Beschreibung des Arnotals dieselben geographischen Begriffe und wertenden Attribute verwen-

26 Favati (Hrsg.) 1970, S. 220–222. Die Novelle nennt Guido nicht, doch die frühen Dantekommentare schreiben die hier erzählte Geschichte Guido del Duca und seinem Freund Arrigo Mainardi zu.

27 Vgl. Guthmüller 1998, S. 51–74 (ital. in: Picone/Crivelli [Hrsg.] 1999, S. 235–256).

28 Boethius ^{2}1969, S. 182 ff.

det wie eben für die Hölle: »das elende Tal« (»la misera valle«) (41), »der verfluchte, verwunschene Graben« (»la maladetta e sventurata fossa«) (51), »finstere Abgründe« (»pelaghi cupi«) (52), »der wüste Wald« (»la trista selva«) (64).[29] In der Romagna, so heißt es dann im zweiten Teil des Gesangs, sind die Adelsfamilien entartet zu giftigen Dornen; auch hier wird auf die Hölle angespielt (95, cfr. *Inf.* XIII, 6–7). An kaum einer Stelle der *Commedia* schildert Dante seine eigene Zeit in so dunklen Farben wie hier mit Hilfe des Motivs der degradierenden Metamorphose. Wenn er Guido del Duca Invektiven gerade gegen die Toskana und die Romagna in den Mund legt, so weil er zu diesen Regionen besondere Beziehungen hatte und die meisten Jahre seines Lebens dort verbrachte. Doch letztlich ist die Degradation der Menschheit generell gemeint, wie die Ermahnungen Virgils am Ende des XIV. Gesangs verdeutlichen; die Toskana und die Romagna sind für Dante nur zwei besonders schmerzliche Beispiele.

Vor dem Hintergrund der drastischen Schilderungen in Gesang XIV des *Purgatorio* gewinnt die Rede des Marco Lombardo in XVI erst ihre volle Bedeutung, wird die Schuld, die Kaiser und Papst auf sich geladen haben, erst in ihrer ganzen Schwere sichtbar. Dante selbst setzt die beiden Gesänge in engste Beziehung zueinander. Auslöser der Erklärungen Marco Lombardos ist eine Frage Dantes, die direkt an das in Gesang XIV Gehörte anknüpft. Guido hatte das Problem der Ursachen der Dekadenz offengelassen: Sie erklärt sich entweder aus ungünstigen Astraleinflüssen (»per sventura/del luogo« [38–39]) oder aus der sittlichen Verkommenheit der Bewohner (»per mal uso che li fruga« [39]). Dante bittet Marco Lombardo nun um die Auflösung des »dubbio«, der ungelösten Frage:

29 Siehe zu den genannten Wörtern: Wilkins/Bergin 1965. In Inf. I werden ähnliche Begriffe verwendet, um Dantes Verstrickung in der sündigen Welt zu kennzeichnen.

»Ma priego che m'addite la cagione,
sí ch'i' la veggia e ch'i' la mostri altrui;
ché nel cielo uno, e un qua giú la pone« (61–63).

»Doch deute mir, ich bitte dich, den Grund an,/daß ich ihn sehn und andern zeigen möge,/man sucht ihn bald im Himmel [in den Astraleinflüssen], bald hienieden [in der sittlichen Verkommenheit].«

Marco läßt keinen Zweifel daran, daß die mit freiem Willen ausgestatteten Menschen den Niedergang selbst verschuldet haben und daß er namentlich von Kaiser und Papst, die die Menschheit ohne weltliche und geistliche Führung gelassen haben, zu verantworten ist: »in voi è la cagione, in voi si cheggia«, »[so liegt] in euch der Grund, in euch ist er zu suchen« (83).

Dantes politische Vision ist keine nationale Vision, wie das Gedicht im italienischen Risorgimento mißverstanden wurde, sondern eine universale; es geht dem Autor nicht primär um die Geschichte von Florenz und Italien, sondern um ein grundsätzliches Problem: die Relevanz der politischen Ordnung für das Heil der Menschheit.

In den Gesängen XIV bis XVI des *Purgatorio*, den zentralen Gesängen der *Commedia*, in denen Dante die Dekadenz seiner Zeit so nachdrücklich anklagt, wird gleichzeitig die ungewöhnliche Gnade, die ihm von Gott zuteil wird, in besonderer Weise herausgestellt. In Gesang XIV hebt Guido del Duca gleich zweimal die göttliche Gnade hervor, die in Dante aufleuchtet (»Tu ne fai/tanto maravigliar de la tua grazia«, »denn staunen/machst du uns mit der Gnade, die dir ward« [13–14], »Dio in te vuol che traluca/tanto sua grazia«, »doch da der Herr mit seiner Gnade dich/so reich bestrahlt« [79–80]).[30] In Gesang XVI spricht Dante

30 Vgl. Par. XV, 28, wo Cacciaguida seinen Nachfahren mit den lateinischen Worten begrüßt: »O sanguis meus, o superinfusa/gratia Dei, sicut tibi cui/bis umquam celi ianua reclusa?«

im Gegenüber mit Marco Lombardo dann selbst von der Gnade und dem Wunder, das Gott an ihm tut: »maraviglia udirai«, »Du sollst Wunder hören« (33);

»E se Dio m'ha in sua grazia rinchiuso,
tanto che vuol ch'i veggia la sua corte
per modo tutto fuor del moderno uso,
non mi celar chi fosti anzi la morte« (40–43).

»Und da mich Gott in seine Gnade aufnimmt/und seinen Thron zu schauen mir vergönnt/in einer lang nicht mehr geübten Form,/verbirg mir nicht, wer du im Leben warst.«

In diesen Versen wird explizit Bezug genommen auf die Ausgangssituation im 2. Gesang der *Hölle*, da Dante zögerte, die Jenseitsreise anzutreten, fühlte er sich doch im Vergleich mit Aeneas und Paulus, denen Gott diese Gnade vor ihm erwiesen hatte, dieses Privilegs unwürdig. Aeneas und Paulus waren fundamentale Rollen im göttlichen Heilsplan zugedacht, Aeneas die Rolle des Begründers des Römischen Reiches, Paulus die des Heidenapostels und kirchlichen Organisators, doch wer ist er, Dante, warum widerfährt ihm diese Gnade? »Wozu? Mit wessen Gunst soll ich nun gehen?/Ich bin kein Paulus, bin Aeneas nicht./So [würdig] glaub ich mich nicht, und niemand glaubt's« (*Inf.* II, 31–33).

Im *Purgatorio*, im Gegenüber mit Marco Lombardo, ist sich Dante seiner Mission nun sicher. Gott tut ein Wunder an ihm, damit er nach seiner Rückkehr auf die Erde den Menschen den göttlichen Willen kundtut. Dante will den Grund der Degradation erfahren, »damit [er] ihn sehn und andern zeigen möge« (62). So wird verständlich, warum der Einblick in die Degradation und das Bewußtsein der eigenen Sendung in den zentralen Gesängen der *Commedia* so eng verknüpft sind: Dantes göttliche Mission ist für die Menschheit eine (vielleicht die letzte?) Chance zur Umkehr. Der historische Pessimismus Dantes verbindet sich mit der Hoffnung auf eine *renovatio*, und die Grundlage dieser Hoffnung ist eben die Gnade, die Gott Dante erweist, indem er ihn im heiligen Jahr 1300 mit der visionären Jenseitsreise betraut.

Ihren nachhaltigsten Ausdruck findet die göttliche Mission Dantes im Gegenüber mit Cacciaguida im 17. Gesang des *Paradiso*, wo der Urahn Dantes seinem Nachfahren aufträgt: »Verschließe du der Lüge dich!/Mach offenkundig alles, was du schaust,/und wer die Räude hat, den laß sich kratzen./Zunächst mag deine Botschaft bitter sein/dem Gaumen, aber in lebendige Nahrung/wird sie, wenn erst verdaut, sich später wandeln./Und wie der Wind muß deine Stimme fegen,/der an den höchsten Gipfeln mächtiger rüttelt« (XVII, 127 ff.). In *Par.* XXVII wendet sich der heilige Petrus nach einer wortgewaltigen Strafrede gegen die Entartung der Kirche und des Papsttums (»Im Hirtenmantel räuberische Wölfe [...] sah ich« [55 f.]) mit den Worten an Dante: »e tu, figliuol, che per lo mortal pondo/ ancor giù tornerai, apri la bocca,/e non asconder quel ch'io non ascondo«, »Und du mein Sohn, [der du noch einmal hinab zur Erde kehren wirst], tu auf/den Mund, verhehle nicht, was ich nicht hehle« (64–66).[31]

Was Dante im Jenseits sieht, widerspricht zum Teil radikal den Erwartungen der Leser.[32] Dante schreckt nicht davor zurück, selbst Päpste in die Hölle zu versetzen; dies trifft vor allem den von ihm gehaßten Bonifaz VIII., der in der Hölle enden wird, da er sein geistliches Amt mißbraucht, indem er es in den Dienst seiner Machtpolitik stellt (*Inf.* XIX, 52 ff.). Auf der anderen Seite ist für Heinrich VII., der für Dante die Idee des Heiligen Römischen Reiches inkarniert, das von Gott aufgerufen ist, die Eintracht auf Erden zu retablieren, schon der Platz im Paradies reserviert, der ihn einst erwartet (*Par.* XXX, 137). Manfredi, den Sohn Friedrichs II., finden wir im Purgatorium, obwohl der

31 Vgl. die Worte der Beatrice Purg. XXXIII, 52 ff.

32 Vgl. Bárberi Squarotti 1988, S. 10.

Papst ihn exkommuniziert hatte (*Purg.* III, 112). Ein besonders eloquentes Beispiel ist Guido da Montefeltro: Er war nach politischen Intrigen zum Mönch geworden, um sich zu retten, und hatte sich vom Papst im voraus für einen verräterischen Rat die Absolution erteilen lassen: Er findet sich dennoch in der Hölle wieder (*Inf.* XXVII, 67ff.). Cato, der Gegner Caesars, obwohl Heide und Selbstmörder, erscheint, wie wir schon sahen, als Wächter des Purgatoriums (*Purg.* I). Minos ist kein gerechter König, wie man in der antiken Literatur liest, sondern ein Monstrum, das wie ein Hund bellt und mit seinem Schwanz den verdammten Seelen ihren Platz in der Hölle anweist (*Inf.* V, 4ff.).

All diese Beispiele zeigen, daß menschliches Urteil vorläufig ist und irren kann. Allein das Urteil Gottes gibt dem, was im Leben geschehen ist, den endgültigen und beispielhaften Sinn.

Sehr bekannte Episoden der *Commedia,* wie etwa die von Paolo und Francesca (*Inf.* V) oder von Odysseus (*Inf.* XXVII), die von Dante mit besonderer Anteilnahme erzählt werden und die von der Dantekritik nicht selten als tragische Geschichten mißverstanden wurden, müssen ebenfalls primär als Offenbarung der eschatologischen Wahrheit, des Urteils Gottes über menschliches Verhalten im Diesseits, gelesen werden. In dieser Perspektive verweist die Verdammung von Paolo und Francesca auf die Sündhaftigkeit der Liebe, die im Stil nuovo ihre Verherrlichung gefunden hatte. Die breite Ausgestaltung der Episode und Dantes Verzicht auf moralistisches Räsonieren darf nicht darüber hinwegtäuschen, daß auch Paolo und Francesca ein *exemplum* sind, ein beispielhafter Fall einer bestimmten durch sie geschehenen Sünde und einer entsprechenden an ihnen wirkenden Strafe. Wir müssen uns hüten zu meinen, ich folge hier Hugo Friedrich,[33] es handle sich um eine Romeo-und-Julia-Tragödie. Woran die Liebe Romeos und Julias scheitert, das ist die innerweltliche Ordnung einer Familie, einer Sippe, die sich der großen reinen Liebe entgegenstellt, und dieses Scheitern be-

33 Friedrich 1942, S. 83.

deutet Tragik. »Aber Dante meint nicht Tragik, er meint Sünde.« Francesca geht zugrunde an der Unvereinbarkeit ihrer Liebe mit der göttlichen Ordnung: Sie endet in der Hölle als Ehebrecherin, weil sie ihr ganzes Trachten, ihre ganze Liebe auf etwas Irdisches, Vergängliches gerichtet hat und nicht auf Gott. Der Leser soll nicht mitfühlen, wenn er diese Episode liest, sondern sich die Lehre, die daraus zu ziehen ist, zu eigen machen.

Seine Begegnung mit Odysseus schildert Dante im achten Höllenkreis, wo Odysseus gemeinsam mit Diomedes als böser Ratgeber und heimtückischer Betrüger, der u. a. den Troianern unter Vortäuschung religiöser Motive das hölzerne Pferd aufgedrängt hatte, seine Strafe erleidet. Wenn Odysseus als zentrales Argument, mit dem er die Gefährten zur Weiterfahrt in den unbewohnten Teil der Erde überreden wollte, anführt: »Considerate la vostra semenza:/fatti non foste a viver come bruti,/ma per seguir virtude e canoscenza«, »Bedenkt, wes hohen Samens Kind ihr seid/und nicht gemacht, um wie das Vieh zu leben!/Erkenntnis suchet auf und Tüchtigkeit« (118–120), so muß man dies, nachdem im Vorausgehenden auf den Aufenthalt bei Circe angespielt worden war, als Rückverweis auf ihr Leben als Tiere, oder anders gewendet auf ihr Leben ohne »virtude e canoscenza«, verstehen. Statt die Gefährten aus diesem Leben der Verlorenheit bei Circe herauszuführen, stürzt Odysseus sie mit seinem bösen Rat, der vortäuscht, das neue Unternehmen geschehe im Namen der *virtù*, in neue Sünden und endgültig ins Verderben. Odysseus ist keineswegs ein Held der Erkenntnis, wie er oft gesehen wird. Sein unersättlicher Wissensdurst setzt sich über die heiligsten Gefühle, die Liebe zum Sohn, zum Vater, zur Ehefrau, und über die von Gott gesteckten Grenzen hinweg; die neue Reise ist nichts weiter als ein »folle volo« (125), ein wahnwitziger Flug, der keinerlei Erkenntnis bringen wird.

Dantes Auswahl der Figuren beschränkt sich nicht, wie mehrfach deutlich wurde, auf Italien und auch nicht auf die jüdisch-christliche Tradition, sondern bezieht die antik-heidnische Welt mit ein. Dahinter steht die Überzeugung, die Dante schon im

Convivio (IV, iv) ausgesprochen hatte und die er in seinem Traktat über die *Monarchie* fortentwickelt, daß die Antike und insbesondere das römische Volk im Heilsplan Gottes eine ähnlich wichtige Funktion hatte wie das jüdische. Rom war dazu ausersehen, mit der Errichtung der Weltherrschaft und des Universalfriedens die Geburt Christi und die Verbreitung des Evangeliums vorzubereiten. Die konstante Verbindung von heidnisch-antiker und christlicher Welt ist eines der auffälligsten Strukturmerkmale der *Commedia*. Wir sahen schon, daß Dante zu Beginn der Jenseitsreise programmatisch Aeneas und Paulus als diejenigen nennt, die vor ihm die Gnade der Jenseitsreise erfahren hatten. Am tiefsten Punkt der Hölle zermalmt Luzifer in seinem Maul Judas, den Verräter Christi, und Brutus und Cassius, die Mörder Cäsars, der dem Mittelalter als der erste römische Kaiser galt (*Inf.* XXXIV). Im Purgatorium werden die sich läuternden Seelen grundsätzlich mit *exempla* sowohl aus der christlichen als auch aus der antiken Welt konfrontiert.

Die Verbindung von heidnisch-antiker und christlicher Welt bestimmt schließlich auch die Auswahl der Führer, die Dante durch das Jenseits geleiten: Virgil und Beatrice. Virgil ist als historische Figur der »sommo poeta« der römischen Antike, das von Dante bewunderte literarische Modell, der Dichter der *Aeneis*, der die Gründung des Römischen Reiches besingt, auch der unbewußte Prophet, der in der vierten Ekloge von der Geburt des Kindes kündet, und er ist auf allegorischer Ebene die Inkarnation der menschlichen und natürlichen Vernunft, Sinnbild all jener positiven Eigenschaften und Zielsetzungen, die dem Menschen ohne die christliche Offenbarung möglich sind. »So ist Vergil in der *Commedia* zwar der geschichtliche Vergil selbst«, so noch einmal Auerbach, »aber er ist es auch wieder nicht mehr; denn der geschichtliche ist nur *figura* der erfüllten Wahrheit, die das Gedicht offenbart, und diese Erfüllung ist mehr, ist wirklicher, ist bedeutender als die *figura*.«[34] Beatrice,

34 Auerbach 1938, S. 484.

die Seligmachende, die Virgil als Führer ablöst, ist einerseits die geliebte Frau der *Vita Nova*, andererseits Sinnbild der Offenbarung Gottes in der Welt, Inkarnation der wahren christlichen Theologie. »Auf Vergil, die Verkörperung der Vernunft und Symbolfigur des ›Imperium Romanum‹, folgt Beatrice, die den Glauben verkörpert und im Namen der Kirche spricht.«[35]

Diesen doppelten Aspekt hat auch der Protagonist der Vision und Reise, Dante, der nicht ohne weiteres mit dem Autor der *Commedia* gleichzusetzen ist.[36] Er ist einerseits der Florentiner Dante Alighieri, dem Gott im Jahre 1300 die visionäre Jenseitsreise aufträgt, der 1301 verbannt wird, als die schwarzen Guelfen mit Hilfe des Papstes Bonifaz VIII. sich der Stadt bemächtigen, der im Exil immer verbitterter durch die Höfe Norditaliens irrt, und er ist gleichzeitig *figura* des Menschen überhaupt, der den Beistand Gottes braucht, um seine Seele zu retten, »dem«, wie es im *accessus* heißt, »aufgrund seiner Willensfreiheit im Jenseits eine gerechte Belohnung oder Strafe für seine Verdienste oder Vergehen [im irdischen Leben] zuteil wird«. Dante durchläuft in einer Situation der Suche und des Lernens den Weg von der Verstrickung in den Sünden über die Läuterung zur Glückseligkeit; er unternimmt die Jenseitsreise zu eigenem Heil und zugleich stellvertretend für alle Menschen. Individuelle Heilsgeschichte und Sendungsidee verbinden sich. Man darf also das autobiographische Moment in der *Commedia* nicht überbetonen zu Lasten jener universalen Offenbarung, die aus jeder Situation, jeder Episode in der Reise von der Sünde zum Heil, die das Gedicht erzählt, spricht.

Dantes Anspruch, dies wurde immer wieder deutlich, ist ein universaler Anspruch; die *Commedia*, in der antike und biblisch-christliche Tradition sich verbinden, ist noch der einheitlichen Kultur des Mittelalters verpflichtet, als deren *summa* sie oft angesehen wird. Dante schreibt sein Gedicht jedoch nicht,

35 Buck 1987, S. 159.

36 Vgl. Bárberi Squarotti 1988, S. 13 f.

wozu ihn gelehrte Freunde drängten, in der Universalsprache des Latein, sondern in seiner Muttersprache, dem Florentinischen, worin ein innerer Widerspruch gesehen werden kann.[37] Dante steht jedoch allzu fest in seiner Zeit, als daß er übersehen konnte, daß die neue Elite der italienischen Stadtrepubliken, sein primäres Publikum, dem er sich besonders verpflichtet fühlt, nicht genügend Latein verstand, um darin seine Botschaft lesen zu können. In *Convivio* I, ix, dem »bedeutendsten Zeugnis, welches wir für die Existenz eines volkssprachlich gebildeten Publikums in der Zeit um 1300 besitzen«,[38] beschreibt Dante die neue kulturelle Führungsschicht. Sie setzt sich nicht mehr, wie er ausdrücklich festhält, nur aus Adligen (»principi, baroni, cavallieri«) zusammen, sondern umfaßt »molt'altra nobile gente [d.h. Nichtadlige, die über die »bontà d'animo«, den Geistesadel verfügen], non solamente maschi ma femmine che sono molti e molte in questa lingua, volgari e non litterati« (»nicht nur Männer, sondern auch Frauen, die zahlreich sind in dieser Sprache, die der Volkssprache mächtig sind, doch nicht des Latein«).[39] Die Volkssprache, das Volgare, ist die neue Sonne, so sagt Dante an anderer Stelle im *Convivio*, die denen Licht bringt, die in der Finsternis leben, da die alte Sonne, das Latein, für sie nicht leuchtet (I, XIII). Dante begründet die Wahl des Volgare somit mit der gewandelten sozialen und kulturellen Situation, die ein gebildetes volkssprachliches Publikum hat entstehen lassen. Diese Begründung geht konform mit der Angabe im *accessus*, das Werk habe ein praktisches Ziel, wolle auf die Menschen der Zeit einwirken. Doch war sich Dante ohne Zweifel ebenso bewußt, daß die Wahl des Volgare ihm ganz andere Möglichkeiten der poetischen Neugestaltung eröffnete als das Latein. Dies wurde von seinen Zeitgenossen sogleich klarsichtig erkannt. Hören wir nur Boccaccio, der sich folgender-

37 Vgl. Bárberi Squarotti 1988, S. 23.
38 Auerbach 1958, S. 226.
39 Dante Alighieri 1988, S. 62.

maßen äußert: »[Dante], secondo il mio giudicio, [...] primo [la lingua volgare] non altramenti fra noi Italici esaltò e recò in pregio, che la sua Omero tra' Greci o Virgilio tra' Latini [...] Costui mostrò con effetto con essa ogni alta materia potersi trattare, e glorioso sopra ogni altro fece il volgar nostro.«[40] Was Dante für das *volgare italiano* geleistet hat, ist der Leistung Homers im Griechischen und der Virgils im Lateinischen vergleichbar, ein Urteil, das auch heute noch Bestand hat.

Wenn Dante sein Gedicht *Commedia* nennt – nicht *Divina Commedia, divina* ist ein späterer Zusatz –, so offenbar wiederum mit Blick auf Virgil, in dessen *Aeneis* er eine »alta tragedia« erkennt (*Inf.* XX, 113). Im *accessus* führt Dante zwei Gründe für die Wahl des Titels *Commedia* an: sein Gedicht beginne wie die Komödie bitter und schrecklich (in der Hölle) und ende glücklich (im Paradies). Der Stil seines Gedichts sei wie in der Komödie der *stilus humilis*, denn es sei in der Volkssprache geschrieben, die selbst die Frauen verstünden. Die letztgenannte Begründung hat der Kritik viel Kopfzerbrechen bereitet, und sie scheint auch Dante selbst nicht zufriedengestellt zu haben: Unter Berufung auf Horaz fügt er hinzu, der »komische« Dichter dürfe auch Tragisches in sein Gedicht einbringen und umgekehrt. Aus dieser Bemerkung hat man zu Recht Dantes Bekenntnis zur Stilmischung herausgelesen; in der *Commedia* findet man in der Tat Alltägliches, Groteskes, Häßliches und Feierlich-Sublimes nebeneinander, was der Rezeption des Gedichts in der Zeit des Klassizismus abträglich war; selbst Goethe hatte bekanntlich mit Dante seine Probleme.[41] Schon ein früher Kommentator, der bereits genannte Benvenuto da Imola, stellt fest, daß Dantes Gedicht gleichzeitig Tragödie, Satire und Komödie ist, mit anderen Worten, jede Art von Dichtung in sich schließt. Der Titel *Commedia* und das Prädikat »humilis« bezögen sich nur auf die gewählte Sprache (Volgare statt Latein), im

40 Boccaccio 1974, S. 457 f.

41 Curtius ^{4}1963, S. 353 f.

übrigen sei Dantes Gedicht auf seine besondere Art »sublimis et excellens«,[42] ein Urteil, das die moderne Kritik immer wieder bestätigt hat.

Die *Commedia* gilt heute als das »Meisterwerk« der italienischen Literatur, vergleichbar mit unserem Faust oder dem Shakespeare der Engländer. Sie gilt gleichzeitig als eines der schwierigsten Werke der Weltliteratur. Es gibt wenige Leser, die sie ohne Hilfe eines umfangreichen Kommentars verstehen könnten. Das Gedicht, in dem antike und biblisch-christliche Kultur zusammenfinden, setzt Leser voraus, die das Alte und das Neue Testament und die antiken Autoren (Virgil, Ovid, Lukan, Cicero, Augustin) wirklich kennen. Ob Dante solche Leser in seiner Zeit zahlreich vorfand, sei dahingestellt: Die ungewöhnlich große Zahl erhaltener Handschriften, über 750, scheint dafür zu sprechen. Andererseits entstanden seit frühester Zeit zahlreiche Kommentare, die das Erklärungsbedürfnis belegen. Dieses Bedürfnis ist heute, das darf man sicher sagen, größer denn je, sind doch sowohl die biblisch-christliche als auch die antike Tradition der modernen Leserschaft weitgehend verlorengegangen. Doch noch eine weitere Dimension der *Commedia* ist uns heute schwer zugänglich. Wir sahen, daß die frühen Kommentatoren sich durch die *Commedia* herausgefordert fühlten, und meinten Dante widersprechen oder ihn gegen den Vorwurf der Anmaßung und Häresie in Schutz nehmen zu müssen. Diese Herausforderung an den Leser, das Schockierende der *Commedia*, wird heute in der Regel in einer ästhetisierenden Lektüre entschärft und verharmlost.

42 Benvenuto da Imola, 1987, Bd. 1, S. 16. Vgl. Auerbach ^{5}1971, S. 180.

Auerbach, Erich: Figura, in: Archivum Romanicum XXII, 1938, S. 436–489.

Ders.: Literatursprache und Publikum in der lateinischen Spätantike und im Mittelalter, Bern 1958.

Ders.: Mimesis. Dargestellte Wirklichkeit in der abendländischen Literatur (1946), Bern ^{5}1971.

Bambaglioli, Graziolo de: Il Commento più antico e la più antica versione latina dell'Inferno di Dante, Hrsg. A. Fiammazzo, Udine 1892.

Bárberi Squarotti, Giorgio: L'ombra di Argo. Studi sulla »Commedia«, Turin 1988.

Baum, Richard/Hirdt, Willi: Dante Alighieri 1985. Tübingen 1985.

Benvenuto da Imola, Comentum super Dantis Aldigherii Comoediam (1373–1380), 5 Bde., Hrsg. J. Ph. Lacaita, Florenz 1887.

Boccaccio, Giovanni: Trattatello in laude di Dante, Hrsg. P. G. Ricci, Mailand 1974.

Boethius: Consolationis philosophiae libri quinque, Hrsg. E. Gegenschatz/O. Gigon, Zürich/Stuttgart ^{2}1969.

Boyde, Peter: Dante, Philomythes and Philosopher, Cambridge 1981.

Buck, August: Die Commedia, in: ders. (Hrsg.): Die italienische Literatur im Zeitalter Dantes und am Übergang vom Mittelalter zur Renaissance, Heidelberg 1987.

Curtius, Ernst Robert: Europäische Literatur und lateinisches Mittelalter, Bern/München ^{4}1963.

Dante Alighieri: La Commedia secondo l'antica vulgata, Hrsg. G. Petrocchi, Mailand 1966.

Ders.: Die Göttliche Komödie, deutsch von Karl Vossler, Zürich o. J.

Ders.: Opere minori, Bd. 2, Hrsg. P. V. Mengaldo/B. Nardi u. a., Mailand/Neapel 1979.

Ders.: Opera minori, Bd. 1, 2, Hrsg. C.Vasoli D. De Robertis, Mailand/Neapel 1988.

De Lubac, Henri: Exégèse médiévale. Les quatre sens de l'Ecriture, 2 Bde., Paris 1959–1964.

Della Lana, Iacopo: Comedia di Dante degli Allagherii col Commento di Iacopo della Lana (ca. 1328), 3 Bde., Hrsg. L. Scarabelli, Bologna 1866.

Favati, Guido (Hrsg.): Il Novellino XLIV, LV, Genua 1970.

Friedrich, Hugo: Die Rechtsmetaphysik der Göttlichen Komödie, Frankfurt am Main 1942.

Guido da Pisa: Expositiones et Glose super Comediam Dantis or Commentary on Dante's Inferno (vor 1333), Hrsg. V. Cioffari, New York 1974.

Guthmüller, Bodo: Canto XXV, in: Inferno. (Lectura Dantis Turicensis), Hrsg. G. Güntert und M. Picone, Florenz 2000, S. 345–357.

Ders.: »Che par che Circe li avesse in pastura«. Circe-Mythos und Metamorphose in Dantes »Commedia«, in: Deutsches Dante-Jahrbuch 73, 1998, S. 51–74.

Ders.: Mito, poesia, arte. Saggi sulla tradizione ovidiana nel Rinascimento, Rom 1997.

Ders.: Studien zur antiken Mythologie in der italienischen Renaissance, Weinheim 1986.

Hardt, Manfred: Die Zahl in der Divina Commedia, Frankfurt am Main 1973.

Hollander, Robert: Allegory in Dante's Commedia, Princeton 1969.

Lancia, Andrea: L'ottimocommento della Divina Commedia (1333), 3 Bde., Hrsg. A. Torri, Pisa 1827.

Mazzoni, Francesco: L'epistola a Cangrande, in: Atti dell' Accademia Naz. Dei Lincei, Rendiconti cl. Scienze mor., stor., filol., S. VIII, Bd. 10, 1955, S. 157–198.

Nardi, Bruno: Osservazioni sul medievale accessus ad auctores in rapporto all'Epistola a Cangrande, in: Studi e problemi di critica testuale. Convegno di studi di filologia italiana 7–9 aprile 1960, Bologna 1961, S. 273–305.

Padoan, Giorgio: Il pio Enea, l'empio Ulisse. Tradizione classica e intendimento medievale in Dante, Ravenna 1977.

Ders.: Il lungo cammino del »poema sacro«, Florenz 1993.

Pépin, Jan: Dante et la tradition de l'allégorie, Montreal/Paris 1970.

Picone, Michelangelo/Crivelli, Tiziana(Hrsg.): Dante. Mito e poesia, Florenz 1999.

Wilkins, E. H./Bergin, T. G. (Hrsg.): A Concordance to the Divine Comedy of Dante Alighieri, Cambridge/London 1965.

ANDREAS KABLITZ

Francesco Petrarca, *Rerum vulgarium fragmenta**

Petrarcas *Buch der Lieder* hat viele Titel. Zu seinem heute geläufigsten Namen ist die Bezeichnung *Canzoniere* geworden. Dieses italienische Wort besagt im Grunde nichts anderes als die deutsche Formel vom »Buch der Lieder«. Schon Petrarca selbst hat seinen 366 Gedichten, die diese lyrische Sammlung aus dem 14. Jahrhundert vereint, mehrere Namen gegeben. Im Einleitungssonett des Zyklus hat er die Bezeichnung *rime sparse*, »verstreute Verse« gewählt. Dieser Begriff hat einen kaum zu überhörenden, abwertenden Zug. Deutlicher noch werden solche Gesten mit dem lateinischen Titel markiert, den Petrarca seinem *Canzoniere* gegeben hat: *Rerum vulgarium fragmenta*. Wollte man dies ganz wörtlich übersetzen, so müßte man wohl sagen: »Bruchstücke von volkssprachlichen Dingen«. Hörbarer noch als die Formel *rime sparse* zielt diese Bezeichnung auf eine Strategie der Abwertung. Hier soll im Grunde die Belanglosigkeit dieses Textes überdeutlich, ja ostentativ herausgestellt werden. Diese Geste steht freilich im offensichtlichen Widerspruch dazu, daß Petrarca über weite Phasen seines Lebens an diesem *Canzoniere* intensiv gefeilt hat. Schier unermüdlich hat er die Sammlung überarbeitet, er hat sie um neue Gedichte ergänzt und vorhandene korrigiert oder umgestellt. Indes bedürfte es gar nicht dieses Wissens um Petrarcas

* Der folgende Text bewahrt im wesentlichen die Form des mündlichen Vortrags, den ich im Rahmen der Ringvorlesung »Meisterwerke der Literatur« gehalten habe. Ergänzend sind einige Anmerkungen sowie Literaturangaben eingefügt. Ich hatte an diesem Abend die Freude, von meinem Marburger Kollegen Andreas Blank eingeführt zu werden. Allzu früh ist er vor einigen Wochen gestorben. Seiner Erinnerung sei dieser Beitrag gewidmet.

sorgfältige Arbeit an seiner Gedichtsammlung; schon das bloße Faktum, daß er solch scheinbar Nichtiges seiner Leserschaft überantwortet hat, relativiert alle Gesten der Abwertung. So sind denn solche Strategien der Entschuldigung gerade für lyrische Dichtung durchaus verbreitet, und noch der für übertriebene Bescheidenheit nicht eben bekannte Goethe sollte sich offiziell ziemlich abfällig über seine Gedichte äußern. Fast hat es den Anschein, als lasse sich seit alters her die Akzeptanz lyrischer Dichtung nur herstellen, wenn man sich von ihr distanziert. Insofern greift Petrarca nur einen Topos für den Umgang eines lyrischen Autors mit seinem Werk auf. Indessen, so werden wir bemerken können, gewinnt der überkommene Topos für sein Werk einen spezifischen Sinn, der auf den Kern seiner Lyrik deutet. Doch dazu später. Jedenfalls haben Petrarcas selbstkritische Titel dem grandiosen Erfolg seines *Canzoniere* keinen Abbruch getan. Seit dem Ende des 15. Jahrhunderts hat sich eine ganze Tradition von Dichtung herausgebildet, der man im inzwischen vorvorigen, im 19. Jahrhundert den Namen ›Petrarkismus‹ gegeben hat. Dieser Petrarkismus hat ganz Europa, von Portugal bis nach Skandinavien, erobert und für mehr als ein Jahrhundert Geltung besessen. Noch der Cherubino in Mozarts *Hochzeit des Figaro* wird seine soeben erwachten pubertären Gefühle, mit denen er noch nicht so recht umzugehen versteht und die er deshalb etwas wahllos verteilt, in Versen besingen, die Petrarca zitieren.[1] Doch nicht allein in ihrer eige-

1 Ungeachtet dieses säkularen Erfolgs hat die betreffende poetische Tradition dort, wo man ihr den Namen ›Petrarkismus‹ zuerkannte, alles andere als einen besonderen Ruf besessen. Kein Geringerer als Ernst Robert Curtius wird vom Petrarkismus noch sagen, daß er sich »wie eine Pest über Italien und Frankreich verbreitete« (Curtius ^{8}1973, S. 232). Die Ursachen einer solch negativen Bewertung sind unschwer auszumachen, sprach doch der Petrarkismus all jenen Kriterien hohn, die seit dem 19. Jahrhundert für alle große Lyrik verbindlich wurden. Im Gefolge der romantischen Poetik konnte allein das originelle, das ursprüngliche poetische Wort, mit dem ein Dichter sein Ich ganz unvermittelt der

nen Domäne, der poetischen Praxis, ist Petrarcas *Canzoniere* ein solcher Erfolg beschieden gewesen. Auch für die Definition einer Norm des Italienischen hat seine Lyrik eine bedeutsame

Sprache anvertraute, Anspruch auf literarische Wertschätzung anmelden. Da blieb es nicht aus, daß eine dichterische Tradition, die gerade auf das Gegenteil, auf die Orientierung an einem vorbildlichen Modell und dessen – horribile dictu – Nachahmung setzte, der Kritik, und wie man sieht, beißender Kritik anheimfiel. Dennoch erstaunt es zumindest auf den ersten Blick, daß auch ein Jahrhunderte währender, alles andere als nur regionaler Erfolg im Zeitalter des Historismus keine nüchternere, von Werturteilen abstinentere Bewertung erfahren hat. Rankes Wort, demzufolge alle Epochen gleich zu Gott sind und das so etwas wie eine Gründungsurkunde des Historismus bildet, legt es nahe, den faktischen Bestand des Petrarkismus als eine literarhistorische Positivität ernst zu nehmen, ohne ihn an – seinerseits historischen – ästhetischen Maßstäben einer anderen Epoche zu messen. Doch gerade dieses Mißverhältnis zwischen dem zu erwartenden historischen Urteil und der faktischen literarhistorischen Bewertung gibt zu erkennen, daß zwischen der Geschichte und der Geschichte der Literatur eine merkliche Differenz besteht. Wider alles methodische Bewußtsein einer als Wissenschaft verstandenen Geschichte läßt sich der ästhetische Text offensichtlich ungleich schwerer historisieren. Seine Wertschätzung scheint nur zum Teil die anderweitig evidente Einsicht in den Wandel alles Geschichtlichen bewahren zu können. Die Beschäftigung mit dem ästhetischen Text, und sei er uns zeitlich noch so entrückt, impliziert – zumindest in bestimmten Grenzen – dessen fortwährende Präsenz, wo nicht Aktualität. Nicht anders ließe sich wohl auch ein Kanon von Meisterwerken etablieren. So nimmt sich das stillschweigende Postulat der Aktualität großer Texte der Vergangenheit wie ein Korrektiv gegen eine Konzeption der Geschichte aus, die alles andere radikal historisiert – und d. h.: der Vergänglichkeit überantwortet. Eine weniger kritische Bewertung des Petrarkismus konnte sich deshalb wohl erst einstellen, als das Paradigma romantischer Poetik seinerseits an Kredit verlor. Vielleicht erst im Zeichen der sogenannten Postmoderne und der von ihr gefeierten Kultur des Zitats wurde die Ehrenrettung des Petrarkismus möglich. Einen guten Überblick über die jüngere Forschung zum Petrarkismus bietet: Hempfer/Regn 1993.

Rolle gespielt. In der Jahrhunderte währenden Diskussion über die beste Form der italienischen Schriftsprache, der sogenannten *Questione della lingua*, hat der Venezianer Pietro Bembo am Beginn des 16. Jahrhunderts eine äußerst zukunftsträchtige Position bezogen. In seinen *Prose della volgar lingua* hat er gefordert, daß sich alle volkssprachliche, d. h. italienische (und nicht lateinische) Prosa an Boccaccio, alle Verssprache aber an Petrarca orientieren solle.[2] Daß die Accademia della Crusca sich Bembos Position zu eigen gemacht hat, trug zu ihrem bis in die Moderne spürbaren Erfolg maßgeblich bei. Schon allein dieser Prozeß einer höchst produktiven poetischen Rezeption sowie die Erhebung von Petrarcas lyrischer Dichtung zur Norm der italienischen Verssprache zeigen an, daß unter den lyrischen Werken, die man – mit Goethes vielgebrauchtem Begriff – der »Weltliteratur« zuschlägt, Francesco Petrarcas *Canzoniere* ein Platz in der ersten Reihe gebührt.

Doch, zu den »Meisterwerken der Literatur« zu zählen, ist nicht ohne Risiko. Solche Gefahren lassen sich nachgerade paradigmatisch anhand des neuen Interesses studieren, das Petrarcas *Buch der Lieder* seit dem Ende des 18. Jahrhunderts (also gewissermaßen nach dem Abschluß der Tradition des Petrarkismus) erfährt und das seine Wertschätzung für die Moderne begründet hat. Diese Wertschätzung nämlich beruht – genau besehen – auf einem Mißverständnis: auf einem Mißverständnis freilich, das seinerseits äußerst produktiv geworden ist. Die Modernität, die Petrarcas lyrisches Werk in diesem historischen Moment mit einem Mal wiederzugewinnen schien, gründete auf der Nähe, letztlich freilich auf der vermeintlichen Nähe dieses Textes zu einem neuen Verständnis von Ich und Welt, das sich an der Wende zum 19. Jahrhundert herausbildete. Um sich diese unverhoffte Aktualität zu erklären, die sich – scheinbar paradox – dort einstellt, wo das lyrische Modell des Petrarkismus soeben an sein Ende gelangt war, bedarf es zunächst eines

2 Vgl. hierzu Kablitz 1999, S. 127–157.

Blicks auf das Sujet von Petrarcas *Canzoniere*. Worum kreisen nämlich die 366 Gedichte seines *Buchs der Lieder*? Sie bilden vor allem die poetische Entfaltung einer unerwidert bleibenden Liebe. Das Ausbleiben der Erfüllung seines Begehrens bereitet dem ausweglos Liebenden unendliche Qualen, und diesen nicht enden wollenden Leiden verleiht Petrarca mit allen Registern seines lyrischen Könnens einen höchst beredten Ausdruck. Die Aktualität, die seine Dichtung an der Schwelle zur Moderne, gut vierhundert Jahre nach ihrer Entstehung, gewann, erklärt sich mit der für seinen *Canzoniere* so typischen Konzentration auf ein Ich, dessen Gefühle und Erfahrungen hier zum Mittelpunkt der dargestellten Welt aufsteigen. Mit Petrarcas *Canzoniere* schien man ein poetisches, ein lyrisches Buch in der Hand zu haben, an dem sich das auf seine Subjektivität pochende Ich der Moderne Modell nehmen konnte. Petrarca, so schien es, hatte das Ich endlich aus seiner Vergewaltigung durch alle fremden Mächte und Ansprüche befreit. Endlich war dieses Ich bei sich selbst angelangt. Der solchermaßen verstandene Petrarca wurde deshalb zu einem der Geburtshelfer der Moderne erklärt;[3] und noch in unseren Tagen hat man ihn verschiedentlich den *primo uomo moderno*, den ersten modernen Menschen, genannt. Nicht nur die Romantiker entdeckten in Petrarca einen der Ihren. Selbst Hegel, der gegenüber aller romantischen Schwärmerei bekanntlich ausgesprochen skeptisch blieb, hat ihn geschätzt. An Petrarca hat er in seinen *Vorlesungen über die Ästhetik* die »Freiheit der in sich selbst geadelten Empfindung«, wie er sagt, gerühmt.[4] Auch in dieser Formulierung begegnet wieder der gleiche Gedanke: Der Rang Petrarcas erklärt sich auch für den Philosophen Hegel aus seiner Selbstbezogenheit.

3 »Petrarca, einer der frühesten völlig modernen Menschen«, hat Jacob Burckhardt ihn genannt (Burckhardt [11]1988, S. 215). Vgl. in diesem Sinn auch das Urteil von Jauß [2]1984, S. 142.

4 G. W. F. Hegel: Vorlesungen über die Ästhetik, II, in: Hegel, Bd. 14, S. 241.

Es ist die »in sich *selbst* geadelte Empfindung«, die Petrarcas Dichtung ihren Stellenwert für Hegels Geschichte der Kunst verschafft. Denn diese Selbstbezüglichkeit erscheint zugleich als ein Garant der Freiheit. Um auf Späteres vorauszugreifen: Wenn es mir darum zu tun sein wird, das Bild Petrarcas als eines Vorkämpfers moderner Subjektivität ein wenig zu relativieren, dann läßt sich der Unterschied gegenüber diesem Konzept der Moderne vielleicht nirgends prägnanter als anhand von Hegels Diktum veranschaulichen. Aus der Sicht von Petrarcas Dichtungen selbst nämlich erscheint die Selbstbezüglichkeit seines lyrischen Ichs, das An-sich-selbst-gebunden-Sein, gerade nicht als eine Versicherung der eigenen Freiheit, sie erscheint vielmehr als die Ursache einer Unfreiheit, ja einer Gefangenschaft, aus der sich dieses Ich aus eigener Kraft nicht mehr zu lösen vermag.

Wie es wohl für alle historischen Mißverständnisse gilt, so beruht auch Petrarcas Rezeption durch die begeisterten Leser um 1800 auf einer selektiven Wahrnehmung seines Werks. Wenn sein *Canzoniere* bis in unsere Tage gewissermaßen als *die* Gründungsurkunde poetischer Subjektivität gilt, so hat sich dieses Urteil nicht zuletzt deshalb so hartnäckig behaupten können, weil sich für bestimmte Aspekte in der Tat Gemeinsamkeiten mit der Dichtung der Moderne beobachten lassen. Petrarcas Modernität erscheint, solchermaßen betrachtet, als Effekt einer bestimmten Ausblendung bei der Lektüre seiner Dichtungen. Damit ist auch schon die Aufgabe für unseren heutigen Versuch einer Annäherung an diesen Text bezeichnet. Es wird mir fürs erste darum gehen, sozusagen den fremden Petrarca, denjenigen, den die Moderne um ihres eigenen Selbstverständnisses willen ausgeblendet hat, in seinem *Buch der Lieder* aufzusuchen. Und sollte es uns gelingen, ein wenig Einblick in diesen anderen, in den der Moderne fremd gebliebenen Petrarca zu gewinnen, dann sei am Ende der Versuch unternommen, von hierher eine Brücke zu schlagen zu jener Lektüre seines Werks, die ihn zu einem Vorreiter der Moderne gemacht hat.

I

Die soeben bezeichnete Aufgabe bringt es als erstes mit sich, daß wir die vertrauten zeitlichen Perspektiven in der Betrachtung von Petrarcas Lyrik umkehren müssen. Wo Petrarca als ein Vorkämpfer für die Freiheit des Ichs begriffen, wo er für seine Verdienste um die Emanzipation des modernen Subjekts gefeiert wird, erscheint seine Dichtung wesentlich als ein Neubeginn. Die Perspektive dieses Textes scheint die Zukunft zu sein. Doch ein solches Verständnis übersieht, daß Petrarcas Lyrik weit mehr ein Spätling ist. Sein *Canzoniere* ist Arbeit an einer im Moment seiner Entstehung bereits beachtlichen poetischen Tradition, die im Text selbst durch eine Fülle von Zitaten gegenwärtig gemacht wird. Diese Zitate sind freilich nur für den Eingeweihten, nur für den mit der Vergangenheit dieser Dichtung Vertrauten, zu erkennen. Schon dies stößt sich übrigens an einem Verständnis lyrischer Dichtung, wie es sich vor allem die Romantik zu eigen gemacht hat. Denn romantische Dichtung nimmt für sich Spontaneität in Anspruch, sie suggeriert einen unverstellten Zugang und scheint sich durch Einfühlung erschließen zu lassen. Petrarcas Dichtung aber erfordert einen Buchgelehrten, sie verlangt nach demjenigen, der umfassende Kenntnisse über die Tradition besitzt. Unter historischen Gesichtspunkten betrachtet, ist Petrarcas Lyrik weit weniger ein Aufbruch als ein Abschluß. Sie bildet, wie des näheren noch zu erläutern sein wird, im Grunde die Verabschiedung jener Tradition, vor deren Hintergrund sie sich selbst postiert und vor dessen Folie sie deshalb zu lesen ist. Um sich diese Wirkung vor Augen zu führen, bedarf es darum zunächst eines Blicks auf diese Tradition selbst.

Was steht an ihrem Anfang? Am Anfang stehen – gut zweihundert Jahre vor Petrarca – die Minnesänger der Provence, die Troubadours. Ihr Auftreten ist, kulturhistorisch betrachtet, alles andere als wahrscheinlich. Denn sie entwickeln eine poetische Rede, die eine Revision des überkommenen Urteils über den Eros mit sich bringt und die sich damit gegen die offizielle Rede über die Liebe kehrt. Diese, offizielle, Rede über die Liebe ist vor allem eine theologische Rede. Sie wird beherrscht von der Wachsamkeit gegenüber den Gefährdungen durch die fleischliche Begehrlichkeit; *diese* Rede kannte den Eros nur als *luxuria*, wie der exakte moraltheologische Terminus lautet, als die Todsünde der Wollust. Mitten in dieser Kultur aber bildet sich an den Höfen der Provence eine poetische Rede über die Liebe heraus, die dem Eros zu einer ganz neuen Qualität und Legitimität verhilft. Dabei dürfen wir nicht übersehen, daß diese Rede der Troubadours, genau besehen, eine zutiefst künstliche Rede ist. Im zweiten Akt von Richard Wagners *Tannhäuser*, im sogenannten Sängerkrieg auf der Wartburg, läßt sich ja zumindest eine gewisse, freilich durch die Perspektive des 19. Jahrhunderts zugleich ein wenig entstellte, Vorstellung von dieser Kunst der Minnesänger gewinnen: Ein Sänger tritt vor ein Publikum, um eine Dame zu feiern und um ihre Liebe zu werben. Er hebt ihre Schönheit in den Himmel, um ihre Gunst zu erlangen. Diese Situation ist – wie gesagt – ausgesprochen künstlich. Denn der Sänger spricht eine Dame an, die nicht anwesend ist. An ihre Stelle tritt ein Publikum, an das der Sänger sich nun wendet; doch für dieses Publikum ist seine Werbung um die Gunst der Dame eigentlich unpassend. So ist denn auch die Erfüllung seiner Wünsche, die er von der besungenen Dame erfleht, von allem Anfang an zum Scheitern verurteilt, weil sich seine Rede eben an den falschen Adressaten wendet. Ich hätte auf der Künstlichkeit dieses Minnesangs nicht solchermaßen insistiert, schiene sie mir nicht eine wesentliche Voraussetzung für seine Existenz zu sein. Denn erst im Schutz einer solchen, ostentativ künstlichen Rede, die sich absichtsvoll von einer Alltagssituation abhebt und die sich damit ebenso bewußt um allen pragmatischen Erfolg bringt, wurde eine neue Kultur des Eros möglich. Erst im Schutz dieser Künstlichkeit ließ sich ein Stück Legitimität für etwas gewinnen, das die offizielle Kultur nur als eine Ausgeburt des Teufels kannte.[5]

5 Vgl. hierzu des näheren Kablitz 2000, S. 79–118.

Nun ist es freilich nicht so, als wäre die offizielle Verurteilung alles erotischen Begehrens ohne Wirkung auf das Verständnis der Liebe geblieben, das die Minnesänger entwickelt haben. Denn Minnesang ist, weiß Gott, alles andere als ein Aufruf zum Libertinismus. Vielmehr wird die offizielle, vor allem theologische, Verwerfung des Eros sehr subtil in das Programm der Minnesänger integriert. Entscheidend dafür ist, daß die Wünsche des Sängers, die sich auf seine Dame richten, nie erfüllt werden dürfen. Über die Qualität dieser Wünsche kann man sich allerdings nur wenig Illusionen machen. Das Begehren des Sängers ist eindeutig, es ist unverkennbar erotischer Natur. So ist es nicht zutreffend, den Troubadours ein letztlich platonisches Liebesideal zu bescheinigen, wie dies immer wieder geschieht.[6] Nicht schon die Qualität des Begehrens bewirkt hier die Sublimierung des Eros, sondern eine solche Veredelung kommt erst durch die fortwährende Weigerung der Dame, durch den strukturellen Ausschluß der Erfüllung der Wünsche des Sängers zustande. Er liebt und fleht als ein ewig unerhört Bleibender. Liebe bedeutet deshalb unweigerlich Leiden, und zwar auswegloses Leiden. Dieser Zustand ist für den Betroffenen naheliegenderweise ausgesprochen unerfreulich. Doch die Kalamitäten dieses Unglücklichen bleiben auch für ihn nicht ohne Ertrag. Denn die in permanenten Leiden erfahrene, weil aussichtslose Liebe adelt diesen liebenden Sänger. Sie unterscheidet sein Verlangen vor allem von einer bloß triebhaften Begehrlichkeit. Seit dem 19. Jahrhundert nennen wir das Liebes-

6 Vgl. in diesem Sinn etwa Friedrich 1964, S. 6: »Die in der provenzalischen Dichtung erfolgte Erhöhung der Frau geht nicht aus männlichen Eigenschaften hervor, sondern aus einem Kulturwandel, der die Frau zwar im Spiel der Geschlechter beläßt (dieses Spiel zu einem Ritual verschönernd), aber dem Gesetz der Geschlechter, der Befriedigung, entzieht.« So darf denn auch der Name Platons hier nicht fehlen: »Provenzalische Liebeslyrik beruht auf der bis zu Platon zurückgehenden und in der Gnosis erneuerten Rangstufe zwischen sinnlicher und geistiger Liebe« (Friedrich 1964, S. 7).

konzept des Minnesangs ›höfische Liebe‹. Diese Bezeichnung ist im Hinblick auf den sozialen Ort dieser Dichtung durchaus zutreffend. Die Troubadours selbst sprachen statt dessen, wohl noch treffender, von dem *fin'amors*, von der ›feinen‹, präziser übersetzt, von der ›edlen‹ Liebe.

Alles, was ich bislang über die Dichtung der provenzalischen Troubadours gesagt habe, blieb ziemlich abstrakt. Solche Abstraktion aber ist bei keiner anderen Dichtung so tödlich wie bei lyrischer Dichtung. Denn sie lebt – wie keine zweite – vom Wort-Laut in des Wortes ursprünglichster Bedeutung. (Übrigens besitzt der Laut, näherhin der Klang, für diese Lyrik noch eine weitere Bedeutung. Denn die Dichtung der Troubadours war stets von Musik begleitete, sie war gesungene Dichtung. Sie ist Lyrik in jenem etymologischen Sinne, der diesem Begriff selbst noch eingeschrieben ist. Auch diese ›Verfremdung‹ aller pragmatischen Rede mit Hilfe der Musik trägt zu der Künstlichkeit bei, deren semantischen Effekt wir oben erwähnt haben. Indessen kann die Musik der Troubadourdichtung in diesem Beitrag nicht weitergehend beachtet werden. Ohnehin hat sich ihr poetisches Modell auf dem Weg von der Provence nach Italien allmählich von der Musik gelöst. Sie wird mehr und mehr Buchdichtung.)

Wenden wir uns also einem Text zu. Als Beispiel habe ich eine Kanzone von Jaufre Rudel gewählt. Die Kanzone ist die wichtigste metrische Gattung der provenzalischen Lyrik. Über das Leben des Autors Jaufre Rudel sind wir ebenso schlecht wie über das der meisten anderen Troubadours informiert. So wissen wir nur einigermaßen verläßlich, daß Rudel aus der Gironde stammte und 1147 am Kreuzzug teilnahm, von dem er vermutlich nicht mehr zurückgekehrt ist. Die erste Strophe des Gedichts, das wir hier kurz betrachten wollen, gibt sehr deutlich die erwähnte Künstlichkeit dieser Rede der Troubadours zu erkennen, ja sie macht sie nachgerade zum Thema:

»Quan lo rius de la fontana
S'esclarzís, si com far sòl,

E par la flors aiglentina,
e'l rossinholetz el ram
Vòlf e refranh et aplana
Son dous chantar et afina,
Dreitz es qu'ieu lo mieu refranha.«[7]

»Wenn der Quell des Brunnens sich erhellt, so wie er es zu tun pflegt, und die Rosenblüte erscheint und die Nachtigall auf dem Ast ihr süßes Lied dreht und wendet, es glättet und verfeinert, dann ist es recht, daß ich auch das meine wieder aufnehme.«

Dies ist ein Beispiel für den berühmten Frühlingseingang in der Troubadourlyrik. Die Funktion dieses geläufigen Motivs macht vor allem der letzte Vers dieser Strophe zum Thema. Es hat, jedenfalls in unserem Text, so etwas wie eine Rechtfertigung dieses Lieds selbst zu besorgen: *dreitz es*, ›recht ist es‹, heißt es ausdrücklich, daß auch der Sänger sein Lied anstimmt, wenn es die Vögel in der Natur tun. So beruft sich der Sänger auf einen Vogel, der das neuerwachende Leben im Frühling mit seinem Gesang begleitet, um auf die Rechtmäßigkeit seines eigenen Gesangs hinzuweisen. Bezeichnenderweise ist es also die Natur, anders gesagt, das Gegebene, das Selbstverständliche, welches das Vorbild für das Verhalten des Sängers bietet. Die künstliche Situation dieses Liedes eines Sängers an seine Dame scheint einer Rechtfertigung zu bedürfen, und so legitimiert es sich durch den Hinweis auf die Analogie zur Natur. Indessen fällt bei genauerem Zusehen auf, wie die herbeizitierte Natur ihrerseits nach dem Vorbild des Sängers stilisiert wird: Denn *seine*, des Sängers Arbeit an seinem eigenen Lied wird im Grunde auf den Vogel übertragen, der nun selbst – wie ein Poet – an seinem Ge-

7 Zitiert nach: Nouvelle anthologie de la lyrique occitane du moyen-âge, Avignon ^{2}1972, S. 178. Sämtliche Übersetzungen fremdsprachlicher Texte stammen aus der Feder des Verfassers. Sie erheben erkennbar keinerlei ästhetischen Anspruch, hoffen aber, den Wortlaut des Originals möglichst exakt wiederzugeben.

sang zu feilen scheint, ihn dreht und wendet und glättet. Dies sind unverkennbar Termini, die auf die Fertigung des Lieds durch den Sänger und Dichter deuten. Die Rechtfertigung des eigenen, künstlichen Lieds durch den Vergleich mit dem Vogelgesang führt also zugleich zu einer Verfremdung der Natur, die nun nach dem Bild des Sängers geformt wird.

Sehr viel deutlicher noch wird diese Distanzierung, die Grenzziehung zwischen dem Lied des Sängers und seinem vermeintlichen natürlichen Vorbild, in der folgenden Strophe. Denn der allgemeinen Freude über die im Frühling wiedererwachende Natur stellt der Sänger nun seine Klage gegenüber, die Klage desjenigen, dem solche Lust versagt bleibt – und versagt bleiben muß, weil seine Werbung – wie erwähnt – keinen Erfolg haben darf:

»Amors de terra lonhdana,
Per vos totz lo còrs mi dòl;
E no'n puèsc trobar meizina,
Si non vau al seu reclam.
Ab atrait d'amor doussana
Dins vergier o sotz cortina
Ab desirada companha.«[8]

»Geliebte aus fernem Land, um Euretwillen schmerzt mir mein ganzes Herz; und ich kann keine Medizin finden, es sei denn, ich stillte sein Verlangen: mit dem Reiz einer süßen Liebe, in einem Garten oder unter einem Zelt, mit einer begehrten Gefährtin.«

Worauf die Bitten des Werbers zielen, gibt der Wortlaut dieser Verse in ziemlich eindeutiger Weise zu erkennen. Eben deshalb

8 Nouvelle anthologie de la lyrique occitane du moyen-âge, Avignon ²1972, S. 178.

scheint mir die erwähnte Charakteristik des Liebeskonzepts der Troubadours unzutreffend, die dieser hohen Minne platonische Unsinnlichkeit bescheinigt. Es ist angesichts der hier zitierten Verse schwerlich zu bestreiten, daß die Werbung des Sängers auf erotischen Genuß zielt. Die Strategien zur Sublimierung des Eros setzen deshalb eben nicht bei der Qualität des Begehrens an, sie gehen vielmehr von der Situation dieser Dichtung selbst aus. Ihre Künstlichkeit bringt es mit, daß der Klage des Sängers kein Erfolg beschieden sein kann. Die dadurch garantierte Unmöglichkeit des Erfolgs der Werbung macht die besungene wie begehrte Dame unerreichbar, und dies bewirkt in der Tat einen Sublimierungseffekt, der die Liebe wie den Liebenden als einen Leidenden veredelt. Daß das Leiden eine solche Wirkung erzeugen kann, mag in der Kultur unserer Gegenwart auf schlichtes Unverständnis stoßen. Aber noch das nunmehr vorvergangene Fin de siècle um 1900 wußte, daß Krankheit Adel begründen kann. Im Mittelalter hatte diese Wertstellung des Leids freilich keine biologische, sondern eine theologische Ursache. Leid bedeutet Teilhabe am Leiden Christi, der mit seinem Opfertod am Kreuz der Welt die Erlösung gebracht hat. Leiden ist insofern selbst erlösungsträchtig. Hier hat die *gloria passionis* des Mittelalters ihren Ursprung.[9] So leidet auch der Sänger zu seinem Nutzen an der Liebe zu seiner Dame, die für ihn unerreichbar bleiben muß. Diese unhintergehbare Entzogenheit der besungenen und begehrten Frau kommt in Jaufre Rudels Strophe in einem Motiv zum Vorschein, das zu den charakteristischen Eigenheiten seiner Dichtungen zählt. Die Liebe des Sängers gilt einer *Amors de terra lonhdana,* einer fernen Geliebten aus fremdem Land. Man hat sich in den Hochzeiten einer positivistisch-biographistischen Literaturwissenschaft ziemlich erfolglos darum bemüht, hinter dieser Wendung einer west-östlichen Romanze des Kreuzfahrers Jaufre Rudel auf die Spur zu kommen. Doch diese Ferne hat einen anderen Sinn. Sie

9 Vgl. zu diesem Begriff Auerbach 1958, S. 54–63.

ist eine Formel für die in der Troubadourlyrik grundsätzlich gegebene Unerreichbarkeit der Dame.[10]

Abschließend sei ein Blick auf die vorletzte Strophe von Jaufres Gedicht geworfen. Sie wartet, und dies ist für die Prinzipien dieser Dichtung typisch, mit einer neuerlichen Variation des gleichen Themas auf. Denn Troubadourlyrik beruht wesentlich auf Variation. Sie variiert auf stets veränderte Weise stets dasselbe: die unerhört bleibende Werbung um die Gunst der besungenen Dame. Dabei ist die sozusagen programmatische Erfolglosigkeit selbst eine der Ursachen für dieses Prinzip permanenter Variation des Gleichen. Der ausbleibende Erfolg der Werbung führt zur unablässigen Wiederholung und Veränderung des Gleichen; und diese permanent variierende Wiederholung bildet zugleich eine Quelle fortschreitender Differenzierung, die alle Nuancen und Feinheiten der Psychologie dieses unglücklich Verliebten erkundet:

»De desir mos còrs non fina
Vas cela ren qu'ieu plus am,
E cre que volers m'engana
Si cobezeza la'm tòl;
Que plus es onhens qu'espina
La dolor que ab jòi sana,
Don ja non vuèlh qu'òm m'en planha.«[11]

»Mein Herz hört nicht auf, sich nach dem Geschöpf zu sehnen, das ich am meisten liebe. Und ich glaube, daß mein Wille mich täuscht, wenn Begehrlichkeit sie mir raubt. Denn stechender als ein Dorn ist der Schmerz, der mit Freude heilt. Deshalb soll man mich auch nicht darum beklagen.«

10 Treffend hat sich schon Leo Spitzer gegen den vermeintlichen Realismus der Troubadours gewandt. Vgl. Spitzer 1944.
11 Bec (wie Anm. 7), S. 179.

Von einem Dorn ist hier die Rede, und dies läßt an den Rosenstrauch aus der ersten Strophe zurückdenken. Doch die Rolle des Naturvergleichs ist nun eine ganz andere geworden. Er macht nicht mehr die Freude in der Natur über den Anbruch des Frühlings als Kontrast für das Elend des Liebenden geltend, er bietet nun vielmehr ein Bild für die Qualen des Sängers. Doch diese Analogie, die sich nun einzustellen scheint, ist nur eine scheinbare. Zumal der vorletzte Vers dieser Strophe unmißverständlich zu erkennen gibt, daß hier von Natürlichkeit keine Rede mehr sein kann. Denn der Vergleich mit den Schmerzen, die der stechende Dorn verursacht, leugnet im gleichen Zug eine der nächstliegenden Konsequenzen, die aus dieser eindringlichen Schilderung unvermeidlich zu folgen scheint: Das Leiden des Sängers, so heißt es, verdiene kein Mitleid, weil es das Leiden eines Liebenden sei. Sein Schmerz schließt seine Freude ein. Das ist – logisch betrachtet – eine Paradoxie. Doch gerade dieses Paradoxon macht die Besonderheit dieser Liebe, anders gesagt ihren Adel, ihre Distanz zu aller – eben nur naturhaften – Triebhaftigkeit kenntlich. Das Paradox markiert in besonders prägnanter Weise noch einmal jenen Unterschied zwischen Trieb und Liebe, welcher der Rede der Troubadours zuallererst ihre Rechtfertigung besorgte.

II

Machen wir von hier einen Sprung in den Text, der im Mittelpunkt des heutigen Abends steht, einen Sprung in Petrarcas *Canzoniere*, näherhin in das dritte Sonett dieses Zyklus. Auch in diesem Gedicht werden wir einem Frühlingslied begegnen, einem Frühlingslied freilich, dem die Tradition dieses Motivs kaum noch anzusehen ist. Und schon diese Veränderung zeigt die Metamorphosen an, welche die Lyrik der Troubadours über die Jahrhunderte hinweg und auf ihrem Weg von der Provence nach Italien erfahren hatte:

»Era il giorno ch'al sol si scoloraro
per la pietà del suo factore i rai,
quando i' fui preso, et non me ne guardai,
ché i be' vostr'occhi, donna, mi legaro.

Tempo non mi parea da far riparo
contra colpi d'Amor: però m'andai
secur, senza sospetto; onde i miei guai
nel commune dolor s'incominciaro.

Trovommi Amor del tutto disarmato,
et aperta la via per gli occhi al core,
che di lagrime son fatti uscio et varco:

però al mio parer non li fu honore
ferir me de saetta in quello stato,
a voi armata non mostrar pur l'arco.«[12]

»Es war der Tag, an dem die Strahlen der Sonne aus Mitleid mit ihrem Schöpfer ihre Farbe verloren, als ich ergriffen wurde und mich nicht davor hütete; denn Eure schönen Augen, Dame, haben mich gefesselt.

Der Zeitpunkt schien mir nicht zu verlangen, daß man sich gegen Amors Schläge rüste. So ging ich sicher, ohne Verdacht zu schöpfen, meines Wegs. Darum begannen meine Leiden im allgemeinen Schmerz.

Amor fand mich ganz ohne Waffen, und der Weg über die Augen ins Herz stand ihm offen; denn aus Tränen sind Tür und Weg für ihn gemacht.

12 Petrarca [8]1982, S. 5.

Doch nach meiner Einschätzung gereichte es ihm nicht zur Ehre, mich in diesem Zustand mit einem Pfeil zu treffen und Euch, die Ihr gerüstet wart, nicht einmal den Bogen zu zeigen.«

Wenn ich diesen Text in die Tradition des Frühlingseingangs der Troubadourlyrik gestellt habe, dann zunächst deshalb, weil sich die Ereignisse, die er schildert, sehr genau auf einen Frühlingstag datieren lassen. Der Tag, an dem sie sich zugetragen haben, ist nicht irgendein Tag, sondern einer der bedeutendsten Tage des Kirchenjahres. Es ist der Karfreitag. Im Sonett Nr. 211 wird noch entschieden deutlicher gesagt, um welchen Karfreitag es sich handelt. Es ist der 6. April 1327.[13] Wie aber wird dieser Karfreitag in unserem Gedicht kenntlich gemacht? Dies geschieht mit Hilfe einer Umschreibung am Beginn des Sonetts – einer Periphrase, um den exakten rhetorischen Terminus zu benutzen, einer Periphrase, die sich auf ein bestimmtes Ereignis des historischen Karfreitags stützt. Alle Evangelisten, mit der einen Ausnahme des Johannes, berichten davon: »Und von der sechsten Stunde an ward eine Finsternis über das ganze Land bis zu der neunten Stunde« – so lautet der Bericht des Neuen Testaments in der Übersetzung Martin Luthers.[14] Hierauf bezieht es sich, wenn der Tag, an dem das Berichtete spielt, als der Tag eingeführt wird, an dem sich die Strahlen der Sonne verdunkelten. Petrarca gibt sehr genau auch die Ursache dafür an: Sie verdunkelte sich aus Mitleid mit ihrem Schöpfer, der am Kreuz auf Golgotha für das Heil der Menschen in den Tod geht. Wir werden im folgenden diese zunächst eher nebensächlich wirkende Karfreitagsperiphrase wie einen Schlüssel benutzen können, der uns wesentliche Teile von Petrarcas *Canzoniere* zugänglich

13 »Mille trecento ventisette, a punto/su l'ora prima, il dí sesto d'aprile,/nel laberinto intrai, né veggio ond'esca« (Petrarca ^{3}1982, S. 272). (1327, genau zur ersten Stunde, am sechsten April trat ich in das Labyrinth ein und sehe nicht, wie ich herausfinden kann.)

14 Matthäus 27,45. Vgl. auch Markus 15,29 und Lukas 23,44.

macht, ja uns in dessen Zentrum führt. Von dieser Umschreibung des Karfreitags ausgehend, werden wir uns ebenso die Ideologie dieses Textes erschließen können, wie er uns auch in die Welt der Bilder und Motive führt, die Petrarca in seinem *Buch der Lieder* in einem Prozeß schier unendlich wirkender Variation entfaltet.

Welches Ereignis aber spielt am Karfreitag unseres Gedichts? Es ist ein für die Begebenheiten, die der *Canzoniere* schildert, höchst bedeutsames Ereignis. Denn an diesem Tag findet nichts Geringeres als die erste Begegnung des Sängers mit seiner Dame statt, mit jener Laura, von der er nun - über Jahrzehnte - wird nicht mehr lassen können und die - über alle Enttäuschungen einer unerwidert bleibenden Liebe hinweg - sein Dasein hinfort existentiell bestimmen wird. Warum aber läßt Petrarca diese Begegnung just an diesem Tag stattfinden? Wie der Text selbst sagt, ist es der unwahrscheinlichste Tag, der sich für ein solches Vorkommnis nur denken läßt. Wie kommt es dennoch zu diesem Karfreitagszauber von ganz besonderer Art? Wer eigentlich ist, anders gefragt, der Schuldige? Da gibt es zum einen die schönen Augen der Dame, die den Sänger fesseln und seine Leidenschaft entfesseln. Aber da gibt es einen zweiten, einen alten Bekannten der Liebesdichtung, den Gott Amor. Ganz traditionell begegnet er auch hier mit Pfeil und Bogen. Er trifft das Ich dieser Zeilen - auf dem Umweg über die Augen - mitten ins Herz. Dies ist insofern noch immer der alte, wohlvertraute antik-mythische Amor, käme nicht etwas hinzu, das einen weiteren ins Spiel bringt. Es fällt auf, daß das Ich seine eigene Leichtfertigkeit gesteht und bereut. An diesem besonderen Tag, dem Karfreitag, schien es der sonst eifrig gewahrten Wachsamkeit gegenüber den Schlägen des Liebesgottes nicht zu bedürfen, und so hatte Amor eine Handhabe, um den Unachtsamen hinterhältig zu treffen. Der Amor dieses Textes ist nach einem weiteren Vorbild, nach dem Modell des neutestamentarischen Versuchers gebildet. Dieser Amor ist im Grunde nichts anderes als eine Erscheinungsform des Teufels selbst, dessen Fallen man stets und überall vermuten muß und gegenüber dem deshalb ein permanentes und hier sträflich vernachlässigtes Mißtrauen gefordert ist. Die Identifikation Amors mit dem Bild des christlichen Versuchers, des Gegenspielers Gottes, macht im gleichen Zug das moralische Urteil über die Liebe kenntlich, das hier gefällt wird. Dies ist nicht mehr der *fin'amors*, die edle und veredelnde, zur Tugend anleitende Liebe der Troubadours; hier kehrt vielmehr das alte, moraltheologische Verdikt über die sündhafte Wollust in die Tradition dieser Lyrik zurück.

Wir haben diese moraltheologische Verurteilung des Eros in Rechnung zu stellen, um die Datierung des Beginns dieser verhängnisvollen Liebe auf den Karfreitag in ihrer eigentlichen Bedeutung zu ermessen. Was damit ins Spiel kommt, ist nichts Geringeres als der Zusammenhang der Heilsgeschichte selbst. Das Drama der Liebe dieses unglücklichen Werbers um die nie gewonnene Gunst seiner Dame spielt auf der Bühne der Heilsgeschichte. Es ist ein Teilstück und zugleich ein Spiegel jenes unablässigen Kampfes, den der christliche Gott mit seinem Widersacher auf der Bühne dieser Welt noch immer auszutragen hat. In diesem Sinn gewinnt die Verwandlung, ja die Verkehrung des Frühlingslieds der Troubadours in Petrarcas drittem Sonett Relief. Sehen wir uns zu diesem Zweck noch einmal eine Textstelle aus diesem Gedicht genauer an. In der zweiten Strophe hieß es, daß die Qualen des Liebenden im allgemeinen Schmerz des Karfreitags begonnen haben. Dies bildet offensichtlich einen Gegensatz zu den Liedern der Troubadours, deren Liebesleid stets in der allgemeinen Freude über die erwachende Natur im Frühling begann. Diese Gemeinsamkeit zwischen dem einen Liebenden und allen anderen scheint zunächst darüber hinwegzutäuschen, daß die Ursache jeweils eine wesentlich verschiedene ist. Denn der allgemeinen, frommen Trauer über den Gottesmord stehen die aus unglücklicher, sündhafter Liebe geborenen Qualen des Sängers gegenüber. Indes macht der Text zugleich kenntlich, wie Amor die Gunst der Stunde für sein Vorhaben nutzt, um die Tränen des Frommen als Einfallstor für die Sünde zu mißbrauchen. Wenn sich deshalb die karfreitägliche Trauer des Frommen in die Qualen des Liebenden verwandelt, dann macht diese Metamorphose nur kenntlich, daß diese Welt noch immer eine unerlöste Welt ist. Die Wiederkehr des Tages, an dem sich mit der Hinrichtung des Gottessohnes die Erlösung der Menschheit vollzog, wird hier zugleich zum Tag der Wiederkehr des Sündenfalls, an dem ihr Unglück begann. In dieser Hinsicht ist auch die zweite Veränderung gegenüber dem Frühlingseingang der Troubadours von Belang. Denn die Umschreibung des Karfreitags als des Tages, an dem sich die Strahlen der Sonne zur Unzeit verdunkelten, bringt eine pervertierte Natur zur Geltung. Nicht mehr die zu neuem Leben erwachende Natur des Frühlings, nicht mehr die in neuem Glanz erstrahlende Frühlingssonne, sondern die gestörte, im Zeichen des Todes ihres Schöpfers entstellte und sich verfinsternde Natur bildet den Horizont dessen, was der *Canzoniere* zur Darstellung bringt. Die Liebe seines Sängers gehört noch immer zu einer gefallenen Welt, zu jenem Dunkel der Sünde, das auch das Licht des Ostermorgens nicht vertrieben hat.

Wir müssen diesen Hintergrund im Gedächtnis behalten, wenn wir uns nun zu einem zweiten Text, dem Sonett Nr. 90, begeben. Auf den ersten Blick scheint uns dieses Gedicht mit einer schlichten Gegenwelt zu konfrontieren:

»Erano i capei d'oro a l'aura sparsi
che 'n mille dolci nodi gli avolgea,
e 'l vago lume oltra misura ardea
di quei begli occhi ch'or ne son sì scarsi;

e 'l viso di pietosi color' farsi,
non so se vero o falso, mi parea:
i' che l'ésca amorosa al petto avea,
qual meraviglia se di subito arsi?

Non era l'andar suo cosa mortale,
ma d'angelica forma, et le parole
sonavan altro che pur voce humana:

uno spirto celeste, un vivo sole
fu quel ch'i' vidi; et se non fosse or tale,
piagha per allentar d'arco non sana.«[15]

»Es waren ihre Haare im Windhauch gelöst, der sie zu tausend süßen Knoten band, und es brannte das strahlende Licht ihrer schönen Augen, die es nun nur noch so selten zeigen.

Und ihr Gesicht schien mir Farben des Mitleids anzunehmen, ich weiß nicht, ob es zutraf oder nicht. Was für ein Wunder war es, daß ich, der ich den Köder der Liebe in der Brust hatte, sogleich zu brennen anfing?

Ihr Gang war kein irdischer mehr, sondern von engelhafter Gestalt; und ihre Worte klangen anders als eine nur menschliche Stimme;

ein himmlischer Geist, eine lebendige Sonne war das, was ich sah; und selbst wenn es nun nicht mehr so wäre, eine Wunde heilt nicht, wenn man den Bogen entfernt.«

Auf den ersten Blick, bei nur vordergründiger Lektüre würde man diesen Text vielleicht nicht Petrarca, sondern seinem großen Vorgänger Dante zuschreiben wollen. Was aber ist das – sozusagen – Danteske an diesem Sonett? Im Werk des frühen Dante erfuhr das Programm der Troubadourlyrik eine letzte Steigerung. Schon die Troubadours hatten ja die unerwiderte Liebe des Sängers als einen Weg zur Tugend beschrieben und folglich den Urheber dieser Liebe, die besungene Dame, als den

15 Petrarca 1982 (wie Anm. 12), S. 123.

Inbegriff aller Wahrheit, Schönheit und Tugend gefeiert. Bei ihnen aber blieb diese Vollkommenheit auf eine irdische, diesseitige Perfektion beschränkt. Dies aber ändert sich, als das Modell der Troubadourdichtung nach Italien kommt. Zunächst, in der ersten Hälfte des 13. Jahrhunderts, beginnen sich die Beamten am Hof Friedrichs II. in Sizilien, übrigens allesamt Juristen, für die Liebesdichtung aus der Provence zu interessieren und sie nachzuahmen. Später, in der zweiten Hälfte dieses Jahrhunderts, ist sie in die Toskana gelangt, und hier hat sie eine entscheidende Veränderung erfahren. Diese Veränderung läßt sich vor allem an der Gestalt der besungenen Dame ablesen. Nun repräsentiert sie nicht mehr nur eine Vollkommenheit, die in dieser Welt zu haben ist, nun wird sie zu einer letztlich transzendenten Gestalt, zur engelgleichen Frau, zur *donna angelicata*. Deshalb hat sie auch nicht mehr nur die Tugend des Liebenden zu befördern, sondern ihn auf den Weg zu seiner himmlischen Seligkeit zu geleiten.[16] Der Prototyp einer solchermaßen verstandenen Dame ist Dantes Beatrice, deren Name schon besagt, daß sie eine Heilsbringerin, eine Seligmachende ist. Zunächst scheint deshalb auch die im Sonett Nr. 90 besungene Dame eine solche Beatrice zu sein. Ihr Gang ist kein irdischer mehr, sondern derjenige eines Engels, und aus ihrem Mund erklingen Worte, die keine Worte von dieser Welt mehr sind. Als ein *spirto celeste*, ein himmlischer Geist, tritt sie dem Liebenden entgegen. Dies scheint ganz bruchlos das Porträt einer Heilsbringerin wie Beatrice in den *Canzoniere* Petrarcas und die Gestalt der Laura zu verlängern.

Betrachtet man den Text jedoch genauer, so zeigen sich nicht unerhebliche Unterschiede. Diese Differenzen ergeben sich nicht zuletzt durch den offensichtlichen Bezug zum dritten Sonett, das wir vorhin gelesen haben. Dieser Zusammenhang zwi-

16 Ich habe an anderer Stelle versucht, diese Verwandlungen paradigmatisch anhand einer Serie von Frauenlobsonetten des 13. Jahrhunderts zu illustrieren. Vgl. Kablitz 1991, S. 20–67.

schen beiden Texten ist zunächst in thematischer Hinsicht gegeben. Denn das Sonett Nr. 90 nimmt noch einmal den Augenblick der ersten Begegnung mit Laura ins Visier. Denn damals, so heißt es ausdrücklich, sah er ein Strahlen in ihren Augen, das nun so selten für ihn geworden ist. Inzwischen also scheint die Dame ihrem Verehrer den Blick zu entziehen. Sie wird wohl wissen, warum. Auch in sprachlicher Hinsicht deutet das Sonett Nr. 90 auf das dritte Sonett des *Canzoniere* zurück. Dies macht schon sein Anfang kenntlich. Denn nur diese beiden Sonette unter den 366 Gedichten des gesamten Zyklus beginnen mit dieser Wendung. *Era, Erano:* es waren. Aus dem Bildmaterial des Eingangssonetts bildet das Sonett Nr. 90 denn auch seine Gegenwelt aus, in der die dort geschilderte Situation nun in ihr Gegenteil verkehrt wird. Denn nicht mehr die sich verfinsternden Strahlen der Sonne sind hier erwähnt, sondern im Gegenteil wird nun das strahlende Licht geschildert, das von Lauras Haaren und Augen ausging, um den Sänger zu blenden. Kaum zufällig wird diese Laura in Vers 12 als ein *vivo sole*, als eine lebendige Sonne, bezeichnet. Sie ist in der Tat das Gegenbild zu jener Sonne, die sich am Karfreitag im Angesicht des Todes ihres Schöpfers verdunkelt. Laura tritt hier als eine Gegensonne in Erscheinung, die das heilsgeschichtliche Geschehen durchkreuzt und schon allein dadurch als eine engelgleiche, als eine zum Heil führende Gestalt diskreditiert ist. Und was sich hier, in bezug zwischen dem dritten und dem neunzigsten Sonett beobachten läßt, dies gilt zugleich für den ganzen Zyklus Petrarcas. In den Korrespondenzen zwischen den einzelnen Gedichten, die den gesamten *Canzoniere* strukturieren und die er unübersehbar kenntlich macht, verliert sich die Identität einer Dame, die im Sinne Dantes als eine seligmachende Beatrice erscheinen könnte.

Betrachten wir das zuletzt untersuchte Sonett noch einmal genauer, so gibt dieser Text auch selbst schon zu erkennen, daß die Identität eines überirdischen Wesens für die hier besungene Laura im Grunde ziemlich brüchig ist. Mit auffälliger Intensität nämlich verwischt das Gedicht die Grenze zwischen Wahrnehmung und Vorstellung, zwischen Erkenntnis und Illusion. Ganz deutlich ist dies im Vers 6. Dort heißt es ausdrücklich, daß es dem Liebenden so erschienen sei, als habe sich die Dame ihm mitleidig gezeigt. Ob es aber wirklich zutraf, wisse er nicht. Übrigens ist auch dieses Motiv noch einmal aus dem Material des Karfreitagseingangs im dritten Sonett gebildet. Denn an die Stelle der Sonne, die im Zeichen des Gottesmordes aus Mitleid ihre Farbe verliert, tritt nun eine Dame, die Farben des Mitleids – blasse Farben vermutlich – für ihren Verehrer zeigt. Auch dies weist sie noch einmal als die Gegensonne aus, die über dem Liebenden zu seinem Unheil aufgegangen ist. Doch die betreffende Beobachtung ist, wie gesehen, allein in die Perspektive des Betrachters gerückt. *Non so se vero o falso:* ob es zutrifft, ist unbekannt. Diese Problematisierung des Verhältnisses von Wirklichkeit und Illusion aber macht die Zuverlässigkeit der Wahrnehmungen, von denen das Ich dieses Textes berichtet, schlechthin ungewiß. Die Worte der Dame *klangen* himmlisch, so heißt es, aber waren sie es auch – oder klangen sie nur für den Verliebten so? Gleiches gilt für die Verse 12 und 13. Was der Liebende sah, so sagt er, war eine lebendige Sonne. *Er* hat es so gesehen. Aber, so müssen *wir* fragen, entspricht dies auch den Tatsachen? Oder war es bloße Projektion? Die typischen Charakteristika der Danteschen Beatrice, deren Identität schon der Bezug zum dritten Sonett erschüttert hatte, werden hier von bloßen Projektionen, von Effekten des Begehrens selbst also, ununterscheidbar.

Diese Struktur einer Projektion, die an die Stelle von verläßlichen Beobachtungen tritt, zeigt sich in diesem Text noch in anderer Weise. Schon der erste Vers ist in dieser Hinsicht aufschlußreich. Im Windhauch lösen sich die Haare der Dame. Sie selbst bleibt ungenannt, doch niemand kann daran zweifeln, wessen Haare hier gemeint sind. Der Entzug ihres Namens ist um so auffälliger, als er in versteckter Form gleichwohl erscheint. *Aura* lautet das italienische Wort für den Windhauch, und fügt man den bestimmten Artikel hinzu, so lautet es *l'aura*; dies aber ist nichts anderes als der Name der Dame. Von solchen Dingen, die im Klang ihres Wortkörpers an die Geliebte erinnern, ist die Welt des *Canzoniere* durchzogen. Dies ist es, was dem Gold, *l'auro*, oder dem Lorbeer, *lauro*, seine Allgegenwart beschert. Die Wirklichkeit dieses Liebenden gerät zur Projektion seiner Phantasmen auf dieser Welt. Steht der Name der Dame, des Objekts der Begierde, im Zentrum dieser Projektionen, so bleiben seine Projektionen indes nicht darauf beschränkt. Gleich der zweite Vers kann ein beredtes Zeugnis dafür ablegen. Lauras Haare bilden, so heißt es, tausend süße Knoten. Dies beschreibt – natürlich – zunächst ihre äußerliche Gestalt. Aber diese Gestalt markiert ebenso die Wirkung, die sie auf den Sprecher haben. Denn die Knoten des in blendendem Glanz leuchtenden Haars der Laura sind zugleich die Knoten, die den Liebenden fesseln, wie auch die Augen Lauras ihn gebunden hatten. So hatte es das dritte Sonett unmißverständlich festgestellt. Die Wahrnehmung der physischen Welt und die Imaginationen eines in entfesselte Liebe Verfallenen werden hier ununterscheidbar voneinander.

Eine solche Ersetzung von Wahrnehmungen durch Projektionen aber läßt sich noch einmal auf die Ordnungen der Moraltheologie beziehen. Schon der Kirchenvater Augustinus hat die Verwirrung des Verstands, die Vertauschung von Projektion und Wahrnehmung, als eine der typischsten Folgen der *luxuria* beschrieben. So zitiert Petrarcas *Canzoniere* noch immer die lyrische Tradition, die er vorfand, aber er spielt sie zugleich durch ein spezifisches Arrangement seiner Dichtung gegen sich selbst aus. Es ist diese Figur der Subversion, der Selbstaufhebung einer überkommenen lyrischen Tradition im Zeichen einer tiefen moraltheologischen Skepsis gegenüber aller Rechtfertigung oder Aufwertung des Eros, die Petrarcas Lyrik zu einem erheblichen Teil ihre Spannkraft, ja vielleicht ihre eigentliche und eigentümliche poetische Gestalt verleiht.

Was wir bislang auf der Ebene einzelner Texte verfolgen

konnten, läßt sich gleichermaßen für den Zyklus insgesamt beobachten. Denn auch auf dieser Ebene zitiert Petrarcas *Canzoniere* die Ordnung eines anderen Textes. Auch dieser Text führt uns noch einmal zu Dante zurück. Gemeint ist Dantes *Vita Nova - Neues Leben*. Dieser Text ist eine Autobiographie. Er berichtet von Dantes Liebe zu Beatrice und zeichnet sehr präzise die Entwicklung nach, die seine Beziehung zu ihr nimmt. Diese Entwicklung läßt sich als eine fortschreitende Sublimation charakterisieren. Am Beginn steht die Liebe zur körperlichen Frau, doch nach und nach erkennt der Liebende diese körperliche Liebe als eine bloße Vorstufe zur himmlischen Liebe: So leitet ihn seine körperliche Liebe schließlich auf den Weg zur Seligkeit - eben zum *Neuen Leben*. Diese Wirkung wird nicht zuletzt durch den frühzeitigen Tod Beatrices befördert. Naheliegenderweise betrauert ihn der Liebende anfänglich auf das heftigste, doch schon bald erkennt er darin den Hinweis auf den höheren Wert der jenseitigen Wirklichkeit. So präsentiert Dantes *Vita Nova* eine schlüssige Geschichte, die den Prozeß einer fortschreitenden Sublimierung körperlicher Liebe nachzeichnet und den Eros in ein Vehikel zum Gewinn ewiger Seligkeit verwandelt.

Daß Petrarca sich mit seinem *Canzoniere* an Dantes Vorbild anschließt, belegt schon eine Einzelheit seines Zyklus. Denn auch Laura stirbt, wie Beatrice, in jugendlichem Alter. Doch an demselben Faktum lassen sich denn auch schon die Unterschiede ablesen. Gewiß markiert der Tod Lauras im Text selbst eine deutliche Zäsur, zerfällt der Zyklus doch in zwei Teile, in die *rime in vita* und die *rime in morte di madonna Laura* - in die Verse auf das Leben und die Verse auf den Tod der Dame Laura. Diese deutliche Zäsur aber steht in einem ebenso deutlichen Kontrast zu der anderweitigen Wirkungslosigkeit des Todes der Laura. Denn letztlich verändert auch ihr Ableben am Verhalten ihres Verehrers nichts. Einundzwanzig Jahre hat er zu ihren Lebzeiten im Feuer seiner Leidenschaft verbracht, zehn weitere Jahre bleibt er derselben Liebe zu der toten Laura verhaftet. Wenn die faktischen Umstände also substantiell wirkungslos bleiben, dann spiegelt sich in diesem Ausbleiben jeglichen Effekts noch einmal jene Vertauschung von Wahrnehmung und Projektion, die wir anhand des Sonetts Nr. 90 beobachten konnten. Wo die Welt wesentlich in den Phantasmen eines Verliebten aufgeht, kann ihr faktischer Verlauf in der Tat keinen substantiellen Einfluß mehr auf ihn besitzen. In dieser Wirkungslosigkeit des Faktischen zeigt sich denn auch der vielleicht gravierendste Makel dieser *luxuria.* Wollust ist - so will es die Moraltheologie - Sünde. Sünde aber hat nach dem Verständnis derselben Theologie keine Substanz. Sie hat an sich selbst gar kein Sein. Dies kann auch nicht anders sein. Denn alles Sein stammt aus Gott, und wie hätte der allgütige und allmächtige Schöpfer ein Sein schaffen können, das anders als gut ist? Das Böse haben die Theologen deshalb als eine *privatio boni,* als den Verlust des Guten und damit zugleich des Seins beschrieben. Das Gute hat gewissermaßen einen zeichenhaften Charakter. Es ist nicht mehr als ein Zeichen für das, was es nicht ist. In diesem Sinne betrachtet, ist alles Böse deshalb Illusion. Genau diese Struktur aber bringt Petrarcas Lyrik zur Anschauung. Sie verwandelt die hoffnungslose und gleichwohl entfesselte Liebe ihres Ichs in eine Quelle von Fiktionen, die mächtiger sind als alle Wahrheit.

Man hat in der Forschung eifrig darüber gestritten, ob Petrarcas *Canzoniere* eine Geschichte erzähle oder nicht. Für beide Positionen lassen sich im Grunde gute Argumente anführen.[17] Zweifelsohne gibt es eine gewisse erzählerische Grobgliederung des Zyklus. Am Beginn steht das Verlieben, das *innamoramento* des Sängers. In der Mitte steht der Tod Lauras, und am Ende sagt sich dieser Sänger nach einunddreißig Jahren aussichtslosen Begehrens von seiner Liebe los. Doch dieser Grob-

17 G. Regn hat das ›Ereignissubstrat‹ eines petrarkistischen Canzoniere charakterisiert. Vgl. Regn 1987, S. 32 ff. Als Aufhebung einer narrativen Struktur hat den Canzoniere beschrieben Warning 1983, S. 288–317.

gliederung steht zum anderen eine weitgehend serielle Abfolge von Texten gegenüber, die sich zu einer schlüssigen Ordnung nicht fügen wollen. Dem evidenten, kausalen Prozeß, den die *Vita Nova* Dantes nachzeichnet, steht bei Petrarca gerade das Gegenbild einer weitgehend richtungslosen Abfolge von Gedichten gegenüber. Auch dieser Unterschied aber gehört zum Programm des *Canzoniere*. Es ist eine spezifische Semantik der Zeit, die in dieser Ordnung, besser in der Un-Ordnung dieses Textes zum Vorschein kommt.[18] Zeit ist im *Canzoniere* die Dimension der Kontingenz, wie wir heute gern sagen. Dies ist im besten Sinne augustinisch gedacht. Zeit als Erscheinungsform von Kontingenz ist deshalb zugleich ein Quell von Irrtum und Sünde. Die der Kontingenz unterworfene Zeit kann deshalb auch nicht aus sich selbst heraus die Mittel entwickeln, um diese Kontingenz zu überwinden. Man hat in der Forschung vielfach versucht, aus der Abfolge der Gedichte des *Canzoniere* eine Begründung dafür zu finden, warum das Ich am Ende seiner Liebe entsagt, warum es Einsicht in seinen Irrtum gewinnt und sich von Laura lossagt. Ich glaube, daß man eine solche Ordnung vergeblich sucht, weil der Text sie gerade programmatisch verweigert, um die eigentliche Ursache für die Absage an die Liebe zum Vorschein zu bringen. Wenn der Liebende am Ende aus seiner Verstrickung befreit wird, so ist dies allein dem Wirken Gottes zuzuschreiben – jenes Gottes, von dem es am Ende heißt, daß er mit einem Wimpernschlag das Universum zu regieren vermag.[19] Die Befreiung aus den Fesseln der Sünde ist dessen Gnade und nur ihr zu danken. Der Kontingenz dieser

18 Vgl. hierzu Kablitz 1995, S. 261–350.

19 Just in jenem Sonett Nr. 363, mit dem der Sänger seine Abkehr von Laura vollzieht und sich von dem Gott Amor lossagt, wendet er sich voller Dank an seinen wahren Herrn, der eben mit einem Wimpernschlag das Universum regiert: »et al Signor ch'i' adoro et ch'i' ringratio,/che pur col ciglio il ciel governa et folce,/torno stanco di viver, nonché satio« (Petrarca 1982 [wie Anm. 12], S. 452). (Und zum Herrn, den ich anbete

Welt, die Irrtum und Schuld entstehen läßt, kann nur eine andere Kontingenz, kann nur die transzendente Kontingenz der göttlichen *gratia* abhelfen. Deshalb kommt das Ende unvermeidlich unverhofft.

Dieses ideologische Fundament von Petrarcas *Canzoniere* aber macht die eingangs erwähnte, recht bruchlose Vereinnahmung seines lyrischen Werks für eine Poetik der Moderne problematisch. Wenn Konfliktträchtigkeit, wenn Zerrissenheit als ein Signum des modernen Ichs gilt, dann läßt sich dafür kaum an einem Text Modell nehmen, der den Konflikt zwischen einer transzendent verfügten moralischen Ordnung und ihrer Störung ins Werk setzt. In Petrarcas *Canzoniere* bildet sich nicht, wie man immer wieder behauptet hat, eine auf sich selbst verwiesene und deshalb riskante Subjektivität heraus. Dieser Text erforscht vielmehr noch immer den Konflikt zwischen einer offiziellen Norm und einer als Fehlverhalten begriffenen Abweichung von dieser Norm. Was diesem Konflikt indessen bei Petrarca seine besondere Dramatik verleiht, ist der Umstand, daß die Ordnung ihre Störung nicht verhindern kann und vor allem keine Korrektur einer solchen Störung ermöglicht. Das Ich dieser Lyrik ist seinem Fehlverhalten ausweglos ausgeliefert. Allein durch den gnadenhaften Eingriff Gottes läßt sich der Gestrauchelte schließlich auf den Weg der Ordnung zurückführen. Auch dies meint anderes als jene transzendenzlose Verlorenheit in der Welt, welche die Lyrik der Moderne so intensiv ausgekundschaftet hat. Die Modernität Petrarcas – oder um genau zu sein – seine Modernität *für uns* ist nur um den Preis einer Ausblendung wesentlicher Bausteine seiner Lyrik zu haben.

Indessen spricht es gegen die Prinzipien der Wahrscheinlichkeit oder – schlichter – des gesunden Menschenverstands, die Rezeptionsgeschichte eines Textes als die Geschichte eines bloßen Irrtums zu erzählen. Insoweit hat übrigens auch das

und dem ich danke, der mit der bloßen Wimper den Himmel lenkt und regiert, kehre ich, des Lebens müde, wenn nicht satt, zurück.)

theoretisch ein wenig aus dem Blick geratene Paradigma der Rezeptionsästhetik – über alle durchaus nicht unberechtigten Einwände gegen seine konzeptuellen Grundlagen hinweg – seine fortwährende Berechtigung. Wenn die Poetik der Moderne deshalb in der Tat in Petrarcas *Canzoniere* einen Ansatz für sich selbst zu finden vermochte, so konnte sie ihn vor allem in einer bestimmten sprachlichen Eigenheit dieses Textes entdecken: in einer Rhetorik des Widersprüchlichen, die eine bis dahin unbekannte Intensität besitzt. Die Ausdrucksformen für das Konflikthafte, das Zwiespältige, für das Paradoxe und eben Widersprüchliche hat Petrarca zu einer Differenzierung und sprachlichen Perfektion geführt, die seinesgleichen sucht. *Diesen* Petrarca konnte sich die Moderne in der Tat aneignen, mochte sie über diese Affinität auch vergessen, daß diese Rhetorik der Zerrissenheit bei dem Autor des 14. Jahrhunderts ganz andere Ursachen hatte als jene existentielle Fremdheit in der Welt, auf die sich das exzentrische Subjekt der Moderne stets, weil unvermeidlich, verwiesen sieht. Daß indessen auch Jahrhunderte nach der Entstehung von Petrarcas Werk eine solche Aneignung seiner Lyrik, wo nicht Identifikation mit ihr noch immer gelingen konnte, weist allein schon den *Canzoniere* als ein »Meisterwerk der Literatur« aus.

Den derzeit besten Kommentar zu Petrarcas *Canzoniere* bietet folgende Ausgabe:
Petrarca, Francesco: Canzoniere, Hrsg. Marco Santagata, Mailand 1996.

Eine geschickt zusammengestellte Anthologie mit deutscher Übersetzung sowie einer informativen Einleitung in: Petrarca, Francesco: Canzoniere. Zweisprachige Auswahl aufgrund der Übertragung von Karl Förster. Ausgewählt, eingeleitet und mit Anmerkungen versehen von Gerhard Regn, Mainz 1987.

Auerbach, Erich: Literatursprache und Publikum in der lateinischen Spätantike und im Mittelalter, Bern 1958.

Burckhardt, Jacob: Die Kultur der Renaissance in Italien. Ein Versuch, Stuttgart [11]1988.
Curtius, Ernst Robert: Europäische Literatur und Lateinisches Mittelalter, Bern/München [8]1973.
Friedrich, Hugo: Epochen der italienischen Lyrik, Frankfurt am Main 1964.
Hegel, Georg Wilhelm Friedrich: Werke. Auf den Grundlagen der Werke von 1832–1845, Hrsg. E. Moldenhauer und H. Reinicke, Bd. 14, o. J.
Hempfer, Klaus W./Regn, Gerhard (Hrsg.): Der Petrarkistische Diskurs, Stuttgart 1993.
Jauß, Hans R.: Ästhetische Erfahrung und literarische Hermeneutik, Frankfurt am Main [2]1984.
Kablitz, Andreas: Die Minnedame. Herrschaft durch Schönheit, in: Mittelalterliche Menschenbilder, Hrsg. M. Neumeyer, Regensburg 2000, S. 79–118.
Ders.: Warum Petrarca? Bembos *Prose della volgar lingua* und das Problem der Autorität, in: Romanistisches Jahrbuch, 50, 1999, S. 127–157.
Ders.: Petrarcas Lyrik des Selbstverlusts. Zur Kanzone Nr. 360 (mit einem Exkurs zur Geschichte christlicher Semantik des Eros), in: Geschichte und Vorgeschichte der modernen Subjektivität, Hrsg. R. L. Fetz, R. Hagenbüchle und P. Schulz, Berlin/New York 1998, S. 567 bis 611.
Ders.: Pygmalion in Petrarcas Canzoniere. Zur Geburt ästhetischer Illusion aus dem Ungeist des Begehrens, in: Pygmalion. Die Geschichte des Mythos in der abendländischen Kultur, Hrsg. M. Mayer und G. Neumann, Freiburg i. Br. 1997, S. 197–223.
Ders.: Verwandlung und Auflösung der Poetik des Fin' Amors bei Petrarca und Charles D'Orléons. Transformationen der spätmittelalterlichen Lyrik diskutiert am Beispiel der Rhetorik des Paradox, in: Musique naturele. Interpretationen zur französischen Lyrik des Spätmittelalters, Hrsg. Wolf-Dieter Stempel, München 1995, S. 261–350.
Ders.: Intertextualität als Substanzkonstitution. Zur Lyrik des Frauenlobs im Duecento: Giacomo da Lentini, Guido Guinizelli, Guido Cavalcanti, Dante Alighieri, in: Poetica, 23, 1991, S. 20–67.
Ders.: Era il giorno ch'al sol si scoloraro per la pietà del suo factore i rai. Zum Verhältnis von Sinnstruktur und poetischem Verfahren in Petrarcas Canzoniere, in: Romanistisches Jahrbuch 39, 1988, S. 45–72.
König, Bernhard: Das letzte Sonett des Canzoniere. Zur architektoni-

schen Funktion und Gestaltung der ultime rime Petrarcas, in: Interpretation. Das Paradigma der europäischen Renaissance-Literatur. Festschrift für Alfred Noyer-Weidner zum 60. Geburtstag, Hrsg. Klaus W. Hempfer und G. Regn, Wiesbaden 1983, S. 239–257.

Ders.: Dolci rime leggiadre. Zur Verwendung und Verwandlung stilnovistischer Elemente in Petrarcas Canzoniere (am Beispiel des Sonetts In qual parte del ciel), in: Petrarca 1304–1374. Beiträge zu Werk und Wirkung, Hrsg. F. Schalk, Frankfurt am Main 1975, S. 113–138.

Küpper, Joachim: (H)ER(E)OS. Petrarcas Canzoniere und der medizinische Diskurs seiner Zeit, in: Romanische Forschungen 111, 1999, S. 178–224.

Ders.: Schiffsreise und Seelenflug. Zur Refunktionalisierung christlicher Bilderwelten in Petrarcas Canzoniere, in: Romanische Forschungen 105, 1993, S. 256–281.

Ders.: Per mezz'i boschi und die ›Modernität‹ des Canzoniere, in: Romanische Forschungen 104, 1992, S. 52–88.

Noyer-Weidner, Alfred: Poetologisches Programm und »erhabener« Stil in Petrarcas Einleitungsgedicht zum Canzoniere, in: Italienische Studien 8, 1985, S. 5–26.

Petrarca, Francesco: Canzoniere, Hrsg. Gianfranco Contini, Turin ^{8}1982.

Regn, Gerhard: Torquato Tassos zyklische Liebeslyrik und die petrarkistische Tradition. Studien zu Parte prima der Rime (1591/92), Tübingen 1987.

Spitzer, Leo: L'amour lointain di Jaufré Rudel et le sens de la poésie des troubadours, in: University of North Carolina Studies in Romance Languages and Literatures, 5, 1944.

Warning, Rainer: Imitatio und Intertextualität. Zur Geschichte lyrischer Dekonstruktion der Amortheologie, in: Hempfer, K. W./Regn, G. (Hrsg.): Interpretation. Das Paradigma der europäischen Renaissance-Literatur. Festschrift für Alfred Noyer-Weidner zum 60. Geburtstag, Wiesbaden 1983, S. 288–317.

HANS-JÖRG NEUSCHÄFER

Cervantes, *Don Quijote*

Die deutsche Romantik hat den Mythos von Don Quijote als dem tragischen Idealisten erfunden, der am Unverständnis seiner Umwelt scheitert.

Dieses zählebige Vorurteil verstellt noch immer den Blick auf die zutiefst lebensbejahende Ethik des Romans, die im wesentlichen eine soziale Ethik ist. Eben deshalb darf man den Text nicht ausschließlich aus dem Blickwinkel Don Quijotes lesen, sondern muß auch die Perspektive jener mit einbeziehen, die mit ihm zu tun haben.

Das ist in der Haupthandlung vor allem Sancho Panza. Der Dialog zwischen Don Quijote und Sancho ist ja das eigentliche Zentrum des Romans, der ganz wesentlich ein Dialogroman ist. Und der Dialog, der da stattfindet, ist nicht nur ein Dialog von zwei Personen, sondern auch der von zwei Kulturen: der aristokratischen und der populären; der Buchkultur und der Erfahrungskultur.

Aber man darf den Text auch nicht allein von der Haupthandlung her, also der Geschichte Don Quijotes und Sancho Panzas beurteilen, sondern erst, wenn man den *ganzen* narrativen Kontext mit berücksichtigt, zu dem auch die sogenannten Eingeschobenen Geschichten, die *episodios intercalados* gehören. Diese machen gut ein Drittel des Textganzen aus, im Ersten Teil des Romans sogar mehr als die Hälfte. (Zur Erinnerung: Der Roman ist in zwei Teilen erschienen; Teil I 1605; Teil II 1615.)

Und erst, wenn man diesen ganzen Kontext berücksichtigt – inklusive der Episoden –, die in den Cervantes-Kommentaren, aber auch in den Textausgaben oft vernachlässigt, ja weggelassen wurden, wird der Roman wieder in seinen ursprünglichen Entstehungszusammenhang zurückgeholt. Und es wird zugleich die Möglichkeit eröffnet, ihn neu und unsrer Zeit gemäßer zu erleben als aus der Perspektive des 19. Jahrhunderts.

Auch das Zusammenspiel von Haupthandlung und Eingeschobenen Geschichten stellt einen Dialog dar, wie wir noch sehen werden, und zwar den Dialog zweier ganz unterschiedlicher Erzähl- und Wahrnehmungsweisen, die aber genauso dialektisch zusammenwirken wie der Dialog von Don Quijote und Sancho Panza.

Im folgenden werde ich zunächst die Haupthandlung um Don Quijote und Sancho rekapitulieren, um mich dann mit der Funktion der Eingeschobenen Geschichten zu beschäftigen. Dabei wird die Frage nach der Ethik des Romans, also nach den Verhaltensnormen, die in ihm konfiguriert sind, im Vordergrund stehen. Abschließend wird noch die Rede von einem ganz anderen Aspekt sein: von der selbstreferentiellen und höchst ironischen Poetik des cervantinischen Romans.

I

Der Roman des Cervantes erzählt uns in der Haupthandlung nicht die ganze Lebensgeschichte seines Protagonisten, sondern nur einen kleinen Abschnitt daraus; allerdings keinen beliebigen, sondern den letzten. Der Roman beginnt erst in dem Augenblick, als ein Hidalgo um die Fünfzig, über dessen Namen es zunächst nur Vermutungen gibt (heißt er Quijada oder Quesada oder Quejana?), durch die übermäßige Lektüre von Ritterromanen aus der Bahn geworfen wird. (Don Quijote ist also das erste Medienopfer der Neuzeit.) So gründlich entgleist er dabei, daß er den Kontakt zur Wirklichkeit verliert und vorübergehend als *loco*, als ein Verrückter, als einer, der nicht bei sich ist, in die Rolle einer von ihm selbst erfundenen Ritterromanfigur namens Don Quijote schlüpft, um unter diesem Pseudonym die Welt von ihren Leiden zu befreien.

Und der Lebensabschnitt endet, als es ans Sterben geht und

Don Quijote, in der Stunde der Wahrheit, wieder auf den Boden der Tatsachen zurückkehrt, zu sich selbst und zu seiner wahren Identität zurückfindet, die auch während seiner Verrücktheit nie ganz verschüttet war. Am Ende, als er wieder zu sich gekommen ist, besteht auch kein Zweifel mehr daran, wer er wirklich ist und wie er heißt. Don Quijote selbst entdeckt seinen wahren Namen wieder, nämlich Alonso Quijano, dem seine Nachbarn und Freunde wegen seines gütigen Naturells den Beinamen »El Bueno« verliehen haben. Don Quijote ist also nur vorübergehend, am Ende seines Lebens, *loco*. Ansonsten war und ist er ein allseits geschätzter Alonso Quijano el Bueno.

Führt man sich die Struktur des *Quijote* auf diese Weise vor Augen, ergeben sich eine Reihe von Fragen: Inwiefern ist Don Quijote während seiner *locura* außer sich, und was ist daran so bedenklich, daß er es am Ende dem Pfarrer als schwere Sünde zu beichten hat? Was macht auf der anderen Seite das Wesen Alonso Quijanos aus, das ihm soviel Anerkennung bei seinen Nachbarn verschafft und das Don Quijote am Ende auch ganz bewußt als sein eigentliches begreift? Und inwiefern ist Don Quijote trotz allem auch immer Alonso Quijano geblieben?

Don Quijotes Problem während der *locura* ist ganz offensichtlich, daß er die Wirklichkeit nicht gelten läßt, wie sie ist. Das tut er zwar in der allerbesten Absicht, aber, zumindest im Ersten Teil des Romans, meist mit fatalen Folgen für sich und die anderen.

Das kann auch gar nicht anders sein, denn indem er voraussetzt, daß alles so überschaubar, auch moralisch so eindeutig ist wie in der Märchenwelt des Ritterromans, muß er die komplexe Realität zwangsläufig mißverstehen, ja sie als feindlich und im höchsten Grad als unzulänglich empfinden. Das aber setzt ihn metaphysisch ins Unrecht, denn damit unterliegt er nicht nur einfach einem Irrtum, sondern er schwingt sich zum »desfacedor de agravios«, also zum Abhelfer aller Schlechtigkeiten dieser Welt, auf, ohne dafür bestellt zu sein, und maßt sich fast so etwas wie eine Weltenrichter-Rolle an, die allein Gott selbst vorbehalten ist. Kurzum: Don Quijote verfällt vorübergehend dem Größenwahn, der *soberbia*, greift auch der weltlichen Justiz in den Arm und ist mehrmals drauf und dran, in seiner Verblendung zum Mörder zu werden, wovor ihn nur der Zufall oder ein gütiges Geschick bewahrt, indem sein klappriger Gaul jedesmal im richtigen Moment ins Straucheln kommt. Wie es dabei zugeht, wollen wir uns bei zwei Abenteuern aus dem Ersten Teil ansehen.

Das erste Abenteuer, das Don Quijote zustößt, nachdem er ausgerechnet von einem Gastwirt den Ritterschlag erhalten hat, ist das mit dem Bauernknecht Andrés und dessen Herrn Juan Haldudo. Es beginnt folgendermaßen:

»Der Junker hatte noch nicht viel des Weges zurückgelegt, da deuchte es ihm, als ob ihm zur rechten Hand, aus dem Dickicht eines dort befindlichen Gehölzes, ein schwaches Schreien herausdringe, wie von jemand, der wehklagte; und kaum hatte er es vernommen, als er sprach: ›Dank spende ich dem Himmel für die Gnade, so er mir tut, da er mir sobald Gelegenheit vor die Augen stellt, wo ich erfüllen kann, was ich meinem Beruf schulde, und wo ich die Frucht meines tugendhaften Vorhabens pflücken kann. Diese Weherufe kommen ohne Zweifel von einem oder einer Hilfsbedürftigen, so meines Beistandes und Schutzes bedarf.‹ [...]

Und als er wenige Schritte in das Gehölz hineingeritten, sah er [...] einen Jungen von etwa fünfzehn Jahren, [...] der war es, der das Geschrei ausstieß, und nicht ohne Grund, denn ein Bauer von kräftiger Gestalt war daran, ihm mit seinem Gurt zahlreiche Hiebe aufzumessen. [...]

Als Don Quijote sah, was vorging, rief er mit zürnender Stimme: ›Zuchtloser Ritter, schlecht geziemt es den anzugreifen, der sich nicht verteidigen kann; steigt zu Rosse und nehmt Euren Speer, da werd' ich Euch zu erkennen geben, daß es der Feiglinge Gepflogenheit ist, so zu handeln wie Ihr.‹

Der Bauer, der diese Gestalt mit Waffen umschanzt über sich herkommen sah, [...] hielt sich schon für tot und erwiderte mit begütigenden Worten: ›Herr Ritter, dieser Junge, den ich da züchtige, ist ein Knecht von mir, der mir dazu dient, eine Herde Schafe zu hüten, die ich in dieser Gegend habe. Er ist so unachtsam, daß mir jeden Tag eins fehlt, und weil ich seine Unachtsamkeit – oder seine Spitzbüberei – bestrafe, sagt er, ich tue es aus Knauserei, um ihm den Lohn, den ich ihm schulde, nicht zu zahlen; und bei Gott und meiner Seele, er lügt.‹« (I, 37 f.)[1]

Don Quijote läßt sich von dieser Aussage des Bauern nicht im geringsten beeindrucken, spricht vielmehr selbstherrlich das Urteil, Andrés sei im Recht, der Bauer im Unrecht, und zwingt den Bauern mit Waffengewalt, den Knecht loszubinden und ihm eine größere Summe Geldes zu zahlen. Nun ist der Bauer freilich nicht auf den Kopf gefallen und behauptet, kein Geld bei sich zu haben. Deshalb möge Andrés nur mit ihm nach Hause kommen, dort wolle er ihm alles auf Heller und Pfennig auszahlen und ihn dann freilassen.

Don Quijote gibt sich mit diesem Versprechen zufrieden, weil er in den märchenhaften Ritterromanen gelesen hat, daß die besiegten Gegner dort stets ihre Versprechen einhalten, und will aufbrechen, obwohl Andrés, der die Lage realistischer sieht, ihn zu bleiben bittet, wohl wissend, daß er statt Geld nur noch härtere Strafe bekommen würde, wenn Don Quijote erst einmal verschwunden wäre. Aber Don Quijote wischt den Einwand selbstsicher hinweg; für ihn steht fest, daß niemand es wagen wird, den Befehl eines Don Quijote de la Mancha, des Abhelfers aller Unbilden und Widerrechtlichkeiten, zu mißachten. Für ihn ist die Sache bereits erledigt, und er reitet tatsächlich weg. Natürlich kommt in Wahrheit das dicke Ende noch nach, und es wird um so schlimmer, als der Bauer jetzt erst recht in Rage ist. Und also beendet der Erzähler die Episode mit folgendem Kommen-

1 Ich zitiere hier und im folgenden die Übersetzung von Ludwig Braunfels in der zweibändigen Ausgabe der Sammlung Dietrich, Leipzig 1953. Ich setze in Klammern hinter die Zitate in römischen Ziffern die Bandzahl, in arabischen Ziffern die Seitenzahl.

tar: »Andrés zog nicht wenig erbost von dannen und schwur, den tapferen Don Quijote von der Mancha aufzusuchen und ihm Punkt für Punkt das Vorgefallene zu erzählen. [...] Aber bei alledem ging er weinend von dannen, und sein Herr blieb lachend zurück. Und auf solche Weise half der tapfere Don Quijote der Ungebühr ab.« (I, 40f.)

Fassen wir den Sachverhalt noch einmal zusammen: Im vorliegenden Fall mischt sich Don Quijote in einen Rechtsstreit zwischen dem Bauernknecht Andrés und seinem Herrn, der den Knecht zur Rechenschaft zieht, weil der ihn fahrlässig oder sogar mit Absicht geschädigt hat. Don Quijote verkennt diesen Sachverhalt vollkommen, er informiert sich auch gar nicht darüber, sondern hat ein fertiges Vorurteil bereits zur Hand, und es kommt ihm gar nicht in den Sinn, daß es möglicherweise falsch sein könnte. Und zwar bezieht er sein Vorurteil aus der idealistischen Weltsicht des Ritterromans, in dem es, ähnlich wie im Märchen, nur entweder ganz und gar gute oder ganz und gar böse Menschen gibt. Und da in dieser Szene jemand geschlagen wird, im Ritterroman aber immer nur der Gute leidet und der Böse als Peiniger auftritt, ist es für ihn von vornherein ausgemacht, daß Andrés ein Unschuldsengel, sein Herr aber ein infamer Bösewicht ist. Nun ist es aber in Wahrheit so, daß Andrés tatsächlich etwas falsch gemacht hat, und auch dem Bauern kann man es nicht verübeln, wenn er seinen Knecht zur Rechenschaft zieht, auch wenn man mit der Art und Weise, wie er das tut, heute (damals war die Prügelstrafe normal) nicht einverstanden sein mag. Auf jeden Fall aber ist der Bauer Haldudo nicht der schwarze Bösewicht und der Knecht Andrés nicht der weiße Unschuldsengel, für die sie Don Quijote hält. Und wenn er nun den Bauern allein zum Rechtsbrecher, Andrés aber zum unschuldig Verfolgten erklärt, so übersieht Don Quijote nicht nur die wirkliche Problematik des Falles, sondern er begeht auch eine Rechtsverdrehung, und tut damit genau das, was zu verhindern er eigentlich ausgezogen war. Darüber hinaus hat Don Quijotes gutgemeinter, die Realität aber so vollkommen verfehlender Eingriff noch schlimme Folgen. Denn erst durch seine Intervention wird der Bauer Haldudo so in Rage gebracht, daß er Andrés in gefährlicher Weise verprügelt und ihn weit über das Maß hinaus züchtigt, das er ohne das Eingreifen Don Quijotes eigentlich vorhatte, so daß also Don Quijote, dem die reine Absicht gewiß nicht abzusprechen ist, schon nach seinem ersten Abenteuer keine *bessere* Ordnung hinterläßt, sondern eine *schlechtere*, ja ein Chaos.

Nehmen wir das nächste Abenteuer gleich noch hinzu. Hier erblickt Don Quijote eine Schar von Leuten, die friedlich ihren Weg reiten und die, wie sich später herausstellt, Kaufleute aus Toledo sind, die nach Murcia reisen, um dort Seide einzukaufen. Heute würde man sie Verkehrsteilnehmer nennen. Don Quijote hält sie natürlich für fahrende Ritter, stellt sich ihnen in den Weg, erhebt seine Stimme und spricht mit stolzem Gebaren:

»›Alle Welt halte still, wenn nicht alle Welt bekennt, daß es in aller Welt kein schöneres Fräulein gibt als die Kaiserin der Mancha, die unvergleichliche Dulcinea del Toboso.‹

Beim Klang dieser Worte und beim Anblick der seltsamen Gestalt, die sie gesprochen hatte, hielten die Kaufleute an, und an der Gestalt und den Worten erkannten sie alsbald die Verrücktheit des Mannes, dem diese und jene angehörten. Indessen wollten sie gern ausführlicher erfahren, auf was jenes Bekenntnis abzielte, [...] und einer von ihnen, der zu Späßen gelaunt und ein äußerst gescheiter Kopf war, sprach zu ihm: ›Herr Ritter, wir unsrenteils wissen nicht, wer die treffliche Dame ist, von der Ihr redet. Zeigt sie uns, und wenn sie von so großer Schönheit ist, wie Ihr angebt, so werden wir gutwillig und ohne Zwang das Bekenntnis der Tatsache ablegen, das uns von Eurer Seite abverlangt wird.‹ –

›Wenn ich sie euch zeigte‹, entgegnete Don Quijote, ›was würdet ihr Großes damit tun, eine so offenkundige Wahrheit zu bekennen? Das Wesentliche in der Sache besteht gerade darin, daß ihr, ohne sie zu sehen, es glauben, bekennen, behaupten, beschwören und verfechten müsset; wo nicht, so seid ihr mit mir in Fehde, ungeschlachtes und übermütiges Volk.‹ [...]

›Herr Ritter‹, erwiderte der Kaufmann, ›ich bitt' Euch flehentlich [...], daß Euer Gnaden geruhen möge, uns irgendein Bildnis dieser Dame zu zeigen, wenn es auch nur so groß wäre wie ein Weizenkorn. [...] Ja, ich meine sogar, wir sind schon so sehr auf ihrer Seite, daß, wenn auch ihr Bild uns zeigen sollte, daß sie auf einem Auge schielt und aus dem anderen ihr Zinnober und Schwefel fließt, wir trotz alledem, um Euer Gnaden gefällig zu sein, zu ihren Gunsten alles, was Ihr wollt, sagen werden.‹« (I, 42 f.)

Nach diesen spöttischen Worten wird Don Quijote von fürchterlichem Zorn gepackt, so sehr, daß er mit eingelegter Lanze auf die unbewaffneten Kaufleute losstürmt und deren Sprecher unweigerlich übel mitgespielt hätte, wenn Rosinante nicht im rechten Augenblick gestrauchelt und Don Quijote zu Boden gestürzt wäre.

Bezeichnend für Don Quijotes Verhalten ist in diesem zweiten Abenteuer seine Forderung, Dulcinea sei, auch ohne daß man sie gesehen habe, als die schönste aller Frauen anzuerkennen. In dieser Forderung wird auf das eindrucksvollste und witzigste der Mechanismus nicht nur des quijotesken, sondern eines jeden ideologischen Dogmatismus freigelegt, die ja allesamt die Tendenz haben, das kritiklose Hinnehmen ihrer Prinzipien zu fordern und auf Einwände, besonders auf ironische, auf die gleiche Weise zu reagieren, wie es hier Don Quijote tut, der auf die rationale Kritik nicht rational erwidert, sondern geradewegs den Kritiker selbst zu liquidieren versucht und der damit noch eine besonders segensreiche Tat zu vollbringen glaubt. Daß Cervantes hier keineswegs die friedlichen Kaufleute, sondern den besessenen Ritter ins Unrecht setzt, daran läßt der Ablauf dieser Szene und der sie begleitende Kommentar überhaupt keinen Zweifel.

So oder ähnlich gehen die Abenteuer im Ersten Teil weiter. An deren Ende bezieht Don Quijote regelmäßig Prügel, die ihm aber nicht viel ausmachen, weil er sie auf die Mißgunst der bösen Zauberer schieben kann, die schon im Ritterroman stets darauf aus waren, die Erfolgsbahn des Protagonisten zu sabotieren. Die Ausrede mit den bösen Zauberern dient also regelmäßig dazu, eine Niederlage nachträglich noch in einen Erfolg; eine Demütigung in Selbstbestätigung umzuinterpretieren.

Tiefer treffen ihn allerdings der Hohn und die Vorhaltungen jener, die von ihm beglückt worden sind, wie im Fall des Bauernknechtes Andrés. Mit diesem kommt es nämlich zu einer zweiten Begegnung, bei der Andrés seinen »Retter« beschwört, ihm nie mehr zu Hilfe zu eilen, auch nicht, wenn er sähe, daß er in Stücke gerissen wird, denn kein Unglück dieser Welt könne so groß sein, »daß das Pech nicht noch größer wäre, das mir von Eurem Beistand kommen würde, Herr Ritter, welchen Gott verdammen möge, samt allen fahrenden Rittern soviel ihrer je zur Welt gekommen!« (I, 380).

Im Zweiten Teil des Romans geht die Initiative dann nicht mehr von Don Quijote aus, sondern von den anderen Romanpersonen, die – und das war ein genialer Einfall des Cervantes – den Ersten Teil schon gelesen haben. Im Zweiten Teil des Romans treten also lauter Leser – und das heißt in diesem Fall auch Don-Quijote-Experten – auf, die den Protagonisten schon erwarten und die genau wissen, wie man mit ihm umzugehen hat. Mit diesem Perspektivenwechsel steht der Zweite Teil unter ganz anderen Voraussetzungen als der Erste. Einer der charakteristischen Unterschiede sind die großen *burlas* (Spöttereien), denen der inzwischen berühmt gewordene Don Quijote ausgesetzt ist und in denen er – nicht unverdient – zum Objekt, ja sogar zum Spielball der Launen anderer wird: Sancho Panzas, der ihn mit der angeblichen Verzauberung Dulcineas hereinlegt; der Herzöge, die sich auf Kosten ihres Gastes vergnügen; und der katalanischen Honoratioren, die ihn in Barcelona dem Gelächter ihrer Mitbürger preisgeben. Diese Erniedrigung ist deshalb nicht unverdient, weil sie gewissermaßen die Strafe für Don Quijotes Selbsterhöhung im Ersten Teil darstellt und weil diese Erfahrung die notwendige Voraussetzung für den *desengaño*, also für Don Quijotes Ernüchterung ist, dank derer er sich am Ende wieder mit der Realität versöhnen und akzeptieren kann, daß er schlicht Alonso Quijano ist.

Gleichzeitig ist es aber auch kein Zufall, daß Don Quijote während seiner *locura* immer wieder vor dem Schlimmsten bewahrt wird. Das hat damit zu tun, daß Alonso Quijano dem Don Quijote auch in der Phase höchster Verblendung nie ganz abhanden, ja daß er ihm sogar in die Quere kommt. Präsent bleibt Alonso Quijano insofern, als Don Quijote immer hilfsbereit ist und – etwa in seinen Reden über das Goldene Zeitalter und über Waffen und Wissenschaften – auch recht vernünftige Ansichten vertritt. In die Quere kommt er ihm vor allem im Umgang mit Sancho. Es bleibt ja nicht dabei, daß Sancho seinen Herrn ständig an die Realitäten erinnert. Das hätte auf die Dauer keinen Zweck, wenn Don Quijote nicht auch von sich aus Sancho Panza so gelten ließe, wie er ist.

Darin liegt überhaupt erst die großartige Paradoxie des Romans: Auf der einen Seite setzt sich Don Quijote ständig über die Tatsachen hinweg und nimmt doch auf der anderen Seite, in bezug auf Sancho, die schönste Rücksicht auf sie. Dabei ist dieses Verhältnis keineswegs störungsfrei, und es ist es vor allem nicht von Anfang an. Zunächst spielt sich Don Quijote ja als der große Präzeptor auf, der alles besser weiß. Erst im Verlauf ihrer gemeinsamen Wanderung entwickelt sich jenes dialogische Verhältnis zwischen beiden, das dem Roman die Würze gibt. Und erst im Dialog entsteht mit der Zeit so etwas wie Austausch, Gleichberechtigung, ja Freundschaft zwischen zwei so unterschiedlichen und auch nach ihrer sozialen Herkunft scheinbar unvereinbaren Charakteren. Besonders im Zweiten Teil ist zu sehen, wie sich die beiden näherkommen und wie just dieses Aufeinanderzugehen zur Stärkung Alonso Quijanos und zur Schwächung Don Quijotes beiträgt.

Am schönsten kann man das im Zusammenhang mit der Ver- und Entzauberung Dulcineas beobachten. Bekanntlich gibt

Sancho im zehnten Kapitel des Zweiten Teils eine häßliche und übelriechende Bäuerin als Dulcinea aus, worauf Don Quijote zunächst genauso ungläubig reagiert, wie Sancho Panza es im Ersten Teil des Romans bei Don Quijotes Erfindungen getan hat. Schließlich muß er – unter Sanchos Anleitung – aber doch annehmen, daß nun auch Dulcinea dem Bann der bösen Zauberer verfallen ist. Später machen ihm die Herzöge weiß, Dulcinea könne wieder entzaubert werden, wenn sich Sancho freiwillig dreitausenddreihundert Peitschenhiebe verabreichen ließe. Als Don Quijote das gewaltsam zu beschleunigen versucht, setzt Sancho sich zur Wehr und wirft seinen Herrn zu Boden. Dieser ist zwar zunächst empört ob der Insubordination, sieht aber schließlich ein, daß Sancho genauso respektiert werden muß wie er selbst. Hier reagiert Don Quijote also nicht mehr mit *soberbia,* sondern mit *modestia.* An anderen Stellen des Romans, besonders an dessen Ende, bleibt es nicht beim einfachen Zurückstecken; nun zeigt Don Quijote vielmehr, daß er zu wirklicher Mitmenschlichkeit fähig ist: Als Sancho nach langen Lohnverhandlungen endlich bereit ist, sich die Hiebe gegen Bezahlung selbst zu geben, und als er so tut, als leide er schreckliche Schmerzen, gebietet Don Quijote Einhalt: »Nimmer erlaube das Geschicke, Freund Sancho, daß um meines Wunsches willen du das Leben einbüßest, welches dir dazu dienen soll, Weib und Kinder zu ernähren. Mag Dulcinea eine bessere Gelegenheit abwarten, [...] damit dieser Handel zu aller Zufriedenheit zu Ende geführt werde.« (II, 693)

Die Szene beweist auf das schönste, daß Don Quijote die Freundschaft (tatsächlich nennt er Sancho »amigo«) mit dem einfachen Bauern und die Sorge um das Wohlergehen seiner Familie über die Ritterschimäre und damit über die Eigensucht stellt. Das ist um so bemerkenswerter, als er Dulcineas Erlösung, der im Zweiten Teil sein ganzes Streben gilt, hier schon greifbar vor Augen sah.

Dieser große Freundschaftsbeweis Don Quijotes hat ein Pendant in einem ebenso rührenden Verhalten Sancho Panzas. Als die Herzogin ihm die langersehnte Insel nur unter der Bedingung zur Statthalterschaft geben will, daß er seinen Herrn verläßt, weigert sich Sancho, das zu tun, selbst wenn er auf die Realisierung *seines* größten Wunsches verzichten müßte. Und er schluckt die Enttäuschung mit einer nicht enden wollenden Sprichwörterflut herunter.

Don Quijote und Sancho Panza sind also einander wert. Und nur, wenn man die Beziehung zwischen ihnen in Rechnung stellt, kann man auch den moralischen Wert Don Quijotes richtig einschätzen. Dann zeigt sich nämlich, daß die Ritterschimäre nur ein Teil von ihm ist und daß man ihn ebenso nach seinem Verhältnis zu Sancho beurteilen muß, der, einer schönen Beobachtung Unamunos zufolge, so etwas wie der Repräsentant der ganzen Menschheit ist, der Don Quijote ja auch den ganzen Roman hindurch begleitet. Und wenn Don Quijote als Ritter, trotz bester Absicht, laufend versagt, bewährt er sich doch als Freund Sanchos, obwohl dieser ein ständiges Hindernis für seine ehrgeizigen Pläne ist. So erreicht Don Quijote als Freund Sanchos und anderer Personen insgeheim eben doch, was er eigentlich erstrebt hat, nämlich ein Helfer der Menschheit zu sein. Am Ende scheitert Don Quijote also gar nicht wirklich, und damit wird die romantische Deutung hinfällig. Aber er stellt seine Größe ganz anders unter Beweis, als er es erträumt hatte: nicht mit illusionärem Heldentum, sondern mit menschlicher Solidarität; nicht mit *soberbia,* sondern mit *modestia*. Als Held ist Don Quijote bei Cervantes nur noch eine lächerliche Figur, während er als Freund, als Nachbar und Weggenosse Format besitzt. – Historisch gesehen wird jedenfalls mit dem großen Werk des Cervantes die Epoche der Heldenepen abgeschlossen und eine neue Epoche eröffnet, in der das soziale Problem des menschlichen Zusammenlebens immer stärker in den literarischen Vordergrund rückt.

II

Es stellt sich nun die Frage, was überhaupt dazu berechtigt, den *Quijote* »moralisch«, d. h. unter dem Gesichtspunkt der Verhaltensethik zu lesen. Man darf es aus zwei Gründen, einem äußeren und einem inneren. Der äußere ist die Situation des Unterhaltungsromans am Beginn des 17. Jahrhunderts, genauer: es sind die Produktionsbedingungen, unter denen er in Spanien überhaupt noch möglich war. Denn unter dem wachsenden Mißtrauen der Inquisition konnten Romane dem Frivolitäts-, ja dem Heterodoxie-Verdacht (und damit dem Verbot) nur dann entgehen, wenn sie die Unterhaltung mit Belehrung und das Vergnügen mit moralischer Reflexion verbanden. Es stimmt zwar, daß Cervantes das Vergnügen nie der Moral opferte. Aber es ist ebenso unübersehbar, daß er nach einem Ausgleich und einem Gleichgewicht zwischen Unterhaltung und moralischem Ernst suchte.

Der beste Beweis für dieses Ausgleichsstreben – und damit komme ich zum inneren Grund – ist nun im *Quijote* selbst die Verwendung Eingeschobener Geschichten, die sich alle wie *novelas ejemplares* lesen und die so geschickt mit dem Textganzen verwoben sind, daß, nimmt man sie nur ernst, sofort klar wird: Cervantes hat diesen Ausgleich nicht nur aus taktischen Gründen gesucht – etwa um Ruhe vor der Inquisition zu haben –, sondern auch aus innerer Überzeugung. Das Problem ist allerdings, daß die Cervantes-Kritik die Eingeschobenen Geschichten immer unterschätzt hat.

Allerdings kam es zu dieser Mißachtung nicht ohne Grund, denn die Eingeschobenen Geschichten haben nicht nur andere Protagonisten als die Haupthandlung; sie spielen auch in einer anderen Welt und sind durchweg in einer anderen, wesentlich höheren Stillage geschrieben und unterscheiden sich dadurch stark von der im niederen und komischen Stil gehaltenen Geschichte von Don Quijote und Sancho Panza. Dabei machen die Episoden im Ersten Teil mehr als die Hälfte des Textes aus. Im Zweiten Teil sind sie zwar nicht so stark vertreten, stehen dafür aber an exponierter Stelle. Sie begründen am Ende eigentlich erst, warum Don Quijote wieder zu sich kommt und warum ihm verziehen werden kann. Und es wird ihm verziehen – ganz offiziell, vom Pfarrer nämlich nach der Beichte –, weil er zwar ein *pecador* (Sünder), aber immer auch ein *pecador discreto* war, also einer, der es nie am guten Willen hat fehlen lassen.

Wie gestaltet sich nun das Verhältnis zwischen Haupthandlung und Eingeschobenen Geschichten, und welche Funktion haben die Episoden konkret für den Sinn des Textes? Wenn es Cervantes tatsächlich – und daran kann kein Zweifel bestehen – ernst war mit seiner Absicht, Unterhaltung mit Reflexion, Heiterkeit mit Ernst zu verbinden, konnte und durfte es nicht bei der komischen Rittergeschichte bleiben. Denn nach den Gesetzen der Stiltrennung, die zu seiner Zeit eisern galten, konnte auf heitere Weise nur das Alltägliche, das Niedere und Kreatürliche beschrieben werden, während das Grundsätzliche und Erhabene, das moralisch Ernste und Tragische dem hohen Stil vorbehalten war. Indem nun Cervantes die ernsten Episoden in die komische Haupthandlung montiert, schafft er also überhaupt erst die Voraussetzung dafür, daß sein Text eine tiefere Bedeutung bekommen kann, denn die Don-Quijote-/Sancho-Panza-Geschichte allein wäre pures Divertimento gewesen. Und in einer längeren metafiktionalen Überlegung über die Funktion der Eingeschobenen Geschichten im 44. Kapitel des Zweiten Teils gibt Cervantes dem Leser deutlich zu verstehen, daß erst durch das Zusammenspiel von Haupthandlung und Eingeschobenen Geschichten aus dem Divertimento der Don-Quijote-/Sancho-Panza-Handlung eine große *Novela ejemplar* wird.

Das soll hier, in aller Kürze, stellvertretend an der Marcela-Episode (I, Kap. 11–14) exemplifiziert werden. In ihr wird eines der Hauptthemen des Romans, das Recht auf Freiheit und Selbstbestimmung, wie in einem Brennspiegel so gebündelt, daß es auf die Haupthandlung zurückstrahlt, während die

Haupthandlung ihrerseits das Szenario schafft, durch das die hochstilisierte Episode eine lebensnahe Grundlage bekommt.

Bekanntlich gehört die Geschichte von Marcela und Grisóstomo, zwei als Schäfer verkleideten Städtern, in das Genre der Pastorale. Sie ist an einer Stelle in die Haupthandlung eingelassen, an der diese selbst schon eine pastorale Färbung hat: Ritter und Knappe sind zu Gast bei (echten) Schäfern, teilen deren frugales Mahl, und Don Quijote läßt sich von der friedlichen Stimmung zu einer Rede über das Goldene Zeitalter inspirieren. Dann erfährt man, zunächst von unbeteiligten Dritten, das tragische Ende des Grisóstomo, der die schöne Marcela geliebt habe, von dieser aber zurückgewiesen worden sei. Dabei erscheint Grisóstomo als Ausbund der Tugend, Marcela als Inbegriff der Grausamkeit und des Hochmuts; nach Meinung der (männlichen) Berichterstatter ist sie eine ausgesprochene Negativfigur. Dieser erste Eindruck wird aber in sein Gegenteil verkehrt, als Marcela schließlich persönlich auftritt und Gelegenheit bekommt, ihren ganz anderen (weiblichen) Standpunkt zu vertreten. Sie tut das so klug und so überzeugend, daß am Schluß niemand mehr etwas gegen sie vorzubringen wagt. Der Kern ihrer brillanten Verteidigungsrede – mit der nebenbei auch das Vorurteil der Zeit widerlegt wird, Frauen hätten einen Überschuß an Affektivität und einen Mangel an Rationalität – läßt sich wie folgt zusammenfassen: Nicht *sie* habe ihre Affekte nicht unter Kontrolle gehabt, sondern *er* habe »fuera de razón«, also wie ein *loco* gehandelt. Nicht vernunftgemäß sei es vor allem, vorauszusetzen, die Frau müsse dem Begehren des Mannes »natürlich« nachgeben. Wenn das so wäre, würde es ja zu einem Chaos der Leidenschaften und zur Kapitulation von Vernunft und Moral kommen. Denn da die Schönheit das Begehren vieler weckt, müßte es nach Grisóstomos Logik auch vielfach befriedigt werden, wo doch die wahre Liebe unteilbar sei. Außerdem wirft Marcela dem Grisóstomo vor, daß er den Freiheitsanspruch und das Selbstbestimmungsrecht der Frau nicht achte, daß er sie also zur Gegenliebe zwingen wolle. Warum aber solle sie, Marcela, auf die Ausübung ihres freien Willens verzichten, nur weil ein Mann ein Auge auf sie geworfen hat? Schließlich habe sie sich ja um ihrer Freiheit willen in die Natur geflüchtet, weil sie in der Stadt ständig den Pressionen des Heiratsmarktes ausgesetzt war: »Frei bin ich geboren, und um in Freiheit leben zu können, habe ich die Einsamkeit der Natur erkoren. [...] Ich bin freien Standes und nicht willens, mich von irgend jemandem abhängig zu machen.« (I, 128f.)

Ganz abgesehen davon, daß die Marcela-Episode ein schönes Beispiel für den »Praefeminismus« des Cervantes und jedenfalls für seine erstaunliche Unvoreingenommenheit ist, wird sofort deutlich, worin die Parallelität von Haupthandlung und eingeschobenen Geschichten besteht. Sie besteht just in der beidseitigen Thematisierung der *locura*. So wie Grisóstomo setzt sich ja auch Don Quijote ständig über das Recht der anderen hinweg, um *seine* fixe Idee von der Weltenharmonie gegen deren Willen durchzusetzen.

Daß Cervantes beim Leser eben diese Überlegung in Gang setzen will, bestätigt der unmittelbare Fortgang der Haupthandlung (I, Kap. 15 und 16), wobei die Problematik der Marcela-Episode auf unterer, komischer Ebene noch zweimal aufgenommen wird. Zuerst *en plan bestia*, als der sonst so lahme Rosinante plötzlich einen »sexuellen Anfall« bekommt (um mit dem Tagebuch Thomas Manns zu sprechen) und seinen Trieb an den friedlich weidenden Stuten galizischer Fuhrleute abreagieren will. Die Stuten aber weisen ihn mit Huftritten zurück, weil sie im Augenblick mehr Appetit aufs Weidegras als auf »Anderes« haben. Anschließend wird das Thema der sexuellen Belästigung in Form einer weiteren Ritterroman-Parodie noch einmal aufgenommen, als Don Quijote die Schenkenmagd Maritornes, die er für das in ihn verliebte Burgfräulein hält, auf sein Bett zwingen will, obwohl sie in Wahrheit in das eines Maultiertreibers strebt, der ihrem und seinem Willen mit brutaler Handgreiflichkeit Geltung zu verschaffen weiß. An diesem Beispiel wird auch der Unterschied der beiden Stilhöhen besonders deutlich: Während in der Marcela-Episode von sexuellem Begehren nur abstrakt, aber mit tiefem Ernst die Rede ist, wird Sexualität in der Haupthandlung augenscheinlich und wahrhaft greifbar, bleibt freilich auch komisch und damit problemlos.

Worin liegt also der tiefere Sinn des Zusammenspiels von Haupthandlung und Eingeschobenen Geschichten? Man kann das wie folgt zusammenfassen: Haupthandlung und Episoden ergeben erst zusammen den großen Roman des Cervantes. Sie ergänzen einander nicht nur; sie sind aufeinander angewiesen, denn eine Seite braucht die andere, um richtig zur Geltung zu kommen. Ihr Verhältnis ist ein dialektisches und ein dialogisches: Die Eingeschobenen Geschichten verschaffen der Haupthandlung den konzeptuellen Überbau; die Haupthandlung den Eingeschobenen Geschichten die lebensgeschichtliche Basis. Die Eingeschobenen Geschichten spitzen auf ernste, ja tragische Weise die Probleme zu, die sich in der Haupthandlung heiter verflüchtigen. Beide Erzählebenen zusammen bringen den Roman überhaupt erst ins ästhetische Gleichgewicht zwischen Vergnügen und Bedenken, Komik und Ernst. Es scheint so, als ob der Dialog zwischen Don Quijote und Sancho, der nicht nur ein Dialog zwischen verschiedenen Charakteren, sondern auch einer zwischen zwei Kulturen ist, sich im Dialog zwischen Haupthandlung und Episoden noch einmal als Wechselgespräch verschiedener Diskursformen wiederholt.

III

Zum Abschluß noch ein Wort zu der luziden, zugleich ironischen und selbstgewissen Poetik des Romans. In der Tat ist die Meisterschaft, mit der Cervantes all das bereits ins Spiel bringt, was der heutigen Literarästhetik teuer ist – Autoreflexivität, Intertextualität, Dialogizität, ironisch gebrochene Beglaubigungsstrategien, komplexe Erzähltechniken –, schier unglaublich. Ob Cervantes sich dessen immer bewußt war oder ob es ihm bisweilen gleichsam beiläufig *unterlief* und ob es eben deshalb so unangestrengt und befreiend wirkt, ist schwer zu entscheiden. Jedenfalls ist er mit seinem Roman de facto weit über das hinausgegangen, was damals poetologisch üblich und denkbar war.

Ein paar Andeutungen müssen genügen: Während es vor Cervantes ganz selbstverständlich war, einen Roman *historia* zu nennen, den Fiktionscharakter also zu verschleiern, geht Cervantes den umgekehrten Weg. Er offenbart geradezu plakativ den Fiktionscharakter seiner Geschichte. Die Unbekümmertheit, mit der sich Cervantes der alten Beglaubigungsfesseln entledigt (die ja vor allem Bedenkenträger-Fesseln der offiziellen Kirche waren), hat auch heute noch nichts von ihrem entwaffnenden Charme verloren. Denn auch hier bleibt Cervantes seinem Vorsatz treu: Er bietet zwar eine Beglaubigungsstrategie auf, aber eben nur noch in ironisch-parodistischer Form. Im achten Kapitel des Ersten Teils z. B., als Don Quijote und der Biskayer gerade mit erhobenen Waffen kampfbereit einander gegenüberstehen, geht dem Erzähler angeblich die Quelle bzw. die »historische« Vorlage aus, so daß vorübergehend nicht mehr von Don Quijote, sondern von der Suche nach einer Fortsetzung seiner Taten die Rede ist. Schließlich findet der Erzähler auf einem Markt in Toledo das Manuskript eines arabischen Historiographen namens Cide Hamete Benengeli, das er von einem Morisken ins Spanische übersetzen läßt und das »zufällig« just an der Stelle beginnt bzw. weitermacht, wo der Film vorher abgerissen war, bei den erhobenen Schwertern nämlich. Damit wird einerseits unmißverständlich auf die demiurgische Macht des wahren Autors Cervantes verwiesen, der alles nach Belieben verschwinden lassen und wieder neu erfinden kann. Andererseits wird aber auch ironisch von dessen Verantwortung abgelenkt und die Authentizität der *historia* in Zweifel gezogen, stammt die doch von einem Mauren (d. h. von einem Ungläubigen und eben deshalb der »Wahrheit« nicht Teilhaftigen) und wurde zudem von einem Morisken übersetzt, über dessen Zuverlässigkeit (schließlich ist er ein Glaubenswechsler) sich der Leser ebenfalls keine Illusionen machen darf. Tatsächlich erfährt man, daß der Moriske nach eigenem Gutdünken ganze Passagen unübersetzt läßt. Damit hat Cervantes mit einem Schlag die *historia* desavouiert und zugleich doch auch Raum für seine eigene Erzählerwillkür geschaffen, die mit dem genialen Trick, Don Quijote im Zweiten Teil als die »bekannte Romanfigur« sozusagen leibhaft auftreten zu lassen, dieser ihre *eigene* Wirklichkeit verschafft. Cervantes selbst ist auf ähnliche Weise in seinem Roman »wirklich« präsent: nicht nur als Verfasser des Ersten Teils, der im Zweiten von seinen eigenen Figuren kritisiert wird, sondern auch als Nebenfigur in der Erzählung des Cautivo, der in Gefangenschaft »un tal de Saavedra« (Cervantes' zweiter Nachname) kennengelernt hat, oder als Verfasser der *Galatea* in des Pfarrers berühmtem Autodafé. So ist Cervantes Autor des *Don Quijote* und Romanfigur in einem; Erfinder und Opfer des lügenhaften Benengeli; Kopist einer unvollkommen übersetzten *historia* und Schöpfer einer großangelegten Fiktion, die zu Recht als der erste selbstgewisse Roman der Neuzeit gilt, weil in ihr nicht nur die Geschichte eines problematischen Protagonisten, der kein »Held« mehr ist, erzählt, sondern zugleich auch über das Geschäft der Erzählens selbst und über das Wesen der Fiktionalität aufs vergnüglichste räsoniert oder besser: erzählerisch-beiläufig reflektiert wird.

JÜRGEN GRIMM

Molières Komödie *Der Menschenfeind*

Der Menschenfeind – auf französisch *Le misanthrope* – ist zweifellos die tiefsinnigste Komödie des großen französischen Dramatikers Jean Baptiste Poquelin, genannt Molière. Daher ist es gerechtfertigt, dieser Komödie in einer Vortragsreihe zu ›Meisterwerken der Literatur‹ entsprechende Aufmerksamkeit zu widmen: *Der Menschenfeind* also als literarisches Meisterwerk. Davon wird als erstes zu sprechen sein.

Nun war dieser Molière ein wahrer Glücksfall der europäischen Theatergeschichte; denn in einer Person war er Autor, Schauspieler, Regisseur und – so würden wir heute sagen – Intendant, d. h. verantwortlich für sein Ensemble – ein universal begabter ›homme de théâtre‹ also. Daraus ergibt sich, daß Molière seine Stücke persönlich inszeniert und wichtige Figuren selbst dargestellt hat. Sein Theater war daher von Beginn an nicht nur ein literarisches Werk, sondern immer auch lebendiges Theater auf der Bühne. In Frankreich war und ist Molière der meistgespielte Bühnenautor; und auch auf den deutschsprachigen Bühnen der Bundesrepublik, der Schweiz und Österreichs erlangen seine Werke eine außergewöhnliche Aufführungsdichte. Von Molières Komödie *Der Menschenfeind* zu sprechen, heißt daher, diesem doppelten Aspekt Rechnung zu tragen: seinem Status als einem außergewöhnlichen literarischen Werk einerseits, und andererseits der Tatsache, daß das gleiche Stück sich durch die Jahrhunderte bei Regisseuren und beim Publikum stets einer großen Beliebtheit erfreut hat und noch erfreut.

Daher werde ich im folgenden zunächst in literaturwissenschaftlicher Perspektive über den *Menschenfeind* sprechen und eine Interpretation vortragen, wie sie meinem Verständnis dieses Stückes entspricht. Auf diesen ersten – literarhistorischen –

Interpretationsteil folgt ein zweiter – aufführungsanalytischer – Teil. Darin werde ich auf ausgewählte Inszenierungen des *Misanthrope* auf deutschen Bühnen in den letzten zwei Jahrzehnten eingehen und skizzieren, wie großenteils hochberühmte Regisseure Molières Stück auf die Bühne gebracht und was sie daraus gemacht haben.

Bevor ich mit der Interpretation des *Misanthrope* beginne, möchte ich, so einfach und kurz wie möglich, einige Worte zu meiner Methode sagen. Mein primäres Interesse an einem literarischen Werk ist historischer und funktionaler Art. Ich versuche also, den jeweiligen Text mitsamt seinem Autor möglichst präzis in das biographische, literarische, ästhetische, soziale und allgemein historische Umfeld seiner Entstehung zu versetzen, um auf diese Weise die Funktion zu ermitteln, die das Werk in der Epoche seines Entstehens besessen hat. Wenden wir uns nach diesen Präliminarien nun endlich unserem ›Meisterwerk‹ zu!

Wann und unter welchen Umständen ist das Werk entstanden? Ich erinnere beiläufig an einige wichtige Etappen von Molières Biographie: Lebensdaten 1622 bis 1673. Als Sohn einer wohlsituierten bürgerlichen Familie erhält er eine solide Schul- und Universitätsausbildung, entschließt sich jedoch im Alter von etwa zwanzig Jahren zu einer Theaterkarriere. Zusammen mit einer theaterbesessenen Frau, Madeleine Béjart, gründet er 1643 ein eigenes Theater, das ›Illustre Théâtre‹, kann sich aber in Paris nicht durchsetzen und zieht mit seiner Wandertruppe ab 1645 dreizehn Jahre lang durch Frankreich. Dreizehn verlorene Jahre also? Ganz im Gegenteil. Der künstlerische Ertrag dieser ›Wanderjahre‹ ist dreifacher Art: Zunächst eine sichere Beherrschung aller materiellen und organisatorischen Probleme, die sich einem Theaterdirektor, zu dem Molière im Laufe der Jahre geworden war, stellen können; sodann eine intime Kenntnis aller handwerklichen Aspekte des Schauspieler- und Regisseurberufs; und schließlich erste Erfahrungen bei der Abfassung eigener Stücke und ihrer Resonanz beim Publikum.

1658 kommt er endlich nach Paris zurück und spielt am 24. Oktober vor Ludwig XIV., dem künftigen Sonnenkönig, ein Datum, das sein Leben verändern wird. Es stellt den Beginn einer wechselvollen Beziehung dar, in der Molière alle Höhen und Tiefen durchlebt, die sich aus dem Verhältnis eines Hofdichters zu einem absoluten Monarchen ergeben können. Die Peripetien dieser Beziehung, die man häufig als Freundschaft bezeichnet hat, sind eng mit der Geschichte von Molières Theater verbunden und müssen bei dessen Darstellung berücksichtigt werden.

Und so entwickelt sich Molières Theater in engem Kontakt und in Wechselbeziehung zum Hof Ludwigs XIV. in drei deutlich voneinander unterschiedenen Phasen. Die erste reicht von der Rückkehr nach Paris, also von 1658, bis in den Herbst 1663. Es ist jene Phase, in der Molière sich zu positionieren sucht in der neuen sozialen Wirklichkeit Frankreichs, das nunmehr von einem jungen ehrgeizigen König regiert wird. Dabei gelangt er zu der Erkenntnis, daß die Komödie nicht nur ›divertissement‹ ist, also ein Mittel gefälliger, amüsanter Unterhaltung eines spaßsüchtigen Publikums, sondern durchaus auch, ja vielleicht sogar vorrangig ein Instrument der kritischen Stellungnahme zu kontroversen aktuellen Fragen. Diese Einsicht setzt er erstmals 1659 in seinem ersten Pariser Erfolgsstück um, den *Précieuses ridicules*, den *Lächerlichen Preziösen*. Von da an wird seine Komödie immer aktueller und kritischer; und zwar nicht allein in dem Sinn, daß sie jeweils tagespolitische Probleme aufgreift, sondern vielmehr sich am Zentrum der Macht, also dem Königshof, orientiert und dessen Wertesystem zum Maßstab des Lächerlichen erhebt. Die dramaturgische Konsequenz dieses Prozesses ist die Konzeption einer neuen Bühnenfigur, des ›raisonneur‹, der von nun an in den zeitkritischen Komödien der mittleren Phase jene Instanz verkörpert, an der sich der mehr oder minder hohe Grad der Lächerlichkeit einer Figur bemißt.

Molières zweite Schaffensphase endet um 1670, zu einem Zeitpunkt, da sich die ästhetischen Vorlieben Ludwigs XIV. in den Bereich der neu entstehenden französischen Oper verlagern. Ihr unumstrittener Meister ist der intrigante Florentiner Jean-Baptiste Lulli, der Molière allmählich in der Gunst des Königs verdrängen wird. In seiner dritten Schaffensphase nach 1670 versucht Molière noch einmal, sich dem veränderten Geschmack und Zeitgeist anzupassen; seine Theaterformen werden komplexer aufgrund einer komplizierteren Handlungsführung und der fast regelmäßigen Verbindung von Wort, Musik und Tanz. Das unbestrittene Meisterwerk dieser dritten Schaffensphase ist die Ballettkomödie *Der eingebildete Kranke*.

Soviel in aller Kürze als Überblick. Damit kommen wir nun zum *Menschenfeind*, der in Molières mittlerer Schaffensperiode entstanden ist. Die Jahre zwischen 1663 und 1670 sind die fruchtbarsten in seiner Karriere; hier schrieb er die Mehrheit jener großen Stücke, auf die sich noch heute sein Weltruhm gründet. Es sind in chronologischer Reihenfolge: *Tartuffe*, *Dom Juan*, *Le misanthrope*, *Amphitryon*, *L'avare – Der Geizige*, um die wichtigsten zu nennen. Sie alle behandeln aktuelle politische Fragen, zu denen Molière dezidiert und kritisch im Medium der Komödie Stellung nimmt. Um die ›politische‹ Aktualität des *Misanthrope* angemessen würdigen zu können, ist es unerläßlich, die Genese des Stückes in den zeitlichen Kontext zu stellen.

Im Frühsommer 1664 erscheint die erste Fassung des *Tartuffe*, die nach der ersten Aufführung verboten wird. Der Klerus hatte gegen das Porträt des Heuchlers Tartuffe im Gewande eines Geistlichen heftigen Einspruch erhoben und seinen Autor scharf angegriffen. Etwa zu diesem Zeitpunkt beginnt Molière mit der Abfassung des *Misanthrope*. Kaum ein Jahr später, im Frühjahr 1665, muß er seinen *Dom Juan*, möglicherweise auf königliches Geheiß, nach nur wenigen Aufführungen vom Spielplan absetzen. Die Uraufführung des *Misanthrope* findet wiederum etwa ein Jahr später statt: am 4. Juni 1666. In Alceste, der Hauptfigur des *Misanthrope*, klingt Molières Verbitterung über das Verbot des *Tartuffe* und die Absetzung des *Dom Juan* deutlich spürbar nach.

Werfen wir einen Blick auf die Handlung des Stückes. Man hat sie einmal witzig folgendermaßen zusammengefaßt: Ein ungeduldiger Liebhaber namens Alceste möchte in einer Unterredung mit seiner Angebeteten, Célimène, Gewißheit darüber erlangen, daß er tatsächlich von ihr geliebt wird. Kaum aber hat sich die Möglichkeit eines Gesprächs ergeben, da treffen neue Gäste ein und verhindern dessen Fortgang. Das ist eine zutreffende Beschreibung der Grundstruktur der Handlung, in die man indes noch einige Personen zur Illustration einfügen muß. So zunächst Alcestes Freund Philinte, der ihm vergeblich klarzumachen versucht, daß man die Menschen nehmen müsse, wie sie nun eben sind, und daß es gefährlich sei, sich in Menschenhaß und Weltverachtung hineinzusteigern. Philinte hält Alceste auch die Inkonsequenz vor, die in seiner Liebe zu Célimène liege; ihr oberflächliches und flatterhaftes Wesen passe ganz und gar nicht zu ihm. Da tritt Alcestes Rivale Oronte auf, um dessen Urteil über ein selbstverfaßtes Sonett einzuholen. Doch statt Lob erntet der Verseschmied nur Spott und Verachtung. Dem preziös gedrechselten Sonett Orontes setzt Alceste ein einfaches Volkslied entgegen. Ähnlich unwirsch verfährt er mit den beiden Marquis Acaste und Clitandre, die wie Oronte und er selbst um die Liebe Célimènes buhlen. Ebenso offen spricht er sich Célimène gegenüber aus und tadelt ihre Oberflächlichkeit und ihr Kokettieren mit den vielen Liebhabern. Doch Célimène kann Alceste hinhalten. Unterdessen klärt die etwas ältliche Arsinoé Alceste über Célimènes Briefwechsel mit Oronte auf. Alceste glaubt, endlich einen Beweis für Célimènes Untreue in Händen zu haben. Doch erneut erliegt er ihren Ausflüchten, bis schließlich sämtliche Bewerber um ihre Gunst – Oronte, Acaste, Clitandre, Alceste – bei Célimène zusammentreffen und Briefe verlesen, in denen sie, Célimène, ihre Liebhaber gegeneinander ausspielt und lächerlich macht. Célimène kann sich nicht mehr herausreden. Alle Liebhaber verlassen sie, mit Ausnahme Alcestes; er allein ist bereit, ihre Fehler ihrer Jugend zuzuschreiben. Er will ihr verzeihen und sie heiraten, wenn sie bereit ist, ihm in die Einsamkeit zu folgen. Doch dazu kann sich die lebenslustige Célimène nicht entschließen. Die Gesellschaft, ›le monde‹, ist der für sie unverzichtbare Lebensraum. Und so zieht sich Alceste verbittert ›in die Wüste‹, ›le désert‹, zurück; nur in der Einsamkeit, fern der Gesellschaft, glaubt er, noch wahrhaft Mensch sein zu können. Philinte und Eliante eilen ihm nach in der Hoffnung, ihn von diesem Entschluß wieder abbringen zu können.

In dramaturgischer Hinsicht gehört *Der Menschenfeind* zu Molières regelmäßigen fünfaktigen Komödien: Die ›klassischen‹ Einheiten der Handlung, des Raumes und der Zeit werden also genauestens eingehalten. Zugleich aber nimmt das Stück aufgrund struktureller Eigentümlichkeiten eine Sonderstellung ein. Auffällig ist zunächst der Schluß, denn es kommt nicht zu dem für die Komödie charakteristischen Ausgang, dem *happy end*. Daraus ergibt sich weiter: Entgegen Molières Gepflogenheiten kommen in der letzten Szene nicht alle Protagonisten auf der Bühne zusammen; das Stück endet vielmehr mit einer leeren Bühne. Schließlich spielt es in einem Milieu, das für die Komödie keineswegs typisch ist. Daraus resultiert vermutlich auch die bei Molière seltene Tatsache, daß nicht der Vater als Hindernis zwischen den Liebenden steht, sondern deren unterschiedliche Auffassungen von Liebe und Welt das Hindernis konstituieren.

Ort der Handlung ist der auf der ersten Etage gelegene Salon Célimènes. Da sich die Empfangsräume der Feudalaristokratie in den Stadtpalästen im Erdgeschoß befanden, darf man aus dieser Angabe schließen, daß Célimène nicht dem Adel, sondern der oberen Schicht des Bürgertums angehört. Der soziale Ort der Handlung ist daher das Großbürgertum, das gegenüber dem Hof offen ist und sich mit diesem vermischt. Alle Personen haben offensichtlich Kontakt zum Hof; doch allein Acaste und Clitandre, die als Marquis auch in anderen Komödien Molières lächerlich gemacht werden, können eindeutig dem niederen Adel zugeordnet werden. (Von Alceste und Philinte soll später die Rede sein.)

Unbestreitbar ist: Die Protagonisten des *Misanthrope* sind Typen aus Molières unmittelbarer Gegenwart.

Diese Feststellung ist nicht unwichtig; denn lange Zeit herrschte in der Forschung die gegenteilige Meinung vor. Man sah die Protagonisten des Stückes als Vertreter zeitloser Typen, deren theoretischen Hintergrund die antike Temperamentenlehre bildete. Für eine solche Interpretation finden sich im Text zahlreiche Hinweise. So gab Molière dem Stück den Untertitel ›L'atrabilaire amoureux‹, d. h. ›Der verliebte, aufbrausende Melancholiker‹, ›Der verliebte Griesgram‹. Zahlreiche Formulierungen des Textes weisen Alceste scheinbar als einen so gearteten zeitlosen Typ aus. Ihm gegenüber steht der Phlegmatiker Philinte als Repräsentant einer zeitenthobenen Wahrheit, den nichts erschüttern kann. Diesem Interpretationsansatz entsprechend ist Célimène die Vertreterin einer zeitlosen, typisch weiblichen Koketterie und Arsinoé die schon alternde Prüde mit entsprechenden Moralvorstellungen. Eine historisch-soziologische Interpretation kann sich mit einer solchen Sicht jedoch nicht zufriedengeben. Sie muß vielmehr die Dialektik zwischen jener scheinbar zeitlosen Typenhaftigkeit der Charaktere und ihrer geschichtlichen Aktualisierung deutlich machen; nur so kann jenseits eines vermeintlich zeitlosen Typenkonflikts der ideologisch befrachtete Normen- und Generationenkonflikt der Höfischen Gesellschaft sichtbar werden, der das eigentliche Thema des *Misanthrope* ist.

Die soziale Folie des Stückes nämlich ist die sogenannte Höfische Gesellschaft, wie sie sich nach dem Regierungsantritt Ludwigs XIV. schnell herausbildet. Der Begriff bezeichnet jene stark hierarchisierte Gesellschaftsform, die pyramidenförmig auf den König ausgerichtet ist, der an ihrer Spitze thront; alle Mitglieder der Höfischen Gesellschaft sind auf Gedeih und Verderb in eine Etikette eingebunden, die ihnen nur eine sehr beschränkte Freiheit beläßt und aus der sie nur unter der Gefahr der gesellschaftlichen Ächtung ausbrechen können.

Wen also stellen Philinte und Alceste vor diesem Hintergrund dar? Sämtliche Philinte zugewiesenen Attribute weisen ihn als einen ›honnête homme‹ aus, der allen Extremen abgeneigt ist und sich einer mäßigenden ›raison‹ verpflichtet fühlt. Was ihn charakterisiert, sind Mäßigung und Anpassung, die in den Idealen einer anpassungsfähigen Tugend, ›vertu traitable‹, und einer eingeschränkten Offenheit, ›franchise‹, ihren angemessenen Ausdruck finden. Philinte ist der Repräsentant einer Ideologie der vollkommenen Anpassung, wie die Etikette der Höfischen Gesellschaft sie erfordert.

Dem ›honnête homme‹ Philinte steht der ›homme d'honneur‹ Alceste gegenüber, der den Anspruch erhebt, seine Individualität in Freiheit auszuleben. Während ein Wesensmerkmal des ›honnête homme‹ die Einsicht in gesellschaftliche Strukturen ist, das ›faire distinction‹, und damit verbunden die Annahme der eigenen Stellung innerhalb einer festgefügten Sozialhierarchie, besteht der ›homme d'honneur‹ auf persönlicher Anerkennung und Wertschätzung: »Je veux qu'on me distingue.« Ähnlich stehen alle Begriffe, die Alceste kennzeichnen, in Opposition zu Charakterisierungsmerkmalen Philintes. Unversöhnlich steht daher Alcestes kompromißlose ›pleine franchise‹ der begrenzten ›franchise‹ Philintes gegenüber; unüberbrückbar sind die Gräben zwischen seiner Forderung nach einer absoluten ›raison‹ und der ›parfaite raison‹ Philintes, die sich den jeweiligen Umständen anpaßt und daher ›traitable‹, d. h. ›verhandelbar‹, ist. Sprachlich schlägt sich Alcestes Forderung nach einer ›pleine franchise‹ in einer erstaunlichen Frequenz von Flüchen nieder und entspricht des weiteren einer Verabsolutierung des Herzens, ›cœur‹, das ohne Maskierung und Verstellung seine innersten Überzeugungen manifestieren möchte.

Dieser Konflikt zweier konkurrierender Wertesysteme weitet sich durch wiederholte Zeitoppositionen zu einem Generationenkonflikt aus. Alcestes unzeitgemäße ›vertu‹ ist eine Tugend der guten alten Zeit, eine ›vertu des vieux âges‹; sie zeichnet sich aus durch Unbeugsamkeit, ›grande roideur‹, und ein unbestechliches Ehrbewußtsein, ›austère honneur‹, und steht in krassem

Gegensatz zur ›vertu traitable‹ der Gegenwart. Mehrfach setzt sich Alceste entschieden von dem schlechten Geschmack und den Lastern der eigenen Zeit ab, dem ›méchant goût du siècle‹, den ›vices du temps‹. Die hier sichtbar werdende zeitlich bedingte Normenopposition ist nun zugleich auch eine Opposition der sozialen Orte: die Gesellschaft, ›le monde‹, und der Hof, ›la cour‹, auf der einen Seite, repräsentiert im Salon Célimènes und durch die Mehrzahl der Protagonisten; und die Absage an diese Welt auf der anderen, repräsentiert durch Alceste, der sich schließlich in die Einsamkeit, ›le désert‹, zurückzieht.

Hinter dem nur vordergründig zeitlosen Typenkonflikt wird daher zugleich ein Generationenkonflikt sichtbar, der für die junge Monarchie Ludwigs XIV. in hohem Maße charakteristisch ist. Während Philinte und die Mehrzahl der Protagonisten jenen ›honnête homme‹ verkörpern, der die Konventionen und Normen der Höfischen Gesellschaft interiorisiert hat, ist Alceste der Vertreter der Feudalaristokratie, die 1648 bis 1652 im Adelsaufstand der Fronde ein letztes Mal vergeblich gegen die drohende Entmachtung und einen entsprechenden Funktionsverlust aufbegehrt hatte. Alcestes Flucht aus dem Salon Célimènes in die Einsamkeit, sein gesellschaftliches Scheitern sind die Konsequenz seiner Ablehnung der dort herrschenden Anpassungsideologie. Der hinter dem Typenkonflikt sichtbar werdende Generationenkonflikt, wie Alceste und Philinte ihn exemplarisch verkörpern, besteht daher in der Opposition zwischen dem domestizierten Hofadel, der sich den Normen der Höfischen Gesellschaft angepaßt hat, und einem nicht anpassungsfähigen bzw. -willigen Hochadel alter Provenienz, deren unterschiedliche Wertesysteme unversöhnlich aufeinanderprallen.

Die bisher angedeuteten Oppositionen kristallisieren sich geradezu idealtypisch in den gegensätzlichen Liebeskonzeptionen der Gedichte heraus, die zu Beginn des Stückes zwischen Oronte und Alceste einen Konflikt auslösen. Man kann ihn auf den einfachen Nenner ›Vernunftliebe‹ gegen ›Liebe als Leidenschaft‹ bringen. Während ›passion‹ und ›nature‹ das Volkslied charakterisieren, das Alceste vorträgt, kennzeichnet ›bon sens‹ die Liebeskonzeption von Orontes Sonett. Philintes Begeisterung für dieses Sonett ist spontan, denn es eröffnet den Blick auf ein gesellschaftliches Verhalten, das dem seinen durchaus entspricht. Seine Liebeskonzeption zeichnet sich durch ›verhandelbare‹ Gefühle, ›sentiments traitables‹, aus. Daher wäre er auch bereit, Eliante notfalls dem von ihr geliebten Alceste zu ›überlassen‹. Alcestes Volkslied antizipiert dagegen im Bereich der Liebe bereits potentiell seine spätere Entscheidung, ein Leben außerhalb der Gesellschaft zu führen. Denn die Erfüllung absoluter Liebesansprüche muß in einer Gesellschaft scheitern, deren Leitbild der ›honnête homme‹ ist und die also nur ein vergesellschaftetes Individuum anerkennt. Und weil für Célimène Liebe nur in ›Paris‹ vorstellbar ist, muß Alceste in der letzten Szene ihr Angebot ablehnen und sich in die Einsamkeit zurückziehen. Eliantes und Philintes Liebesauffassung dagegen paßt sich mühelos den gesellschaftlichen Gegebenheiten an.

Auch die weiblichen Protagonisten sind keine Vertreterinnen zeitloser weiblicher (Un-)Tugenden. Vor allem Célimène und Arsinoé haben sich in ihrem Verhalten ganz den Erfordernissen ihrer Umwelt angepaßt. Sowohl die Koketterie Célimènes als auch die Prüderie Arsinoés sind taktische Verhaltensformen, sind Mittel weiblicher Selbstbehauptung inmitten einer von Männern beherrschten Gesellschaft. Vor allem Célimène befindet sich als junge Witwe in einer gesellschaftlich prekären Situation und nutzt alle Möglichkeiten, sich durch ihre Reize Beziehungen und Einfluß zu sichern.

Daß *Der Menschenfeind* als Ganzes ein getreuer Spiegel des gesellschaftlichen Verhaltens zur Zeit Molières ist, hat bereits ein zeitgenössischer Kritiker erkannt, Donneau de Visé, der sich von einem heftigen Kritiker Molières zu einem rückhaltlosen Bewunderer seines Theaters gewandelt hatte. In der *Comédie du ›Misanthrope‹* habe Molière aus der Perspektive der spitzzüngigen Célimène und des Menschenfeindes Alceste seiner eigenen Zeit den Prozeß gemacht und dabei niemanden ausgenommen.

Donneau de Visé bezeichnet das Stück als »portrait du siècle«; die zeitgenössische Gesellschaft sei vollständig in ihm abgebildet, »so daß man versichern kann, daß man in dieser Komödie alles das zu sehen bekommt, was man gegen die Sitten der Zeit sagen kann«.

An dieser Stelle erhebt sich nun die Frage nach dem lächerlichen Protagonisten unseres Stückes. Entsprechend dem Visé-Zitat kann es *prima vista* schwerlich Alceste sein; denn wie sollte derjenige, der seiner eigenen Zeit den satirischen Zerrspiegel vorhält, zugleich lächerliche Person sein können? Für Alcestes Lächerlichkeit spricht indes die Tatsache, daß Molière die Rolle selbst gespielt hat. In allen seinen Stücken hat er die Rolle des lächerlichen Protagonisten immer selbst übernommen. Darüber hinaus belegen zahlreiche textinterne Äußerungen eindeutig die Lächerlichkeit Alcestes; er, der seinen Mitspielern einen kritisch-satirischen Spiegel vorhält, wird seinerseits selbst zum Objekt, ja zum Opfer ihres Gelächters. Dieses Lachen rechtfertigt sich aus einem neuen Zeitgeist. Als ›homme d'honneur‹ verficht Alceste Tugendvorstellungen, die unter den gewandelten gesellschaftlichen Bedingungen obsolet geworden sind und den höfisch geprägten Verhaltensnormen seiner unmittelbaren Gegenwart nicht mehr entsprechen. Die bei Célimène versammelten Personen partizipieren als Teil der Höfischen Gesellschaft unmittelbar an der Macht, so statistenhaft ihre Teilnahme auch sein mag. Sie sind jung – Célimène ist gerade mal zwanzig –, und die Zukunft steht ihnen offen. Alceste dagegen gehört der mittleren Generation an; er dürfte zwischen fünfunddreißig und vierzig Jahre alt sein. Wenn er seinen Mit- bzw. Gegenspielern die durch die Freiheit des Individuums geprägten Werte vergangener Zeiten als Modell vorstellt, geht davon angesichts der radikalen Veränderung der gesellschaftlichen Bedingungen auf Philinte, Acaste, Clitandre und Oronte keinerlei konkrete Faszination aus. Die Anerkennung von Alcestes Werten bedeutete für sie die Aufgabe geschichtlich errungener Positionen, so unbefriedigend diese in der Gegenwart auch sein mögen. Alcestes

Verhalten erscheint Philinte daher als Krankheit, ›maladie‹; sein Absolutheitswahn, seine unbedingte Offenheit, ›franchise‹, und Aufrichtigkeit, ›sincérité‹, stempeln ihn zu einem zugleich lächerlichen und gefährlichen pathologischen Fall. Um also nicht Opfer solch ›krankhafter‹ Absolutheitsansprüche zu werden, kann die Gesellschaft um Célimène Alceste zu ihrem eigenen Schutz nur verstoßen.

Eine Würdigung Alcestes als des einzigen lächerlichen Protagonisten des *Misanthrope* wird jedoch der Komplexität der Person nicht gerecht. Als lächerliche Figur kann Alceste sich zugleich doch der Sympathie der Mehrzahl der Personen des Stückes erfreuen, und zwar in einem Maße wie keine andere lächerliche Figur in Molières Theater. Man hat versucht, die Komplexität des Stückes und seiner Hauptfigur durch ein Studium von Molières Quellen zu erschließen. Eine entsprechende Analyse hat ergeben, daß Molières wahre Quellen in diesem Stück nicht literarischer, sondern biographischer Art sind. Kein anderes Stück ist in vergleichbarer Weise persönlich wie *Der Menschenfeind*; in keinem ist der Entwurf der Hauptfigur und die Organisation des Ganzen so unabhängig von jeder Art Vorbild wie in diesem. Wie in keiner anderen Figur seines Theaters sublimiert Molière in Alceste eigene Verbitterung und neutralisiert sie ästhetisch durch Lachen. Das meinte Goethe, als er – in *Schriften zur Literatur* – sagte: »Ernstlich beschaue man den Misanthrop und frage sich, ob jemals ein Dichter sein Inneres vollkommener und liebenswürdiger dargestellt habe.«

Eine solche biographische Interpretation darf aber die weiterreichende Dimension des Stückes nicht verdecken. Damit kommen wir noch einmal auf Alceste zurück. In ihm konzentriert Molière die unaufhebbaren Widersprüche jener Höfischen Gesellschaft, die er täglich beobachten kann: die Notwendigkeit und den Willen zur Anpassung an eine übermächtige gesellschaftliche Norm und die Ridikülisierung desjenigen, der sich – wie Alceste – vermeintlich höherstehenden Vorstellungen verpflichtet fühlt, die aber durch die gesellschaftliche Entwicklung überholt sind. Solchen Anpassungszwängen stellt er in Alceste ein Emanzipationsbedürfnis entgegen, das zwar das Stigma des Vergangenen trägt, zugleich aber in die Zukunft weist und eine radikale Absage an die als inauthentisch empfundene Welt der Höfischen Gesellschaft bedeutet. Dem an solcherart Aporien scheiternden Alceste ist daher ein hohes Maß an Tragik nicht abzusprechen. Es gibt also durchaus zwei Alceste: einen in der Perspektive der Höfischen Gesellschaft lächerlichen Alceste, der obsoleten Wertvorstellungen nachträumt und diese krankhaft rechthaberisch durchsetzen möchte; und einen antizipatorischen Alceste, der die nivellierenden Folgen der Struktur der Höfischen Gesellschaft schonungslos, hartnäckig und verbissen aufzeigt und selbst im Scheitern noch künftiger Siege sicher zu sein scheint. So verstanden ist das Stück ein bitteres satirisches und zugleich hellsichtiges Porträt der Aporien der Höfischen Gesellschaft im ersten Jahrzehnt der Regierungszeit Ludwigs XIV., und es ist verständlich, daß der König keinerlei Interesse an einer Aufführung am Hofe verspürt hat. Denn schließlich hat die von Richelieu begonnene und unter Mazarin zielstrebig fortgesetzte Politik der Entmachtung des Feudaladels in den wenigen Jahren seiner persönlichen Herrschaft dessen endgültige Nivellierung zu einer Schar willenlos agierender Marionetten besiegelt. Wenn daher am Ende des Stückes Alceste in die Einsamkeit flüchtet, ist dies ein Akt freiwillig-unfreiwillig vollstreckter sozialer Ächtung eines Außenseiters; zugleich aber ist dieser flüchtende Alceste Molière selbst und die leere Bühne eine adäquate szenische Metapher seiner Absage an ein gesellschaftlich engagiertes Theater, wie er es mit *Tartuffe*, *Dom Juan* und *Le misanthrope* hat schaffen wollen und das er schon jetzt an den Zwängen des Konformismus scheitern sieht.

Wenn Molière nun aber, wie hier dargestellt, mit Alceste identifiziert werden darf, erhebt sich die Frage, wie dann Philinte zu verstehen sei. Die Interpreten sehen in ihm meist den für die mittlere Molièresche Komödie typischen ›raisonneur‹ und somit das Sprachrohr des Autors. Philintes Menschen- und Weltbild ist von einem optimistischen Skeptizismus geprägt. Alcestes hehrem Anspruch, die Welt zu verbessern, steht Philinte mit tiefer Skepsis gegenüber. Als ›honnête homme‹ vertritt er die für die Höfische Gesellschaft charakteristische Anpassungsmoral; Verstellung und Anpassung sind für ihn notwendige Voraussetzungen des Zusammenlebens in einer Gesellschaft. Andererseits kann auch er menschliches Zusammenleben nur unter Rückgriff auf Hobbes' bekannte Formel ›homo homini lupus‹ begreifen. Er ist zutiefst überzeugt von der Verderbtheit der menschlichen Natur im allgemeinen und der zeitgenössischen Gesellschaft im besonderen; sein Blick darauf ist illusionslos; im Umgang mit seinen Mitmenschen sieht er eine Herausforderung zur Bewährung seiner Philosophie, eines agnostizistischen Skeptizismus in der Tradition Montaignes und Gassendis. Ihr Kennzeichen sind Anpassung und Unterordnung unter die scheinbar unveränderlichen Gesetze der Natur und der Gesellschaft. Insofern ist Philinte in der Tat Sprachrohr eines angepaßten Molière, und zwar selbst dort, wo dieser sich gleichzeitig mit den gegenteiligen Positionen Alcestes identifiziert. »Zwei Seelen wohnen, ach, in meiner Brust«, das gilt schon für Molière; und ich erinnere an Goethes bereits angeführte Frage, ob »jemals ein Dichter sein Inneres vollkommener dargestellt habe« als Molière im *Menschenfeind*. Dramaturgisch erfüllt Philinte innerhalb der Personenkonstellation des Stückes daher die Funktion des Gegenspielers zu Alceste, die die sinnfällige Auffächerung ihrer divergierenden Positionen überhaupt erst ermöglicht.

Damit kommen wir abschließend zu der entscheidenden Frage, ob dieses mit so zahlreichen Problemen befrachtete Stück, wie im Titel meines Vortrags angekündigt, denn überhaupt noch eine Komödie ist. Ist es nicht eher die Tragödie Alcestes, des aufrichtigen, unangepaßten Individuums? Ich meine nicht. Wie bereits gesagt, enthält der Text zahlreiche Hinweise auf Alcestes Lächerlichkeit. Doch gibt diese nirgends Anlaß zu lautem Lachen, sondern höchstens zu einem Lächeln, in dem Sympathie und Distanz zu Alcestes Maßlosigkeit in gleicher Weise mitschwingen. Weiter ist daran zu erinnern, daß Molière die Figur gespielt hat und mit der ihm eigenen Kunst durch Mimik, Gestik und Vortragsweise an vielen Stellen für Komik gesorgt haben dürfte. Zugleich handelt es sich im *Menschenfeind* um eine hohe Form der Komik, die sogenannte Charakterkomik, die aus dem Konflikt eines Individuums mit der Gesellschaft entsteht. Komik resultiert hier aus der Diskrepanz zwischen einer direkt oder indirekt vergegenwärtigten Norm und der Abweichung von ihr. Während der ›raisonneur‹ Philinte also die Verhaltensnormen der Höfischen Gesellschaft repräsentiert, machen Alceste und die Besucher von Célimènes Salon die vielfältig schattierten Abweichungen von ihr sinnfällig. Die Komik entsteht nun daraus, daß die aus der Normverletzung resultierende Spannung entspannt wird. Besonders wirkungsvoll sind in dieser Hinsicht jene Passagen, in denen Alceste Célimène zu einer endgültigen Stellungnahme zwingen möchte, durch neu ankommende Gäste jedoch immer wieder unterbrochen wird. Da es vier solcher Passagen gibt, läuft die Komik Gefahr, sich zu erschöpfen. Darum vermutlich läßt Molière beim vierten Mal den tumben, vergeßlichen Hausdiener Dubois auftreten, der ihm die Verwendung einer ›niederen‹ Typen- bzw. Situationskomik ermöglicht. Dies ist jedoch das einzige Beispiel solcher Komik in einer ansonsten vielfach bis zur Tragik gespannten Komödie. Da aber Alceste sich der Sympathie vieler Mitspieler erfreuen kann, ist das Lachen der Komödie *Der Menschenfeind* niemals ein endgültig befreiendes und befreites Lachen und erst recht kein lautes; es hat niemals die Funktion der Katharsis, sondern in ihm schwingt immer auch Sympathie und Bedauern über den Gegenstand des Lachens, über Alceste, mit.

Damit bin ich am Ende meiner Interpretation angelangt. Ich behaupte nicht, daß sie richtig sei; sie entspricht jedoch meinem wissenschaftlichen Interesse und meinem Kenntnisstand sowie der eingeschlagenen Methode. Zu Beginn meines Studiums und auch später noch hoffte ich, wenn ich ein Stück derart intensiv bearbeitet hatte, es in dieser Form auf der Bühne wiederzufinden. Diesbezüglich habe ich – aus damaliger Perspektive – viele Enttäuschungen erlebt; denn was ich meist im Theater sah, unterschied sich großenteils wesentlich von dem – wie mir schien – wissenschaftlich begründeten Bild, das ich mir gemacht hatte. Und so haderte ich mit dem Regisseur, daß er keine werkgetreue Inszenierung vorgelegt hatte. Heute weiß ich, daß es weder eine endgültige noch eine richtige Interpretation noch eine werkgetreue Inszenierung eines Stückes geben kann.

Das gilt für das gesamte Theater Molières und mit Besonderheit für den *Menschenfeind*. Das Stück hat eine geradezu exemplarische Rezeptionsgeschichte. Denn in dem Maße, in dem das Normensystem, das seinen Konflikt konstituiert, obsolet wurde und sein Träger, die Höfische Gesellschaft, schließlich unterging, wurde die Komödie offen für andere Deutungen. In diesem Prozeß hat Rousseau eine zentrale Rolle gespielt. Für den Aufklärungsphilosophen ist die Vorstellung eines lächerlichen Alceste unannehmbar; für Rousseau vertritt er allein die Tugend und ist insofern die wahre Identifikationsfigur. Rousseaus Kritik ist Ausdruck des zunehmenden Selbstbewußtseins eines bürgerlichen Individuums, dem höfische Lebensformen fremd geworden sind und das sich auf sich selbst und seine Werte besinnt. Rousseau begründet eine bis in die Anfänge des 20. Jahrhunderts reichende Interpretationstradition, die in Alceste eine eher tragische Figur sieht. Erst eine historisch-soziologisch orientierte Forschung hat ab den fünfziger Jahren ein besseres Verständnis für die besonderen Bedingungen der Höfischen Gesellschaft geweckt und damit auch den Komödiencharakter des *Misanthrope* deutlicher erkennbar gemacht. Etwa seit dieser Zeit entdecken auch zahlreiche Regisseure die Vielschichtigkeit des Stückes neu.

Die zahlreichen Inszenierungen zu beschreiben, die *Le Misanthrope* in den letzten Jahrzehnten in Frankreich und Deutschland erfahren hat, wäre eine abendfüllende Veranstaltung. Ich kann allenfalls einige Tendenzen aufzeigen. Für Aufführungen seiner Komödien aus dem Geiste des Autors ist in Frankreich naturgemäß die ›maison‹ Molière, d. h. die Comédie Française, zuständig; dort kann man am ehesten eine um historische Authentizität bemühte Inszenierung sehen, einen Molière ohne Schnickschnack, ohne Illusionsbrüche, ohne willkürliche Aktualisierungen, kurz eine um ›Werktreue‹ bemühte Inszenierung. Als eine solche gilt die 1989 von Simone Eine besorgte Einstudierung des *Misanthrope*. Die Kritik war sich einig, daß es sich um eine Inszenierung ›sehr im Stile des Hauses‹, ›style très Comédie Française‹, gehandelt habe; nichts Aufregendes also, doch etwas, das sich gut in die Tradition einordne: »[Elle] ne fera pas date, mais s'insère dans la tradition.« »Sie bringt nichts Neues, Aufregendes, ordnet sich aber gut in die Tradition ein.« Damit ist alles gesagt. Leider kann ich im Rahmen meines Vortrags nicht auf die reiche und interessante Aufführungstradition des *Misanthrope* in Frankreich eingehen; das wäre einen eigenen Vortrag wert. Grundsätzlich gilt, daß jede neue Inszenierung dieses Stückes – doch, so scheint mir, jedes Theaterstückes überhaupt – die historischen und sozialen Merkmale des Ortes und der Zeit ihrer Entstehung mit sich trägt. Dies sichtbar zu machen, ist die Aufgabe einer guten Aufführungsanalyse.

Unter dieser Perspektive möchte ich mit einigen eher summarischen Hinweisen auf die dichte und reiche Aufführungstradition des *Misanthrope* auf deutschsprachigen Bühnen innerhalb der letzten beiden Jahrzehnte schließen. Allerdings ist hier die Situation eine grundsätzlich andere. In Frankreich ist die Vorlage jeder Inszenierung wie selbstverständlich der als sakrosankt anerkannte Molièresche Text, und alle Freiheiten der Inszenierung sind nur innerhalb dieses vorgegebenen Rahmens möglich. In Deutschland dagegen ist eine Übersetzung die Grundlage jeder Inszenierung. Und der *Misanthrope* ist häufig ins Deutsche übersetzt worden; man kann sich kaum des Eindrucks erwehren, als habe jede Epoche von der Klassik bis heute sich den *Menschenfeind* durch eine eigene, zeitgemäße

Übersetzung aneignen wollen. Ohne um Vollständigkeit bemüht zu sein, zähle ich einige der markantesten auf, die inzwischen schon als ›klassisch‹ gelten können: Johann Christoph Gottsched, 1742; Ludwig Braunfels, 1837; Wolf Graf von Baudissin, 1865; Ludwig Fulda, 1892; Arthur Luther, 1942; Rudolf Alexander Schröder, 1949; Paul Mochmann, 1954; Walter Widmer, 1957; Hans Weigel, 1965; Gustav Fabricius, 1970; Edwin Maria Landau, 1971; Simon Werle, 1993. Häufig verzichten jüngere Regisseure jedoch auf diese Vorlagen und übersetzen stattdessen den Text selbst oder lassen Übersetzungen anfertigen, die ihrem Inszenierungskonzept entsprechen. Damit erlangt der Text eine zusätzliche Offenheit und größere semantische Disponibilität als die französische Vorlage. Um einen Eindruck von der Stillage der Übersetzungen zu geben, die den im folgenden skizzierten Inszenierungen zugrunde liegen, füge ich im Anhang zu meinem Vortrag ohne weiteren Kommentar einige Übersetzungen von Orontes Sonett und Alcestes Volkslied an. Sie verdienten eine ausführlichere Analyse, die die Zeitgebundenheit der jeweiligen Übersetzungen illustrieren könnte.

Der spektakulärste Fall einer solchen Übersetzung ist Hans Magnus Enzensbergers *Der Menschenfeind* ›nach dem Französischen des Molière‹, wie es im Untertitel heißt. Die Inszenierung von Peter Zadek an der Freien Volksbühne in Berlin machte 1979 Furore; den Alceste spielte Ulrich Wildgruber; die sonstige Besetzung war ebenso hochkarätig. Der deutsche Text ist unermüdlich auf sprachliche Gags und witzige Reime pointiert. So gibt Célimène von Cléonte folgendes Kurzporträt:

»Er kam bestimmt in seiner Freizeitjacke
und trug ein rosa Pflaster auf der Backe.
Und dann sein Bauch? Er wiegt bestimmt drei Zentner.
Ich find ihn süß! Er ist mein Lieblingsrentner.«

Und in diesem Stil geht es weiter. Zusätzlich gönnt Zadek seinem Publikum einen letzten voyeuristischen Kick: Bei ihrer letzten Begegnung im fünften Akt kommt es zwischen Oronte und Célimène zu Handgreiflichkeiten; er entblößt ihre Brust und greift ihr unter den Rock, legt sie auf den Boden und sich auf sie - ein von ihr mehr mitgemachter als abgewehrter Fast-Koitus, dem Alceste unbemerkt still und starr zusieht. Das ist alles sehr weit von Molière entfernt, war aber in den späten Siebzigern offensichtlich schick. Enzensbergers *Menschenfeind* ist die Tragödie eines letzten Aufrichtigen, Alceste, der an der Oberflächlichkeit der bundesdeutschen Partygesellschaft der späten Siebziger scheitert, ohne sich endgültig »geschlagen zu geben«. Seine letzten Verse lauten:

»Ich gehe jetzt. Man hat mich ausgeplündert,
verraten und verkauft. O. k. Das hindert
mich nicht, den nächsten Schritt zu wagen.
Ich gebe mich noch lange nicht geschlagen.«

Aufsehen erregt hat wenige Jahre später, 1983, die Inszenierung von Jürgen Gosch am Schauspielhaus Köln. Die Rolle des Alceste spielte Hans Christian Rudolph. Gosch hat Molière für seine Zwecke ähnlich reimverliebt neu übersetzt wie Enzensberger und aus dem Stück eine Slapstickkomödie gemacht. Spielort war eine die ganze Bühne einnehmende, nach rechts oben gewendelte Treppe, die allen Schauspielern akrobatische Beweglichkeit abverlangte. Die Treppe als symbolischer Ort: Ausdruck der Hierarchie, der sozialen Stufenleiter und Hackordnung und des schwierigen Aufstiegs in das Herz Célimènes. Das war ein genialer Einfall. Auf dieser Treppe ließ Gosch die Molièreschen Verse mit wahnsinniger Geschwindigkeit herunterspulen, so daß kein Anflug von Tragik aufkommen konnte. Alceste war weder komisch noch tragisch, sondern ein wohlgelaunter Sonny- und Partyboy. Man konnte sicher sein, daß er nach kurzer Auszeit in neuer Verkleidung zurückkehren und das unverbindliche Gesellschaftsspiel von neuem beginnen würde.

Nur beiläufig erwähne ich, daß auch Botho Strauß eine Übersetzung des *Misanthrope* in Prosa vorgelegt hat, die Luc Bondy 1987 im Hebbel-Theater mit Bruno Ganz in der Rolle des Alceste inszeniert hat. Ich habe die Inszenierung nicht gesehen; sie kommt in der Kritik trotz der großen Namen, die an ihr beteiligt waren, relativ schlecht weg. Der Übersetzung von Strauß indes kommt dem Original sehr nah, geht sehr sorgfältig mit ihm um und verzichtet auf jede unangemessene Virtuosität. Sie diente als Grundlage einer sehr soliden Inszenierung des Stückes im Großen Haus der Städtischen Bühnen Münster in der Spielzeit 1999/2000 und bewies dabei ihre Tragfähigkeit.

Aufmerksamkeit geweckt hat in der Spielzeit 1996/97 die Inszenierung des *Menschenfeind* durch Werner Düggelin am Schauspielhaus Zürich; sie wurde von 3sat aufgezeichnet und 1998 ausgestrahlt. Düggelin hat das Stück in der Übersetzung von Arthur Luther stark gekürzt und der Intention seiner Inszenierung angepaßt. Seine Aufführung dauert gerade einmal 95 Minuten, eine Videoaufzeichnung des *Misanthrope* in einer Inszenierung der Comédie Française von 1977, Regie Jean-Paul Carrère, dagegen 125 Minuten. Gezeigt wird nach einer befremdlich und verwirrend wirkenden Eingangssequenz, in der ein Text von Tardieu mit Klaviermusik von Debussy unterlegt wird, die Tragödie der unmöglichen Liebe zwischen Alceste und Célimène. Die erste Begegnung der Liebenden beginnt mit einer langen Kuß-Szene; in der pathetischen Auseinandersetzung der Protagonisten in IV 3 würgt Alceste Célimène derart heftig, daß sie wie leblos zu Boden sinkt; in der anschließenden Aussprache fließen Tränen. Alcestes Äußerung: »Es geht jetzt hart auf hart, es heißt ja oder nein« könnte als Motto der Inszenierung dienen. Oder auch: »Gelacht werden darf nicht!« Konsequent schlägt Düggelin die zahlreichen Möglichkeiten der ästhetischen Entspannung, die der Text bietet, aus. Der Auftritt von Alcestes Diener Dubois in IV 4 wird daher nicht im Sinne einer situations- oder typenkomischen Aufheiterung genutzt. Insbesondere die Enthüllungsszene des fünften Aktes, in der die düpierten Liebhaber die Briefe verlesen, durch die Célimènes Doppelspiel enthüllt wird, gerät zu einer ganz und gar humorlosen Abrechnung: Kaum haben sie, ohne jede - selbstironische - Distanz, gesprochen, stürmen sie davon; auch Célimène, Philinte und Eliante haben es eilig, sich davonzumachen, so daß der allein gebliebene Alceste seinen ›Haß‹ auf das Menschengeschlecht - »Von allen Seiten verraten und verfolgt,/Geschmäht, gehaßt, verlacht« - noch einmal ungestört, fast programmatisch artikulieren kann. Gespielt wird in modernen Straßenanzügen, Alceste mit offenem Hemdkragen, Philinte korrekt mit Schlips, Célimène in einem lindgrünen und Arsinoé in einem rot bis pinkfarbenen Kostüm; im letzten Akt zeigt sich Célimène im Kleinen Schwarzen, den Rücken den Zuschauern zugewandt. Die Anspielungen auf die Entstehungszeit des Stückes sind diskret: Je eine Kleiderpuppe mit zeitgenössischen Kostümen sowie ein Ständer mit einer Perücke rechts und links; dazu als Bühnenhintergrund eine im Verlauf der Aufführung unterschiedlich ausgeleuchtete Fotomontage, die an das Große Parterre von Versailles erinnert. Weiter die unverzichtbaren Stühle, die hier besonders unbequem anmuten. Die Perücken dienen übrigens Acaste und Clitandre anläßlich ihrer Aussprache zu Beginn des dritten Aktes als Kopfbedeckung in einem atemberaubenden Duell, das sie ohne Waffen, nur mit Arm-, Finger- und Fußbewegungen ausfechten und in dem ihre latente Rivalität einen szenisch sinnfälligen Ausdruck erhält: Eine der packendsten Sequenzen dieser Inszenierung, die ansonsten aufgrund der konsequenten Verweigerung des Komödiencharakters des Stückes eher verwirrt.

Abschließen möchte ich meinen Überblick über neuere Inszenierungen des *Misanthrope* mit dem Hinweis auf zwei jüngst erfolgte Neueinstudierungen in Düsseldorf und Wuppertal. Die Düsseldorfer Inszenierung besorgte der in Frankreich lebende und tätige Regisseur Benjamin Korn. Auch hier diente eine neuere Übersetzung als Grundlage, diejenige von Paul Mochmann: eine textnahe, sprachflüssige, witzige Übersetzung in paarweise gereimten fünffüßigen Jamben. Ort der Handlung ist ein hoher, blaugrauer Raum mit riesigen Fenstern, kargem Mobiliar, einem Treppenaufgang und einem Seitendurchgang. Die einzigen Requisiten sind ein paar Damenhandschuhe und zwei Zigarren. Wenn Célimène auftritt und die Handschuhe abstreift, nimmt Alceste sie und läßt sie wie einen Fetisch in der Innentasche seines Jacketts verschwinden; gegen Ende, als die Katastrophe unabwendbar ist, legt er sie traurig auf die Stuhllehne zurück. Die Zigarren holt Célimène aus ihrem Dekolleté hervor. Von ihren Liebhabern, die reichlich mit Zündhölzern ausgestattet sind, läßt sie sich immer wieder Feuer geben und qualmt den Dampf ostentativ aus; das war es dann auch schon an ›zwischenmenschlicher Beziehung‹. Am Ende sitzt Alceste traurig da und zündet ein Streichholz nach dem anderen an. Er ist in einen maoistischen Stehkragenanzug gekleidet, grauhaarig und asketisch: der Prototyp eines Eiferers. Entsprechend gebärdet er sich. Es ist eine packende Inszenierung, temporeich und mit klugen Ritardandi. Die Célimène der Myriam Schröder ein einsames, freies, emanzipiert-spielerisches Wesen, hübsch anzuschauen mit ihren roten Haaren und in stilvoll geschneiderten Kostümen und Roben, die in jedem Akt wechseln. Sie zieht eine wahre Modenschau ab. In solchen Details zeigt sich die Aktualität der Inszenierung. Als Alceste im vierten Akt einen erneuten Versuch unternimmt, Célimène zu einer Klarstellung zu bewegen, läßt sie sich langsam zu Boden gleiten. Alceste will gerade ›zur Sache‹ kommen, da tritt der trottelige Dubois ein und bereitet dem Traum ein Ende. Die kurze Sequenz ist eine prickelnde Konzession an den Voyeurismus eines großstädtischen Publikums, das unterhalten werden möchte. Gegen Ende des Stückes bleibt Célimène nachdenklich-einsam zurück; Alceste hat sich an den Streichhölzern die Finger verbrannt und geht ein wenig wehleidig ab. Doch Tragik will sich nicht einstellen; alles nur Singleschicksale der coolen späten neunziger Jahre. Morgen geht das Leben weiter.

Ganz anders die Inszenierung von Frank-Patrick Steckel in der Spielzeit 1998/99 für das Schiller-Theater NRW in Wuppertal und Gelsenkirchen. Steckel hatte schon in der Spielzeit 1992/93 als Intendant des Bochumer Schauspielhauses eine bemerkenswerte Inszenierung des Stückes in einer von ihm besorgten Übersetzung vorgelegt, mit Peter Roggisch in der Rolle des Alceste. Die Inszenierung für das Schiller-Theater NRW ist neu und gänzlich anders. Steckel verwendet wieder seine eigene, nur leicht überarbeitete Übersetzung. Auf der großen schwarz ausgekleideten Bühne gibt es lediglich sechs bis acht unterschiedlich aufgestellte Stühle und einen geblümten, über die Vorderrampe leicht herabfallenden Teppich. Die Bühnenfiguren spielen in sich historisch verstehenden Kostümen von einer Pracht, wie ich sie nie in einer Inszenierung des *Menschenfeind* gesehen habe. Zusammen mit der stark typisierten Mimik, Gestik, Diktion und Körperhaltung der Schauspieler wird die Darstellung derart in Distanz zur Gegenwart gerückt, daß mir diese Inszenierung von allen, die ich in den letzten Jahren gesehen habe, dem Geist Molières am nächsten zu kommen scheint. Keine Aktualisierung, keine willkürlichen Regiezutaten, keine Konzessionen an ein voyeuristisches Publikum, kein Zurschaustellen von Kostümen. Steckel, dem man in Bochum vorgeworfen hatte, ein ›graues‹ Theater zu kultivieren, erreicht in dieser Inszenierung eine Farbigkeit und Leichtigkeit, die, nicht zuletzt durch die diskrete Einbeziehung zeitgenössischer Musik von Lulli und Rameau, kein Gefühl von Tragik aufkommen lassen, sondern entsprechende immanente Tendenzen des Stückes ästhetisch neutralisieren. Eine überaus geglückte und beglückende Inszenierung, von der die überregionale Presse indes kaum Kenntnis genommen hat.

So grundsätzlich verschieden die letzten, hier kurz skizzierten Aufführungen im Vergleich auch sind, so kommt in ihnen allen doch der identische Grundkonflikt des Stückes ungeschmälert zum Tragen: das unbeugsame, um Authentizität ringende Individuum in seiner Auseinandersetzung mit einer feindlichen Gesellschaft, ein Konflikt, der hier mit den Mitteln der Komik gelöst wird. Diese geradezu zeitlose dramatische Urkonstellation garantiert dem Stück, in bezug auf das eine Fachvertreterin jüngst beredt nachzuweisen versuchte, »warum es sich heute nicht mehr erfolgreich aufführen läßt«, immer wieder neu eine geradezu zeitlose Aktualität.

Ich möchte meine Ausführungen mit einem letzten Blick auf Frankreich beenden. Die ununterbrochene Tradition von Molières Theater in seinem Mutterland illustrierte 1997 eine Publikation, die Aufführungsanalysen von elf Pariser Inszenierungen verschiedener Komödien Molières zwischen 1989 und 1994 vorlegte: Eine faszinierende Lektüre. Der Band bestätigt, was längst klar ist: Auch dort, wo der Originaltext für die Inszenierung zugrunde gelegt wird, herrscht eine große Interpretationsvielfalt. Jede neue Inszenierung ist eine neue Deutung, die das Bedeutungspotential eines altvertrauten Textes bereichert. Metaphorisch gesprochen erweist sich Molières Theater als ein Wunderland, das buchstäblich tausend und eine Lektüre ermöglicht; die *eine* verbindliche und allein gültige Deutung eines Stückes wird es nie geben. Und selbst sogenannte skandalöse Aufführungen können der Substanz seines Werkes offensichtlich nichts anhaben. Bedenkt man, wie vielfältig die hier nur kurz skizzierte Rezeption seines Werkes in Deutschland ist und wie mühelos, ja geradezu selbstverständlich es adaptiert wird, darf man wohl sagen: Molières Theater ist ganz offensichtlich ein Stück Weltliteratur.

Oronte:

L'espoir, il est vrai, nous soulage,
Et nous berce un temps notre ennui;
Mais, Philis, le triste avantage,
Lorsque rien ne marche après lui.

Vous eûtes de la complaisance;
Mais vous en deviez moins avoir,
Et ne vous pas mettre en dépense
Pour ne me donner que l'espoir.

S'il faut qu'une attente éternelle
Pousse à bout l'ardeur de mon zèle,
Le trépas sera mon recours.

Vos soins ne m'en peuvent distraire:
Belle Philis, on désespère,
Alors qu'on espère toujours.

Alceste:

Si le roi m'avait donné
  Paris, sa grand'ville,
Et qu'il me fallût quitter
  L'amour de ma mie,
Je dirais au roi Henri:
»Reprenez votre Paris;
J'aime mieux ma mie, ô gué!
  J'aime mieux ma mie.«

Molière

Oronte:

Die Hoffnung, 's ist wahr, stimmt uns heiter,
Sie lullt unsern Kummer ein:
Doch, Phyllis, was wird nun weiter;
Soll außer Hoffnung nichts sein?

Du zeigtest mir schon deine Huld:
Doch magst du auch ohne sie leben,
So vermehre nicht deine Schuld,
Willst du nur Hoffnung mir geben.

Denn soll nichts als ein ewiges Mühen
Löschen mein liebendes Glühen,
Find ich meine Zuflucht im Grab.

Nun erbebst du, dies hörend. Bloß,
Schönste Phyllis, hoffnungslos
Wird, wem man nur Hoffnung gab.

Alceste:

Wollt' der König geben
  Mir seine Stadt Paris
Und daß um so ein Leben
  Ich mein Lieb verließ,
Spräch ich zum König Heinrich dies:
  »Behalt' nur deine Stadt Paris;
Mein Lieb ist mir viel lieber, he!
  Mein Lieb ist mir viel lieber.«

Frank-Patrick Steckel, 1992

Oronte:

Die Hoffnung ist es, die uns frommt,
Sie lindert unser Ungemach.
Doch dieser Trost ist allzu schwach,
Philis, wenn danach nichts mehr kommt!

Sie gaben mir mit vollen Händen;
Doch sollten Sie fein sparsam bleiben
Und nicht so großen Aufwand treiben,
Wenn Sie nur Hoffnung so verschwenden.

Wenn diese lange Wartezeit
Die Hoffnung schließlich ganz begräbt,
Dann bleibt auch mir nur noch das Grab.

Sie bringen mich nicht davon ab,
Philis, wer nur von Hoffnung lebt,
Verfällt der Hoffnungslosigkeit.

Alceste:

Und schenkte auch der König mir
Die große Stadt Paris
Und wollt' das eine nur dafür,
Daß ich mein Lieb verließ',
Sagt' ich zum König Heinrich dies:
Nimm Dein Paris zurück,
Mein Liebchen ist ein größres Glück,
Mein Liebchen ist mein Glück.

Monika Fahrenbach-Wachendorff, 1993

Oronte:

»Die Hoffnung ist uns eine Stütze,
sie schläfert unsre Sorgen ein.
Doch, Phyllis, wenig ist sie nütze,
folgt nicht Erfüllung hinterdrein.«

»Ihr habt mir manche Huld gespendet,
manch gutes Wort für mich gehabt.
Doch alles war umsonst verschwendet,
weil Ihr mir nichts als Hoffnung gabt.«

»Wollt Ihr mich, Phyllis, nicht erhören,
so wird, das kann ich Euch beschwören,
der Tod mein einz'ger Ausweg sein.
Denn Hoffnung kann nicht ewig dauern,
und nach den Zweifeln, die schon lauern,
stellt bald sich die Verzweiflung ein.«

Alceste:

Und böte mir der König
die große Stadt Paris,
wenn ich dich dafür ließe,

ich sagt' ihm nichts als dies:
Mein guter König Heinrich,
behalt du dein Paris:
Ich bleib' bei meinem Mädel,
weil das mir lieber ist

Paul Mochmann, 1954

Oronte:

Hoffnung

Unter allen Autoreifen
und rosa Plastikbechern,
unter den zertrümmerten Hoffnungen
meiner Generation
suche ich Dich.

In der Badewanne
sehnt sich mein Schwanz,
eine violette Blume,
so unendlich privat,
nach seiner Vergrößerung.

Wie Humphrey Bogart
in einem alten Film
steh ich vor der Tür.
Meine letzte Chance.
Wenn nur deine Klingel
nicht kaputt ist.

Alceste:

Amara, bittre, was du tust, ist bitter,
wie du die Füße rührst, die Arme lenkest,
wie du die Augen hebst, wie du sie senkest,
die Lippen auftust oder zu, ist's bitter.

Ein jeder Gruß ist, den du schenkest, bitter,
bitter ein jeder Kuß, den du nicht schenkest;
bitter ist, was du sprichst und was du denkest,
und was du hast und was du bist, ist bitter …

Hans Magnus Enzensberger, 1979

Bossier, Ulrich: Zur Aktualisierung von Dichtungsmoden. Hans Magnus Enzensbergers ›skrupulöse‹ Umgestaltung des Literaturstreits in Molières *Misanthrope*, in: Archiv für das Studium der neueren Sprachen und Literaturen 232, 1995, S. 335–349.

Grimm, Jürgen: *Molière*, Stuttgart 1984; ^{2}2002: überarbeitete und bibliographisch aktualisierte Auflage.

Ders.: Molière en son temps, Paris u. a. 1993; überarbeitete und bibliographisch aktualisierte Übersetzung.

Grimm, Reinhold R.: Der unzeitgemäße Held zwischen Komik und Tragik. Molières *Menschenfeind*, in: Der unzeitgemäße Held in der Weltliteratur, Hrsg. Gerhard R. Kaiser, Heidelberg 1998, S. 63–83.

Hausmann, Frank-Rutger: Molières *Le misanthrope*. Charakter-, Salon- oder Gesellschaftskomödie?, in: Gespielte Welt von Aristophanes bis Pirandello, Hrsg. H. Kaspar Spinner und Frank-Rutger Hausmann, Bonn 1989, S. 115–129.

Hilgar, Marie-France: Onze mises en scène parisiennes du théâtre de Molière: 1989–1994, Paris u. a. 1997.

Jauß, Hans Robert: Der Menschenfeind als Menschenfreund. Ein Charakter im Horizontwandel des Verstehens, in: Französische Klassik. Theorie–Literatur–Malerei, Hrsg. Fritz Nies und Karlheinz Stierle, München 1985, S. 295–322.

Keck, Thomas A.: Molière auf Deutsch. Eine Bibliographie deutscher Übersetzungen und Bearbeitungen der Komödien Molières, mit Kurzbeschreibungen, Hannover 1996.

Schulze-Witzenrath, Elisabeth: Konversation und Komik in Molières *Misanthrope*. Warum sich eine Komödie des 17. Jahrhunderts heute nicht mehr erfolgreich aufführen läßt, in: Poetica 27, 1995, S. 273–313.

Theater *heute*, Die Theaterzeitschrift; zu den Inszenierungen des *Misanthrope* von Peter Zadek, ibid. 1, 1980, S. 29–35; Jürgen Gosch, 1,

1983, S. 3–7; Luc Bondy, 1, 1988, S. 16; Werner Düggelin, 6, 1997, S. 51. – Zu neueren Inszenierungen des Stückes von Karin Beier, Schauspielhaus Köln, und Wolfgang Engel, Theater Leipzig, cf. ibid. 4, 1998, S. 44 f. und 8–9, 1998, S. 53 f.

DIETER BORCHMEYER

Goethes Göttliche Komödie: *Faust*

I

In der kanonischen Reihe der großen deutschen Komödien von Lessings *Minna von Barnhelm* bis Hofmannsthals *Der Schwierige* fehlt der Name des größten deutschen Dichters. Goethe gilt nicht eben als Komödien-Dichter. Auf den ersten Blick mag es da verwegen erscheinen, ausgerechnet sein Opus summum als Komödie zu interpretieren.[1] Hat der Autor seinen *Faust* nicht unmißverständlich als »Tragödie« bezeichnet? Freilich – nachdem *Faust I* 1808 nun einmal als *Der Tragödie erster Teil* veröffentlicht war, stand Goethe für *Faust II* unter terminologischem Zugzwang, er mußte ihn notgedrungen *Der Tragödie zweiter Teil* nennen, obwohl sich die Tendenz des Werks im Laufe der Jahrzehnte zum Metatragischen hin gewandelt hat, und sein himmlisches *happy ending* zu einer Tragödie nicht recht passen will.

Faust ist im Hinblick auf seine dominierende Stilhöhe und seine Pathosmomente unzweifelhaft eine Tragödie, wenn auch – wie die Tragödien Shakespeares – nach den strengen Stiltrennungsregeln humanistischer Provenienz keine ›reine‹ Ausprägung der Gattung, denn es finden sich darin wie auf dem elisabethanischen Theater komisch-niedrige Momente zuhauf. *Faust* ist wie die Tragödie Shakespeares also ein Theater der Stilmischung. Walter Müller-Seidel hat einmal gesagt, »daß es in hohem Maße die Komödie ist [...], die sich inmitten der Tragödie behauptet«.[2] Ich möchte diesen Satz eher umkehren: Es ist

1 Diesen Versuch habe ich bereits in meinem Aufsatz unternommen: Faust – Goethes verkappte Komödie. Vgl. Borchmeyer 2000, S. 199–226. Der vorliegende Vortragstext ist eine geraffte und leicht veränderte Version dieses Aufsatzes.

2 Müller-Seidel 1983, S. 173–188, hier S. 173f.

in hohem Maße die Tragödie, die sich inmitten der Komödie behauptet. Denn eine Komödie, ja eine Divina Commedia[3] scheint mir *Faust* mit dem gleichen, ja aufgrund der dramatischen Form mit höherem Recht genannt werden zu können wie Dantes großes episches Gedicht.

Im zehnten Abschnitt seines Briefes an Cangrande, dessen Echtheit allerdings umstritten ist, schreibt Dante, Tragödie und Komödie unterschieden sich einmal durch den Gang der Handlung, der in der Tragödie von ruhigem und edlem Beginn zu schrecklichem Ende, in der Komödie hingegen von bitterem Anfang zu glücklichem Ende führe. Das aber ist der Verlauf der *Comedia*, die Dantes Wanderung von der Hölle durch das Fegefeuer zum Paradies darstellt. Den genau umgekehrten Weg scheint der Theaterdirektor am Ende von Goethes »Vorspiel auf dem Theater« vorzuschlagen: »Vom Himmel durch die Welt zur Hölle« (Vs. 242),[4] doch das ist nur eine formale Beschreibung der szenischen Möglichkeiten der in drei Regionen gestaffelten und symbolisierten Mysterienbühne, die das Theatermodell des *Faust* bildet, und sie trifft allenfalls für den Verlauf des *Faust I* zu, der mit dem »Prolog im Himmel« beginnt und in der »Walpurgisnacht« schließlich in den Bezirk des Teufels führt. *Faust II* dagegen wird am Ende wieder in den Himmel zurückkehren.

Auch Dante unterscheidet Tragödie und Komödie also zunächst durch die Handlungstendenz, dann aber eben auch durch die Darstellungsart, den Modus loquendi: »elate et sublime tragedia, comedia vero remisse et humiliter«. Demzufolge müsse sein Gedicht Komödie genannt werden, denn für seinen Modus loquendi gelte: »remissus est modus et humilis«[5]. Daß

3 Dessen Titel lautet ursprünglich freilich »La Comedia«. Erst Ludovico Dolces Edition von 1555 hat unter Berufung auf Boccaccio, der die Comedia mit dem Attribut »divina« versah, den Titel erweitert.

4 Die Verszählung richtet sich nach der Ausgabe des Faust im Bd. III der Hamburger Ausgabe von Goethes Werken, 1949.

5 Vgl. dazu Auerbach 1946, S. 178 f.

sein Werk tragische Momente enthält, leugnet er nicht und beruft sich auf Horazens *Ars poetica* (93 ff.), derzufolge die Komödie zuweilen auch tragische Töne verwendet und umgekehrt. Dante scheint also sein Gedicht, obwohl er dessen letzten Teil andernorts als »cantica sublimis« und seine »materia« als »admirabilis« bezeichnet, ja im »Paradiso« selber vom »poema sacro« (25, 2/3) spricht, dem für die Komödie zuständigen Genus humile, nicht dem Genus sublime der Tragödie zuzuordnen. Die Gegenstände der Danteschen *Comedia* sind nach den Worten von Erich Auerbach »in einer nach antikischem Maß ungeheuerlichen Weise aus Erhabenem und Niedrigem gemischt«.[6] Hier setzt sich die Tradition der christlichen Stilmischung gegenüber der antiken Stiltrennung durch, welche durch die Menschwerdung Gottes, das Niedrig-Werden des Göttlich-Erhabenen aus den Angeln gehoben worden ist. Aufgrund der christlichen Umwertung der antiken Werte vermag nun das Erhabene gerade in der Sphäre des Niedrig-Kreatürlichen aufzuscheinen. Das ist Auerbachs berühmter These zufolge das Prinzip der Stilmischung, wie es sich in kontrapunktischer Verschränkung mit der antiken Stiltrennungstradition in Dantes *Comedia* machtvoll bekundet. Diese Kontrapunktik von Stiltrennung und Stilmischung prägt aber auch Goethes Faust-Dichtung, sosehr hier der religiöse Kosmos des Christentums, das Weltendrama zwischen Himmel und Hölle als Mythologie ins Symbolische verwandelt sein mag. *Faust* ist dergestalt kaum weniger *Comedia* als Dantes Poem.

II

Nicht nur vom Modus loquendi, auch von der Handlungstendenz her wird die Tragödie im Falle Fausts dementiert. Wenn der Herr im »Prolog im Himmel« Faust dem Mephistopheles

6 Auerbach 1946, S. 177.

überläßt, dann geschieht das in der sicheren Voraussicht des glücklichen, erlösenden Endes:

»Nun gut, es sei dir überlassen!
Zieh diesen Geist von seinem Urquell ab,
Und führ' ihn, kannst du ihn erfassen,
Auf deinem Wege mit hinab,
Und steh beschämt, wenn du bekennen mußt:
Ein guter Mensch in seinem dunklen Drange
Ist sich des rechten Weges wohl bewußt.«
(Vs. 324–329)

Der Teufel hat im christlichen Heilsdrama, das der Tragödie diametral gegenübersteht, von vornherein keine Chance. Die Komik des geprellten Teufels gehört ebenso zum Mysterienspiel wie die des personifizierten Lasters zur Moralität. Zumal an den »Vice« der englischen Morality Plays ist zu erinnern, jenes für die englischen Bühnen des 16. Jahrhunderts so charakteristische Zwitterwesen aus Teufel und Narr, dessen Spuren über seine ins Menschliche verwandelten Nachfahren in Shakespeares Dramen bis zu Goethes *Faust* reicht. Der theatergeschichtlich gebildete Mephisto selbst stellt sich in der »Klassischen Walpurgisnacht« ausdrücklich in die Tradition der Vice-Gestalt, der komischen Figur des Morality Play: Wären Briten hier – die doch sonst so viel reisen –, so antwortet er auf die Frage der Sphinx nach seinem Namen, »sie zeugten auch: Im alten Bühnenspiel/Sah man mich dort als Old Iniquity« (Vs. 7122 f.). »Iniquity« war tatsächlich einer der Namen des Vice, der die Aufgabe hatte, die Hauptgestalt zum Lasterleben zu verführen – wie es ja auch Mephisto mit Faust im Sinne hat, zunächst auf grob-sinnliche Weise (»Auerbachs Keller« – »Walpurgisnacht«) und dann in immer sublimeren Variationen. Das Modell von Mysterien- und Moralitätenspiel, das ins tragödienlose Mittelalter zurückweist, konterkariert im *Faust* ständig das Paradigma der neuzeitlichen Tragödie.

Mephisto bricht von Anfang an das Tragische im Medium des Komischen und boykottiert sowohl durch seinen Modus loquendi als auch durch die von ihm inszenierten Handlungen permanent die erhabene Stilsphäre. Das ist schon durch das »Vorspiel auf dem Theater« vorbereitet, das Theaterdirektor, Theaterdichter und Lustige Person im Gespräch vereint, allerdings mit sehr unterschiedlichen Interessen. Ist der Direktor begreiflicherweise am geschäftlichen Erfolg seines Unternehmens bei der Menge interessiert, so mag der Dichter als fensterlose Monade von dieser Menge, überhaupt von der Außenwirkung seines Werks nichts wissen, sondern denkt allenfalls an die »Nachwelt« (Vs. 74) - von der wiederum die Lustige Person nichts hören will. Ihr ist der »Spaß« der »Mitwelt« (Vs. 77) Zweck und Ziel des Theaters, und kein Zweifel, mit dieser Maxime steht sie dem Direktor, steht der Direktor ihr weit näher als beide dem Dichter und dieser ihnen. Beide wünschen ein Theater der bunten Stilmischung, ein »Ragout« (Vs. 100) für jeden Geschmack, während der Dichter ganz welt- und bühnenfern nichts als die Geheimnisse der »tiefen Brust« (Vs. 67) offenbaren will. Es ist der tragische, konzessionslos auf die erhabene Stilsphäre bedachte Dichter, der sich gegen Direktor und Lustige Person indessen nicht behaupten kann. Für sie steht es in diesem theatralen Kräftespiel 2:1.

Die Lustige Person ist die komische Figur der Commedia dell'arte, die durch das aufklärerische Reformtheater eines Gottsched und einer Neuberin in Mißkredit geraten ist. Es ist durchaus sinnvoller Brauch, die Lustige Person des Vorspiels durch den Darsteller des Mephisto spielen zu lassen, hat sie sich doch zu einem guten Teil aus der Teufelsgestalt des mittelalterlichen Theaters entwickelt, wie noch die Andeutung des Teufelshorns an der Maske Harlekins signalisiert. Wie die Lustige Person den reinen Stilwillen des Dichters im unreinen Element des Theaters mit seinen trivialen Imponderabilien und der allem Erhabenen beigemischten »Narrheit« (Vs. 88) bricht, wie sie den vom Dichter angeschlagenen hohen Stanzenton gleich senkt, durch das

Parlando des Madrigalverses ersetzt, so verläßt im folgenden »Prolog im Himmel« auch Mephisto den von den Engeln angestimmten feierlichen Ton und verfällt mehr und mehr in den gleichen saloppen Madrigalvers wie sein komischer Bruder im Theaterprolog. Wenn dieser freilich aus Gründen der Theaterwirksamkeit die Wonnen menschlicher Gewöhnlichkeit gegenüber dem heiligen Kunstwillen des Dichters ins Spiel bringt, so setzt Mephisto den Menschen und seine höheren Bestrebungen aufgrund seiner diabolischen Misanthropie herab: »In jeden Quark begräbt er seine Nase« (Vs. 292).

Trotz seines Negativismus bleibt er indessen – im ganzen *Faust* – komische Figur und wird als solche vom Herrn im »Prolog im Himmel« toleriert: »Von allen Geistern, die verneinen,/Ist mir der Schalk am wenigsten zur Last« (Vs. 339). Im göttlichen Haushalt genießt er also im wahrsten Sinne Narrenfreiheit. – In fast allen Mythologien gibt es die Figur des göttlichen oder halbgöttlichen Schelmen, des »Tricksters«, der von den anderen Göttern mehr oder weniger widerwillig toleriert wird – eine der Rollen des Hermes etwa in der griechischen oder des Loki in der germanischen Mythologie.[7] Vor allem seit den Forschungen von Paul Radin und C. G. Jung[8] wissen wir genauer über diese Figur Bescheid.[9] Fast keine große mythische Dich-

7 Die Mythologie des Hermes als göttlichen »Schalks« entfaltet der Chor in einem großen Lied im Helena-Akt des Faust II (Vs. 9645–9678). Folgende Tricks des mythischen Tricksters zählt der Chor etwa auf: »Schnell des Meeres Beherrscher stiehlt/Er den Trident, ja dem Ares selbst/Schlau das Schwert aus der Scheide;/Bogen und Pfeil dem Phöbus auch,/Wie dem Hephästos die Zange;/Selbst Zeus', des Vaters, Blitz/Nähm' er, schreckt' ihn das Feuer nicht;/Doch dem Eros siegt er ob/In beinstellendem Ringerspiel;/Raubt auch Cyprien, wie sie ihm kost,/Noch vom Busen den Gürtel.«

8 Radin/Kerényi/Jung ^{2}1979; Jung 1990, S. 159–176 (»Zur Psychologie der Tricksterfigur«, 1954), ferner: Koepping 1984, S. 195–215.

9 Schon 1940 hat Paul Mohr einen so gut wie vergessenen Aufsatz verfaßt (»Mephistopheles und Loki«. Mohr 1940, S. 173–200), in dem er

tung auch noch der Moderne kommt ohne diesen Trickster aus, dessen menschliches Pendant der Pikaro mit seiner eigenen literarischen Gattungstradition ist, welche zweifellos auf jene mythologische Tradition zurückweist: Denken wir nur eben an Goethes Mephisto, an Loge in Richard Wagners *Ring des Nibelungen* – in dem gewissermaßen Loki und Mephisto verschmolzen sind – oder an die komödiantischen Varianten des Hermes, mit Goethe- wie Wagner-Spuren, in Thomas Manns *Josephsromanen*, in denen die Titelgestalt selber immer mehr in die Hermes-Rolle schlüpft, auch und gerade in die des Tricksters.

In vielen Mythologien, zumal indianischen und fernöstlichen, hat der Trickster, der göttliche Schelm, eine phallische Tendenz; ihm wird ein so riesiger Phallus zugeschrieben, daß er ihn sich auf seinen Wanderungen um den Leib schlingen muß oder gar zu verlieren droht, so als er ihn eines Nachts ausrollt und er ihm im Schlaf von Tieren abgefressen wird. Der Trickster verkörpert ein nicht selten oppositionelles Element innerhalb der göttlichen Ordnung, eine – von deren Repräsentanten begreiflicherweise nur mit deutlicher Reservatio mentalis konzedierte – Aufhebung derselben, die sich immer wieder in den Formen grotesker Übertreibung der Sexualität und der ihr dienenden Körperorgane ausdrückt.

Auch Mephisto hat, wie wir sehen werden, diesen obszönen, phallischen Bezug. Doch selbst in der von Goethe noch einmal beschworenen christlichen Himmelsordnung bleibt dem Trickster – obwohl er nun in die teuflische Gegenwelt zum göttlichen Kosmos emigriert ist – sein Platz eingeräumt, auch wenn der Herr ihn sehr deutlich von den Engeln als den »echten Göttersöhnen« (Vs. 344) unterscheidet. Mephisto ist gewissermaßen der Narr am göttlichen Hofe. In der Gestalt des »Schalks« ist der verneinende Geist dem Herrn keine Last: »Ich habe deinesgleichen nie gehaßt«, gesteht er ihm mit der Konzilianz dessen, der

Loki und Mephisto auf den gemeinsamen Nenner des mythologischen »Tricksters« bringt.

sich der Intaktheit seiner Weltordnung sicher ist (Vs. 337ff.).[10] Und selbst in der Menschenwelt billigt er ihm ein Minoritätsrecht zu: »Du darfst auch da nur frei erscheinen« (Vs. 336). Wo die Schalkheit waltet, der Witz mit seinen wie immer auch diabolischen Implikationen, welche die Gesetze der Alltagswelt in Frage stellen und wider den Stachel der etablierten Ordnung löcken, da bleibt der Mensch agil:

»Von allen Geistern die verneinen,
Ist mir der Schalk am wenigsten zur Last.
Des Menschen Tätigkeit kann allzuleicht erschlaffen,
Er liebt sich bald die unbedingte Ruh;
Drum geb ich gern ihm den Gesellen zu,
Der reizt und wirkt und muß als Teufel schaffen.«
(Vs. 338–343)

Gott selbst als Apologet der Verneinung in der Gestalt der Schalkheit. Wann wäre je die subversive Kraft der Komik, des Witzes als eines ständigen Inzitaments menschlichen ›Strebens‹ mit höherer Autorität verkündet worden? Wahrhaftig, Mephisto scheint allen Anlaß zu haben, den »Alten« von Zeit zu Zeit gern zu sehen und mit ihm nicht brechen zu wollen (Vs. 351). Und so schließt er den »Prolog im Himmel« mit einer komischen Pointe, welche die Umgangsform zwischen Gott und Teufel durch das menschliche Verhältnis von Herr und Narr parodiert: »Es ist gar hübsch von einem großen Herrn,/So menschlich mit dem Teufel selbst zu sprechen« (Vs. 352f.). Mit dem Teufel, der doch seine Ordnung durch Bosheit und Witz zersetzen will.

Mephisto ist die christlich-teuflische Variante des göttlichen Tricksters. Freilich ist er nicht derjenige, der zuletzt lacht, wird er doch – der im Prolog so sicher ist, daß er die Wette mit dem Herrn um die Seele Fausts gewinnt – am Ende selbst zum Genarrten, ganz seiner Rolle im mittelalterlichen Mysterien- und

10 Vgl. Guthke 1960, S. 104–111.

Heilsdrama gemäß. Das Faustdrama wird vom Herrn selber als Komödie prädestiniert und inszeniert, mit einem Teufel als »Schalk« und stets zur Tätigkeit reizendem »Gesellen« der Hauptgestalt, der endlich freilich aus dem Subjekt zum Objekt der Komik wird. Die göttlich vorgesehene Komödie um Faust spielt sich zugleich mit Mephisto und hinter seinem Rücken ab. Gott steht als der wahre Regisseur in den Kulissen.

Die göttliche Toleranz gegenüber dem Schalk Mephisto widerspricht dessen eigener Einschätzung des Herrn. Daß er nicht wie die Engel »hohe Worte« macht (Vs. 275), die erhabene Stilsphäre als ihm unangemessen meidet, begründet er mit den Versen: »Mein Pathos brächte dich gewiß zum Lachen,/Hättst du dir nicht das Lachen abgewöhnt« (Vs. 277 f.). Lachen wird also nach der Komik-Theorie Mephistos durch eine Inkongruenz[11] ausgelöst - hier durch das dem Erhabenen zugehörende Pathos im Munde einer auf der niedrigen Stilebene angesiedelten Figur wie eben des teuflischen Schalksnarren. Freilich, das Pathos Mephistos wird von diesem selber ebenso in den Irrealis verwiesen wie das Lachen des Herrn. Gott lacht nicht - nicht mehr, seit er durch das Christentum zum reinen Geist abstrahiert worden ist.[12] Lachen ohne Physis ist nicht möglich, bedeutet es doch den momentanen Triumph des Körpers über den Geist. Im Lachen läßt der Mensch Affekte los, so Platon in der *Politeia* (606 c), die er kraft seiner Vernunft zurückhalten sollte.[13] Deshalb ist die Komödie nicht weniger als die Tragödie aus dem idealen Staat ausgeschlossen. Vor allem aber ist es das altchristliche Mönchstum und die Patristik gewesen, die das Lachen als unvereinbar mit der Würde des Menschen verworfen haben. Diese Tradition orthodoxer Lach-

11 Zur komischen Inkongruenztheorie vgl. Warning 1996, Bd. II, S. 899 f.

12 Zur christlichen Verurteilung des Lachens vgl. Kuschel 1994, S. 85 bis 92.

13 Vgl. dazu Kuschel 1994, S. 35-44.

feindschaft reicht über die jesuitische wie jansenistische Komödienkritik des 17. Jahrhunderts bis zu Baudelaires Essay *De l'essence du rire*, der das Lachen noch einmal als Signatur der gefallenen Menschheit, als Merkmal des Satanischen im Menschen decouvriert.

Auch Goethes Mephisto mutet dem göttlichen Herrn jene dogmatisch-christliche Lachfeindschaft zu, wohl wissend, daß Gott sich das Lachen nur »abgewöhnt« hat, es ihm ursprünglich, in vorchristlicher Zeit, durchaus eigen war. Man darf hier an das von Böttiger aufgezeichnete Gespräch Wielands mit Goethe über das Komische denken, auf das wir noch zurückkommen werden. Wieland verweist da auf die Elemente phallischer Komik selbst »in den ernsthaftesten und heiligsten aller alten Religionsgebräuche« wie den »Mysterien der Ceres«.[14] Natürlich gibt es diese Elemente auch noch im christlichen Kulturbereich, wie die Teufelskomik des mittelalterlichen Mysterienspiels, der »risus paschalis« der Osterfeier mit ihren komischen Szenen beweist, die vor allem, als sie nicht mehr von Klerikern gespielt und vor die Kirche verlegt wurden, das Ausspielen drastischer, ja obszöner Komik, das Nebeneinander von Heiligkeit und Sexualkomik ermöglichten, worin sich die Nähe der Osterspiele zu den heidnischen Frühjahrsfeiern, ihren vegetations- und fruchtbarkeitsmagischen Elementen verrät.[15] Diese Einheit des Geistlichen und Komischen löste sich indessen mit der Entstehung der rein weltlich-komischen Farce im Spätmittelalter. Doch der Herr des Goetheschen »Prologs im Himmel« scheint noch einiges von seiner einstigen Komödienfreundlichkeit zu wissen und läßt das Faustdrama als komisches Mysterienspiel mit einem geprellten Teufel am Ende ablaufen.

14 Böttiger 1998, S. 251.

15 Zum österlichen Gelächter vgl. Kuschel 1994, S. 143–148.

III

Die komische Kontrapunktierung des Faustdramas hat natürlich ihren Rückhalt in den Schwankelementen des Faustbuchs des 16. Jahrhunderts und den burlesken Szenen seiner dramatischen Adaptationen, vor allem in den Puppenspielversionen, denen Goethe ja überhaupt die erste Inspiration zu seinem *Faust* verdankt. In seinen Sturm-und-Drang-Jahren hat er sich intensiv mit dem drastisch-komischen Schauspiel des 16. Jahrhunderts beschäftigt, seine Farcen nach jenem Vorbild verfaßt – wie das *Jahrmarktsfest zu Plundersweilern. Ein Fastnachtsspiel vom Pater Brey* oder das obszön-fäkalische Fragment *Hanswursts Hochzeit.* Auch sein erstes tragisches Drama *Götz von Berlichingen* ist von grotesk-komischen Elementen durchwirkt. Für ein Publikum, das an die entkörperlichte Dezenz der für das Theater des 18. Jahrhunderts so lange normgebenden Tragödie des französischen *classicisme* gewöhnt war, bildete die Drastik der Sprache des *Götz* eine unerhörte Provokation. Gemäß den Regeln des *decorum,* der *bienséance* wird in der Tragédie classique alles, was den alltäglichen Lebensverlauf betrifft, Schlafen, Essen, Trinken, Wetter, Landschaft und Tageszeit – vor allem aber die Sexualität –, mit Schweigen übergangen. Die »Sorge um den Körper«, so Henri Bergson in seinem Essay *Le rire,* lasse sofort »ein Einsickern des Komischen befürchten. Deshalb trinken und essen die Helden der Tragödie nicht. Ja, wenn möglich, setzen sie sich auch nicht. Sich mitten in einer pathetischen Rede setzen, hieße sich daran erinnern, daß man einen Körper hat.« Bergson erinnert an eine Episode aus der Biographie Napoleons, der als »Psychologe« gewußt habe, »daß allein durch die Tatsache, daß man sich setzt, aus einer Tragödie eine Komödie werden kann«. Nach der preußischen Niederlage bei Jena und Auerstedt habe ihn, so berichtet Napoleon, die Königin von Preußen »wie eine Tragödin« empfangen. Um sie von ihren pathetischen Tiraden abzubringen, habe er sie einfach genötigt, sich zu setzen. »Nichts macht einer tragischen

Szene besser ein Ende«, so seine Worte; »wenn man sitzt, wird es sofort Komödie.«[16]

Erich Auerbach hat die Tragédie classique als die rigoroseste literarische Erscheinungsform der Stiltrennung, d. h. der Separation des hohen Stils von allen Äußerungen konkreter Leiblichkeit interpretiert. Wesentliches Merkmal der Erhabenheit der tragischen Personen sei »ihre körperliche Intaktheit; alles was ihrem Körper geschieht, muß in hohem Stil geschehen, und alles Niedrige und Kreatürliche muß fortbleiben«.[17] Gegen diese Entkörperlichung und gegen die Schicklichkeitsregeln der höfisch-aristokratischen Gesellschaft, die sich in der Tragödie spiegelt, begehrt die bürgerliche Literatur des 18. Jahrhunderts immer wieder auf, am heftigsten die Jugendbewegung des Sturm und Drang. Kaum ein Autor aber ist in der Verletzung jener Anstandsregeln so weit gegangen wie der junge Goethe in seinen Farcen und Hanswurstiaden. Doch eben nicht nur in der Komödie – in der nach den traditionellen Stiltrennungsregeln die Kreatürlichkeit immer noch ihr mehr oder weniger eingeschnürtes Ausdrucksrecht hatte –, sondern auch in der Tragödie, und das war das eigentliche Skandalon, setzte Goethe sich mit seinem *Götz von Berlichingen* programmatisch über Dezenz- und Stiltrennungsregeln hinweg.

Wie sehr auch hinter den ernsthaftesten Teilen des *Faust* die komische Umkehrung lauert, zeigt etwa der Vergleich von Fausts weltberühmtem Eingangsmonolog »Habe nun, ach!« mit dem Beginn des aus der gleichen Zeit stammenden Fäkaliendramas *Hanswursts Hochzeit*. Hier ist es Hanswursts Vormund Kilian Brustfleck, der von den vergeblichen Versuchen berichtet, sein Mündel zu dem zu erziehen, was Michail Bachtin den »Leibeskanon der Kunst-Literatur und wohlanständigen Rede der Neuzeit« nennt. Worin besteht dieser Leibeskanon? In der Tabuisierung der Geschlechtsorgane, des Afters, des Bauchs,

16 Bergson 1921, S. 38f.

17 Auerbach 1946, S. 361f.

der Nase, all dessen, was herausragt und absteht, und erst recht all dessen, was in den Körper eintritt und aus ihm austritt. Der Leib wird somit nach den Worten Bachtins zur »tauben Fläche«, welche die »Individualität« gegen andere Leiber abschirmt.[18] Mag das in der Tragödie seine Berechtigung haben - die Komödie wird durch diese reliefartige Verflachung des Körpers um ihren ursprünglichen Sinn gebracht, wissen wir doch, daß die antike Komödie und natürlich auch die Commedia dell'arte die abstehenden Körperteile durch Masken, künstliche Bäuche, Stirnen, Lenden und Buckel - wenn nicht gar Phallen - absichtlich übertrieb. Goethe hat diesen Kostümbrauch in seiner Inszenierung der *Brüder* von Terenz 1801 auf dem Weimarer Hoftheater programmatisch wieder eingeführt - natürlich ohne Phallen; das Publikum befremdete die groteske Betonung der anderen Körperteile schon genug.

Zurück zu *Hanswursts Hochzeit*: Kilian Brustfleck hat also sein Mündel Hanswurst ganz im Sinne des modernen Körperkanons zu erziehen versucht: zu geziemender Rede und Konversation sowie strikter Verdrängung all dessen, was mit den Extremitäten und Ausscheidungen zu tun hat. Und diese pädagogische Bemühung mündet in fast der gleichen Resignation - im demselben Knittelvers-Ton vorgetragen - wie Fausts Universalstudium.

»Hab ich endlich mit allem Fleiß
Manchem moralisch politischem Schweiß
Meinen Mündel Hanswurst erzogen
Und ihn ziemlich zurechtgebogen.
Zwar seine tölpisch schlüffliche Art
So wenig als seinen kohlschwarzen Bart
Seine Lust in den Weg zu scheißen
Hab nicht können aus der Wurzel reißen.
Was ich nun nicht all kunnt bemeistern

18 Bachtin 1990, S. 20.

Das wußt ich weise zu überkleistern
Hab ihn gelehrt nach Pflichtgrundsätzen
Ein paar Stunden hintereinander schwätzen
Indes er sich am Arsche reibt
Und Wurstel immer Wurstel bleibt.«[19]

Wie hier der aufgeklärte Pädagoge sein Scheitern eingestehen muß, so in Fausts erstem Monolog der verwissenschaftlichte Kopfmensch.

Das 16. Jahrhundert, auf das Goethe in seinen Farcen und noch im *Faust* rekurriert, war nach Bachtin »die hohe Zeit in der Geschichte des Lachens« und der »grotesken Gestalt des Leibes«,[20] die in der Hervorkehrung seiner Extremitäten besteht – in entschiedenem Gegensatz zum 17. Jahrhundert, in dem die absolute Monarchie und Hofzivilisation und mit ihr der »Kanon der geziemenden Rede«[21] zum Sieg gelangt, welche den Körper seiner Kreatürlichkeit beraubt.

Bachtin hätte sich für seine Neubewertung des Grotesken schon auf einen Autor beziehen können, der für den jungen Goethe größte Bedeutung hatte: Justus Möser und seine Schrift *Harlekin oder Verteidigung des Groteske-Komischen* (1761). Mösers Traktat – der Monolog des von der aufklärerischen Theaterreform verbannten Harlekin – ist eine Apologie der vorabsolutistischen, voraufklärerischen Lachkultur gegenüber dem dezenten Leibes- und Redekanon der modernen höfischen Zivilisation und überhaupt des kreatürlich-konkreten Menschen gegenüber dem zerebralen, zumal dem gelehrten, wie er in Fausts erstem Monolog seinen Offenbarungseid leistet.[22] Faust ersetzt mithin die gescheiterte Wissenschaft durch Magie, schließlich durch den Teufelsbund. »Armer Tor« nennt er sich

19 Goethe 1985, S. 575.
20 Bachtin 1990, S. 45.
21 Bachtin 1990, S. 21.
22 Möser 2000.

(Vs. 358). Er ist also in seinen eigenen Augen eine lächerliche Figur, gerade durch solche Selbstdistanzierung indessen ganz und gar nicht komisch – sehr im Unterschied zu seinem wissensstolzen Famulus Wagner, dem ersten komischen »Toren« des Faust-Dramas.

Wagner gehört zu dem Geschlecht der gelehrten Pedanten, welche seit der Renaissance die Komödienbühne bevölkern; im Dottore der Commedia dell'arte ist der Pedant zum Stereotyp geronnen. Für Henri Bergson ist die gelehrte Pedanterie das Musterbeispiel des »Berufsautomatismus«, der in seinem klassischen Essay über das Lachen als Inbegriff des Komischen im Widerspruch zum Elan vital beschrieben wird.[23] Auf das Stereotyp des gelehrten Pedanten greift auch Goethe zurück, um das tragische Pathos der Monologe Fausts gleich komisch zu kontrapunktieren. Und diese Kontrapunktierung setzt sich konsequent in den Auftritten Mephistos fort – wie in der rein komödiantischen Schüler-Szene, die ja nicht weniger als die Wagner-Szenen eine Satire auf den gelehrten Betrieb darstellt. Auch die Gretchen-Handlung, im Hinblick auf ihre weibliche Hauptgestalt unzweifelhaft eine Tragödie, ist durchzogen von komischen Kontrapunkten. Mephistos Intrigenspiel, das Praktizieren des Schmuckkästchens in Gretchens Kleiderschrank, seine Erzählung von dessen Aneignung durch den Pfarrer, die Art, wie er Marthe an der Nase herumführt und als Kupplerin einspannt, all das gemahnt ebenso an Schwankszenen des deutschen Fastnachtsspiels wie an die altrömische Komödie.

IV

Mephistos Hauptbestreben ist es, alle erhabenen Ambitionen Fausts zu degradieren, ihn und alles, was er tut, in die banalen und bösen Niederungen des gemeinen Lebens hinabzuziehen,

23 Bergson 1921, S. 119 f.

das Genus sublime durch das Genus humile zu konterkarieren, nicht zuletzt durch seinen obszönen Witz und sein zynisches Parlando, das keinen hohen Ton aufkommen lassen will. Hat er die Menschen so weit, daß sie wie die Studenten in Auerbachs Keller singen: »Uns ist ganz kannibalisch wohl,/Als wie fünfhundert Säuen!« (Vs. 1293f.), hat er sie von den Höhen des Geistes in die Niederungen nackter »Bestialität« (Vs. 2297) hinabgezogen, dann ist sein Ziel erreicht.

Der Stab, mit dem er die von ihm angezettelten Farcen von »Auerbachs Keller« über die »Walpurgisnacht« bis zur »Mummenschanz« regiert, welche das Niedrig-Komische in ganz und gar negativistischer Absicht zum Einsatz bringen, dieser Stab ist direkt oder indirekt der Phallus. Mit ihm gibt er sich der Hexe in der Hexenküche gleich zu erkennen: »Sieh her, das ist das Wappen, das ich führe! *Er macht eine unanständige Gebärde*« (Vs. 1213). Die Hexe, mit höllischem Sinn begabt für die phallische Komik des Teufels »*lacht unmäßig*. Ha! Ha! Das ist in Eurer Art!/Ihr seid ein Schelm, wie Ihr nur immer wart!« (Vs. 2514f.).

Den Phallus stellt Mephisto auch in der Szene »Wald und Höhle« als den wahren Regenten aller Dinge hin. Ein Faust, der sich von Gretchen um ihret- und seinetwillen entfernt, sich in die Einsamkeit zurückzieht und einer neuen, nun nicht mehr wissenschaftlichen, sondern mystisch-meditativen Naturbetrachtung hingibt, gefährdet Mephistos Plan und Wette. Er muß Fausts Sinnlichkeit von neuem anstacheln, indem er ihm mit falschem Mitleid Gretchen in Erinnerung ruft. Mephistos Zynismus gipfelt in seiner drastischen Decouvrierung von Fausts Naturmystik als versetztem Geschlechtsakt:

»MEPHISTOPHELES: Ein überirdisches Vergnügen!
In Nacht und Tau auf den Gebirgen liegen,
Und Erd und Himmel wonniglich umfassen,
Zu einer Gottheit sich aufschwellen lassen,
Der Erde Mark mit Ahndungsdrang durchwühlen,
Alle sechs Tagewerk' im Busen fühlen,

In stolzer Kraft ich weiß nicht was genießen,
Bald liebewonniglich in alles überfließen,
Verschwunden ganz der Erdensohn,
Und dann die hohe Intution –
mit einer Gebärde
Ich darf nicht sagen, wie – zu schließen.
FAUST: Pfui über dich!
MEPHISTOPHELES: Das will Euch nicht behagen;
Ihr habt das Recht, gesittet Pfui zu sagen.
Man darf das nicht vor keuschen Ohren nennen,
Was keusche Herzen nicht entbehren können.«
(Vs. 3282–3296)

Eine Spitze gegen die Unaufrichtigkeit aller ›wohlanständigen‹ Rede.

Den Höhepunkt der Versuche Mephistos, Faust ›von seinem Urquell abzuziehen‹ (vgl. Vs. 324), bildet dessen Initiation in die Walpurgisnacht. Die obszönen Wechselreden Fausts und Mephistos mit den nackten Hexen (Vs. 4128–4143) haben – trotz der Anstandsstriche, welche die Benennung der Genitalien in den von Goethe autorisierten Drucken ersetzen – immer wieder das Befremden des bürgerlichen Publikums erregt. Selbst Wieland bemerkt in einem Gespräch unmittelbar nach dem Erscheinen des *Faust I* mit einer Mischung aus Respekt und Befremden, Goethe scheine in der Walpurgisnacht »mit dem berühmten Höllen-Breughel an diabolischer Schöpfungskraft, und mit Aristophanes an pöbelhafter Unfläterei um den Preis zu ringen«.[24] Diese Äußerung ist um so sonderbarer, als Wieland in dem von Böttiger aufgezeichneten Gespräch mit Goethe unter Verweis auf die phallische Komik selbst »in den ernsthaftesten und heiligsten aller alten Religionsgebräuche« bemerkt hatte, Aristophanes sei eben »kein solcher Schweinigel«, »als ihn unsere Ueberfeinerung achten will«. Goethe betont in diesem Ge-

24 Schöne ^{3}1993, S. 212.

spräch, »daß die ursprünglich einzige vis comica in den Obszenitäten und den Anspielungen auf Geschlechtsverhältnisse liege, und von der Comödie gar nicht entfernt gedacht werden könne«.[25]

Was aber hätte das Publikum gesagt, wenn ihm die von Goethe sekretierte Satansmesse innerhalb der Walpurgisnacht bekannt geworden wäre, in welcher Aristophanes und der Höllen-Breughel wahrhaft eins werden. Dort verkündet Satan in einer phallischen ›Bergpredigt‹ den ›Böcken zur Rechten‹:

»Euch gibt es zwei Dinge
So herrlich und groß:
Das glänzende Gold
Und der weibliche Schoß.
Das eine verschaffet,
Das andre verschlingt;
Drum glücklich, wer beide
Zusammen erringt!«

Und den ›Ziegen zur Linken‹:

»Für euch sind zwei Dinge
Von köstlichem Glanz:
Das leuchtende Gold
Und ein glänzender Schwanz.
Drum wißt euch, ihr Weiber,
Am Gold zu ergötzen
Und mehr als das Gold
Noch die Schwänze zu schätzen.«

Ein »junges Mädchen« versteht diese Predigt nicht und klagt deshalb ihrem Nachbarn Mephisto:

25 Böttiger 1998, S. 251.

»Ach nein! der Herr dort spricht so gar kurios,
Von Gold und Schwanz, von Gold und Schoß,
Und alles freut sich, wie es scheint!
Doch das verstehn wohl nur die Großen?«

Mephistos Trost:

»Mein liebes Kind, nur nicht geweint!
Denn willst du wissen, was der Teufel meint,
So greife nur dem Nachbarn in die Hosen!«[26]

Einmal mehr schlüpft Mephisto also in die Hosen, sprich: in die phallische Rolle des Tricksters.

Gold und Genitalien, Besitz- und Geschlechtsgier – in der Komödie von jeher eng verbunden: Gold, Geld und Geschlecht sind ihre Lieblingsthemen von Plautus bis zur Commedia dell'arte – werden in der Predigt Satans gewissermaßen gegeneinander austauschbar, mit der gleichen Metaphorik des »Glanzes« bedacht. Ein Motiv, das später in der »Mummenschanz« am Kaiserhof des *Faust II* wiederkehrt. Hier flüchten Kaiser und Hof sich aus der politischen »Tageswelt« in die Zauber einer üppigen Scheinwelt: eine mythologisch-allegorische Revue, auf deren magischem Höhepunkt der in der Schatztruhe aufbewahrte kaiserliche Repräsentationsschmuck eingeschmolzen wird und sich in Geld verwandelt. Und was tut Mephisto in seiner allegorischen Maske des Geizes? Er denkt nur an das ›Eine‹ – an Gold und Schoß. Der Herold des mythologischen Spektakels beobachtet es mit Entsetzen:

»Was fängt er an, der magre Tor?
Hat so ein Hungermann Humor?
Er knetet alles Gold zu Teig,
Ihm wird es untern Händen weich;

26 Goethe 1986, Bd. VI. 1, S. 1062 f.

Wie er es drückt und wie es ballt,
Bleibt's immer doch nur ungestalt.
Er wendet sich zu den Weibern dort,
Sie schreien alle, möchten fort,
Gebärden sich gar widerwärtig;
Der Schalk erweist sich übelfertig.
Ich fürchte, daß er sich ergetzt,
Wenn er die Sittlichkeit verletzt.«

(Vs. 5783–5794)

Offensichtlich hat der Geiz alias Mephisto aus dem Gold einen Phallus geformt, mit dem er öffentliches Ärgernis erregt, insbesondere die weibliche Gesellschaft schockieren will.

Kehren wir noch einmal zur Satansmesse der Walpurgisnacht zurück. Diese infernalische Komödie ist die radikalste Persiflage des höfischen Verhaltenscodes, des zumal von ihm inaugurierten Körperkanons und der geziemenden Rede, welcher wir im Werk Goethes – und nicht nur hier – begegnen. Diesen höfischen Verhaltenscode wird Goethe am Beispiel der Beschwörung Helenas durch Faust am Ende des ersten Akts von *Faust II* satirisch noch einmal verdeutlichen. Das Hofpublikum – das von einer ›Vierten Wand‹ zwischen Bühne und Zuschauerraum nichts weiß und wissen will – ist irritiert oder voyeuristisch aufgeregt durch die von keinen »Hofmanieren« (Vs. 6460) zensierte Körpersprache von Paris und Helena, was nur das jeweils andere Geschlecht der Zuschauer als »natürlich« (Vs. 6472) toleriert. Doch grundsätzlich gilt die Maxime: »Das Schauspiel selbst, hier sollt es höflich sein« (Vs. 6470). Hier, das heißt: »in Kaisers Gegenwart« (Vs. 6468), der mitten vor der Bühne sitzt. Die größte Verletzung der Schicklichkeit aber ist die Intimität des Kusses, den Helena Paris gibt. »Ein Kuß! – Das Maß ist voll./Vor allen Leuten! Das ist doch zu toll!« (Vs. 6512f.). Körperliche Liebe ist auf der tragischen Szene streng tabuisiert.

In der Satansmesse der Walpurgisnacht wird die höfische Schicklichkeit dadurch poetisch ad absurdum geführt, daß sie durch ihr Gegenteil ersetzt, daß gerade ihre radikale Aufhebung zum ›Ritual‹ wird. Satan hält »Audienz«, und sein »Zeremonienmeister« weist einen Untertanen an, »dem Herrn, den hintern Teil zu küssen«.[27] Das ist das »Homagium des Kusses« in den Hintern Satans, das von jeher zum »Hexensabbat« gehörte und auch den rituellen Höhepunkt in Heinrich Heines »Tanzpoem« *Der Doktor Faust* (1851) bilden wird.[28] Bei Goethe wird der Kuß in Satans Hintern zur obszönen Allegorie höfischer ›Arschkriecherei‹. Der vom Zeremonienmeister angeleitete Untertan ist zu dem Homagium nicht nur ohne Zögern erbötig (»bin ich gleich von Haus aus Demokrat«), sondern er verbindet das »Ritual« auch noch mit einem Panegyrikus auf den Hintern Satans: »So wohl kann's nicht im Paradiese riechen,/Und dieser wohlgebaute Schlund/Erregt den Wunsch, hineinzukriechen.« Satan aber prophezeit dem Lobredner: »Wer des Teufels Arsch so gut wie du gelobt,/Dem soll es nie an Schmeichelphrasen fehlen.«[29] Eine zynischere Satire auf Ancien régime und Hof ist in Goethes Gesamtwerk nicht zu finden, zumal sie eine gesellschaftliche Sphäre, in der das Gesetz rigoroser Dezenz waltet, mit poetischen Mitteln attackiert, welche dieses Gesetz drastisch konterkarieren.

V

Nach der infernalischen Komödie der Walpurgisnacht – nur da, wo der Teufel waltet, scheint in einer domestizierten christlichen Welt die aristophanische Sexual- und Fäkalkomik noch ein Residuum zu haben – kehrt *Faust* mit dem Ende Gretchens

27 Goethe 1986, Bd. VI.1, S. 1063.

28 Heine 1969, Bd. II, S. 673; vgl. auch S. 699 ff. Siehe dazu: Borchmeyer 1989, S. 169–183, hier S. 171 ff. Zum erstenmal ausführlich analysiert ist Goethes Homagiumsszene bei Schöne ^{3}1993, S. 107–230, bes. S. 151 ff.

29 Goethe 1986, Bd. VI.1, S. 1063 f.

ganz in den tragischen Bezirk zurück. Mephisto will nur die Tragödie Gretchens: »Sie ist gerichtet!« Der Regisseur des Theatrum mundi aber will es noch im selben Vers – nur das Prädikat von Mephistos Satz austauschend – ganz anders: »Ist gerettet!« ruft die »Stimme von oben« (Vs. 4611). Nicht Gericht und Tod haben das letzte Wort, die tragische Lebensgrenze wird transzendiert zum erlösenden Heilsdrama.

Endet *Faust I* trotz dieser Erlösungsperspektive unzweifelhaft tragisch, so führt uns der erste Akt des zweiten Teils der Dichtung wieder in eine Komödienwelt zurück – vor allem durch den vom Kaiser um der Verdrängung der politischen »Sorgen« willen (Vs. 4766) inszenierten Karneval: für Michail Bachtin die Urfeier der Lachkultur. »Der Karneval vereinigt, vermengt, vermählt das Geheiligte mit dem Profanen, das Hohe mit dem Niedrigen, das Große mit dem Winzigen, das Weise mit dem Törichten.«[30] Worte, die Goethes Beschreibung des *Römischen Karneval*, welcher auch den Erfahrungshintergrund der Mummenschanz des *Faust II* bildet, sehr nahe kommen: »Der Unterschied zwischen Hohen und Niedern scheint einen Augenblick aufgehoben: alles nähert sich einander, [...] und die wechselseitige Frechheit und Freiheit wird durch eine allgemeine Laune im Gleichgewicht erhalten.«[31]

Im Karnelvalstreiben des *Faust II* kehren zahllose Elemente der Komödientradition seit der Palliata wieder: die typischen Masken, »täppische« Pulcinelle (die süditalienische Spielart der Zanni der Commedia dell'arte; vor Vs. 5215) und »schmeichelnd-lüsterne« Parasiten (vor Vs. 5237), komische Figuren zuhauf, auch ein veritabler Narr, ferner »griechische Mythologie«, travestiert »in moderner Maske« (vor Vs. 5299). Die komische Linie setzt sich im zweiten Akt fort: in der komischen Inversion der Schüler-Szene des *Faust I*, ja auch in der Szene im Laboratorium, in dem Homunculus entsteht; sie schließt bezeichnen-

30 Bachtin 1990, S. 49.

31 Goethe 1949, Bd. XI, S. 485.

derweise mit der typischen Anrede der komischen Figur »ad spectatores« (vor Vs. 7003), dem Adressieren des Publikums über die Rampe hinweg, hier von seiten Mephistos, der in dieser Szene von Homunculus einmal mehr als »Schalk« angeredet wird (Vs. 6885).

Die grandioseste Manifestation der komischen Phantasie Goethes ist der zweite Akt des *Faust II*: die »Klassische Walpurgisnacht«, die antikische Kontrafaktur zur nordischen Walpurgisnacht des ersten Teils, eine groteske mythologische Welt unterhalb der olympischen Sphäre. In ihrer von keiner moralischen Zensur beeinträchtigten Körperlichkeit fühlt sich Mephisto bezeichnenderweise »entfremdet« (Vs. 7081), denn seine Welt ist die zensierte, negativ kanonisierte Körperwelt, die als nicht Erlaubtes - unter absichtlicher Verletzung religiöser, moralischer und gesellschaftlicher Tabus - aufgesucht wird. Der Körper als Verbotenes, nicht als Erlaubtes ist Mephistos Element. Mit seinem Pferdefuß verkörpert er gewissermaßen das Groteske im negativen Sinne Wolfgang Kaysers, die Sphinxe hingegen repräsentieren das Groteske im Geiste der fröhlichen Wissenschaft Bachtins.[32] »Denn unsere Tatzen sind gesund«, so die Sphinx zu Mephisto; »Dir mit verschrumpftem Pferdefuße/Behagt es nicht in unserem Bund« (Vs. 7151). Den Gipfel des Grotesk-Komischen in der Klassischen Walpurgisnacht bilden die drei Phorkyaden, die gemeinsam nur ein Auge und einen Zahn haben, die sie sich wechselseitig überlassen. Diese Loslösung von Körperteilen, besonders des vom modernen Körperkanon nicht tabuisierten, weil nicht abstehenden Auges von der individuellen Gestalt ist geradezu der Inbegriff des Grotesken im Sinne Bachtins.

Erst mit dem dritten Akt des *Faust II* setzt sich die Tragödie wieder gegen die Komödie durch, freilich auch hier nicht absolut, denn Phorkyas alias Mephisto bildet den ständigen komi-

32 Vgl. Bachtins Kritik an Wolfgang Kaysers Groteske-Konzeption, in: Bachtin 1990, S. 24–31.

schen Kontrapunkt, ja enthüllt am Ende mit der typischen desillusionierenden Gebärde der Komödie den phantasmagorischen Charakter des Geschehenen. »Phorkyas richtet sich riesenhaft auf, tritt aber von den Kothurnen herunter, lehnt Maske und Schleier zurück und zeigt sich als Mephistopheles, um, insofern es nötig wäre, im Epilog das Stück zu kommentieren« (nach Vs. 1038).

Der vierte Akt mischt wiederum Tragisches mit Satirischem und Grotesk-Komischem, wie es zumal von den »drei gewaltigen Gesellen« verkörpert wird. Der fünfte Akt inszeniert mit der Philemon- und Baucis-Episode zwar die letzte von Faust verschuldete Tragödie, doch ausgerechnet für seinen allerletzten Lebensaugenblick – mit der großen Vision vom »freien Volke« auf »freiem Grund« (Vs. 11581) – läßt die Szene keinen ungebrochenen tragischen Ton zu. Davon zeugt der »neckisch«-schwarzhumoristische Gesang der Lemuren (Vs. 11531ff.), der mit Fausts Utopie kontrastiert, und der Zynismus Mephistos, der diese Utopie ad absurdum führt. Vollends begibt sich die »Grablegung« mit ihrem Engels- und Teufelsjokus auf das Gebiet einer bewußt anachronistischen Mysterienkomik. Mephisto spielt hier, wie erwähnt, die typische Rolle des geprellten Teufels. Er gerät in sein eigenes Netz, wenn er, der Faust stets durch Lüsternheit bestricken und von seinem »Urquell« (Vs. 324) abziehen wollte, nun selber von den erotischen Reizen der Engel so sehr verführt wird, daß ihm Fausts »Unsterbliches« durch die Lappen geht. »So haben sie uns manchen weggeschnappt,/Bekriegen uns mit unsern eignen Waffen;/Es sind auch Teufel, doch verkappt«, bemerkte Mephisto schon vor der Entführung von Fausts Seele (Vs. 11694). Auch der Himmel beherrscht perfekt die Mittel der Intrigenkomödie, ja die handfesten Praktiken der Farce.

Die Tragödie als ›verkappte‹ Komödie. Deren niedriger Form folgt in der letzten Szene ihre göttlich-erhabene Spielart, in der sie mit Dantes *Divina Commedia*, den Kreis von Selbststeigerung, Erlösung und göttlich-kosmologischer Liebe umschreibend, die irdische Geliebte - Beatrice dort, Gretchen hier - in den Rang der Gnadenmittlerin erhebend, über ein halbes Jahrtausend hinweg zusammenklingt. Goethes *Faust* ist wirklich »Comedia« in einem umfassenden - die divergierendsten Formen der Komik umspannenden - Sinne, vom Satanischen zum Göttlichen, von farcenhafter Sexualkomik zu himmlischer Heiterkeit aufsteigend, antike und moderne Komödienelemente verbindend. Noch einmal versöhnt Goethe im *Faust* Heiligkeit und Heiterkeit, das Göttliche und das Komische.

VI

Das Komische erscheint in den gängigen Theorien desselben immer wieder als Inkongruenz, Unregelmäßigkeit, als ein »Riß im Material der Wirklichkeit« (Peter L. Berger).[33] Das eben verbindet das Heilige mit dem Komischen, weshalb der Heilige und der Narr sich oft so verblüffend ähneln.[34] Kein anderer als Goethe hat darüber einen unvergleichlichen Aufsatz verfaßt: *Philipp Neri, der humoristische Heilige.* »Der Gedanke, vor der Welt als töricht zu erscheinen und dadurch in Gott und göttliche Dinge sich erst recht zu versenken und zu üben, war sein andauerndes Bestreben«, schreibt Goethe über Philipp Neri,[35] und er erklärt damit völlig zu Recht die närrischen Gepflogenheiten dieses komischen Heiligen, der das Wort des ersten paulinischen Korintherbriefes (1. Kor 4,10) in die Tat umsetzte: »wir sind Narren um Christi willen« - oder: »was töricht ist vor der Welt, das hat Gott erwählt, daß er die Weisen zu Schanden mache« (1. Kor 1,27). Jeder Narr um Christi willen verkörpert die Selbsterniedrigung, die Kenosis Gottes in die kreatürliche Menschlichkeit Jesu und hat teil an ihrer erlösenden Wirkung.

33 Peter L. Berger Berlin/New York 1998, S. 23.

34 Zum Christen als Narren vgl. Kuschel 1994, S. 151-158.

35 Goethe 1949, Bd. XI, S. 466.

Die Narrheit ist so Bestandteil der christlichen Umwertung der antiken Werte, macht mit dem Niedrigen auch das Komische zum Träger des Erhabenen.

Das Heilige wie das Komische stellen eigengesetzliche Sinnbereiche als Inseln innerhalb der gewöhnlichen Realität dar. Beide sind – ihrer institutionellen Verankerung in der Gesellschaft nach – der modernen rationalistischen Entzauberung der Welt zum Opfer gefallen, üben aber immer noch in diffuser Form ihren Gegenzauber aus. Das Komische transzendiert die von der Göttin der Vernunft beherrschte normale Realität. Diese von Peter L. Berger so genannte »niedere Transzendenz« kann in dem von Kierkegaard beschriebenen »Sprung« des Glaubensaktes in die »höhere Transzendenz« umschlagen,[36] das Komische also zum Signal der Transzendenz, das Lachen erlösend werden. Der Glaube beweist, »daß die Komödie tiefer ist als die Tragödie«[37]. Das ist auch die Einsicht Goethes, der zwar kein Glaubender war, aber in der Schlußszene seines Lebenswerks dem menschlichen »Streben«, der menschlichen Selbststeigerung eine Grenze setzte, jenseits derer nur die Gnade, die Erlösung als »Liebe von oben« (Vs. 11938 f.) zu wirken vermag.[38] Diese Liebe von oben ist der Angelpunkt der in eine göttliche Komödie überführten Tragödie *Faust*.

Auerbach, Erich: Mimesis. Dargestellte Wirklichkeit in der abendländischen Literatur, Bern/München 1946.

Bachtin, Michail M.: Literatur und Karneval. Zur Romantheorie und Lachkultur, Frankfurt am Main 1990.

Peter L. Berger: Erlösendes Lachen. Das Komische in der menschlichen Erfahrung, Berlin/New York 1998.

Bergson, Henri: Das Lachen, Jena 1921.

36 Peter L. Berger Berlin/New York 1998, S. 241 ff.

37 Peter L. Berger Berlin/New York 1998, S. 251.

38 Vgl. dazu Bremer 1995, S. 287–308.

Böttiger, Karl August: Literarische Zustände und Zeitgenossen. Begegnungen und Gespräche im klassischen Weimar, Hrsg. Klaus Gerlach und René Sternke, Berlin 1998.

Borchmeyer, Dieter: Faust - Goethes verkappte Komödie, in: Mennemeier, Franz Norbert (Hrsg.): Die großen Komödien Europas, Tübingen 2000, S. 199–226.

Ders.: Gerettet und wieder gerichtet: Fausts Wege im 19. Jahrhundert, in: Boerner, Peter/Johnson, Sidney (Hrsg.): Faust through Four Centuries, Tübingen 1989, S. 169–183.

Bremer, Dieter: »Wenn starke Geisteskraft ...« Traditionsvermittlungen in der Schlußszene von Goethes Faust, in: Goethe-Jahrbuch 112, 1995, S. 287–308.

Goethe, Johann Wolfgang von: Sämtliche Werke (Münchner Ausgabe), Bd. VI.1, Hrsg. Victor Lange, München 1986.

Ders.: ebd. (Frankfurter Ausgabe), Bd. IV., Hrsg. Dieter Borchmeyer, Frankfurt am Main 1985.

Ders.: Goethes Werke, Hrsg. Erich Trunz, Hamburg 1949.

Guthke, Karl S.: Goethe, Milton und der humoristische Gott. Eine Studie zur poetischen Weltordnung im Faust, in: Goethe XXII, 1960, S. 104–111.

Heine, Heinrich: Sämtliche Werke, Hrsg. Werner Vordtriede, München 1969.

Jung, C. G.: Archetypen, München 1990.

Koepping, Klaus-Peter: Trickster, Schelm, Pikaro: Sozialanthropologische Ansätze zur Problematik der Zweideutigkeit von Symbolsystemen, in: Kölner Zeitschrift für Soziologie und Sozialpsychologie, Sonderheft 26, 1984, S. 195–215.

Kuschel, Karl-Josef: Lachen Gottes und der Menschen Kunst, Freiburg i. Br. 1994.

Möser, Justus: Harlekin oder Verteidigung des Groteske-Komischen, Hrsg. Dieter Borchmeyer, Neckargemünd 2000.

Mohr, Paul: Mephistopheles und Loki, in: Deutsche Vierteljahresschrift XVIII, 1940, S. 173–200.

Müller-Seidel, Walter: Komik und Komödie in Goethes Faust, in: Die Geschichtlichkeit der deutschen Klassik. Literatur und Denkformen um 1800, Stuttgart 1983, S. 173–188.

Radin, Paul/Kerédyi, Karl/Jung, C. G.: Der göttliche Schelm. Ein indianischer Mythos-Zyklus, Hildesheim ^{2}1979.

Schöne, Albrecht: Götterzeichen – Liebeszauber – Satanskult. Neue Einblicke in alte Goethetexte, München [3]1993.
Warning, Rainer: Komik/Komödie, in: Rickelefs, Ulfert: Fischer Lexikon Literatur, Bd. 2, Frankfurt am Main 1996.

GERHARD NEUMANN

E. T. A. Hoffmann, *Der Sandmann*

Etwas Entsetzliches ist in mein Leben getreten!
Nathanael an Lothar

I

E. T. A. Hoffmanns Novelle *Der Sandmann* erzählt eine Familienbegebenheit.[1] Es ist die Geschichte eines jungen Mannes, der ein traumatisches Erlebnis seiner Kindheit, das er sich nicht zu erklären vermag, in einem schmerzhaften Prozeß der Selbstsuche bearbeitet, sich bei diesem Vorhaben sowohl wissenschaftlicher als auch poetischer Mittel bedient – er studiert Naturwissenschaft und schreibt literarische Texte –, zuletzt aber in seinem Bemühen um Selbsterkenntnis scheitert, dem Wahnsinn verfällt, seine Verlobte zu töten versucht und schließlich Selbstmord begeht. Auf den ersten Blick könnte man meinen, daß hier nichts weiter als ein pathologischer Fall geistiger Verwirrung im privaten Feld einer bürgerlichen Familiengeschichte erzählt wird; daß der Erzähler seinem Vorhaben, wissenschaftliche Aufklärung und romantischen Irrationalismus in ihrer heillosen Auseinandersetzung zu zeigen, offenbar nicht gewachsen ist; und daß die Erzählstrategie, deren er sich zur Darstellung dieses bis zuletzt unbewältigten Konfliktes bedient, solcher Verwirrung nur noch weiteren Vorschub leistet.

Ein genauerer Blick auf Hoffmanns Text und auf die Wirkung, die er in den letzten zweihundert Jahren gezeitigt hat, verdeutlicht freilich etwas ganz anderes: E. T. A. Hoffmanns Novelle *Der Sandmann* bringt in ihrer komplexen Erzählkonstruktion zum

1 Dieser Begriff stammt von E. T. A. Hoffmann selbst. Er nannte seine Geschichte »Der Magnetiseur« im Untertitel Eine Familienbegebenheit. Hoffmanns Werke werden zitiert nach: Hoffmann 1996, hier S. 141. Nachweise mit Bandchiffre FN und Seitenzahl künftig im Text.

ersten Mal eine Krise in der Auffassung des Subjekts zum Ausdruck, die aus dem Bemühen der deutschen Romantik erwächst, das wissenschaftliche Projekt der Aufklärung mit neuen Erkenntnis-Mitteln, nämlich denen der Poesie, auf einer höheren Ebene fortzuführen. Die Novelle *Der Sandmann* setzt nichts Geringeres in Szene als ein neues Paradigma vom Verständnis des Subjekts, seinen Ausdrucks- und Bildungsmöglichkeiten in der europäischen Kultur; und sie zeigt dieses Phänomen im Licht jener Aporien, die aus der Kontamination von Aufklärung und Romantik erwachsen. Dieses neu sich bildende Konzept, das dem *Sandmann* zugrunde liegt, revidiert die Vorstellung der Aufklärung, die Konstruktion des Subjekts vermöchte allein dem Prinzip der Vernunft geschuldet sein; der Descartesschen Voraussetzung nämlich, daß Individualität in einer parallelen Ausrichtung von Denken, Sprechen und Wahrnehmen sich ausbildet – mithin notwendig der Satz: ›Ich denke, also bin ich‹ mit jenem anderen zu korrelieren sei, der besagt: ›Ich habe eine Zentralperspektive, also sehe ich.‹ Ordnung der inneren Welt durch das Bewußtsein, Ordnung der äußeren Welt durch das fokussierende Auge: Dies sind die korrelativ gedachten Paradigmen, deren eben erst durch die europäische Aufklärung befestigte Geltung Hoffmanns Novelle nachhaltig in Frage stellt; ja deren Gültigkeit sie kategorisch widerruft.

Dies besagt aber, daß sich das neue Paradigma der Wahrnehmung von Ich und Welt, das *Der Sandmann* von E. T. A. Hoffmann erzählerisch zu bewältigen sucht, grundsätzlich von der so verstandenen ›Erkennungs-Szene‹ der Aufklärung unterscheidet, in der Ich und Welt sich in perspektivischer Orientierung, in doppelter Fokussierung von Bewußtsein und Blick zu bilden schienen. Hoffmanns Konzept, das im *Sandmann* zutage tritt, weist darauf hin, daß der Schauplatz, auf dem das Subjekt seine komplexe Identität erarbeitet und von dem aus es seinen Blick auf die Welt richtet, sich verwandelt hat: Er ist nun derjenige des Traums und seines unbekannten Terrains, des Unbewußten; des Traums, der zwischen Blick und Bewußtsein mitteninne steht und, wie Sigmund Freud knapp hundert Jahre später es ausdrücken wird, unmittelbar »dem Unerkannten aufsitzt«. Der Traum, seine Gestalten, Bilder und Bewegungsmuster sind es, die nun genau jene Grenzzone im Wahrnehmungsszenario besetzen, an der sich der Kosmos des Bewußtseins und das unendliche Reich des Unbewußten berühren, an dem die Reibung, die zwischen beiden herrscht, drängend und wirbelnd sich gestaltet, entstellend und sich fortgesetzt verwandelnd zutage tritt. Es ist der Traum, der die Bildersprache, den imaginären Code liefert, der von der konfliktuellen Arbeit auf dieser Grenze spricht; als einer Arbeit am ›modernen‹ romantischen Subjekt, seiner Modellierung im Menschenverkehr und seiner Situierung in der Welt. Aus dieser neuen Situation, in der Individualität in einem zwischen Bewußtsein und Unbewußtem gespaltenen Feld gewonnen werden muß, erwächst aber zugleich die Notwendigkeit einer neuen ›Ästhetik‹; die Aufgabe also, auch eine neue poetische Sprache zu erproben und zu finden, die dem genannten Konflikt zum Ausdruck verhilft. In seiner Novelle *Der Sandmann* hat E. T. A. Hoffmann genau dieses Problem zum Thema gemacht. Er hat ihm erzählerische Gestalt gegeben. Welche Funktion, so fragt dieser Text, hat der Traum, haben die von ihm hervorgebrachten Bilder und Gestalten, durch die das Unbewußte zu sprechen beginnt, in der neu zu schreibenden Bildungsgeschichte des modernen Subjekts; und welche Wissenspoetik ist es, die dem bisher Undenkbaren zum Ausdruck verhelfen könnte?

Sigmund Freud hat in seiner 1900 erschienenen *Traumdeutung* – einem Jahrhunderttext, wie es auch Hoffmanns *Sandmann* gewesen ist – diese merkwürdige Funktion des Traums zwischen vernunftgesteuertem Bewußtsein und Chaos des Unbewußten, zwischen der endlichen Welt des Wißbaren und der Unendlichkeit des der Ratio Entzogenen genau beschrieben – oder besser gesagt in ein Bild gefaßt. Es heißt da:

»In den bestgedeuteten Träumen muß man oft eine Stelle im

Dunkel lassen, weil man bei der Deutung merkt, daß dort ein Knäuel von Traumgedanken anhebt, der sich nicht entwirren will, aber auch zum Trauminhalt keine weiteren Beiträge mehr geliefert hat. Dies ist dann der Nabel des Traums, die Stelle, an der er dem Unerkannten aufsitzt. Die Traumgedanken, auf die man bei der Deutung gerät, müssen ja ganz allgemein ohne Abschluß bleiben und nach allen Seiten hin in die netzartige Verstrickung unserer Gedankenwelt auslaufen. Aus einer dichteren Stelle dieses Geflechts erhebt sich dann der Traumwunsch wie der Pilz aus seinem Mycelium.«[2]

Diese denkwürdige Äußerung zeigt den Wissenschaftler Freud in der doppelten, widersprüchlichen Beleuchtung eines der Vernunft verpflichteten Aufklärers, der zugleich fasziniert ist von der Rätselhaftigkeit des Unbewußten und seiner förmlich ›poetischen‹ Äußerungen, seiner Unerklärlichkeit und Undarstellbarkeit; fasziniert von dem Geheimnis der Individualität, das auf diesem Schauplatz erscheint. Einerseits hat Freud, als ein Erbe des naturwissenschaftlichen 19. Jahrhunderts, den Gedanken nie preisgegeben, seine psychoanalytische Theorie – als eine Theorie der Bildung des Subjekts – eines Tages einem materialen Fundament aufsetzen zu können: »Das Lehrgebäude der Psychoanalyse, das wir geschaffen haben«, erklärt er in der 24. Vorlesung seiner *Einführung in die Psychoanalyse*, »ist in Wirklichkeit ein Überbau, der irgend einmal auf sein organisches Fundament aufgesetzt werden soll; aber wir kennen dieses noch nicht.«[3] Andererseits aber gerinnt Freud gerade das Ungreifbare und Gestaltverwandelnde der Traumsprache selbst zu Bildern, die an die Stelle naturwissenschaftlicher Begriffe treten: Das Feld des Traums wird als eine bald lesbare, bald un-

2 Freud 1991, S. 517; vgl. S. 125: »Jeder Traum hat mindestens eine Stelle, an welcher er unergründlich ist, gleichsam einen Nabel, durch den er mit dem Unerkannten zusammenhängt.«

3 Freud 1969, Bd. 1, S. 377. Vgl. hierzu auch den wichtigen Abschnitt »Die Lesbarkeit der Träume« in dem Buch von Blumenberg 1981, S. 337–371.

lesbare Textur beschrieben, als ein Geflecht von Unbewußtem, Bewußtsein und kultureller Topik, aus dem das dynamische Ensemble des Traums in seiner Bilder- und Figurengestalt hervortritt: ein Gebilde, das sich in seiner ästhetischen Faszination aller rationalen Reduzierbarkeit widersetzt. Im Traum erweist sich dann dessen ›Nabel‹ als jene ›wolkige‹ oder poetische Stelle, an der Bewußtsein und Unbewußtes sich in einem unlösbaren Knoten berühren und das um Sprache ringende Individuelle zum Ausdruck verlangt; in der Bildlichkeit des Traumwunsches schließlich, in seiner komplexen Verwobenheit, als einem Wurzelgeflecht, einem ›Rhizom‹[4], einem Myzelium – als dem Wurzelknäuel einer faszinierenden und unauflöslichen Chaos-Struktur!

II

Das Manuskript der ersten Niederschrift des *Sandmanns* ist fast vollständig erhalten. Es trägt das Datum »d. 16. November 1815 Nachts 1 Uhr« (FN 833). Der Text Hoffmanns, der eine so enorme Wirkung in der Literatur Europas und der Welt entfalten sollte, ist offenbar eine Nachtgeburt. Er soll, so will es das sorgfältig gesetzte Datum des Verfassers, auch als solche verstanden und gelesen werden. Nicht zufällig wird ja dieser Text, der sich selbst als ein ›aus dem Dunkel Kommendes‹ zu erkennen gibt, als erste Novelle in Hoffmanns Erzählungenband mit dem Titel *Nachtstücke* aufgenommen, der, in den Jahren 1816 und 1817, in zwei Teilbänden erschien.

Texte, die von ihren Autoren auf diese nachdrückliche Weise markiert werden, gewinnen oft einen besonderen, ja exemplarischen Status für ihre Verfasser wie für die Wirkungsgeschichte. Sie sind, wie eine Sturzgeburt, aus dem Körper ihres

4 Den Begriff des Rhizoms entnehme ich dem Buch von Deleuze/Guattari 1976.

Schöpfers hervorgebrochen, sie sprechen von etwas, das ohne poetisches Kalkül des Verfassers, aber gerade dadurch als formfordernde Konfiguration entstanden zu sein scheint: als ein bisher so nicht Sag- und Darstellbares, das ins Bewußtsein drängt. Franz Kafka, als er seine Novelle *Das Urteil* in einer einzigen Nacht niederschrieb, nimmt in seinem Tagebuch vom September 1912 auf das Unerhörte dieses Geschehens Bezug:

»Diese Geschichte ›das Urteil‹ habe ich in der Nacht vom 22 zum 23 von 10 Uhr abends bis 6 Uhr früh in einem Zug geschrieben. [...] Die fürchterliche Anstrengung und Freude, wie sich die Geschichte vor mir entwickelte wie ich in einem Gewässer vorwärts kam. Mehrmals in dieser Nacht trug ich mein Gewicht auf dem Rücken. Wie alles gewagt werden kann, wie für alle, für die fremdesten Einfälle ein großes Feuer bereitet ist, in dem sie vergehn und auferstehn. [...] Nur so kann geschrieben werden, nur in einem solchen Zusammenhang, mit solcher vollständigen Öffnung des Leibes und der Seele.«[5]

Und am 11. Februar 1913 heißt es dann: »[...] die Geschichte ist wie eine regelrechte Geburt mit Schmutz und Schleim bedeckt aus mir herausgekommen und nur ich habe die Hand, die bis zum Körper dringen kann und Lust dazu hat.«[6]

Kafkas Satz könnte auch für die Entstehung von Hoffmanns *Sandmann* gelten. »Mit Schmutz und Schleim bedeckt«: Der kompetenteste Leser von Hoffmanns Geschichte, Sigmund Freud, hat, in seinem Aufsatz über das *Unheimliche*, in dem er vom Beispiel des *Sandmanns* ausgeht, eine merkwürdig ähnliche Bemerkung zu dieser Novelle gemacht; er hebt seinerseits die paradoxe Doppelung von Notwendigkeit und Unorganisiertheit des Textes, die fast bis zur Unkenntlichkeit getriebene Entstellung der »Elemente des Stoffes« hervor – und diagnostiziert gerade darin das neue und unerhörte Paradigma. Die Motive des Ganzen seien »ungeregelt« zusammengeführt, schreibt der

5 Kafka 1990, S. 460 f.

6 Kafka 1990, S. 491.

Traumdeuter Freud; aber gerade in dieser Ungeregeltheit verberge sich eine Sinnfigur, die es, bei aller Wolkigkeit, herauszuschälen gelte: Denn »in der Tat«, zeichnet Freud sich auf, »hat die Phantasiebearbeitung des Dichters die Elemente des Stoffes nicht so wild herumgewirbelt, daß man ihre ursprüngliche Anordnung nicht wiederherstellen könnte«[7]. Ein zugrunde liegender Stoff, der vernünftig, ja notwendig gegliedert ist; ein Herumwirbeln seiner Elemente, das fast ins Unbegreifliche führt; eine »ursprüngliche Anordnung der Elemente«, die wiederhergestellt werden muß: Auf dieses paradoxe Gegeneinander, auf diesen Widerspruch und seine ästhetische Qualität kommt es Freud zuletzt an. Scheint doch dieser Wirbel von Motiven und Elementen genau dasjenige zu sein, was Freud in Hoffmanns Text der Beachtung wert ist, etwas Unbegreifliches und Erschreckendes, etwas Abstoßendes und Verstörendes, das doch zugleich die rätselhafte Anziehung des immer schon auf dunkle Weise Vertrauten besitzt. Man könnte auch sagen, es sei ein bislang *unerhörtes Ereignis*, das hier geschildert wird, und es sei das *Unheimliche*, das – in diesem seltsamen Hoffmannschen Text – in eine befriedete Gesellschafts-Welt einbreche; in die Ordnungswelt des Bürgertums des beginnenden 19. Jahrhunderts. Mit dieser Charakteristik sind aber unterderhand zwei Begriffe ins Spiel gebracht, die für das Verständnis der Geschichte vom *Sandmann* von großer Bedeutung sind: die Vorstellungen des *Unheimlichen* und des *Unerhörten*! Der Begriff des Unheimlichen ist von Sigmund Freud in die Debatte geworfen worden. Hat er doch im Jahre 1919 – also im ersten Nachkriegsjahr, in dem das Phänomen der durch Kriegsereignisse traumatisierten Soldaten in der Medizin Aufsehen erregte[8] – jenen epoche-

7 Sigmund Freud: Das Unheimliche (1919), in: Freud 1969, Bd. 4, S. 241–274, hier S. 255.

8 Im Psychoanalytischen Verlag erschien 1919 in Leipzig und Wien ein Aufsatzband »Zur Psychoanalyse der Kriegsneurosen«, an dem auch Freud mit einer Einleitung beteiligt war. Vgl. hierzu Mülder-Bach 2000.

machenden Aufsatz *Das Unheimliche* über Hoffmanns Geschichte vom Sandmann geschrieben. Freuds Deutung der Novelle bedient sich dabei als Ausgangspunkt für deren mögliches Verständnis eines Satzes des Philosophen Schelling, der lautet: »Unheimlich nennt man Alles, was im Geheimnis, im Verborgnen [...] bleiben sollte und hervorgetreten ist.«[9] Genau dieses Ereignis ist es denn auch, um das es in Hoffmanns *Sandmann*-Erzählung geht. In Freuds Sinne gesprochen[10]: Wenn etwas aus dem Bewußtsein und aus dem Lizenzrahmen der Öffentlichkeit Verdrängtes, also ein ›traumatisiertes‹ Geschehen oder eine ›traumatisierte‹ Gestalt, in irgendeiner unkontrollierbaren Weise ins Bewußtsein tritt, so wird dies vom betroffenen Subjekt als ›unheimlich‹ erfahren: als ein Befremdliches, Erschrekkendes und Unbewältigbares, das doch, paradoxerweise, das verdrängte Eigene, das zutiefst und heimlich ›Vertraute‹ ist!

Während der Begriff des ›Unheimlichen‹ sich unmittelbar auf den thematischen Aspekt von Hoffmanns Erzählung *Der Sandmann* richtet – nämlich das unverhoffte Ereignis oder bedrohliche Faktum, das in ihr geschildert wird und ans Licht drängt –, ruft das Wort vom ›Unerhörten‹ eher ein formales, gattungspoetisches Moment in Erinnerung, nämlich die Vorstellung einer krisenhaft erfahrenen Plötzlichkeit und der Mittel ihrer literarischen Darstellung. Man entsinnt sich jener Definition der Novelle als literarischer Gattung, wie Goethe sie einmal Eckermann gegenüber geäußert hat: »Wissen Sie was«, sagt Goethe

9 Freud: Das Unheimliche (1919), in: Freud 1969, Bd. 4, S. 248.

10 Freud insistiert auf der ›ökonomischen‹ Struktur des Traumas – »Ja, der Ausdruck traumatisch hat keinen anderen als einen solchen ökonomischen Sinn« – und definiert es folgendermaßen: »Wir nennen so ein Erlebnis, welches dem Seelenleben innerhalb kurzer Zeit einen so starken Reizzuwachs bringt, daß die Erledigung oder Aufarbeitung desselben in normal-gewohnter Weise mißglückt, woraus dauernde Störungen im Energiebetrieb resultieren müssen.« Freud 1996, Bd. 1, S. 274 f.; vgl. auch S. 348 f.

am 29. Januar 1827 in einem Gespräch anläßlich eines von ihm selbst verfaßten Prosastücks, »wir wollen es die *Novelle* nennen; denn was ist eine Novelle anders als eine sich ereignete unerhörte Begebenheit.«[11] Das *Unheimliche* und das *Unerhörte*: Es sind diese Kategorien, die für ein Verständnis von Hoffmanns *Sandmann*-Novelle und deren Wirkungsgeschichte in der europäischen Literatur in Anschlag zu bringen sind.

Die Erzählung Hoffmanns ist schwer zugänglich, ja wohl auch im Wortverstande ›schwer genießbar‹; und sie bleibt es, wenn man sich nicht Rechenschaft darüber ablegt, daß in ihr von ihrem Verfasser etwas ganz und gar Neues, bislang Unvorstellbares ins Bewußtsein gehoben wird. Hoffmanns Novelle bezeugt eine bis ins Äußerste getriebene Anstrengung novellistischen Sprechens, um dieses Undarstellbare, dieses durch die klassische Kultur und ihr Bildungswissen radikal Tabuisierte dennoch, und gegen allen durch die Sprache selbst gegebenen Widerstand, zur Sprache zu bringen. Hoffmanns Text ist kein literarischer Glücksfall, in dem mit traumwandlerischer Sicherheit ein neues Paradigma poetischen Sprechens ›wie von selbst‹ ans Tageslicht tritt, sondern ein in die widerstrebende Sprachwelt der klassischen Formmuster rabiat einbrechendes Form- und Sprachloses, Dunkles und Chaotisches, das, gleichsam »mit Schmutz und Schleim bedeckt«, sich aus der Tiefe drängt. Hoffmanns spröder Text stürzt nicht – wie etwa Goethes *Werther*, der ja auf seine Art ein vergleichbares Element des Unerhörten mit sich führte – mit rauschendem Flügelschlag in die Höhengeschichte der Literatur, sondern kommt in sich gebrochen und sperrig daher: befremdlich, verstörend, in einer poetologisch bislang nicht legitimierten sprachlichen und gedanklichen Konstruktion. Die Brisanz dieses Hoffmannschen Textes ist erst allmählich, in seiner Wirkungsgeschichte im 19. Jahrhundert – zuerst in Frankreich und dann in der nordamerikanischen Welt eines Edgar Allan Poe – zutage gekommen, hat sich im europäi-

11 Eckermann 1939, S. 178.

schen Fin de siècle weiter entfaltet und seine Aktualität bis heute uneingeschränkt bewahrt. Zum kulturellen Paradigma aber hat erst Sigmund Freuds archäologischer Blick die Geschichte vom *Sandmann* erhoben. Und Hoffmanns *Sandmann* ist ein Skandalon geblieben: als eine rätselhafte und verwirrte, eine »durcheinandergewirbelte« Geschichte, wie Freud gesagt hat. Eine unübersehbare Zahl von literaturwissenschaftlichen Interpretationen legt Zeugnis von dieser ungebrochenen Herausforderung ab, die von Hoffmanns Text ausgeht.[12]

Es ist außerordentlich schwer, sich der ›Modernität‹ von Hoffmanns rätselhafter Geschichte zu vergewissern – in thematischer wie in formaler Hinsicht. Allein der Versuch, das in ihr Dargestellte nachzuerzählen, verwickelt sich alsbald in Schwierigkeiten: Freuds, eines genialen Geschichtenerzählers, Nacherzählung des *Sandmanns* in seinem Aufsatz über das Unheimliche legt davon beredtes Zeugnis ab.[13] Begründet sind diese Schwierigkeiten darin, daß die Hoffmannsche Novelle selbst an diesem narratologischen Dilemma laboriert: daß nämlich ihr wichtigstes ›Thema‹ nicht nur das geschilderte traumatische Geschehen, sondern vor allem die Komplikationen sind, die sich für den Erzähler aus dem Versuch ergeben, für die unerhörten Ereignisse der Novelle eine Erzählstrategie zu entwickeln und das Unheimliche ästhetisch plausibel zu machen, das in ihnen zutage drängt.

12 Die wichtigsten Anregungen aus der sehr umfangreichen Sandmann-Literatur sind für mich von folgenden Arbeiten ausgegangen: Drux 1994; Frank 1978, S. 253–387; Hohoff 1988; Kittler 1977, S. 139–166; Kremer 1999, S. 64–82; Lehmann 1979, S. 301–323; Liebrand 1996, S. 85–107; Magris 1980; Stadler 1992/93, S. 91–105; Stadler 1986, S. 135–152; Utz 1990, S. 261–287; Matt 1971, S. 76–116; Weber 1981, S. 122–147.

13 Freud: Das Unheimliche (1919), in: Freud 1969, Bd. 4, S. 250–253.

III

Die Geschichte, die E. T. A. Hoffmann im *Sandmann* zu erzählen sucht, wird nicht allmählich in einer leicht sich in Gang setzenden und dann fortströmenden Bewegung entwickelt; vielmehr ist es, als drängte in einer Folge verzweifelter Stöße ein unter der Eisdecke Eingeschlossenes an die Oberfläche; und als stemmten sich, je stärker das Drängen wird, desto größere Widerstände diesem Heraufdrängen entgegen. Die Bewegung, die sich im Ereignisverlauf der Novelle wahrnehmen läßt, ist nicht mehr die horizontale Orientierung eines Erzählstroms, sondern die Vertikale einer pulsierenden, nie an ihr Ende kommenden Wiederkehr des Verdrängten.

Der Student Nathanael, mit dessen Kindheitserinnerungen die Geschichte beginnt, kann trotz seines Glückes in der gegenwärtigen Lebenssituation - er liebt seine entfernte Kusine Clara, mit der zusammen er seine Kindheit verbracht hat, und ist mit ihr verlobt - die Erinnerungen an den rätselhaft-erschreckenden Tod seines Vaters nicht bannen. Er erzählt - im Zuge einer solchen unvermittelt ausgelösten Anamnese - drei Ereignisse aus seiner Kindheit. Bei dem ersten dieser Ereignisse handelt es sich um das friedliche Leben in Nathanaels Familie, das nur gelegentlich durch die abendlichen Besuche des ›Sandmanns‹ bei dem geliebten Vater gestört wird - eine Vorstellung, die die Mutter durch ihr Wort vom ›Sandmann‹ geweckt hat, der die Kinder an das Zubettgehen mahne. Der kleine Nathanael hört dessen dumpfe Schritte, bekommt ihn aber, da er zu Bett gebracht wird, nicht zu Gesicht. Die Mutter, genauer nach dem Sandmann befragt, leugnet, daß ein solcher außer der bekannten Redensart über die schlaftrunken zufallenden Kinderaugen existiere. Die Kinderfrau aber gibt dem kleinen Nathanael genauere und greuliche Auskunft: »Das ist ein böser Mann«, heißt es im Text, »der kommt zu den Kindern, wenn sie nicht zu Bett gehen wollen, und wirft ihnen Hände voll Sand in die Augen, daß sie blutig zum Kopf herausspringen, die wirft er dann in den Sack und trägt sie in den Halbmond zur Atzung für seine Kinderchen; die sitzen dort im Nest und haben krumme Schnäbel, wie die Eulen, damit picken sie der unartigen Menschenkindlein Augen auf.« (FN 332 f.)

Die zweite Erinnerung Nathanaels an seine Kindheit hält einen Augenblick fest, in dem der Knabe dem Geheimnis des Sandmanns auf eigene Faust auf die Spur zu kommen versucht: also das Fremde und Beängstigende als das Vertraute sich zu eigen zu machen und damit die Angst zu bannen hofft. Er versteckt sich im Zimmer des Vaters, sieht den Sandmann – in dem er einen widerwärtigen Freund des Hauses, den Advokaten Coppelius wiedererkennt –, beobachtet, hinter einem Vorhang hervorlugend, wie die beiden Männer an einem Alchimistenherd einen Menschen herzustellen suchen, dem die Augen fehlen. Angesichts dieser tödlichen Schreckensszene stößt Nathanael einen Angstschrei aus und wird entdeckt. Coppelius wirft ihn auf den brennenden Herd und sucht ihm die Augen zu entreißen. Es ist der Vater, der dies im letzten Augenblick verhindert. Vor Entsetzen »wird es schwarz und finster« um Nathanael; er verliert das Bewußtsein. Erst später »erwacht« er wieder »wie aus dem Todesschlaf« (FN 336). Dieses Moment des Verlustes und Wiedergewinns des Bewußtseins könnte man das Schlüsselereignis von Hoffmanns Novelle, den ihr zugrunde liegenden Erlebensschock nennen: Es wird sich in der Geschichte Nathanaels, als ein Versinken in bewußtlosen Schlaf und als dessen Umspringen in das Wiedererwachen des Bewußtseins, immer von neuem ereignen – der Sturz aus der Welt des Wachens in die des Dunkels, der Ohnmacht, des Todesschlafs; des Unbewußten als dem Ort, von dem die Träume kommen.[14]

Nathanaels dritte Erinnerung gilt der Gestalt des Vaters: der

14 »Es sieht so aus, als hätte die Welt auch uns Erwachsene nicht ganz, nur zu zwei Dritteilen; zu einem Drittel sind wir überhaupt noch ungeboren. Jedes Erwachen am Morgen ist dann wie eine neue Geburt.« Freud 1975, Bd. 1, S. 106.

abendlich-heimeligen Situation eines pfeiferauchenden Geschichtenerzählers; aber unbegreiflich damit verkoppelt: dem grausigen Ereignis seines nächtlichen Zu-Tode-Kommens. Wieder, so lautet Nathanaels Bericht, sei der Sandmann in die Familie eingedrungen; wieder hätten die beiden Männer - zum letzten Mal, wie der Vater versichert - sich in das Labor zurückgezogen. Dann sei ein furchtbarer Schlag geschehen - eine Explosion habe den Vater zu Tode gebracht. Er habe verbrannt und mit verzerrtem Gesicht auf dem Boden gelegen - Coppelius aber sei verschwunden gewesen. Abermals seien dem kleinen Nathanael vor Entsetzen die Sinne geschwunden. Bei seinem Erwachen aus der Bewußtlosigkeit habe er dann aber den Vater mit milden und sanften Gesichtszügen im Sarg erblickt. Das zutiefst Fremde hat wieder die Züge des friedlich Vertrauten angenommen.

Entscheidend für die erzählte Handlung in der *Sandmann*-Novelle bleibt aber, daß Nathanael diese Erinnerungen nur darum erzählt, ja daß sie ihm nur darum überhaupt wieder ins Gedächtnis kommen, weil eine furchtbare Begegnung - das eigentlich unerhörte Ereignis der Novelle - sie in ihm geweckt hat. Es ist die Begegnung mit einem italienischen Wetterglas-, Brillen- und Fernglas-Händler namens Coppola, der Nathanael - mit dem Ruf »hab auch sköne Oke« (FN 351) - aufdringlich seine Waren feilbietet. In ihm, dem Fremden und Fremdländischen, hat Nathanael - wie er meint - eben jenen grauenvollen Advokaten und Hausfreund Coppelius wiedererkannt, der seine Kindheit im Vaterhaus so gräßlich zerstörte.

Damit erweist sich das unerhörte Ereignis der Hoffmannschen Novelle - wenn man es aristotelisch ausdrücken wollte - als eine *Anagnorisis*, eine schicksalhafte Wiedererkennung, buchstäblich als eine ›Erkennungs-Szene‹. Im archäologischen Blick Sigmund Freuds zeigt sich dieses Ereignis dann in doppelter Beleuchtung: als ein *déjà vu* einerseits,[15] in dem ein

15 Sigmund Freud: Über fausse reconnaissance (»déjà raconté«) während der psychoanalytischen Arbeit (1914), in: Freud 1975, S. 231–238.

fälschlich Wiedererkanntes, nur irrtümlich als Reminiszenz in die Gegenwart Projiziertes sich zeigt; als ein *Trauma* andererseits, in dem ein Verdrängtes in entstellter Form sich im Gegenwärtigen schreckensvoll ankündigt, ohne wahre Gestalt zu gewinnen. Es ist dieses Zwielicht, das auf dem Ereignis des ›Wiedererkennens‹ ruht, welches die Selbstsicherheit des Physikstudenten Nathanael in sich zusammenstürzen läßt: aus dem Erlebnis des Unerhörten, das sich als Unheimliches präsentiert und dessen Realitätsgehalt auf dem Spiele steht – einem fatalen Bewahrheitungsspiel, das auf Tod oder Leben hinausläuft. So erweist sich Nathanaels Wiedererkennen des ›Sandmanns‹ als ein Wahrnehmungsereignis, das als in sich gespalten erfahren wird: ein unheilbares Auseinanderklaffen von Sichtbarem und Unsichtbarem, von Bewußtsein und Unbewußtem. Dieses doppelte Zerbrechen von Selbst- und Fremdwahrnehmung ist in Hoffmanns Novelle durch zwei Motive gekennzeichnet, die das Geschehen um den Protagonisten Nathanael begleiten: Das eine ist der immer wiederkehrende Blick durch optische Geräte, der die Wahrnehmung zugleich schärft und trübt; das andere ist der Irrsinn, der immer von neuem in das im Umfeld Nathanaels beanspruchte Ordnungsgeschehen der Vernunft einbricht. Die Gestalt, an die beide Motive gekoppelt sind, ist die des ›Sandmanns‹. Denn diese Figur ist es ja, die zwischen Wahrnehmung und Entstellung, zwischen Bewußtsein und Unbewußtem vermittelt, als parasitäres Medium zwischen beide eintritt: als Doppelfigur ›Coppelius/Coppola‹ – Advokat und Wetterglashändler – Erkennen und Verkennung zugleich in lebensbedrohlicher Verknüpfung bewirkend.

Nachdem Nathanael in seinen Briefen nach Hause dieses Szenario seiner Verwirrung zutage gebracht hat, sind es Nathanaels Verlobte Clara und deren Bruder Lothar, die dem Verstörten wieder Halt zu geben versuchen. Ihre Argumente entstammen dem Bereich der aufgeklärten Vernunft, einer Welt rationaler Kontrolle. Sie lesen Nathanael, wie dieser vorwurfsvoll in einem Brief äußert, »logische Kollegia« (FN 342). Dabei ist es namentlich Clara, mit ihrem ›cartesianischen‹ Namen beinahe als eine Allegorie empfindsamer Aufklärung sich gebärdend, die sich in dieser Anstrengung der Vernunft hervortut: Ist sie doch, mit ihren himmels- und seeklaren Augen, kalt, gefühllos und prosaisch; aber doch zugleich auch gemütvoll, verständig und kindlich (FN 345). »[...] alles Entsetzliche und Schreckliche, wovon Du sprichst«, schreibt sie Nathanael in ihrem Brief, ist »nur in Deinem Innern« vorgegangen; »die wahre wirkliche Außenwelt aber« hat daran wohl wenig teil (FN 339). Es sei, so heißt es abschließend in einem berühmten und oft zitierten Satz, nichts weiter als »das Phantom unseres eigenen Ichs« (FN 341), das Nathanael in seinem Selbstgefühl bedroht habe; ein Hirngespinst, das durch die Vernunft verscheucht wird.

So scheint es denn auch, als habe Nathanael aufgrund solcher Ermutigungen sein Selbstgefühl wiedergefunden. In der Universitätsstadt hört er nun wieder Vorlesungen bei dem Physikprofessor Spalanzani, der, wie sich herausstellt, mit dem Wetterglashändler Coppola – als einem »höchst ehrlichen Mechanikus und Optikus« (FN 351) – seit langem zusammenarbeitet. Es gelingt Spalanzani, Nathanaels Befürchtung zu entkräften, Coppola sei mit dem schrecklichen Advokaten Coppelius, dem Sandmann der Kindheit, identisch.

An diesem Punkt von Hoffmanns Erzählung, in dem das Drängen des Unbegreiflichen aus dem Untergrund zu verstummen scheint, tritt unvermittelt ein neuer Handlungsstrang zutage. Ging es bisher um Nathanaels Kindheit, sein Leben in der Familie und sein Verhältnis zum Vater, damit verbunden aber um sein Leben mit der ihm anverlobten Verwandten Clara, so setzt nun eine unverhoffte Liebes- als Begehrensgeschichte ein – Nathanael entdeckt, wenn man es so ausdrücken will, die Sexualität außerhalb der Familie. Er gewahrt nämlich durch ein inzwischen von Coppola erstandenes Fernrohr, ein ›Taschen-Perspektiv‹, die Tochter Spalanzanis, Olimpia – hoch, schlank, engelschön, aber mit starren Augen –, und verliebt sich in sie. Es ist eine ›Liebe auf den ersten Blick‹, in der sich, in paradoxer Verdoppelung, die ›schöne Statue‹, die »schöne Bildsäule« (FN 350) Olimpias über das Bild der lebendigen Verlobten schiebt – wie die Figur des Coppola über die des Coppelius. Hatte es in der Schreckensszene der Kindheit geheißen, Nathanael habe Coppelius am Alchimistenherd – »den Kopf lauschend durch die Gardine hervorgestreckt« (FN 335) – erblickt, so nimmt er jetzt, »durch einen kleinen Spalt«, den die »einer Glastüre dicht vorgezogene Gardine« läßt (FN 342), Olimpia wahr. Diese Nathanael selbst unbegreifliche, ja unheimliche Ersetzung Claras durch das im Fernrohr, als einem naturwissenschaftlichen Medium, erblickte Idol der statuenhaften Schönheit sucht Nathanael im künftigen zu verarbeiten. Er tut dies mit Hilfe der Poesie. Als er nämlich in den Universitätsferien nach Hause zu Clara zurückkehrt, beginnt er eine Dichtung niederzuschreiben, in der er das traumatische Kindheitserlebnis ästhetisch zu gestalten und damit zu bewältigen sucht: Coppelius, der Sandmann der Kindheit, tritt »als grausamer Schicksalspopanz« auf und dringt in die Liebesbeziehung zwischen Nathanael und Clara ein – genau so, wie der Advokat in der Kindheitserzählung zerstörend in die Beziehung zwischen dem Knaben Nathanael und seinem Vater eingedrungen war. Diese Dichtung Nathanaels, mit der er das drohende Verhängnis zu bannen sucht, erweist sich dabei aber alsbald als das Organ einer Doppelbindung, als eine in sich gespaltene Äußerung, die sich zugleich als Liebeserklärung an Clara *und* als Entsetzens- und Hilfeschrei Nathanaels angesichts des Kindheitstraumas erweist! In diesen dichterischen Text, den Nathanael verfaßt, arbeitet er das Schockerlebnis der zerstörten Kindheit ein; der ›Sandmann‹ als zwiespältige Doppelfiguration von geliebtem Vater und schrecklichem Augenräuber Coppelius drängt sich in die Reinheit der Liebe zwischen Nathanael – dem ›von Gott Gegebenen‹, wie die Bedeutung des hebräischen Namens lautet – und Clara, der Frau mit den himmels- und seeklaren Augen, hinein: Das *déjà vu* des Kindheitsschocks wird in das *imprévu* des Liebeserlebnisses hineingezwungen, das

Trauma der Kindheit in die *Erkennungsszene* zwischen Liebenden; in Szene gesetzt ihrerseits mit der Überblendung des Bildes der Verlobten Clara durch die Automate Olimpia, die durch das Perspektiv Coppolas wahrgenommene Tochter Spalanzanis. Es ist genau diese nicht bewältigbare Kontamination von Trauma und Eros, von Schock und Begehren, die in der Schlüsselszene von Nathanaels Gedicht, das er Clara vorliest, zum Ausdruck kommt - einem Gedicht, das in seiner Gestalt aller klassischen Formungskunst, deren Nathanael sich bisher bedient hatte, widerspricht und Claras Entsetzen auslöst: »Er stellte sich und Clara dar, in treuer Liebe verbunden«, heißt es in Nathanaels Dichtung. »Endlich, als sie schon am Traualtar stehen, erscheint der entsetzliche Coppelius und berührt Claras holde Augen; *die* springen in Nathanaels Brust wie blutige Funken sengend und brennend, Coppelius faßt ihn und wirft ihn in einen flammenden Feuerkreis, der sich dreht mit der Schnelligkeit des Sturmes und ihn sausend und brausend fortreißt.« (FN 347) Als Nathanael Clara sein Gedicht vorgelesen hat, »drückt Clara ihn sanft an ihren Busen« und mahnt ihn ernst zur Vernunft. Als sie ihn dann aber bittet, den grauenhaften Text ins Feuer zu werfen, gerät er außer sich und stößt sie »entrüstet« von sich mit den Worten »Du lebloses, verdammtes Automat!« (FN 348); mit eben jener schmähenden Vorstellung vom seelenlosen Artefakt also, wie sie sich dann in der Figur von Spalanzanis Tochter Olimpia buchstäblich verkörpern wird. - Ein Duell zwischen Nathanael und Claras Bruder - der die beleidigte Ehre seiner Schwester wiederherzustellen sucht - vermag Clara im letzten Augenblick gerade noch zu verhindern. Wieder scheint es, als sei das aus der Tiefe an die Oberfläche Drängende noch einmal aus der Gegenwart gebannt.

Bei Nathanaels Rückkehr in die Universitätsstadt findet er das Haus, das er bislang bewohnt hatte, abgebrannt. Er bezieht ein neues Zimmer, Spalanzanis Domizil genau gegenüber. Wieder beobachtet er - »aus seinem Fenster gerade hinein in das Zimmer« (FN 350) - die schöne Olimpia, die leblose Tochter Spalanzanis; er tut es zunächst »flüchtig über sein Kompendium herüber« (FN 350), dann aber mit Hilfe eines von Coppola erworbenen »sauber gearbeiteten Taschenperspektivs!« (FN 351). Nathanaels Liebe zu der Unbekannten wächst. Er macht ihr den Hof und vergißt Clara. Ein Ball bei Spalanzani dient der Vorstellung Olimpias als Debütantin in der Gesellschaft. Nathanael tanzt mit ihr; er macht ihr eine Liebeserklärung; er liest ihr seine Dichtung vor. In dem Maße freilich, wie Nathanael ihr verfällt, rückt die Gesellschaft von ihr ab: Sie sei eine Holzpuppe, ein Automat, wird geflüstert. Als Nathanael schließlich zu ihr eilt, um ihr den Ring seiner Mutter an den Finger zu stecken, findet er Spalanzani und Coppola im Streit. Sie kämpfen um die Puppe Olimpia, das Automat, das sie selber hergestellt haben: in einer ›Männerhochzeit‹ gewissermaßen[16]: Spalanzani reklamiert für sich den Mechanismus, der die Puppe in Bewegung setzt, Coppola erhebt Anspruch auf die Augen – ein wiedergängerisches Bild aus Nathanaels Kindheit, wo der Vater und der Advokat Coppelius in gemeinsamem Tun die Herstellung eines künstlichen Menschen betrieben hatten. Aber die Puppe Olimpia zerbirst im Kampf der beiden ›Väter‹ um ihren Besitz. Nathanael sieht zwei blutige Augen am Boden liegen – Spalanzani wirft sie nach ihm. »Da packte ihn«, heißt es im Text, »der Wahnsinn mit glühenden Krallen und fuhr in sein Inneres hinein Sinn und Gedanken zerreißend. ›Hui – hui – hui! – *Feuerkreis* – *Feuerkreis!* dreh dich *Feuerkreis* – lustig – lustig! – Holzpüppchen hui schön Holzpüppchen dreh dich‹ – damit warf er sich auf den Professor und drückte ihm die Kehle zu.« (FN 359) Der in gräßliche Raserei verfallende Nathanael wird überwältigt und »nach dem Tollhause gebracht«. Seine Sinne schwinden ihm, er bleibt lange ohne Bewußtsein. Und wieder erwacht Nathanael »wie aus schwerem, fürchterlichem Traum, er schlug die Augen auf und fühlte wie ein unbeschreibliches Wonnegefühl mit sanfter

16 Der Begriff der »Männerhochzeit« stammt von Wilhelm Raabe: Das Horn von Wanza, in: Raabe 1955, S. 332.

himmlischer Wärme ihn durchströmte« (FN 360f.). Nathanael scheint geheilt. Die Heirat mit Clara steht bevor. Die vier glücklichen Menschen – Nathanael, Clara, Lothar und die inzwischen in die anscheinend bewältigte Coppelius-Affäre eingeweihte Mutter – wollen ein geerbtes Gütchen außerhalb der Stadt beziehen. Als Nathanael, Clara und Lothar ein letztes Mal durch die Straßen der Stadt gehen, schlägt Clara vor, den Turm des Rathauses zu besteigen, der gerade »seinen Riesenschatten über den Markt« wirft (FN 361): »[...] steigen wir doch noch einmal herauf und schauen in das ferne Gebirge hinein!« (FN 361) Die beiden Liebenden erklimmen die höchste Galerie des Turms. Da zeigt Clara auf einen kleinen grauen Busch in der Ferne, der sich auf sie zuzubewegen scheine. Nathanael zückt Coppolas Perspektiv und glaubt unten am Turm Coppelius zu erblicken.[17] Er verfällt in Raserei, sucht Clara vom Turm zu stürzen – »Holzpüppchen dreh dich – Holzpüppchen dreh dich« (FN 362): Es ist die Formel, mit der er im Irrsinn auf die Zerstörung Olimpias reagiert hatte – und springt dann mit dem gellenden Schrei des Wetterglashändlers Coppola – »Ha! Sköne Oke, sköne Oke« (FN 362) – in die Tiefe. »Als Nathanael mit zerschmettertem Kopf auf dem Steinpflaster lag«, heißt es im Text, »war Coppelius im Gewühl verschwunden« (FN 363) – es ist die

17 Die Varianten des Manuskripts des »Sandmanns« verdeutlichen Hoffmanns Schwierigkeiten mit dieser Szene der ›Wahrnehmung des Unwahrnehmbaren‹: »›Was mag das für ein kleines [weißes] graues [zuerst: Haus, dann: Häubchen] Thurmchen seyn, was dort ligt – ach – es bewegt sich ja – schau doch hin Nathanael?‹ Nathanael faßte mechanisch nach der Seitentasche, er fand Coppolas Perspektiv – er schaute seitwärts, Clara stand vor dem Glase. Da glühte und zuckte es in seinen Pulsen – gräßlich brüllte er auf wie ein geheztes Thier [...] da rief eine widerwärtige Stime von unten herauf: Ey Ey – Kleine Bestie – willst Augen machen lernen – wirf mir dein Holzpüppchen zu – – es war das klein grau Thürmchen, was Clara geschaut – aber nicht ein Thürmchen – der Advokat Coppelius stand unten am Thurm und schaute und rief so herauf [...].« Hoffmann 1991, S. 44f.

gleiche Formel, die auch nach dem Tod des Vaters in der Kindheitserinnerung gebraucht wird. Ein Nachtrag am Schluß der Novelle berichtet, Clara sei mehrere Jahre später in einer entfernten Gegend gesehen worden, glücklich vereint mit einem freundlichen Mann und zwei munteren Knaben.

IV

Die Geschichte vom Sandmann, auf diese Weise erzählt, könnte als eine Fallgeschichte eines Geistesgestörten, ja als eine Krankengeschichte - beispielsweise aus Karl Philipp Moritz' *Magazin für Erfahrungsseelenkunde* - gelesen werden; als das pathologische Protokoll einer Liebesgeschichte, an der der »zerrissene« Nathanael zugrunde geht und aus der sich die »gesunde« und »vernünftige« Clara in ein geregeltes Verhältnis zu retten weiß. Es wäre die Geschichte eines Bildungswegs, der aus der Idylle der Familie ins Tollhaus einerseits, in ein neues Familien-Idyll andererseits führt. Diese ironische Lesart könnte ja zum Beispiel der Schluß der Novelle mit dem endlich erreichten Familienglück Claras »in einer entfernten Gegend« nahelegen.

Gibt man sich aber über die erzähltechnischen Komplikationen Rechenschaft, die die Geschichte bis in ihr innerstes Gefüge prägen, so wird deutlich, daß Hoffmann in seiner Novelle den Versuch unternimmt, das Problematische des dargestellten Geschehens auch poetisch zu vergegenwärtigen; also gewissermaßen die Undarstellbarkeit selbst zum Thema zu machen, das nicht Erzählbare zu erzählen. So gesehen, erwiese sich das von Freud als das ›Herumgewirbelte‹ der »ursprünglichen Anordnung« der Elemente Bezeichnete als ein künstlich und bewußt von Hoffmann in Szene gesetztes poetisches Konstrukt. Hoffmann ›inszeniert‹ denn auch in der Tat ein stoßweises, immer wieder Ansätze und Artikulationen des Unsäglichen erprobendes Erzählen, das nicht an sein Ziel kommt - das vergebliche Artikulationsbegehren des Traumas.

Die Novelle beginnt nämlich zunächst einmal mit drei Briefen – ganz wie Goethes *Werther* im übrigen, als dessen Kontrafaktur, bis in die Parallelität der Tanzszenen, sich der *Sandmann* lesen läßt. Da ist zunächst der Brief Nathanaels an Lothar, Claras Bruder, über seine grauenhaften Kindheitserlebnisse in der Familie mit der Schreckensfigur des Sandmanns; da ist sodann der Brief Claras an Nathanael, aus dem hervorgeht, daß Nathanael die Adressaten seiner Briefe vertauscht hat und so Clara ohne bewußte Absicht über sein Kindheitstrauma informiert, seine Liebeserklärung damit zugleich unwillkürlich als Schreckensschrei artikulierend – eine tiefe Verunsicherung der Adressierungs- und Leserichtung innerhalb der Erzählung, die auf die Leserperspektive zurückwirkt; da ist schließlich der Brief Nathanaels an Lothar, der das Irrlaufen des ersten Briefs bedauert und abermals die Erzählrichtung ändert, indem er nicht mehr von Nathanaels Liebe zu Clara spricht, sondern von der Begegnung mit Spalanzani, Coppola und dem seltsamen Objekt seines neuen Begehrens, Olimpia, berichtet.

Erst nach diesen drei Briefen, die unvermittelt die Novelle eröffnen, meldet sich der Erzähler, die Autorinstanz des zu Berichtenden, selber zu Wort. Er beginnt mit dem Leser zu sprechen und teilt diesem mit, daß es ihm unmöglich sei, die Geschichte des armen Nathanael, seines verhängnisvollen Lebens und des aus der Tiefe aufsteigenden Unheils, zu erzählen. Und er sucht zuletzt dem Leser selbst die Rolle des Erzählers aufzudrängen, also gewissermaßen die Lektürerichtung des Berichteten umzukehren:

»Es gärte und kochte in dir«, redet er den Leser an, »zur siedenden Glut entzündet sprang das Blut durch die Adern und färbte höher deine Wangen. Dein Blick war so seltsam als wolle er Gestalten, keinem andern Auge sichtbar, im leeren Raum erfassen, und die Rede zerfloß in dunkle Seufzer. [...] Und nun wolltest du das innere Gebilde mit allen glühenden Farben und Schatten und Lichtern aussprechen und mühtest dich ab, Worte zu finden, um nur anzufangen. Aber es war dir, als müßtest du nun gleich im ersten Wort alles Wunderbare, Herrliche, Entsetzliche, Lustige, Grauenhafte, das sich zugetragen, recht zusammengreifen, so daß es, wie ein elektrischer Schlag, alle treffe. Doch jedes Wort, alles was Rede vermag, schien dir farblos und frostig und tot. Du suchst und suchst, und stotterst und stammelst […].« (FN 343)

Als diese Übertragung nicht glückt – nämlich das Erzählereignis und die Verantwortung dafür in die Einbildungskraft des Lesers und seinen Umgang mit dem Undarstellbaren zu verlagern –, macht sich der Autor daran, drei verschiedene Anfänge seiner Geschichte in einer Art Experimentanordnung zu präsentieren: zunächst einen Märchenanfang, dann einen ›realistischen‹, hierauf einen ›dramatischen‹ Beginn.

»Ich quälte mich ab«, heißt es im Text, »Nathanaels Geschichte, bedeutend – originell, ergreifend, anzufangen: ›Es war einmal‹ – der schönste Anfang jeder Erzählung, zu nüchtern! – ›In der kleinen Provinzialstadt S. lebte‹ – etwas besser, wenigstens ausholend zum Klimax. – Oder gleich medias in res: ›Scher er sich zum Teufel‹, rief, Wut und Entsetzen im wilden Blick, der Student Nathanael, als der Wetterglashändler Giuseppe Coppola‹ – Das hatte ich in der Tat schon aufgeschrieben [aber mir] kam keine Rede in den Sinn, die nur im mindesten etwas von dem Farbenglanz des inneren Bildes abzuspiegeln schien.« (FN 344)

Alle drei Erzählmuster versagen. Da beschließt der Erzähler, wie er sich ausdrückt, »gar nicht anzufangen. Nimm, geneigter Leser! die drei Briefe, welche Freund Lothar mir gütigst mitteilte, für den Umriß des Gebildes, in das ich nun erzählend immer mehr und mehr Farbe hineinzutragen mich bemühen werde.« (FN 344) So verwandeln sich die drei Briefe, die den Text gewissermaßen ›unlegitimiert‹ einleiten, unvermerkt in Dokumente, die, aus dem Nachlaß der Überlebenden des geschilderten Geschehens, dem erzählunfähigen ›Autor‹ zur authentischen Präsentation übergeben worden sind. Dieser läßt sie nun als Faktenmaterial für sich sprechen. Der Prozeß der Irritation der Erzählverantwortung und des mit ihr verknüpften Authentizitätsanspruchs ist aber mit diesem vierfachen *Incipit* keineswegs abgeschlossen. Denn bald nach dieser Trübung des Legitimationspunktes beginnt der Autor schrittweise, die Verantwortung des Erzählens – nach den erfolglosen Beglaubigungsversuchen durch ihn selbst, durch den Leser oder das ›Faktische‹ – nun auf den Helden Nathanael selbst zu übertragen. Dieser ist es, der jetzt in seiner Dichtung den Versuch unternimmt, das Trauma seiner Kindheitsgeschichte, das sich in der Figur des Coppelius verdichtet, als eine Liebesgeschichte für Clara niederzulegen; mithin aus seiner Liebesgeschichte die Geschichte seiner Emanzipation von der Kindheit und vom Familientrauma herauszuschreiben. In eins damit aber macht sich Nathanael an die Konstruktion eines imaginären Frauenbilds, Olimpias, die als Leserin und Hörerin seiner Lebensdichtung fungieren könnte. Es ist die Konstruktion einer artifiziellen Schreib- und Lesegemeinschaft, die an die Stelle der traumatischen ›Familienbegebenheit‹ treten soll!

Der ironische Schluß der Geschichte treibt diese Spaltung zwischen Erzählautorität des Verfassers und Erzählautorität des Protagonisten der Novelle auf die Spitze, gerade weil eine getarnte, eine geheime Verbindung zwischen beiden besteht: Der hebräische Name ›Nathanael‹ und der griechische Name ›Theodor‹ – der mittlere Vorname E. T. A. Hoffmanns – haben die gleiche Bedeutung, nämlich ›von Gott gegeben‹. Dies besagt aber nichts anderes als: von aller Verantwortung für das Geschehene, das Dargestellte entlastet. Es ist die Inszenierung von Delegitimation. In diesem ironischen Gestus in der Präsentation der Erzählautorität besteht das Außerordentliche des von Hoffmann erfundenen Erzählmusters: Denn eben durch diesen Präsentationsgestus beginnt sich der Text des Erzählten zu verselbständigen. Es ist eine Emanzipation, die weder eine Autorität realer noch eine solche fiktionaler Bewahrheitung mehr zuläßt, sondern die grauenvolle Stimme des subjektlosen Textes selbst, die Stimme des Traumas, das zur Artikulation drängt und sich doch nicht zu offenbaren vermag, erklingen läßt. Es ist die Stimme des Wahnsinns, des ›depotenzierten‹ Subjekts: von einem Trauma überwältigt, über das weder der erzählte Held noch der erzählende Autor Gewalt hat. Es handelt sich um einen ohne Autorität flottierenden Text. Anläßlich der ›Dichtung‹ Nathanaels, die ja, im vorliegenden Text, abermals die ›Geschichte vom Sandmann‹ ist – genau so, wie diese auch und ›zuvor‹ von der ganzen Novelle erzählt wird – heißt es:

»Während Nathanael dies dichtete, war er sehr ruhig und besonnen, er feilte und besserte an jeder Zeile und da er sich dem metrischen Zwange unterworfen, ruhte er nicht, bis alles rein und wohlklingend sich fügte. Als er jedoch nun endlich fertig worden, und das Gedicht für sich laut las, da faßte ihn Grausen und wildes Entsetzen und er schrie auf: ›Wessen grauenvolle Stimme ist das?‹« (FN 348)

Der Bruch zwischen ›reinem Wohlklang‹, ›lautem Lesen‹ und ›grauenvoller Stimme‹ ist es, der den eigentlichen Todesschrekken des Protagonisten auslöst – wie seinerzeit die Geräusche der Schritte des Sandmanns auf der Treppe. Das Trauma, das als entstellte Rede an die Oberfläche drängt, kommt als Stimme, die weder Körper noch Sprache zu sein vermag, zum Vorschein – als ein vergebens um Artikulation ringendes Rauschen, ein Reißen in grauenvollem Entsetzen. In dieser Weigerung des ›Autors‹, als der überkommenen Erzählinstanz, die Verantwortung für sein Erzählen zu übernehmen, das zwischen Wohlklang und grauenvoller Stimme sich nicht zu formen vermag, offenbart sich eine Erzählaporie, mit der die europäische Moderne und ihr veränderter mimetischer Anspruch beginnt. Denn es sind, genaugenommen, die *beiden* Möglichkeiten des *phantastischen* so gut wie des *realistischen* Erzählens – an deren Grenze Hoffmann, literarhistorisch gesprochen, ja steht –, die diesem Autor des *Sandmanns* nicht mehr zu Gebote stehen; die er für sein Erzählen nicht mehr zulassen kann. Ebensowenig steht ihm die Möglichkeit offen, sie entweder dem Leser der erzählten Geschichte oder deren Protagonisten zu überantworten;

und zwar, weil sich im Welterleben eben dieses Protagonisten beide Kräfte unauflöslich und traumatisch verflechten; weil sie auf unberechenbare Weise in den Erzählakt selbst und seine performative Dynamik eindringen: Traum und Wachen, Unbewußtes und Bewußtsein, Phantasma und Wirklichkeit lassen sich weder getrennt noch vereinigt erzählstrategisch verantworten, sie leben nur als desartikulierte Stimme. So ist es E. T. A. Hoffmann, der, vielleicht als erster in der Geschichte der Literatur, den Erzählschock der Moderne auch ›strategisch‹ in Szene setzt: als den Verlust der Erzählautorität sowohl für das Faktische wie für das Fiktionale. Es ist allein der Irrsinn, dem, gewissermaßen im ›weißen Rauschen‹ der Erzählstimme, die Autorität für den Text noch zukommt. Dem Text, der sich hier artikuliert, haftet nun kein Erzählsubjekt mehr an. Ausgelöst wird dieser Erzählschock durch die Krise und gleichzeitige Emphatisierung des bürgerlichen Subjekts, dessen prätendierte Bildung aus der Familie erwächst: ihrer Doppelwelt von Geborgenheit und Traumatisierung. War zuvor eine solche ›Karriere‹ des Subjekts in der Welt durch den göttlichen Heilsplan garantiert und in ihren Stationen vorentworfen – Werther wird seinen Lebensplan zuletzt noch als eine Form der Nachfolge Christi im Opfertod zu begreifen suchen –, so gilt jetzt die Orientierung an einer vom Subjekt selbst entwickelten, ja durch es selbst zu verantwortenden Instanz. Ist es doch nun dem in die Familie versetzten Subjekt aufgegeben, die Frage nach seinem Ursprung zu stellen und die Urszene seiner Entstehung aufzusuchen, um aus diesem ›Erlebnis‹ seinen künftigen Lebenslauf zu entwickeln. Diese nicht lösbare Aufgabe ist in dem durch einen Vorhangschlitz spähenden Nathanael repräsentiert, welcher der – phantasmatischen – Erzeugung eines Menschen durch seine ›Väter‹ beiwohnt und in entsetzlicher Weise vom ›Sandmann‹ in diese Urzeugung einbezogen wird. Es ist genau dieses Moment, auf das Hoffmanns ganze Aufmerksamkeit gerichtet ist: die Geburt des Subjekts aus der ambigen Welt der Familie; einer Welt nicht der heilen, sondern der gestörten Kindheit, ja des Kindheitsschocks! Hoffmann stellt mit dem seine Identität ausspähenden Kind einen Protagonisten ins Licht, dem es aufgegeben ist, seinen Ursprung wie seine künftige Individualität in eben jenem Feld aus Liebe und Haß, aus Aggression und Verschmelzung aufzusuchen, das die Familie, als Bühne der bürgerlichen Sozialisation, errichtet hat. Diese voyeuristische Erkundung, die sich als eine gänzlich neue Erkennungsszene zwischen dem Selbst und dem Anderen gestaltet, kann nur schmerzhaft und unter traumatischen Bedingungen sich ereignen. Es war Michel Foucault, der in seiner *Histoire de la sexualité* gezeigt hat,[18] daß seit dem Ende des 18. Jahrhunderts die Frage nach der Identität des Subjekts mehr und mehr an die Sexualität und die durch deren soziale Dispositive mitinszenierte Gewalt gestellt wird; eine Gewalt, in der die Ordnungen von Familie und Gesellschaft konvergieren. Eben diese Konstellation aber ist das Thema des *Sandmanns*. Eben dies nimmt in Nathanaels heimlicher Beobachtung einer künstlichen Menschen-Zeugung und in der Figur des Familienparasiten Coppelius als Gewaltinstanz Gestalt an. Der ›Sandmann‹, so könnte man sagen, ist jene mythische Figuration, die das Verhältnis des sich selbst mit den Mitteln seines Bewußtseins suchenden Menschen zu seinem eigenen Unbewußten abbildet. Der ›Sandmann‹ ist der entstellte – sich nur ›verstreckt‹, gewissermaßen gebrochen und nur im Anamorphot artikulierende[19] – Text des Traums vom Selbst, von dem die Novelle *Der Sandmann* fortgesetzt zu erzählen sich anschickt; und zu dessen Artikulation sie doch nicht vorzudringen vermag. Das Erscheinen des Sandmanns erfolgt dabei in eben jenen beiden Feldern, die für die mögliche Bildung dieses bürgerlichen Subjekts von entscheidender Bedeutung sind. Er tritt dort auf, wo es um die Erfahrung der Liebe in der Familie geht, nämlich im Verhältnis Nathanaels zu seinem Vater; und er stellt sich dann wieder ein, wenn es um die Emanzipation des ›Knäb-

18 Foucault 1976, Bd. 1; ders. 1984, Bd. 2; ders. 1984, Bd. 3.

19 Vgl. Neumann 1998, S. 377–417.

leins‹, wie Freud sich ausgedrückt hätte, aus der Familie geht,[20] also um die Erfahrung von Liebe und Sexualität außerhalb des Blutkreislaufs der Familie, wie sie sich im Verhältnis Nathanaels zu Clara und dem idealen, narzißtisch erzeugten Simulakrum des Begehrens, der Puppe Olimpia, auszubilden beginnt.

Wenn im Mythos des Ödipus, wie Freud ihn zum Paradigma der psychischen Szene der Moderne erhoben hat, das Verhältnis des Einzelnen, in der Familie Aufwachsenden, zu dem familialen Dreieck thematisch wird; wenn im Mythos des Narziß das Verhältnis des Ich zu sich selbst – und dem gegen- oder gleichgeschlechtlichen Partner – zur Disposition steht, wie es ebenfalls Freud in Vorschlag gebracht hat; wenn Goethes *Werther* schließlich – seinerseits einen neuen Mythos bildend – jenen kulturgeschichtlichen Augenblick bezeichnet, wo die Frage nach der Identität an die ›Liebe als Passion‹ gestellt wird; so markiert die von Hoffmann erfundene mythische Figur des Sandmanns – als ein künstlicher Mythos, der die Kultur der folgenden zwei Jahrhunderte prägen wird – das Verhältnis des bewußten Ich zu seinem eigenen Unbewußten im Feld von Se-

20 In einer Variante seines Textes hat Hoffmann auch die Emanzipation des weiblichen Kindes aus der Familie thematisiert – und diese Variante dann wieder unterdrückt. Es handelt sich um eine Szene, in der die jüngste, sechs Jahre alte Schwester des Erzählers – »ich liebte sie sehr«, sagt Nathanael, »und so geschah es, daß ich oft mit ihr spielte« – von Coppelius attackiert wird, Nathanael sie mit Faustschlägen gegen Coppelius zu schützen sucht, die Schwester bald darauf zu erkranken beginnt und stirbt: »Aber nicht lange dauerte es, so fingen meinem Schwesterlein die Augen an zu schmerzen, Geschwüre, unheilbar sezten sich dran – in drey Wochen war sie blind – drey Wochen darauf vom Nervenschlag getroffen todt – ›Die hat der teuflische Sandmann ermordet – Vater – Vater gieb ihn bey der Obrigkeit an, den verruchten Morder!‹ so schrie ich unaufhörlich. Der Vater schalt mich heftig und bewies mir, daß ich was unsiniges behaupte [...] Es hieß, Coppelius habe die Stadt verlaßen.« Hoffmann 1994, S. 44.

xualität und Aggression. Was sich in dieser Konstellation wahrnehmen läßt, ist zugleich Sigmund Freuds archäologische ›Entdeckung‹, daß auch die scheinbar asexuelle Familie und das scheinbar asexuelle Kind in ihr die Ausgangssituation für die Erfahrung der ›Liebe‹ des Erwachsenen auf jene Bühne stellen, die zwischen Bewußtsein und Unbewußtem aufgerichtet wird: als eine Bühne der Bilder- und Gestaltenwelt des Traums wie des – nicht zuletzt in ihm – an die Oberfläche drängenden Traumas. Was sich im Mythos vom Sandmann – parallel hierzu – im Zerbrechen der Möglichkeit des Erzählens, als dem eigentlichen Erzählschock der Moderne, abzeichnet, ist die Erfahrung eines katastrophalen Risses zwischen dem Erlebnisraum der Kindheit und jener ›Bildung‹, als der kulturellen Herstellung des ›Erwachsenen‹, wie sie durch Liebe und Beruf in der bürgerlichen Welt zu erfolgen hat. Mithin ist es eine doppelte kulturelle Aporie, die sich hier ausprägt und auf die Hoffmanns *Sandmann* zum ersten Mal aufmerksam macht: der *Erlebnis*schock der Kindheit, der die Karriere des Subjekts scheitern läßt; der *Erzähl*schock bei dem Versuch, eine Lebensgeschichte, als Bildungsgeschichte des Subjekts, als poetischen Text sich entwikkeln zu lassen.

V

Das Außerordentliche von Hoffmanns *Sandmann*-Erzählung besteht nun aber offenbar in eben dieser geschärften Aufmerksamkeit auf den Riß zwischen Erlebnisraum der Kindheit und ästhetischer Konstruktion des Subjekts. Dabei sind es zwei verschiedene Parameter, in denen, gewissermaßen in einer Verwindung der Zeitachse menschlichen Selbst-Erlebens, dieser Riß sich offenbart: der Parameter von Oberfläche und Tiefe, der Parameter von Jetzt und Damals. Da ist auf der einen Seite das Spiel zwischen Oberfläche und Tiefe, zwischen Manifestem und Latentem; dieses Spiel tritt in der Wiederkehr des Verdrängten, wie es der *Sandmann* exemplarisch macht, zutage – wobei dieses Manifeste auf zutiefst zerstörerische Weise an das Latente geknüpft bleibt; als jener traumatische Komplex, der sich unverändert und unheilbar durch die ganze Erzählung windet, vom Besuch des Sandmanns bei Nathanaels Vater über dessen Wiederkehr in Coppola und sein Sich-Zeigen im Gedicht Nathanaels bis zu seinem Erscheinen im Riesenschatten des Rathausturms. Da ist auf der anderen Seite aber die Offenbarung dieses Risses im krisenhaften Spiel zwischen Gegenwart und Vergangenheit, dem Verhältnis zwischen Lebenszeit und Lebensmoment als Bedingung der Möglichkeit eines individuellen Lebenslaufs; einem Entwicklungskonzept, dessen Linie durch den Kindheitsschock fortgesetzt gebrochen wird – wobei dieses Jetzt zugleich doch auf zutiefst zerstörerische Weise an das Damals geknüpft bleibt.

Die doppelte Krise, die aus der Gefährdung der Grenzen des Subjekts in einer transzendenzlosen Welt erwächst, manifestiert sich dann freilich in Hoffmanns Erzählung am deutlichsten in der Erschütterung jenes Wahrnehmungsmodells, das zum Inbegriff der Aufklärung geworden war: der Vorstellung vom zielgerichteten Blick der optisch-technischen Medien und von der zentralperspektivischen Aufhellung, wie Descartes sie in seinen Studien zur Optik begründet und wie sie sein Freund Mersenne und dessen Schüler Niceron – dieser namentlich in seinem Buch über die Anamorphose – weitergeführt haben.[21] Denn der *Sandmann* ist eine Erzählung über das Sehen, über das Auge als Organ der Wahrnehmung der Menschen und der Welt; zugleich aber eine Erzählung über die Medien, die solche Wahrnehmung schärfen und fokussieren. Dabei leitet Hoffmanns Novelle diese Erfahrung nicht mehr aus der Vernunftgeschichte der Aufklärung ab, also aus der begrifflichen Sprache und dem präzise perspektivierten Blick, sondern aus dem Wahrnehmungs-Schock der gestörten Kindheit und der an die-

21 Vgl. Neumann 1998, passim.

sem Schock scheiternden Sozialisation des Kindes: In der Geschichte Nathanaels reicht diese Irritation von dem voyeuristischen Blick des Kindes auf die Anfangsszene eines Menschen bis zu dem Blick durch das Perspektiv aus dem Fenster (und durch den Vorhangsspalt in der Glastür) und dem Umblick – im Bruch zwischen Panorama und Fokus – vom Turm. Man könnte auch sagen, daß es das tödliche ›Drama des begabten Kindes‹ ist, das Hoffmanns *Sandmann* erzählt;[22] des Kindes, das sich spontan und schöpferisch wahrnehmend in die Welt zu finden sucht und durch das Trauma des uranfänglich entstellten Blicks daran gehindert wird, sich im Gegenüber, als dem geliebten Anderen, wiederzufinden.

Ganz ohne Zweifel ist ja in der Tat das Zentralmotiv von Hoffmanns *Sandmann* dasjenige der Augen. Das hat schon Sigmund Freud in seinem Aufsatz über *Das Unheimliche* hervorgehoben. Es ist eine Geschichte über den Konflikt zwischen dem Sichtbaren und dem Unsichtbaren und über die Einwirkung dieses Konflikts auf die Bildung des Subjekts. War das Auge für die Aufklärung – man denke an die berühmte Darstellung des Theatersaals von Besançon durch den Revolutionsmaler Ledoux im ›Auge der Vernunft‹[23] – das Emblem der vernünftigen Ordnung der Welt schlechthin, so wird in Hoffmanns Erzählung der Augensinn – gerade durch die ihm beigesellten technischen Medien der Scharfsichtigkeit, die durch Polyfokalisierung ja die Perspektive zugleich verwirren – einem gräßlichen Prozeß der Verformung und der Blendung unterworfen, des Schmerzes, der Verwirrung, des Feuerwirbels und der Dunkelheit; des Augenschließens, der Ohnmachten und des Schwindens der Sinne, von denen der Held regelmäßig befallen wird. Dabei kommen in der Tat zwei verschiedene Arten des Blicks zur Geltung, die für das aufklärerische Wahrnehmungsgeschehen von entscheidender Bedeu-

22 Miller 1979.

23 Vgl. hierzu den Band von Neumann/Pross/Wildgruber (Hrsg.) 2001.

tung sind: das Fokussieren des Blicks zur Vergrößerung des Details, etwa durch das Perspektiv, dessen sich Nathanael im Blick auf Olimpia bedient; die panoramatische Schau, die verkleinernd den Überblick über das Ganze gewährt, dessen sich Clara beim Aufstieg des Liebespaars auf den Rathausturm zu versichern sucht. Hoffmanns Text benutzt diese beiden Modi der Wahrnehmung nicht in der Absicht einer Aufklärung schaffenden wechselseitigen Ergänzung, sondern vielmehr im Sinne fundamentaler Irritation. So verdichtet sich in diesen Modi ein paradoxes – das aufgeklärte Wahrnehmen widerrufendes – *Sehen als Entstellen*, das von Hoffmann geradezu planmäßig in Szene gesetzt wird: So als das Sehen und Wahrnehmen des Vaters, das im voyeuristischen Blick des Kindes in verdoppelte Figuration umspringt – ausgelöst durch den Parasiten Coppelius, der als Störer und Ermöglicher solcher defigurierenden Wahrnehmung fungiert; so als das Sehen und Wahrnehmen der Frau, das sich – abermals im Zeichen des Coppelius – zum einen im Medium der Dichtung, nämlich im Blick auf Clara, zum anderen im Medium des Perspektivs, nämlich im Blick auf Olimpia, manifestiert; so als das Sehen des Panoramas der Welt, das im Aufstieg auf den Turm von den Liebenden gemeinsam gewonnen werden soll – und zwar in eins mit der Irritation durch das mitgeführte Taschenperspektiv; in einem Wahrnehmungsgeschehen, das vom Verwalter und Herrn über Blick und optische Geräte, Coppola/Coppelius, zunächst in ein Verrückungs- und zuletzt in ein Todes-Szenario verwandelt wird.

Aufschlußreich für das durch Hoffmann neu entworfene Paradigma einer Modellierung des Subjekts aus der zerreißenden Spannung zwischen Bewußtsein und Unbewußtem ist ein Vergleich mit Goethes *Werther*-Roman. Während Werther an der Koordination von verschiedenen Identitäts-Karrieren arbeitet, um sein Selbst zu finden, nämlich als Künstler, als Liebender, als Beamter und zuletzt als ›Erlöser der Welt‹ in Form einer Imitatio Christi, und dieses Spiel aus der Liebe als Passion heraus zu regeln sucht, mithin seine Identität aus der Erfahrung der Liebe gewinnt und sie zuletzt in die Liebe Gottes zur Welt transzendiert, verfolgt Nathanael die Karrieren des Liebenden, des Künstlers, des Naturwissenschaftlers und – wenn man so sagen darf – zuletzt des Wahnsinnigen; eines Konzepts, das nun, in einer transzendenzlos gewordenen Welt, an die Stelle von Werthers Imitatio Christi tritt. Während in Goethes *Werther* – und natürlich viel nachhaltiger in den deutschen Bildungsromanen seit »Wilhelm Meisters theatralischer Sendung« – ein ›organisches‹ Muster der Identitätsfindung im Hintergrund steht, gibt Hoffmanns *Sandmann* ein durch gespaltenen Blick und gespaltenes Bewußtsein unheilbar verdoppeltes Modell des In-der-Welt-Seins zu bedenken. Aus der unberechenbaren und zuletzt undarstellbaren Verwindung von Bewußtsein und Unbewußtem – durch die unheimliche Wiederkehr des Verdrängten – und aus der parallel geführten Verwindung von Schärfung und gleichzeitiger Trübung des Blicks auf die Welt – durch die optischen Geräte – erscheint das Jetzt des Helden fortgesetzt und auf zerstörerische Weise an das Damals geknüpft; die Oberfläche seines Erlebens an die bedrohliche und zerstörerische Tiefe gebunden. Damit stürzt Hoffmanns *Sandmann* die Vorstellung von der aufklärerischen Wahrnehmung der Welt definitiv um; und zwar aus der Einsicht, daß menschliches Erkennen, durch die Wahrnehmung mit dem Auge ausgelöst, nicht dem Bewußtsein allein korreliert ist, sondern vielmehr aus dem Konflikt zwischen Bewußtsein und Unbewußtem erwächst. Der Schauplatz, auf dem dieser Konflikt ausgetragen wird, ist der des Traums – und zwar in seiner Verortung im ›Idyll‹ der Familie. Es ist ein Schauplatz des Imaginären, ein Schauplatz der Bilder, ihrer Bildung und Defiguration, ihrer Gestaltung und Entstaltung. Man könnte auch sagen, daß der Traum, wie die Romantiker ihn zu begreifen beginnen, erst jenen Code bereitstellt, der zwischen Unbewußtem und Bewußtsein vermittelt. Diese Vermittlung kann freilich nicht gradlinig und ›progressiv‹ aufgefaßt werden, sondern muß, wie Freuds Wahrnehmungsarchäologie gezeigt hat, als konflikthaft gedacht werden. Sie erfolgt nicht umstandslos referentiell, sondern nimmt – in Verschiebung und Verdichtung – wechselnde und verformende Gestalt an. Hoffmann hat dieses Geschehen wohl als erster erbarmungs- und illusionslos als literarische Szene entworfen. Mit dem Mythos vom Sandmann, der bei der Wahrnehmung der Welt durch das Subjekt sein verhängnisvolles Spiel im Feld zwischen Unbewußtem und Bewußtsein zu spielen beginnt und dadurch über Glanz und Elend der Identitätskarriere des Subjekts entscheidet, hat das Individuum der Moderne seine neue Signatur gefunden. Der Traum mit seinen Bildern und Gestalten – das zeigt Hoffmanns *Sandmann*-Novelle – organisiert jene beiden genannten Konflikte zwischen Oberfläche und Tiefe, zwischen Gegenwart und Vorgeschichte, aus denen die Sozialisation des Kindes in der Familie, die Bildung des erwachsenen Subjekts hervortreten soll. Zwischen Tiefe und Oberfläche spielt sich der Konflikt von Wunsch und Zensur ab, zwischen Vorgeschichte und Gegenwart derjenige von Urszene und Neurose – der Konflikt des Traumas. Erinnern und Wiederholen sind die beiden psychischen Dynamiken, in denen dieser Konflikt ›durchgearbeitet‹ wird.[24] Hoffmanns *Sandmann* bietet beides in beispielhafter Deutlichkeit auf: Erinnerung und Wiederholung erscheinen als jene beiden Kräfte, die in der Identitätskarriere des Protagonisten ihre Wirkung entfalten, diesen zuletzt aber nicht in das Idyll der Familie, sondern in die Korrosionswelt des Wahnsinns führen.

Es war Sigmund Freud, der die Grundeinsichten für seine Theorie der Psychoanalyse aus seiner *Traumdeutung* bezog. In der *Traumdeutung* wird der Gedanke systematisch entwickelt, daß auf dem Schauplatz des Traums der lebensbedrohende Kampf zwischen Bewußtsein und Unbewußtem sich abspielt, der die Bildung des Subjekts in der Kultur bestimmt. Zum ersten Mal gedacht und literarisch geformt hat diesen Gedanken E. T. A. Hoffmann: als ein Kulturmodell und als eine Kulturdia-

24 Einer der wichtigsten Aufsätze Freuds hat den Titel: Erinnern, Wiederholen und Durcharbeiten (1914), in: Freud 1975, S. 205–215.

gnose. Man könnte es die Entdeckung des Unheimlichen im Ursprung des menschlichen Subjekts nennen. Freud hat dann wiederum in seinem Aufsatz über das *Unheimliche* – im Rückblick auf Hoffmanns beispiellosen *Sandmann*-Text – diese Einsicht als wissenschaftliches Konzept artikuliert. Wie schon bei Hoffmann ist nun auch bei Freud, gewissermaßen in einem neuen Code, das Zusammenspiel von Lebenerzählen und Lebenswissen enggeführt worden.

Wenn man der Vermutung folgt, daß der Gedanke, die Identität des Menschen ruhe auf unheimliche Weise dem unlösbaren Konflikt zwischen Bewußtsein und Unbewußtem auf, erst von Hoffmann als das Szenario der Moderne formuliert worden ist, so kann dabei natürlich nicht geleugnet werden, daß die Literatur seit dem Altertum den Gegensatz von Traum und Leben, als ein Prinzip und strategisches Konzept der ›Selbstsorge‹, immer wieder thematisiert hat.[25] Man denke nur an Calderóns *La vida es sueño*, an des Cervantes *coloquio de los perros*, an Corneilles Komödie *L'illusion comique* und an den bedeutendsten Erben dieser Tradition im 19. Jahrhundert, an Grillparzer und sein Drama *Der Traum ein Leben*. All diese Texte aber sind das Wagnis nicht eingegangen, den auf Leben und Tod ausgetragenen Konflikt zwischen Bewußtsein und Unbewußtem als die kardinale Funktion für die Bildung des Subjekts in Anschlag zu bringen. Selbst Jean Paul, der scharfsichtige Beobachter des Zusammenhangs zwischen Aufklärung und Romantik in Wissenschaft und Kunst, und vielleicht sogar der Erfinder des modernen Begriffs des Unbewußten, hat dies nicht gewagt. In seinem wohl bedeutendsten Text, der *Rede des toten Christus vom Weltgebäude herab, daß kein Gott sei*, die 1789, im Jahr der großen Französischen Revolution, zum ersten Mal entworfen (und dann noch dreimal umgeschrieben) wurde, ruft er zwar die ord-

25 Diesen Begriff der Selbstsorge, des »souci de soi«, entwickelt Michel Foucault aus der Traumtheorie Artemidors zu Beginn des dritten Bandes seiner »Historie de la sexualité«, Foucault 1984, Bd. 3, S. 16–85.

nungslose Welt des Chaos, das der Vernunft entgegengesetzt ist, in einer grandiosen Traum-Vision auf, federt das Lebensbedrohliche, Wahrnehmungs- und Vernunftwidrige dieses Szenarios aber dadurch ab, daß ein heiteres und sonnenbeschienenes Erwachen aus dem Alptraum die grauenvolle Vision beschließt und, in einem Nachtrag, als einem ›Traum im Traum‹, ein tröstliches Muttergottes-Bild wie ein auratisiertes Emblem sich dem aus dem Entsetzen erwachenden Leser zeigt.[26] Es kann nicht bezweifelt werden: Auch für Jean Paul – wie schon für Calderón und die anderen – liegt der Primat in jener Welt der Wachheit, die der – im Traum für tot erklärte – Christus in Händen hält. Sogar Goyas, des nächsten Geistesverwandten Hoffmanns, großartige Grafiken halten die Frage noch offen, ob nicht doch zuletzt das Licht der Vernunft die Oberhand über jene Welt der Träume zu gewinnen vermöchte, die Monstren gebären. Läßt doch die Sequenz seiner Entwürfe für das Titelbild seiner *Caprichos* keine Entscheidung darüber zu, ob die definitive Inschrift des Blattes Nr. 43 – »el sueño de la razon produce monstruos« – vom Schwinden der Vernunft oder doch nur von deren traumatischer Objektivation spricht.[27] (Abb. 1 und 2) Erst Hoffmann wagt den Schritt in die unbedingte Vorstellung vom Konfliktwesen Mensch, das zwischen Bewußtsein und Unbewußtem, zwischen kindlicher Urszene und Augen-Blick der aufgeklärten Gegenwart unlösbar eingespannt erscheint; in einer Situation, die nie in ›friedliches Erwachen‹ umzuspringen vermag, sondern für immer im Zeichen drohenden Irrsinns steht.

26 Jean Paul 1964, S. 266–276, hier S. 276.

27 Vgl. hierzu Hofmann (Hrsg.) 1980, S. 52–61 und S. 117–146; ferner Hofmann (Hrsg.) 1989, S. 33–35. Die Abbildungen 1 – Francisco José de Goya y Lucientes, Zeichnung für ein Titelblatt einer Serie von *Sueños*, erste Fassung, 1797; Feder, schwarze und braune Tinte über einer Kreideskizze; Museo del Prado, Madrid 470 – und 2 – Zeichnung für ein Titelblatt einer Serie von *Sueños*, zweite Fassung, 1797; Feder, braune Tinte über einer Kreideskizze; Museo del Prado, Madrid 34 – sind entnommen aus dem Kat. Boston 1989, S. 112 f.

Abb. 1: Francisco José de Goya y Lucientes, Zeichnung für ein Titelblatt einer Serie von »Sueños«, erste Fassung, 1797; schwarze und braune Tinte über einer Kreideskizze; Museo del Prado, Madrid 470

Abb. 2: Francisco José de Goya y Lucientes, Zeichnung für ein Titelblatt einer Serie von »Sueños«, zweite Fassung, 1797; Feder, braune Tinte über einer Kreideskizze; Museo del Prado, Madrid 34

Und Hoffmann hat den Gedanken gewagt, daß es die Kunst ist, die auf dieser Grenze zwischen Lebens-Trauma des Menschen und dessen schöpferischer – auch selbst-schöpferischer – Begabung und Fähigkeit steht.

E. T. A. Hoffmann hat mit seinem Rekurs auf den Wahrnehmungsschock der kindlichen Erkennungsszene, der die Freudsche Erkenntnis vom Familientrauma vorwegnimmt, auch eine Wende in der Bestimmung dessen, was Kunst in der Kultur sein kann, herbeigeführt. Indem er das Thema der gestörten Kindheit in den Mittelpunkt seiner Novelle stellt, indem er in ihr das ›Drama des begabten Kindes‹ aufführt, verknüpft er den Kindheitsschock – das Grauen, das aus der Idylle der Familie hervorbricht – mit dem Erzählschock, der zum Brechen des klassischen Codes vom Leben-Erzählen und vom Subjekt-Erzählen führt. Man hat versucht, diese ästhetische Wende um 1800 – in der sich das ›Ästhetische‹ der Weltwahrnehmung mit dem ›Ästhetischen‹ der Kunstpraxis kreuzt – als den Übergang von einer Poetologie des Erhabenen zu einer solchen des Unheimlichen zu bestimmen.[28] Auch die Poetologie des Erhabenen kennt zwar schon das Scheitern von Erzählstrategien und dessen poetologische Nutzung; also den Versuch, ein Undarstellbares zuletzt doch mit den Mitteln der Kunst zur Erscheinung zu bringen: Ihr zugrunde liegt die Erfahrung eines Unendlichen der Natur, des Kosmos, der den Menschen umgebenden Welt, die sich nicht mehr zur Endlichkeit des erlebenden Menschen ins Verhältnis setzen läßt – Kant, Schiller, Brentano und auch Kleist, zum Beispiel anläßlich von Caspar David Friedrichs Gemälde *Der Mönch am Meer*, haben diese Position vertreten.

Diesem Konzept ist aber die Poetologie des Unheimlichen gerade entgegengesetzt. In dieser ist das Scheitern der Erzählstrategien ganz anders bestimmt und auch anders funktionalisiert. Hier geht es nicht mehr darum, das Unendliche des Außen, etwa des natürlichen Kosmos, aus der eigenen Endlichkeit heraus zu

28 Lehmann 1989, S. 751–764.

bewältigen; sondern vielmehr darum, das endliche Bewußtsein des Subjekts in ein Verhältnis zur inneren Unendlichkeit des Unbewußten eben dieses wahrnehmenden Subjekts selbst zu bringen. Es geht dabei um die Unendlichkeit des Triebgeschehens und der Wünsche, deren Chaos im Unbewußten gärt. Die Poetik des Unheimlichen richtet sich auf die Möglichkeit einer Darstellung jenes Undarstellbaren, welches das Verhältnis von Bewußtsein und unendlichem Raum des Unbewußten im einzelnen Subjekt ist. Hoffmanns Poetik des Unheimlichen richtet sich auf das Unfaßbare jener Triebdynamik, die in doppelt entstellter Weise aus dem unendlichen Reservoir des Unbewußten an die Oberfläche drängt: sei es als irrer Lebenswirbel, sei es als Figuration eines stummen Automats; beide Äußerungen erweisen sich als entstelltes, von aller Darstellungsautorität entbundenes tonloses Rauschen, als das heisere Tönen einer »grauenvollen Stimme« (FN 348).

Schon Jean Paul hatte – in seiner *Selina* – auf diese spezifische Poetologie der Moderne, als eines Unheimlichen, vorausgedeutet, wenn er einmal von jenem »wahren, inneren Afrika« spricht,[29] das unser Unbewußtes bildet und das es erst noch durch die Kunst als Wissenschaft zu erforschen gelte – wie später Freud vom ›dark continent‹ der menschlichen Seele sprechen wird; Joseph Conrad hat, in seiner unvergleichlichen Novelle *Heart of Darkness* aus dem Jahre 1902, dieses Spiel weitergespielt; Arthur Schnitzler nimmt das Thema der inneren Unendlichkeit des Unbewußten, als des ›Unheimlichen‹ im menschlichen Subjekt schlechthin, in seiner *Traumnovelle* von 1926 wieder auf und läßt es auf der doppelten Bühne von Karneval und Medizin erscheinen; und Franz Kafkas Erzählungen *Das Urteil* und *Die Verwandlung* von 1916 leben aus eben dieser tödlichen Spannung zwischen Bewußtsein und Unbewußtem und dem Schock des Unheimlichen, der in dieser Spannung nistet.

29 Jean Paul: Selina, in: Jean Paul, Werke. Sechster Band, hrsg. von Norbert Miller, München 1963, S. 1182.

Allen diesen Werken hätte man den Titel von Meisterwerken der modernen Literatur zuerkennen dürfen; aber E. T. A. Hoffmanns *Sandmann* steht doch, wie ein Wunder und zuletzt in seiner Bestimmung unerklärlich, ganz an ihrer Spitze.

Blumenberg, Hans: Die Lesbarkeit der Welt, Frankfurt am Main 1981.

Deleuze, Gilles/Guattari, Félix: Kafka. Für eine kleine Literatur, Frankfurt am Main 1976.

Drux, Rudolf: E. T. A. Hoffmann. Der Sandmann. Erläuterungen und Dokumente, Stuttgart 1994.

Eckermann, Johann Peter: Gespräche mit Goethe in den letzten Jahren seines Lebens, Hrsg. H. H. Houben, Leipzig 1939.

Foucault, Michel: Histoire de la sexualité 1. La volonté de savoir, Paris 1976.

Ders.: ebd. 2. L'usage des plaisirs, Paris 1984.

Ders.: ebd. 3. Le souci de soi, Paris 1984.

Frank, Manfred: Steinherz und Goldseele. Ein Symbol im Kontext, in: ders. (Hrsg.): Das kalte Herz, Frankfurt am Main 1978, S. 253–387.

Freud, Sigmund: Die Traumdeutung, Frankfurt am Main 1991.

Ders.: Über fausse reconnaissance (»déjà raconté«) während der psychoanalytischen Arbeit (1914), in: ders.: Studienausgabe. Ergänzungsband. Schriften zur Behandlungstechnik, Hrsg. Alexander Mitscherlich u. a., Frankfurt am Main 1975.

Ders.: Studienausgabe, Hrsg. Alexander Mitscherlich u. a., Frankfurt am Main 1969.

Hoffmann, E. T. A.: Fantasie- und Nachtstücke. Fantasiestücke in Callots Manier. Nachtstücke. Seltsame Leiden eines Theater-Direktors. Mit einem Nachwort von Gerhard Neumann, Düsseldorf/Zürich 1996.

Ders.: Der Sandmann, Hrsg. Rudolf Drux, Stuttgart 1991.

Hofmann, Werner (Hrsg.): Europa 1789. Aufklärung. Verklärung. Verfall, Köln 1989.

Ders. (Hrsg.): Goya. Das Zeitalter der Revolutionen. 1789–1830, Hamburg 1980.

Hohoff, Ulrich: E. T. A. Hoffmann. Der Sandmann. Textkritik, Edition, Kommentar, Berlin/New York 1988.

Jean Paul: Werke, Bd. 2, Hrsg. Gustav Lohmann, Darmstadt 1964.

Ders.: ebd., Bd. 6, Hrsg. Norbert Miller, München 1963.

Kafka, Franz: Schriften. Tagebücher. Briefe. Kritische Ausgabe, Hrsg. Jürgen Born u. a. Tagebücher, Hrsg. Hans-Gerd Koch, Michael Müller und Malcolm Pasley, Frankfurt am Main 1990.

Kat. Boston 1989 = Goya and the Spirit of Enlightenment, Hrsg. Alfonso E. Pérez und Eleanor A. Sayre, Boston 1989.

Kittler, Friedrich A.: »Das Phantom unseres Ichs« und die Literaturpsychologie. E. T. A. Hoffmann - Freud - Lacan, in: Kittler, Friedrich/Turk, Horst (Hrsg.): Urszenen. Literaturwissenschaft als Diskursanalyse und Diskurskritik, Frankfurt am Main 1977, S. 139–166.

Kremer, Detlef: E. T. A. Hoffmann. Erzählungen und Romane, Berlin 1999.

Lehmann, Hans-Thies: Das Erhabene ist das Unheimliche. Zur Theorie einer Kunst des Ereignisses, in: Merkur, Heft 9/10, 1989, S. 751–764.

Ders.: Exkurs über E. T. A. Hoffmanns Sandmann. Eine texttheoretische Lektüre, in: Romantische Utopie - Utopische Romantik, Hrsg. Gisela Dischner und Richard Faber, Hildesheim 1979, S. 302–323.

Liebrand, Claudia: Aporie des Kunstmythos. Die Texte E. T. A. Hoffmanns, Freiburg i. Br. 1996.

Magris, Claudio: Die andere Vernunft. E. T. A. Hoffmann, Königstein (Ts.) 1980.

Matt, Peter von: Die Augen des Automaten. E. T. A. Hoffmanns Imaginationslehre als Prinzip seiner Erzählkunst, Tübingen 1971.

Miller, Alice: Das Drama des begabten Kindes und die Suche nach dem wahren Selbst, Frankfurt am Main 1979.

Mülder-Bach, Inka: Modernität und Trauma. Beiträge zum Zeitenbruch des Ersten Weltkrieges, Wien 2000.

Neumann, Gerhard/Pross, Caroline/Wildgruber, Gerald (Hrsg.): Szenographien. Theatralität als Kategorie der Literaturwissenschaft, Freiburg i. Br. 2001.

Neumann, Gerhard: E. T. A. Hoffmanns Poetik der Defiguration, in: Kablitz, Andreas/Neumann, Gerhard (Hrsg.): Mimesis und Simulation, Freiburg i. Br. 1998, S. 377–417.

Raabe, Wilhelm: Sämtliche Werke, Bd. 14, Hrsg. Karl Hoppe, Freiburg i. Br./Braunschweig 1955.

Stadler, Ulrich: Der Sandmann, in: Feldges, Brigitte/Stadler, Ulrich: Von Brillen, Lorgnetten, Fernrohren und Kuffischen Sonnenmikroskopen. Zum Gebrauch optischer Instrumente in Hoffmanns Erzählungen, in: Hoffmann Jahrbuch 1, 1992/93, S. 91–105.

Ders.: E. T. A. Hoffmann. Epoche – Werk – Wirkung, München 1986.

Utz, Peter: Das Auge und das Ohr im Text. Literarische Sinneswahrnehmung in der Goethezeit, München 1990.

Weber, Samuel: Das Unheimliche als dichterische Struktur: Freud, Hoffmann, Villiers de l'Isle-Adam, in: Kahane, Claire (Hrsg.): Psychoanalyse und das Unheimliche, Bonn 1981, S. 122–147.

PETER ROLLBERG

Fjodor Michailowitsch Dostojewskij, *Der Idiot*

I

An einem unwirtlichen Novembermorgen nähert sich ein Zug, aus Warschau kommend, Sankt Petersburg. Er bringt Lew Nikolajewitsch Myschkin - seinem Titel zufolge »Fürst«, in Wahrheit jedoch völlig mittellos - nach vierjährigem Schweizaufenthalt in die russische Hauptstadt zurück. Wegen seiner unheilbaren Epilepsie und einer nicht näher definierten psychischen Schwäche wird Fürst Myschkin »Idiot« genannt.

Die Handlung von Dostojewskijs Roman *Der Idiot* setzt mit dem dazumal dynamischsten Sinnbild der Moderne ein: der Eisenbahn, für Rußland zugleich Symbol der sich unaufhaltsam heranwälzenden Apokalypse. Nicht zufällig führt Dostojewskij seinen Titelhelden gleich im ersten Kapitel im Eisenbahncoupé ein; die ganze Szene ist eingebettet in eine neblige, kalte Atmosphäre, die ebenso sinnbildlich für Orientierungslosigkeit und Entfremdung steht. Myschkins scheinbare Kindlichkeit schafft sofort einen spannungsreichen Kontrast zu dem ihn umgebenden Zynismus und Pragmatismus. Der Siebenundzwanzigjährige beantwortet alle neugierig-herablassenden Fragen seiner Mitreisenden mit seltsam anmutender Gewissenhaftigkeit und völliger Offenheit. Als Reaktion auf seine offenherzigen Äußerungen vernimmt er ein ungutes, zuweilen ins Höhnische abgleitende Lachen, in das sich ungläubiges Erstaunen und Kopfschütteln über den Sonderling mischen. In eben diesem Zug lernt Myschkin den gleichaltrigen Parfjen Rogoshin kennen, einen unbeherrschten jungen Mann, den Mutter und Bruder absichtlich nicht vom Tod seines Vaters benachrichtigten, um das Erbe unter sich aufteilen zu können. Dies erwähnt Rogoshin aber nur beiläufig; weit mehr wühlt ihn eine Bemerkung über die berühmte, unbändige Schönheit Nastassja Filippowna Baraschkowa auf, die von einem reichen Lüstling namens Totskij ausgehalten wird und die er, Rogoshin, für sich begehrt.

Dostojewskijs große Romane der sechziger und siebziger Jahre des 19. Jahrhunderts gewinnen ihre innere Spannung häufig aus der Verknüpfung von Geldgier und sinnlicher Obsession, die daraus resultierenden Intrigen entfalten sich stets vor dem Hintergrund der spießig-aufdringlichen Neugierde einer übererregten Öffentlichkeit. Nur steht für den naiven Myschkin die althergebrachte Autorität dieser Öffentlichkeit noch nicht in Frage, daher sein unbeirrtes (durchaus quijoteskes!) Festhalten an Etikette und Anstand im Umgang mit ihr. Trotz aller psychologischen Polarisierung haben Myschkin und Rogoshin etwas miteinander gemein: Beide stellen eine ernste Bedrohung für das Eigentum anderer dar, Myschkin übrigens ohne es selbst zu wissen. Geld ist denn auch das einzige, was sämtliche Figuren dieses Romans – mit Ausnahme Myschkins – wirklich ernst nehmen; nicht Liebe, nicht Religion, nicht Familie, Würde, Ehre, und nicht einmal Gruppenzugehörigkeit und Klassendünkel. In den qualvollen Gelddiskursen Dostojewskijs kündigen sich politisch-ökonomische Eruptionen ungeahnten Ausmaßes an, welche durch die Perspektive des von außen Kommenden noch schärfer konturiert werden. Dostojewskij zeigt auch, wie sich in diesem neuen Rußland öffentliches und privates Verhalten grundlegend verändert haben, wie finanzielle Spekulationen das Denken vieler Russen durchsetzen, sie konfus und hypernervös machen, ja letztlich um den Verstand bringen. Im Rußland der sechziger Jahre des 19. Jahrhunderts hat sich unmerklich ein Netz ungekannter Abhängigkeiten herausgebildet, die die Dialoge dieses Romans gleich von den ersten Seiten an bestimmen. Mehr noch als in *Schuld und Sühne* verwandelt Geld in *Der Idiot* als *das* treibende Grundelement alle menschlichen Begegnungen in hysterische Konfrontationen; viele der Protagonisten gehen Menschen prinzipiell aus dem Wege; Briefe werden nicht mehr beantwortet, weil die

Adressaten befürchten, daß sie irgendwann um Geld gebeten werden könnten. Diese allgemeine Nervosität bringt die Beziehungen zwischen Eltern, Kindern, Freunden und schlicht Bekannten im Handumdrehen auf den Siedepunkt, niemand läßt den anderen ausreden, die meisten Figuren schreien aufeinander ein, exaltiert und gleichzeitig.

Im *Idiot* sind viele Gespräche keine Dialoge im eigentlichen Sinne mehr; sie sollen innere Absichten und Einstellungen vertuschen, nicht Verständigung oder Annäherung ermöglichen. Die Mehrzahl der handelnden Personen versucht krampfhaft, ihre wahren Interessen geheimzuhalten, und weil sie sich darin so ähnlich sind, durchschauen sie sich gegenseitig ohne große Mühe – insgeheim verachten die meisten Figuren einander, und im Grunde haben alle recht damit. Das Gesetz allseitiger Geheimhaltung und Verachtung versagt erst beim Neuankömmling Myschkin, der seine Absichten unbekümmert jedem Fragenden preisgibt und den das dadurch hervorgerufene Lachen nicht schreckt. Der Fürst redet auf eine Weise, die von den herrschenden Sprachmustern grundlegend abweicht, daher horchen die anderen Personen auf und, entgegen ihrer sonstigen Gewohnheit, zu. Denn Myschkin besitzt nicht nur eine seltsame, mit kindlicher Direktheit gepaarte Eloquenz, sondern auch Inspiration und Imagination. Er vermag seinen Zuhörern Geschichten lebendig zu machen und wird als ein *Meister* dieser Kunst gezeigt – als ein Künstler, der selbst von seiner Kunst nichts zu ahnen scheint und mit ihr doch selbst die abgebrühtesten Zyniker in seinen Bann zieht. Myschkins Erzählungen von der armen Marie oder den Empfindungen eines zum Tode Verurteilten sind im Roman die einzigen Binnenerzählungen ohne Arg, in ihrer Aufrichtigkeit und Unverstelltheit allenfalls den leidenschaftlichen Ausbrüchen Rogoshins und der autoritären Dreistigkeit der Generalin Jepantschin vergleichbar, in der Myschkin sogleich das *Kind* erkennt. Überhaupt deckt Myschkin das verborgene Kind in einer ganzen Reihe von Figuren auf, selbst im verbohrten Ganja Iwolgin, dessen universelle Bosheit trotz allem die eines bösen Kindes ist. Es sind die Kinder und das Kindliche, die in *Der Idiot* das Gute ankündigen (vgl. Kapitel 12).

Schon das erste Kapitel in der Eisenbahn enthält alle grundlegenden Elemente des Romans: der sich im Lachen über offensichtliche Unschuld entladende kollektive Zynismus, die Familie als Ort der Verschwörung der Mehrheit gegen den einzelnen, hypertrophierte Leidenschaft und Gier nach materiellem Eigentum, seien es Dinge, Geld oder Mitmenschen. Aber viele dieser sich unentwegt windenden Figuren werden insgeheim von einer Sehnsucht nach Ruhe, Klarheit und Schönheit getrieben, die sie für Myschkins Besonderheiten empfänglich macht. Der Umstand, daß der Fürst, angeblich arm im Geiste, zum Erstaunen seiner arroganten Petersburger Umgebung kalligraphisch schreiben kann, verweist auf seine tiefe Unaufgeregtheit, die intuitive Verbindung zu vergangenen Epochen wie auch die Fähigkeit, Vollendung zu erkennen und hervorzubringen. Die Schönheit Nastassja Filippownas auf einem Porträt beeindruckt ihn als Menschen und zweifellos auch als Mann; kurz darauf folgt die Beschreibung der ganz anders gearteten Schönheit der jüngsten Tochter des Generals Jepantschin, Aglaja. »Schönheit wird die Welt erretten« – der berühmte, durch häufige Zitierung trivialisierte Ausspruch Myschkins aus diesem Roman ist gelegentlich als seine paradigmatisch-mystische Botschaft interpretiert worden. Schönheit, so hat es tatsächlich den Anschein, fungiert in *Der Idiot* als quasi-ethische Kategorie, und die Fähigkeit, sie wahrzunehmen, birgt für eine handelnde Person die Chance der Erlösung in sich! Doch nach der in mancher Hinsicht eigenständigen Novelle vom Eintreffen des Fürsten Myschkin in Rußland treten immer unbeherrschtere, gefährlichere Charaktere in die Welt des Romans, deren Konflikte schließlich in einem Akt der Gewalt kulminieren, der eben diese Schönheit vernichtet. Nicht in Erlösung endet dieses Buch, sondern in Mord.

II

Der Idiot zählt zu Dostojewskijs umstritteneren Werken. Einige Literaturwissenschaftler halten seine Struktur für kompositionell unausgewogen (dies ist allerdings ein typischer Vorwurf gegen Dostojewskijs Romane), die Handlung für allzu verwickelt und die Personenführung über weite Strecken hin mangelhaft motiviert. Kann also ein solcher Roman dem Anspruch, ein *Meisterwerk der Weltliteratur* zu sein, überhaupt genügen? Daß dem Schriftsteller Dostojewskij ein Platz im weltliterarischen Pantheon gebührt, steht sicher außer Frage, daß aber die Wahl in dieser Reihe gerade auf seinen Roman *Der Idiot* fiel und nicht etwa auf die bekannteren und ihrem Status nach eindeutigeren *Schuld und Sühne* oder *Die Brüder Karamasow*, könnte Einwände auslösen.

Tatsächlich nimmt *Der Idiot* unter Dostojewskijs großen Werken seit jeher eine Sonderstellung ein, an ihm haben sich die Meinungen von Kritikern und Literaturhistorikern gleichermaßen geschieden, und das Spektrum der Haltungen reicht noch heute von emphatischer Bewunderung bis zu kühler Indifferenz. Bekannte Forscher wie Jack Jones oder Charles Moser haben gerade diesem problematischen Werk den Rang der anderen kanonisierten Dostojewskij-Romane abgesprochen, aus Gründen, die noch näher zu erörtern sein werden. Es scheint jedenfalls angebracht, zu überdenken, was seine besondere Signifikanz für die Weltliteratur allgemein und für die russische Kulturgeschichte im besonderen ausmacht.

Neben dem literarhistorischen Status des *Idiot* ist die Deutung seiner Hauptgestalt noch immer Gegenstand von Kontroversen. Handelt es sich bei Fürst Myschkin tatsächlich um einen literarisierten Christus, wie einige häufig zitierte Tagebucheintragungen Dostojewskijs nahezulegen scheinen? Wissenschaftler, die die Behauptung von einer Parallele Myschkin-Christus wörtlich genommen und den Romantext dahingehend untersucht haben, kamen zu negativen Ergebnissen – gar zu viele

Eigenschaften von Dostojewskijs literarischer Gestalt halten dem biblischen Vergleich nicht stand. Und doch hat gerade Myschkin mit seinen Gesten eines menschlichen Opferlamms bei vielen Lesern kathartische Reaktionen ausgelöst, die sich offenkundig im christlichen Paradigma bewegen. Das ethische Potential des *Idiot*, auch im Sinne eines Potentials zur ethischen Provokation, steht gewiß dem anderer Dostojewskij-Werke – etwa den *Aufzeichnungen aus dem Untergrund* (1864) – in nichts nach. Dieses Potential hat sich mit den Jahren nicht verbraucht. Zwei Beispiele aus der jüngsten Vergangenheit mögen das belegen.

Im Jahre 1957 gelangte eine bemerkenswert werkgetreue, atmosphärisch dichte Verfilmung des ersten Teils von Dostojewskijs *Idiot* in die Kinos der Sowjetunion. Weit mehr als das Erscheinen herkömmlicher »Tauwetter«-Produkte – jener längst gründlich vergessenen Diskussionsdramen etwa zu »Problemen der sozialistischen Arbeiterklasse« – markierte die künstlerisch überzeugende Adaptation eines Werkes der russischen Klassik einen tiefgreifenden Umbruch in der kulturellen Selbstwahrnehmung und Selbstbewertung der sowjetrussischen Gesellschaft. Vergegenwärtigt man sich die jahrzehntelang praktizierte ideologisch-selektive Ausgrenzung Dostojewskijs durch das kommunistische Establishment, so nimmt sich die Verfilmung gerade dieses Werkes, dessen christlich-humanistisches Pathos durch keinerlei offiziöse Verlautbarungen wegzudeuten war, aus heutiger Sicht geradezu wie ein Wunder aus. Zwar mag, wie im Falle von Verfilmungen anderer russischer Meisterwerke, auch die Konkurrenz zu westlichen Vorläufern – in diesem Falle Akira Kurosawas eigenwilliger Kinoversion von 1953 – ein Anstoß für den Regisseur Iwan Pyrjew gewesen sein, sich gerade dem *Idiot* zu widmen. Doch läßt sich anhand von Dokumenten nachweisen, daß die Verfilmung dieses Stoffes seinem Schöpfer auch ein persönliches Anliegen war. Pyrjew, zu diesem Zeitpunkt längst einflußreiches Mitglied der sozialistisch-realistischen Kulturelite, war jahrelang nur als begabter, wenngleich eigenwilliger Opportunist in Erscheinung getreten und hatte sich mit stalinistischen Musikkomödien *(Traktoristen, Sie trafen sich in Moskau)* in die obersten Ränge der staatlichen Kulturbürokratie gedient. Daß Pyrjews Wahl nach Einsetzen des poststalinistischen »Tauwetters« mit seiner partiellen Revision kommunistischer Werte gerade auf Dostojewskijs *Idiot* fiel (er verfilmte später noch *Weiße Nächte* und verstarb kurz vor Vollendung seiner dreiteiligen Monumentalversion der *Brüder Karamasow*), läßt Vermutungen über die besondere emotionale Kraft des Romans und seinen Bekenntnischarakter zu. Die dezidierte Hinwendung eines ehemaligen Kulturfunktionärs zu Dostojewskijs persönlichstem Buch könnte aber auch auf die eigentümliche moralische Ambivalenz dieses Werkes zurückzuführen sein, die im universellen »Verstehen und Verzeihen« alle aktiven Korrekturen an destruktiven sozialen Tendenzen überflüssig erscheinen lassen mochte. Dann wäre in diesem offiziellen sowjetischen Bekenntnis zu Dostojewskijs Apotheose des Guten die gleichsam automatische Vergebung aller Schuld, auch der eigenen, schon mitenthalten. Mehr als im Quasi-Konfessionellen liegt womöglich im Quasi-Absolutionscharakter des Romans auch das Unbehagen mancher Kritiker begründet.

Die Revision des literarischen Kanons des 19. Jahrhunderts, insbesondere von Dostojewskijs *Idiot*, wurde am spektakulärsten von Wiktor Jerofejew thematisiert. Kurz vor Ende der sowjetischen Ära, im Jahre 1990, veröffentlichte dieser skandalsüchtige Star der neuen Moskauer Literaturszene die Erzählung *Leben mit einem Idioten,* dessen Titel und Sujet unmißverständlich auf den klassischen Roman verweisen. In der für die neunziger Jahre typischen Manier brutaler Paraphrase kanonisierter Motive läßt Jerofejew seinen *Idioten* als geistig minderbemittelten sadistischen Mörder und Sodomiter auftreten, der trotz aller im Delirium verübten Untaten von seiner Umwelt nicht nur toleriert, sondern sogar geliebt wird. Im Gefolge einer gewagten These des Philosophen Wassili Rosanow (1918), wonach Gogol, Dostojewskij und andere sozialkritische Klassiker als die »Hauptschuldigen am bolschewistischen Umsturz« zu sehen seien, stellt Jerofejew den naiven Glauben an eine »vollkommen gute« Erlösergestalt als Grundbedingung für die Errichtung des sowjetischen totalitären Regimes dar.

Nicht zufällig ist seine Myschkin-Karikatur äußerlich Lenin nachgebildet, und zwar dem schwer hirngeschädigten Lenin der letzten Lebensjahre, dessen erschütternder Verfall durch die Veröffentlichung lange geheimgehaltener Fotografien sensationell publik gemacht wurde. Jerofejew – und mit ihm offenbar eine ganze Generation desillusionierter postsowjetischer Intellektueller – diffamiert mit seiner Erzählung eine Idealgestalt wie die des Fürsten Myschkin, den Träger einer bedingungslosen, nichtpragmatischen, maximalistischen Ethik, als wirklichen »Idioten«, als gemeingefährlichen Fanatiker, der in seiner Unbelehrbarkeit über die wahre menschliche Natur zum direkten Vorläufer von Lenins blutiger Diktatur wird. Dieses allegorische Werk ist Teil der postsowjetischen, sich gegenwärtig weiter fortsetzenden intellektuellen Tendenz zur totalen Desavouierung Dostojewskijs, Tolstois, Tschechows, Gorkis, insbesondere ihres ethischen Rigorismus und ihrer spirituellen Zwecksetzung, um die russische Literatur sodann in die vermeintlich überfällige globale Postmoderne integrieren zu können.

III

Dostojewskijs Briefe und Tagebücher legen davon Zeugnis ab, daß er sich des Problematischen seines Romans durchaus bewußt war, insbesondere kompositioneller Schwächen, auf die er selbst als erster offen hinwies. Wie bei allen seinen Werken, die als Fortsetzungsromane in monatlich erscheinenden Zeitschriften veröffentlicht wurden, enthält *Der Idiot* beträchtliche Ungleichgewichte, in deren Folge die Handlung an manchen Stellen fahrig und unlogisch wirken mag. Szenen wie die Deutung der Apokalypse durch eine Nebenfigur (Lebedew) können ebenso als ideologisches Implantat abgetan werden wie Ippolits lästerlicher und psychologisch nicht ganz schlüssiger Nihilismus; wichtige Figuren werden vom Autor über weite Strekken aus den Augen verloren und tauchen völlig unvermittelt wieder auf.

Für alle diese »Schwächen« ließen sich jedoch auch überzeugende Rechtfertigungen finden. Die Asymmetrien des Sujets und die stilistische Uneinheitlichkeit des Romans insgesamt ließen sich dann als gewollte Heterogenität interpretieren, ja als bewußte Zerrissenheit, ganz im Einklang mit Dostojewskijs Bild vom Zustand der russischen Gesellschaft; Figuren handelten dann nicht mehr unmotiviert, sondern paradox, in Übereinstimmung mit dem »phantastischen« (von ihm selbst so bezeichneten) Menschenbild ihres Autors; das zeitweilige Verschwinden bestimmter Figuren hinge mit jenen unerklärlichen Impulsen in einer jeden Persönlichkeit zusammen, deren Darstellung Dostojewskijs Meisterschaft begründete; und schließlich ließe sich argumentieren, daß sich der Autor nach Abstekken seiner wichtigsten Parameter der Eigendynamik der von ihm in Bewegung gesetzten Handlung beugen mußte. Sind also die »Schwächen« dieses Romans überhaupt als solche zu bezeichnen, oder sind es nicht eher Eigentümlichkeiten und von Dostojewskij durchaus beabsichtigt? Sind diese Eigentümlichkeiten anderen, außerliterarischen Faktoren geschuldet? Ein Blick auf einige der konkreten Umstände, unter denen *Der Idiot* geschrieben wurde, kann zur Klärung dieser und damit verbundener Fragen beitragen.

Im Jahre 1868 erscheint in Würzburg der Sensationsroman *Les Mystères du Palais de Tzars (Sous l'Empereur Nicolas)* von einem gewissen Paul Grimm, in dessen Handlung eine Figur namens »Théodor Dostoewsky« von entscheidender Bedeutung ist. Der Grimmsche »Dostoewsky« gibt sich nach außen hin als respektabler Mann, ist verheiratet, berufstätig, zugleich jedoch Vorsitzender einer mysteriösen antizaristischen Geheimgesellschaft. Nach seiner Entlarvung und Verhaftung wird er in der Schlüsselburger Festung eingekerkert und kommt dort alsbald zu Tode; seine Frau endet als Nonne im Kloster.

Die Fabel dieses mit vielen sattsam bekannten Klischees versehenen »Rußland-Romans« ist in den fünfziger Jahren des 19. Jahrhunderts angesiedelt und spekuliert, wie Kolportagegeschichten ähnlichen Kalibers, mit der exotischen Faszination, die alles Russische schon immer auf europäische Gemüter ausübte. Nun wäre dieses längst vergessene pseudohistorische Buch nicht weiter erwähnenswert, stimmten nicht viele der darin dargestellten Episoden aus dem Leben des Hauptbösewichts mit der Biographie des wirklichen Fjodor Michailowitsch Dostojewskij überein, wenn auch mit zeitlichen Verschiebungen und einigen frei erfundenen Details. (Dostojewskij war in den Jahren seiner Mitgliedschaft im sogenannten Petraschewzenkreis noch unverheiratet und von einer respektablen gesellschaftlichen Stellung weit entfernt; er hatte aber 1848/49 tatsächlich an geheimen Sitzungen teilgenommen, ohne freilich jemals als »Vorsitzender« der Organisation zu fungieren.) Sein Verlesen des berühmt-berüchtigten Briefes des liberalen Kritikers Wissarion Belinski an den zum Ultrakonservativen gewandelten Nikolai Gogol vor den versammelten Mitgliedern der Geheimgesellschaft war dem damals achtundzwanzigjährigen Dostojewskij nach seiner Verhaftung als Kapitalverbrechen im Petraschewzenprozeß inkriminiert worden. Der Schriftsteller war aber vom Zaren nach einer perfide ausgeklügelten Scheinexekution zu zehn Jahren Verbannung in Sibirien begnadigt worden, aus der er 1859, nun seinerseits zum überzeugten Konservativen gewandelt, in die russische Hauptstadt zurückkehrte. Wahr ist, daß Dostojewskij auch nach seiner politischgeistigen Konversion und trotz demonstrativer Loyalität zum großrussischen Staat weiterhin geheimpolizeilich observiert wurde. Gerade deshalb mußte ihn das Erscheinen des Grimmschen Machwerks in Deutschland besonders erzürnen, sorgte er sich doch zu Recht um seine politische Reputation in Rußland.

Wohl deshalb war Dostojewskij, als er 1868 während eines längeren Westeuropaaufenthalts vom Erscheinen des Kolportageromans und der schamlosen Ausbeutung seiner eigenen Lebensgeschichte erfuhr, darüber derart empört, daß er zunächst erwog, mit einem offenen Brief an verschiedene Tageszeitungen und detaillierten Gegendarstellungen zu reagieren. Letzten Endes zog er es dann vor, die leidige Angelegenheit auf sich beruhen zu lassen. Für seinen eigenen Roman *Der Idiot* aber, an dem er zu dieser Zeit unter Anspannung aller Kräfte arbeitete, könnte die Lektüre jenes Buches dennoch von Bedeutung gewesen sein. Sie erlaubt nämlich die Vermutung, daß es gerade die unerwartete, erschütternde Begegnung mit einer bewußt verzerrten Darstellung seines Lebens war, die Dostojewskij auf den Gedanken brachte, im *Idiot* zum ersten Mal in seinem Schaffen autobiographische Elemente beinahe unverstellt zu verwenden, darunter die beklemmende Schilderung der Scheinexekution von 1849 mit den Emotionen der Verurteilten, aber auch Erfahrungen mit der schweren Epilepsie, an der er seit seiner Jugend litt.

In der Dostojewskij-Forschung herrscht weitgehende Übereinstimmung darüber, daß es sich beim *Idiot* um das persönlichste Werk in Dostojewskijs Schaffen handelt. Darin mag auch der Grund liegen, weshalb sein eigenes Urteil über diesen Roman zwischen Zerknirschung angesichts seiner (vermeintlichen oder tatsächlichen) technisch-kompositionellen Unvollkommenheiten und außerordentlicher Treue, ja nahezu sentimentaler Anhänglichkeit schwankte. Dostojewskij hatte dem *Idiot* seine ganze Verzweiflung über Rußlands geistige und sittliche Not, über den sich in der Intelligenzija epidemisch ausbreitenden Zynismus und die Aushöhlung des althergebrachten Wertesystems anvertraut.

IV

Bestanden für Dostojewskijs Beunruhigung über die von Rußland seit den sechziger Jahren eingeschlagene Richtung, die den Hintergrund von *Der Idiot* bildet, berechtigte Gründe, oder war diese Unruhe nur Ausdruck konservativer Voreingenommenheit, gar ideologischer »Fortschrittsfeindlichkeit«? Entgegen allen Vorurteilen verhielt sich Dostojewskij, ein von der Nachwelt zum Sinnbild religiös-jenseitiger Spekulation erhobener Autor, zeit seines Lebens als ein die Politik mit Leidenschaft verfolgender und analysierender Intellektueller, dessen fiktionale Werke in nicht geringerem Maße als die publizistischen mannigfache zeitgeschichtliche Impulse unmittelbar aufnahmen. Mehr noch, ohne die ungeheueren wirtschaftlichen, sozialen, politischen, rechtlichen und kulturellen Umwälzungen, die Rußland in den fünfziger und sechziger Jahren des 19. Jahrhunderts durchlief, sind die dem Roman eigentümliche atmosphärische Spannung wie auch die spürbare Verunsicherung und nervöse Gereiztheit seiner Protagonisten nicht zu begreifen.

Die sich im *Idiot* widerspiegelnde zeitgeschichtliche Situation läßt sich mit einigen signifikanten Daten folgendermaßen umreißen. (Dies übrigens nicht, um einem simplifizierenden historischen Determinismus das Wort zu reden, sondern weil Dostojewskij selbst sein Schaffen stets als unmittelbare Reaktion auf die gesellschaftlichen Prozesse seiner Zeit sah. Eine sehr konkret verstandene *Verbundenheit mit der Gegenwart* kann gerade im Fall Dostojewskijs nicht genug betont werden – Ewigkeitsansprüche und mystische Intentionen, seit jeher in stereotyper Weise mit seinem Namen assoziiert, haben die Dostojewskij-Rezeption erst später überlagert.)

Das von Zar Alexander II. Ende der 1850er Jahre initiierte und am 19. Februar 1861 offiziell proklamierte Reformwerk mit der Abschaffung der Leibeigenschaft als Kernstück brachte die ökonomischen und politischen Widersprüche im nachnikolaitischen Rußland nicht zur erhofften Auflösung, sondern verschärfte sie noch. So registrierte die Geheimpolizei im Jahre 1860 108 Bauernrevolten, im darauffolgenden Jahr bereits 1176. Dies waren reale Konsequenzen jener profunden, sicher gutgemeinten, aber ungenügend durchdachten liberalen Reformen, die sowohl unter den »befreiten« Bauern als auch deren vormaligen Eigentümern für erheblichen Unmut sorgten. Aufgrund der vorgeschriebenen langfristigen Ablösungsverfahren mußten die meisten ehemaligen Leibeigenen weiterhin Abgaben an den Landadel leisten. Diese Abgaben sowie der Zusammenbruch der alten sozioökonomischen Verhältnisse führten zur katastrophenartigen Proletarisierung Hunderttausender Bauern, die ihrerseits eine starke Zunahme der Eigentums- und Gewaltkriminalität nach sich zog. Die forcierte Industrialisierung des Landes, deren Notwendigkeit nur wenigen Russen einleuchtete, verlief als spontaner, von staatlichen Institutionen kaum kontrollierter und in seinen sozialen Konsequenzen nicht abgefederter, gleichsam lawinenartiger Prozeß. Trotz der oft beklagten Unzuverlässigkeit der russischen Statistik können die folgenden Zahlenbeispiele ein überzeugendes Bild der wichtigsten ökonomischen Trends vermitteln: 1866 existierten im europäischen Teil Rußlands 42 Industrieunternehmen mit jeweils über 1000 Arbeitern, 1879 waren es bereits 81; 1855 betrug die Gesamtlänge des russischen Eisenbahnnetzes weniger als 1000 Werst (1 Werst = 1,067 km); 1861 waren es 1428 Werst, zwei Jahrzehnte später aber schon 21 115 Werst! Zyklische Krisen unterbrachen den industriellen Aufschwung in den späten 1860er Jahren, dann wiederum 1873 bis 1876, 1882 bis 1887 usw. und verschlimmerten die negativen Begleiterscheinungen der Industrialisierung noch mehr. Löhne wurden in vielen Betrieben nur viermal im Jahr gezahlt, in manchen sogar nur zweimal, zu Weihnachten und zu Ostern. Eine Arbeitsgesetzgebung, die die Ansprüche der Lohnarbeiter formaljuristisch regelte, trat erst 1882 in Kraft.

Das jähe Einsetzen dieser Gründerzeit mit lärmenden Dampfmaschinen, unhygienischen Massenunterkünften, Frauen- und Kinderarbeit und der Verelendung weiter Teile der russischen Bevölkerung kam für das jahrzehntelang von Westeuropa weitgehend isolierte gigantische Russische Reich einem soziokulturellen Schock gleich. Dies als Preis für eine notwendige Verwestlichung Rußlands und Grundbedingung für seinen Übergang zur Moderne zu rechtfertigen, kann nur retrospektiv, von einem pragmatisch-teleologischen Standpunkt aus überzeugen. Für den orthodoxen, humanistischen Werten verpflichteten Christen Dostojewskij stellte sich Rußlands eilige Transformation als moralisches Fiasko dar, und er stand mit seiner Sicht der Dinge nicht allein: Das Unbehagen an dieser Art von Modernisierung einte Vertreter aller politischen Richtungen. Daß Charles Dickens gerade in dieser Umbruchsepoche zum beliebtesten ausländischen Schriftsteller in Rußland aufstieg, kam nicht von ungefähr – seine christlich-melodramatische Fiktionalisierung der menschlichen Auswirkungen des Maschinenzeitalters in England mußte den Russen in den sechziger Jahren des 19. Jahrhunderts bereits schmerzlich vertraut vorkommen. Auch dadurch mochte sich Dostojewskij, der Dikkens außerordentlich schätzte, herausgefordert gefühlt haben, die Auswirkungen des neuen Zeitalters in Rußland, auf die es weitgehend unvorbereitet stieß, in seinem neuen Roman künstlerisch zu bewältigen.

Die außerordentliche Widersprüchlichkeit der Modernisierungsprozesse, die natürlich auch humane Veränderungen ermöglichten, machte freilich jeden Versuch einer gerechten Bewertung für betroffene Zeitgenossen wie Dostojewskij schwierig, zumal er die Entwicklungen zum großen Teil aus dem Ausland verfolgte, also anhand von Zeitungsberichten, unter denen Gerichtsreportagen besondere Bedeutung für sein Verständnis der Geschehnisse gewannen. Zu den begrüßenswerten Neueinführungen zählte das Recht der zuvor an ihren Wohnort gebundenen Bauern auf einen Paß. Nach der Reform millionenfach ausgestellt, ermöglichten die Pässe ihnen freie

Bewegung innerhalb der Landesgrenzen und damit eine Anstellung in den Städten; andererseits wurden damit die patriarchalischen Säulen althergebrachter russischer Kultur brüchig, jener Kultur also, die nicht nur von konservativ-humanistischen Intellektuellen wie Dostojewskij als essentiell und für die Funktionstüchtigkeit der russischen Nation unverzichtbar angesehen wurden. Mit der Einschränkung adliger Privilegien erweiterte sich einerseits der Raum sozialer Mobilität für andere Gruppen und Schichten und ermöglichte ihnen zum ersten Mal die prinzipielle Verwirklichung ihres sozioökonomischen Potentials; andererseits ging adliger Landbesitz immer häufiger in die Hände von Kaufleuten und Großbauern über – ein Prozeß, der Familienbande, Wertvorstellungen und einen ganzen Schatz an kulturellen Traditionen unwiederbringlich vernichtete. Die lange erwartete Bildungsreform führte zur Legalisierung von Fächern wie Philosophie, Ökonomie, Naturgeschichte und Technologie, die während der starr-autoritären Herrschaft Nikolais I. an klassischen Gymnasien nicht gelehrt werden durften, ebenso zur Einführung halbklassischer Gymnasien mit Latein als einziger alter Sprache sowie Realgymnasien mit einem höheren Anteil naturwissenschaftlich-technischer Fächer. Ob dieses neu verfügbare Wissen allerdings auch positive ethische Auswirkungen hatte oder die sittlichen Grundfesten der Gesellschaft eher untergrub, blieb eine offene Frage (Tolstois Skepsis gegenüber westlicher Bildung wurde später sprichwörtlich und war übrigens weitaus radikaler als die Dostojewskijs). Die Justizreform von 1864, mit der Etablierung öffentlicher Geschworenengerichte und der Anstellung von Friedensrichtern, der Zulassung von Rechtsanwälten und der Abschaffung bestimmter Körperstrafen wie etwa der Brandmarkung oder des Spießrutenlaufs, glich die russische Rechtsprechung westeuropäischen Standards an; andererseits blieben Auspeitschen mit Ruten und harte Strafen für politische Verbrechen bis hin zur Todesstrafe durch Erschießen oder Erhängen bestehen. Dies, und ein unübersehbarer Trend zur Relativierung juristischer Maßstäbe, der zur Rechtfertigung von Straftaten in der Öffentlichkeit und den Medien und zu Freisprüchen oder unangemessen milden Strafmaßen bei geständigen Verbrechern führte, deren Anwälte »soziale Umstände« zu ihrer Rechtfertigung heranzogen, konnte Dostojewskij nicht gleichgültig lassen.

Letztlich zeigten sich weder Rußlands Liberale noch seine konservativen Gruppierungen mit den Ergebnissen der Reformen zufrieden, und in jenem sattsam bekannten Zusammenspiel von linkem Terrorismus und rechtem reaktivem Staatsterror wurden deren positive Intentionen allmählich in ihr Gegenteil verkehrt, ihr Inhalt mehr und mehr neutralisiert. Wie auch immer man Dostojewskijs politische Anschauungen bewertet, an der Tatsache, daß sich Rußland zum Zeitpunkt der Entstehung des Romans *Der Idiot* in einer schweren Krise befand, besteht kein Zweifel.

V

Es ist über diesen Roman geringschätzig gesagt worden, daß sich in seiner Struktur die epileptischen Zuckungen des Verfassers reflektierten. Zwar ist ein solches, verkürzt psychosomatisches Argument nicht völlig von der Hand zu weisen, doch der vorangegangene Überblick über die wirkungsmächtigen historischen Umstände zeigt eindeutig, daß *Der Idiot* in nicht geringerem Maße jene konvulsivischen Erschütterungen spiegelt, die Rußland als Ganzes durchlitt. Was das persönliche Leben Dostojewskijs in den Jahren der Arbeit an diesem Roman anbelangt, so war die Epilepsie eine Bürde unter mehreren, die sein Befinden maßgeblich bestimmten. Nicht minder qualvoll war die nicht enden wollende Suche nach finanziellen Mitteln, gewissermaßen eine direkte Auswirkung der permanenten russischen Krise, in der sich gesellschaftliche Beziehungen zunehmend in reine Schuldner-Gläubiger-Abhängigkeiten verwandelten.

Für den Privatmann Dostojewskij waren diese für Rußland so turbulenten Jahre eine Zeit wirtschaftlicher und juristischer Unsicherheit und fortgesetzter, manchmal verzweifelter Versuche zur Konsolidierung seiner Finanzen; als Künstler und Intellektueller rang er um eine kritische Bewältigung der Ursachen und Auswirkungen dessen, was in den liberalen Zeitschriften als »Fortschritt« postuliert wurde. Dessen ideologische Grundlagen hatte er bereits in der Erzählung *Aufzeichnungen aus dem Untergrund* ad absurdum geführt, seine moralischen Konsequenzen in *Schuld und Sühne* (1866). Während der Verbannung in Sibirien entwickelte Dostojewskij ein Gespür für die innere Verknüpftheit materieller, kultureller und geistiger Faktoren, wie es nur wenigen Schriftstellern eigen war (Leskow kam ihm darin wahrscheinlich am nächsten). Sein Krisenempfinden schien ihm selbst kausal bedingt durch den tiefen Zwiespalt, in dem sich Rußland befand, und dasselbe läßt sich auch von vielen seiner Protagonisten sagen. Vor allem mißtraute Dostojewskij aufgrund seiner früheren traumatischen Erfahrungen, die ihn zu einem neuen Verständnis vom Charakter des russischen Volkes gebracht hatten, sowie der bedrückenden Eindrücke von einer Reise nach England im Jahre 1864 jeglichen Argumenten, die die Notwendigkeit einer Anpassung Rußlands an westliche Zivilisationsmaßgaben vertraten. Deshalb nimmt in *Der Idiot* die polemische Entgegensetzung des Russischen und des Westeuropäischen als wiederkehrendes Motiv eine zentrale Stellung ein. Was im Roman jedoch nur in Form von Anspielungen und Figurenäußerungen erscheint, wird in Dostojewskijs Tagebuchaufzeichnungen und Briefen explizit auf den Punkt gebracht. Der Roman als Form der Selbstverständigung bot Dostojewskij dagegen die Möglichkeit, auch die Ambivalenzen dieses Prozesses und die Zweifel, die er seinen eigenen Ansichten gegenüber hegte, zu integrieren.

Es bleibt zu konstatieren, daß die eingangs skizzierten Umbrüche in der russischen Lebenswelt Dostojewskijs eigene Lebensumstände zutiefst prägten und ihr entscheidender Einfluß auf Sujet und Personenführung in *Der Idiot* schwerlich zu leugnen ist. Den unmittelbaren Anstoß für die Entstehung dieses Romans lieferte jedoch kein soziales oder politisches Phänomen, sondern ein Kunstwerk. Im Jahre 1867 sah Dostojewskij im Basler Kunstmuseum zum ersten Mal das Gemälde *Der tote Christus im Grab* (1521/22) von Hans Holbein dem Jüngeren. Die emotionale Wirkung dieses Bildes auf den russischen Schriftsteller, vor allem die kühle, ja klinisch zu nennende Präzision, mit der Holbein physischen Verfall, Leiden und Ohnmacht des Heilands darstellte, war von überwältigender und zugleich verstörender Kraft. »Beim Anblick dieses Bildes mag so mancher seinen Glauben verlieren«, läßt Dostojewskij im Roman Fürst Myschkin sagen; man darf davon ausgehen, daß diese Feststellung Dostojewskijs eigenen Empfindungen entsprach. Holbeins absichtliche Reduktion des biblischen Geschehens auf das Physiologische, die scheinbare Eliminierung aller Jenseitigkeit, verstieß gegen die von Dostojewskij verinnerlichten christlich-orthodoxen Glaubensmaximen – so erklärt sich das zitierte Diktum aus seinem Roman.

Aus der primären Anregung durch Holbeins Gemälde entstand Dostojewskijs Plan, durch ein »literarisches Experiment«, wie er es auf ähnliche Weise bereits in *Schuld und Sühne* durchgeführt hatte, die konkrete russische Gesellschaft seiner Zeit der Begegnung mit einer ihr diametral entgegengesetzten, »vollkommenen« Figur auszusetzen und anhand dieser Kollision ihren geistigen und sittlichen Zustand zu diagnostizieren. Es gehört zu den erstaunlichen Tatsachen der Entstehung dieses Romans, daß nicht nur das Endergebnis, wie bei jedem Experiment üblich, sondern auch wichtige Teile der Ausgangsfaktoren seinem Autor nicht von Anfang an klar waren. Wie im folgenden zu zeigen sein wird, entwickelte sich das konzeptionell-philosophische Grundgerüst von *Der Idiot* in mehreren Phasen und bildete sich endgültig erst *während* seiner Veröffentlichung als Fortsetzungsroman in der Zeitschrift *Russkij westnik* heraus!

Im Genfer Tagebuch von Anna Grigorjewna Dostojewskaja wird unter dem 1. Oktober 1867 der Beginn der Arbeit am neuen Buch ihres Mannes vermerkt. Fjodor Michailowitsch, so heißt es, schreibe es in den gleichen Hefter wie schon zuvor *Schuld und Sühne*. Noch im selben Herbst stellt Dostojewskij eine erste Rohfassung des *Idiot* fertig. Am 6. Dezember 1867 beginnt er mit der Arbeit an einer zweiten Fassung. Neben dem neuen Roman beschäftigt ihn in diesen Wochen banaler Geldmangel – das von ihm obsessiv betriebene Glücksspiel entspringt, zumindest vordergründig, seiner Entschlossenheit, den Teufelskreis von Schulden, Zinsabzahlung und neuen Schulden ein für allemal zu durchbrechen. Doch in seinen Notizen zum Roman geht es in erster Linie um die laufenden Ereignisse in Rußland, die Dostojewskij mit höchster Erregung verfolgt. Ungeachtet aller Geldnöte ist deshalb die Frage der Verfügbarkeit russischer Zeitschriften und Zeitungen wichtigstes Kriterium für die Wahl des jeweiligen Schweizer Wohnortes. In einem Brief an seine Nichte S. A. Iwanowa rät ihr Dostojewskij, unbedingt Zeitung zu lesen: »... heute darf man nichts anderes tun, nicht der Mode wegen, sondern weil die sichtbare Verknüpfung aller Dinge, der allgemeinen wie der besonderen, immer stärker und offensichtlicher wird.«

Finanzielle Not treibt den Schriftsteller jedoch immer wieder an die Spieltische. Am 5. Oktober reist er im Beisein seiner Frau nach Saxon des Bains zum Roulette. Am 6. Oktober teilt Dostojewskij der nach Genf zurückgekehrten Anna Grigorjewna mit, er habe am Vortag 1300 Francs gewonnen und am nächsten Tag den ganzen Gewinn wieder verloren. Ehering und Pelzmantel müssen verpfändet werden. Am 7. Oktober schickt Anna Grigorjewna einen Scheck nach Saxon des Bains, um die verpfändeten Gegenstände auszulösen. In der Nacht vom 8. zum 9. Oktober erleidet Dostojewskij einen schweren epileptischen Anfall. Doch im Mittelpunkt seiner Aufmerksamkeit steht der sensationelle Kriminalfall einer gewissen Umetskaja, den er anhand von Gerichtsreportagen verfolgt und in dem er Symptome des gesellschaftlichen Verfalls in Rußland zu erkennen glaubt. In Briefen klagt er über das ungesunde Klima in Genf, wo er noch mindestens fünf Monate ausharren muß, um am Roman zu arbeiten, ohne Freunde und Bekannte, einzig in Gesellschaft seiner Frau.

Am 11. Oktober verpfänden die Dostojewskijs weitere Stücke aus ihrer Habe. Ihre Stimmung scheint dadurch aber keinen nachhaltigen Schaden zu nehmen: Am Abend desselben Tages verfassen die Eheleute gemeinsam eine kleine Komödie unter dem Titel *Abrakadabra*. Am 13. Oktober schreibt Dostojewskij ohne Unterlaß an seinem Roman. Danach geht er zum Spaziergang in die Stadt, während Anna Grigorjewna begierig die neu entstandenen Seiten liest.

Ein dritter und schließlich ein vierter Entwurf des Romans entstehen und werden wieder verworfen. Darin versucht der Autor vor allem die Familienbeziehungen der Hauptfigur, die »zentrale Intrige«, immer wieder neu zu bestimmen. Im »einsamen, dunklen, widerwärtigen, verfaulten und teuren Genf« häufen sich bei Dostojewskij epileptische Krisen. Er klagt außerdem über lästige Herzbeschwerden. In dieser Lage erscheint ihm *Der Idiot* als »... die einzige Rettung. Am unangenehmsten ist, daß es ein sehr guter Roman werden muß. Nichts als das. [...] Aber wie soll er denn gut werden, wenn meine Fähigkeiten durch die Krankheit völlig zugrunde gerichtet sind!«

Am 27. Oktober 1867 formuliert Dostojewskij den »Grundgedanken des Romans«: »Soviel Kraft, soviel Leidenschaft hat die junge Generation, und an nichts glaubt sie.« Am 1. November heißt es dann: »Nicht gut. Der Grundgedanke des Romans gelingt nicht beim ›Idiot‹. [Zu dieser Zeit warten die Redakteure des *Russischen Boten* ungeduldig auf das Eintreffen der ersten Kapitel des bereits angekündigten *Idiot*! P. R.] Es soll so sein: der Idiot ist der Sohn des Onkels [...] er ist bei den Generälen [...] er fesselt alle mit seiner kindlichen Naivität.« Am 4. oder 5. November dann: »Ein Rätsel. Wer ist er? Ein furchtbarer Unhold oder das geheimnisvolle Ideal?« In einem Brief vom 1. Januar

1868 schreibt Dostojewskij an seine Nichte: »Der Hauptgedanke des Romans besteht in der Darstellung eines absolut schönen Menschen (›poloshitelno prekrasnogo tscheloweka‹). Das Schöne ist ein Ideal, und zwar eines, das sich immer noch nicht herausgebildet hat, weder bei uns noch im zivilisierten Europa.« Am 13. Januar 1868, wiederum in einem Brief an S. A. Iwanowa: »Alle Schriftsteller, nicht nur die unsrigen, sondern sogar alle europäischen, die sich in irgendeiner Weise an der Darstellung des absolut Schönen (›poloshitelno prekrasnoe‹) versucht haben, mußten jedes Mal aufgeben. Weil diese Aufgabe eine unermeßliche ist. Das Schöne ist ein Ideal, und weder unser Ideal noch das des zivilisierten Europa sind auch nur annähernd entwickelt. Auf Erden gibt es nur eine vollkommen positive Gestalt – Christus, und so ist die Erscheinung dieser unermeßlich, unendlich schönen Gestalt an sich schon ein unendliches Wunder [...] an schönen Figuren steht der des Christus Don Quijote in größter Vollendung am nächsten, welcher nur aus dem einzigen Grunde schön ist, weil er gleichzeitig lächerlich ist.«

Allen materiellen Widernissen und körperlichen Gebresten zum Trotz treibt Dostojewskij die Arbeit am Roman energisch voran. Wie schon bei früheren Werken drängen vertragliche Abmachungen. Am 12. Februar 1868 bringt die Januarausgabe des *Russischen Boten* Kapitel 1 bis 7 von *Der Idiot*. Zu diesem Zeitpunkt ist sich der Autor selbst weder über den weiteren Verlauf der Handlung noch über das konzeptionelle Grundgerüst des Romans im klaren! Aber das zwischen den Polen des Materiellen und Spirituellen sich aufbauende Spannungsfeld, in dem sich Dostojewskijs eigener Alltag unablässig bewegt, bestimmt immer eindeutiger den ästhetisch-philosophischen Rahmen dieses Werkes. Im Manuskript des *Idiot* erlangt das Thema Rußlands als geistiger und sittlicher Alternative zu Westeuropa zunehmend Gewicht. Am 1. März schreibt Dostojewskij darüber an Apollon Maikov: »Und überhaupt sind alle sittlichen Begriffe und alle Ziele der Russen höher als die der europäischen Welt. Wir besitzen einen stärkeren unmittelbaren und edlen Glauben an das Gute in Gestalt des Christentums, nicht in Gestalt einer bourgeoisen Lösung des Wohlstandsproblems.« Dies sagt, wohlgemerkt, ein Mann, der selbst ohne Unterlaß von den Auswirkungen des »Wohlstandsproblems« verfolgt wird.

Am Morgen des 5. März 1868 werden Fjodor Michailowitsch und Anna Grigorjewna Dostojewskij Eltern einer Tochter, die auf den Namen Sofja getauft und im »Registre des naissances« der Stadt Genf eingetragen wird. Dostojewskij, außer sich vor Glück über die Geburt, quält sich zugleich mit bösen Vorahnungen über die Aufnahme seines Romans in Rußland. Nachrichten aus der Heimat kommen selten und spärlich.

Eine Tagebucheintragung vom 10. März über den Fürsten Myschkin zeigt die fortschreitende Konkretisierung dieser Gestalt: »... er verzeiht alles, er erkennt überall die Ursachen.« Doch wie soll der Roman enden? Dostojewskij erwägt, eine Beichte an den Schluß zu setzen. Daneben tauchen als mögliche Varianten auch eine Heirat Myschkins mit Aglaja oder der Tod des Fürsten auf. Am 21. März fragt sich der Schriftsteller: »Wie macht man dem Leser eine Figur sympathisch? Don Quijote und Pickwick als tugendhafte Figuren sind dem Leser sympathisch und sind eben dadurch gelungen, daß sie lächerlich sind. Der Held dieses Romans, der Fürst, hat, obgleich er nicht lächerlich ist, einen anderen sympathischen Zug: »Er ist *unschuldig*!«

Dostojewskij liest zu dieser Zeit *Krieg und Frieden*, den Erfolg von Tolstois Epos sieht er als Bestätigung für die Richtigkeit der »russischen Sache«. Am 28. März 1868 – zu diesem Zeitpunkt ist ein beträchtlicher Teil des *Idiot* bereits veröffentlicht – taucht in den Notizen erstmals die Formulierung »Fürst Christus« auf, der später eine Schlüsselrolle für alle Deutungen des Romans zukommen wird.

Am 4. April fährt Dostojewskij erneut zum Glücksspiel nach Saxon des Bains. Schon in der ersten halben Stunde verliert er sein gesamtes Geld, muß den Ehering verpfänden und bittet seine Frau brieflich um 100 Francs, um den Ring wieder auszulösen, das Hotel zu bezahlen und die Rückfahrkarte nach Genf zu kaufen. Im folgenden Brief teilt er Anna Grigorjewna mit, daß er nun auch die für den Ring gedachten 20 Francs verspielt hat. Währenddessen entzieht sich die zentrale Gestalt des *Idiot*, Fürst Myschkin, noch immer einer eindeutigen Definition: Im Tagebuch wird er einmal als »Sphinx« bezeichnet, dann wiederum, zweimal gar, als »Fürst Christus«.

Anfang April 1868 sendet Dostojewskij einen langen Brief an Michail Katkow mit der Bitte um 300 Rubel, damit er nach Vevey umziehen und den Roman beenden kann. In seiner Aprilausgabe kündigt der *Russische Bote* die Fortsetzung von *Der Idiot* an – Dostojewskij hat noch keine einzige Seite dieser Fortsetzung geschrieben. Wie in seiner gesamten Karriere erlebt er die kapitalistische (»westliche«) Verbindung von Zeit und Geld mit entnervender Unmittelbarkeit. Die Spannung, unter der er arbeitet, wird zur existentiellen und überschreitet, wie schon 1866 bei der Vollendung des Romans *Der Spieler* innerhalb von sechsundzwanzig Tagen, bald jedes vorstellbare Maß.

Am 24. Mai 1868 stirbt Sofja Dostojewskaja an einer Lungenentzündung. Nur wenige Stunden vor ihrem Tod hatte ein Arzt den Eltern noch Hoffnung auf Besserung gemacht. Dostojewskij und seine Frau glauben, das über sie hereingebrochene Leid nicht verkraften zu können. Am 26. Mai findet das Begräbnis statt. In einem Brief an Maikov schreibt Dostojewskij: »Dieses kleine dreimonatige Geschöpf, so arm, so winzig, war für mich bereits eine Person mit Charakter. Sie hatte begonnen, mich wahrzunehmen und zu lieben, sie lächelte, wenn ich zu ihr trat. Wenn ich mit meiner komischen Stimme Liedchen für sie sang, lauschte sie vergnügt. Sie weinte nicht und sträubte sich nicht, wenn ich sie küßte; sie hörte auf zu weinen, wenn ich mich ihr näherte. Und nun, um mich zu trösten, erzählt man mir, daß ich noch mehr Kinder haben werde. Wo aber ist Sonja? Wo ist diese kleine Persönlichkeit, für die ich die Qualen des Kreuzes auf mich nehmen würde, nur damit sie wieder am Leben wäre?« Doch dieser Brief enthält auch Dostojewskijs Bekenntnis, daß ihn nach dem Tod der Tochter eine große Ruhe erfaßt habe: »Diese Ruhe hat mir Sonja gesandt.«

Im Juni 1868 – die Arbeit am *Idiot* geht mit unverminderter Intensität weiter – wird Dostojewskij gewarnt (zunächst in einem persönlichen Gespräch, dann durch ein anonymes Schreiben), daß ihn die russische Geheimpolizei observiere. In einem Brief aus jenen Tagen heißt es: »Ich habe erfahren, daß Weisung betreffs meiner Überwachung gegeben wurde. Die Petersburger Polizei öffnet und liest meine sämtlichen Briefe. [...] Mit dem Roman bin ich unzufrieden bis zum Widerwillen. Ich habe mich furchtbar bemüht, zu arbeiten, doch es ging nicht: die Seele ist krank. Jetzt mache ich einen erneuten Versuch mit dem dritten Teil. Wenn ich den Roman hinbekomme, dann werde ich auch selbst gesund, wenn nicht, dann bin ich ein toter Mann.«

Im September 1868 ziehen die Dostojewskijs erneut um, diesmal nach Mailand. Am 17. Januar 1869 beendet Fjodor Dostojewskij den Roman *Der Idiot*. Die Veröffentlichung erfolgt im *Russischen Boten* (1, 2, 4–12/1868 sowie in der Beilage zu Heft 12/1868). Wegen Dostojewskijs Säumigkeit erscheinen diese Ausgaben mit erheblicher Verspätung.

VI

Es ist der Titel dieses Buches, der sofort aufhorchen läßt und es aus seinem literarischen Umfeld heraushebt, und zwar zum Zeitpunkt seiner ersten Veröffentlichung genauso wie heute. Auch im Gesamtwerk Dostojewskijs ist *Der Idiot* in diesem Punkt eine Ausnahmeerscheinung. Vergleicht man ihn mit der vorherrschenden kühlen Sachlichkeit anderer Titel bei Dostojewskij – von *Verbrechen und Strafe* (der wörtlichen Übersetzung eines Romantitels, der in Deutschland meistens unter dem klangvolleren *Schuld und Sühne* figuriert), *Der Spieler*, *Der Jüngling* (1872) bis zu *Die Brüder Karamasow* (1880), unterbrochen allenfalls von der bedrohlich klingenden biblischen Metaphorik der *Dämonen* (1872) –, so setzt der Schriftsteller über dieses Werk eine Provokation, die vor dem Hintergrund zeitgenössischer russischer und europäischer Titelkonventionen schlichtweg ungeheuerlich genannt werden muß.

Der Begriff »Idiot«, mit dem Fürst Myschkin bereits in den ersten Szenen assoziiert wird, konnotiert im Russischen außer »Schwachsinn« und »Bildungsunfähigkeit« auch »Unverbesserlichkeit«, »Unbelehrbarkeit«, »hoffnungsloser Fall« (in diesem Punkt besteht somit eine unterschwellige Beziehung zu *Don Quijote*). Darüber hinaus trägt das Wort »Idiot«, unabhängig von seinem Kontext, eine negative emotionale Ladung, ja Haß gegen den solcherart bezeichneten Menschen; es ist neutral nicht gebräuchlich. Der Titel ist auch deshalb provokant, weil er die gesellschaftliche Außensicht auf die Hauptgestalt zum perspektivischen Ausgangspunkt des gesamten Textes macht.

Signifikant ist weiterhin, daß es sich bei *idiot* nicht um ein genuin russisches, sondern um ein *Fremd*wort handelt, das eine bestimmte Persönlichkeit, ihren Bildungshorizont und ihre Verhaltensweisen grundsätzlich abwertet und sie im wahrsten Sinne des Wortes *fremd* macht. Vergegenwärtigt man sich den *Idiot* neben anderen, zur selben Zeit veröffentlichten Werken, so wird das Unaussprechliche, der Tabucharakter seines Titels deutlich. Den Titel zu akzeptieren heißt zunächst, Dostojewskijs Konzeption der Hauptgestalt in ihrer ganzen Unangepaßtheit zu übernehmen. Verharrt der Leser auf der durch den Titel angebotenen oberflächlichen Wahrnehmungsebene, so kann er im unglückseligen Fürsten nicht mehr als eben einen geistig Behinderten erkennen; wagt er ein tieferes Eindringen in den Text, kommt er nicht umhin, sich von der allgemein verbindlichen, aber denunzierenden Bedeutung des Titelwortes zu lösen – und damit auch von der gesellschaftlich normativen Perspektive insgesamt. Dann verbindet sich mit Myschkin viel eher der Titel »Fürst«, und das als Beleidigung gebrauchte Wort »Idiot« wird nur noch von Figuren wie dem hysterischen, rational-pragmatischen Ganja Iwolgin benutzt, von dem sich der Leser wahrscheinlich distanziert. Anders gesagt, je stärker der Leser Myschkins Verhalten im Zusammenspiel mit dessen Umwelt begreift, desto weniger kann er das Titelwort in bezug auf ihn annehmen; das Lesen selbst kommt damit einem Prozeß der Korrektur sittlicher Orientierungsvorgaben und der Überwindung eines vom Titel selbst signalisierten Vorurteils gleich.

Bemerkenswert ist, daß Myschkin keine Angst davor hat, ausgelacht oder als »Idiot« bezeichnet zu werden. Er verbindet mit diesem Begriff in erster Linie seine Krankheit, aber auch die damit verbundene Bedürftigkeit – er braucht andere Menschen, besonders während und nach epileptischen Anfällen (Epilepsie gilt bekanntlich in vielen Kulturen als Zustand des Auserwähltseins, als »heilige Krankheit«!). Dostojewskijs Verknüpfung des klinischen Syndroms mit Verhaltensweisen reiner Humanität qualifiziert allerdings auch letztere zu einer Art Krankheit – jedenfalls im gesellschaftlichen Zustand Rußlands, wie ihn der Autor auffaßt. In den Schlußkapiteln dann verengt der personale Erzähler – bürgerlich, mittelmäßig, anständig, wie bei Dostojewskij üblich – die allgemeine Abweichung, das »Abnorme« in Myschkins Verhalten wieder auf die klinische Symptomatik, in allen peinlichen Einzelheiten, mit Respekt vor dem Tiefen, aber ohne tieferes Verständnis.

Trotz der klar gekennzeichneten Psychopathie gleicht das Verhalten des Fürsten dem des unbedarften, sanften, im richtigen Augenblick aber auch unerschrocken agierenden russischen Märchenhelden, des »dummen Iwan« (›Ivan durak‹), den die Gemeinschaft ob seiner Unangepaßtheit als Narren abgestempelt hat und der doch allen an Scharfsinn überlegen ist und am Ende Königswürde und Königstochter bekommt. In diesem Sinne ist Myschkins Adelstitel indikativ. Mit ihm verbinden sich zunächst keine Reichtümer – der Fürst trägt bekanntlich sein ganzes Hab und Gut in einem Beutel mit sich, und er wird zu Anfang als vermeintlicher Hochstapler und Bittsteller abgewiesen. Der Beiname »Fürst« dient einzig als äußeres Unterscheidungsmerkmal. Er ist es, der Myschkin neben der Krankheit eine zweite Aura des Besonderen verleiht, und selbst das Schimpfwort »Idiot«, scheinbar durch den Romantitel autorisiert, vermag der inneren Erhabenheit und Distinktion des Titels »Fürst« nichts anzuhaben.

Die ungewöhnliche Erscheinung des guten Narren-Fürsten kann (und soll wohl) im Leser die Erwartung märchenartiger Erzählmuster aktivieren. Diese beginnen ja oft mit der Erscheinung von etwas Wunderbarem und der Beschreibung seiner Wirkungen, setzen sich fort in der Feier des Wunders durch jene, die seiner teilhaftig werden, woraufhin ein Einschnitt durch die Anzweiflung des Wunders und dem Versuch seiner Zerstörung durch Kräfte des Bösen erfolgt, bis die Geschehnisse schließlich im Triumph des Guten und der Errettung aller kulminieren. Im Märchen bedarf es nur des Zusammentreffens des Wunderbaren mit dem Würdigen, Auserwählten, um diesen Triumph herbeizuführen. In mancher Hinsicht scheinen bestimmte Muster der Zaubermärchen auch auf den »Idiot« zu passen, mit seiner geheimnisvollen, wahrscheinlich erwählten Hauptgestalt, der Verbündung des Starken mit dem Guten (Rogoshins zeitweilige Freundschaft mit dem Fürsten), dem temporären Sieg des Erhaben-Schönen über das krude Materielle (Nastassja Filippownas Verbrennen der 100000 Rubel), der scheinbaren Belohnung des Helden durch die Zuneigung der Schönen (Myschkins Beinahe-Heirat mit Nastassja Filippowna, ihre gemeinsame geheimnisvolle Reise).

Nur verkehrt sich bei Dostojewskij das erwartete, vielleicht auch erhoffte Märchen in eine blutige Unheilsgeschichte, an deren Ende die Schöne stirbt, der Gute den Verstand verliert und die höhere Wahrheit allenfalls in der Substanz des Romans selbst aufgehoben bleibt. Niemand wird errettet, niemand belohnt. Das fragile Bewußtsein des Auserwählten wird aus dem Dunkel geistiger Verwirrung für kurze Zeit ins grelle Licht des sich verbürgerlichenden und verwestlichenden Petersburg gerückt, um nach einer Kette traumatisch-tragischer Erfahrungen wieder in die schützende Umnachtung zu fliehen. Myschkin mit seinen konstanten Werten ist das dynamische und dadurch tragische Element in einer nur scheinbar dynamischen Welt, die, weil ihrer sittlichen und sozialen Kohäsionskräfte verlustig gegangen und im Zerfallen begriffen, sich nicht verändert oder vervollkommnet, sondern mehr taumelnd als zielgerichtet um sich selbst kreist.

Doch warum konnte oder wollte Dostojewskij, der doch schon einmal, in *Schuld und Sühne*, die didaktische Kraft der Heilsgeschichte über die Regeln realistischer Gestaltung gestellt hatte, sie in diesem Roman nicht wieder anwenden? Die Katastrophen, in die alle Bemühungen der Hauptgestalt münden, legen die Frage nahe, ob Myschkin überhaupt zu der Rolle des Erwählten, Erlösung Bringenden befähigt war oder ob die Art, in der ihn Dostojewskij angelegt hat, sein Scheitern prädeterminierte. Denn obschon die innere Reinheit des Fürsten ihre Wirkung auf die Schar ambitiöser Petersburger Zyniker nicht verfehlt, mangelt es dem auserwählten Narren, auf sich allein gestellt, an Kraft, um gegen die mörderischen Leidenschaften des neuen Rußland anzukommen. Myschkin ist ja per definitionem behindert, seine Bestimmung kann gar nicht in der »Errettung aller« bestehen, sondern bestenfalls in der *Zusammenführung* aller im Namen des Guten, Schönen und Wahren. Der Ausgang von Dostojewskijs »Experiment« ist negativ, das Erscheinen einer Heilsgestalt kann das moderne Rußland nicht vor seiner Selbstzerfleischung bewahren.

Durch das Ausbleiben der erhofften Erlösung, durch die Umkehrung des Märchenmusters konstatiert Dostojewskij aber nicht allein den verheerenden sittlichen Zustand seiner Welt. Darin beweist sich auch sein konsequenter Realismus, inbegriffen die Darstellung seiner Hauptgestalt, der wiederholt und von verschiedener Seite ihre Glaubwürdigkeit abgesprochen wurde. Der Vorwurf des angeblich mangelnden Realismus verfolgte Dostojewskij seit der frühen Erzählung *Der Doppelgänger* (1846) und hatte ihn auch bei der Rezeption von *Schuld und*

Sühne wieder getroffen. Am 11. Juni 1868, also während der Arbeit an *Der Idiot*, notiert Dostojewskij: »... Die Wirklichkeit über alles. Zwar haben wir vielleicht eine andere Sicht auf die Wirklichkeit, [...] Prophezeiungen sind eine phantastische Wirklichkeit. Vielleicht ist im Idioten der Mensch wirklicher ...« In den im Roman enthaltenen Zeitangaben, die von geradezu unheimlicher Präzision sind, kommt die Unerbittlichkeit der Fakten zum Ausdruck, der rationale Geist einer Epoche, in der Zeit Vorteil und Macht bedeutet und der Begriff »Realismus« eine nützliche Lebenshaltung benennt. In keinem anderen russischen Roman prallt das Hohe, Erhabene mit solch radikaler Unerbittlichkeit mit dem zynisch akzeptierten Niedrigen zusammen. Und doch ist Myschkin zu wenig als Träger einer Konzeption und zu sehr als lebendiger Mensch konzipiert, als daß er die Prüfungen herkömmlicher Heilsgeschichten bestehen könnte; er *muß* sich auf fatale Weise ins Wirrwarr menschlicher Beziehungen verstricken, denn unter den Bedingungen der russischen Umbrüche rein bleiben zu wollen, würde Selbstisolierung und Indifferenz verlangen und wäre gleichbedeutend mit dem Verrat an allen von ihm verkörperten Prinzipien. Auch hier zeigt sich Dostojewskij – am Ausgangspunkt seiner Experimente durchaus noch schwärmerischer Metaphysiker – in der Durchführung selbst als skeptisch-nüchterner Realist. Das Wünschenswerte zerbricht am Bestehenden, wobei der Schriftsteller auch hier parabolische Vereinfachungen und schematische ethische Gegenüberstellungen, die dem Roman simplen didaktischen Gebrauchswert verliehen hätten, vermeidet: Alle Protagonisten, von Lebedjew bis zu Jepantschin, von Aglaja bis zu Ippolit, *erkennen* Myschkin als Träger des Besonderen, impliziert der realen Möglichkeit des Wunders ihrer Erlösung, aber keiner unter ihnen vermag die ihm inhärente physiologische und soziale Programmierung zu überwinden und die erlösende Gemeinsamkeit herzustellen.

Der Idiot enthält eine ganze Reihe der berühmten Dostojewskijschen Skandale. Sie finden immer dann statt, wenn das verheimlichte, verdrängte Menschliche alle Konventionen sprengt; ja, Myschkin selbst ist eigentlich die Verkörperung des Skandalon, der als möglich erkannten, aber verweigerten Brüderlichkeit. Der Skandal entlädt sich in diesem Roman durch den Einbruch spontaner Güte und Menschlichkeit oder durch das Aussprechen der kollektiv versteckten Wahrheit. Worin besteht das Wesen der mit Myschkin verbundenen Güte? Die Petersburger Gesellschaft – und einige Literaturwissenschaftler in ihrem Gefolge – versucht, Myschkin als Verstümmelten zu beschreiben und so in ihre Vorstellungswelt einzupassen. Man bezweifelt seine Männlichkeit, dichtet ihm Impotenz an, denn wie können Güte und Virilität miteinander harmonieren? Das Gute, so die allgemeine Auffassung, kann nicht sexuell sein, genausowenig wie es intellektuell sein darf. Man stellt sich Myschkin als »arm im Geiste« vor – aber der Fürst ist gebildet, er kann nicht nur über persönliche emotionale Erfahrungen, sondern auch über theoretische Fragen russischer Geschichte oder Theologie dozieren. Im Vergleich zu ihm wirken die anderen Figuren nicht intelligenter, sondern nur schlauer, gerissener. Dostojewskij verleiht seiner Titelgestalt eine Art der Wahrnehmung, die durch die Emotion (»das Herz«) bestimmt wird, eine *emotionale Intelligenz* avant la lettre. Mehr noch: Myschkin weiß sehr wohl, was er tut, er ist sich seiner Wirkungen zumeist gewärtig. Dieser Umstand würde sich mit herkömmlichen Begriffen von Güte, die immer auch eine Art Unbewußtheit ihrer selbst einschließen, nicht decken! Im 7. Kapitel von Teil I des Romans liefert er scharfsinnige Psychogramme der Jepantschin-Familie, der sie voller Verblüffung zustimmt. Güte, »Gutsein« wird von Lew Nikolajewitsch Myschkin eher als eine Art soziales Spiel verwirklicht, ein Spiel, in das er sich als Einsatz ganz und gar einbringt. Der Begriff »Spiel« mag hier etwas leichtfertig klingen, aber in Dostojewskis Weltverständnis kommt dieser Kategorie außerordentliche Bedeutung zu: Setzt man nämlich Gott und Schicksal funktional gleich, dann kann letzteres eine Ausdrucksweise des ersteren sein, und Spiel eine Probe aufs Exempel, die Aussagen über die Absichten Gottes ermöglicht (daher sollte man übrigens Dostojewskijs Spielsucht durchaus auch unter metaphysischem und sogar religiösem Aspekt verstehen).

»Das Gesetz der Persönlichkeit auf Erden hält uns zurück. Das Ego steht im Wege«, hatte Dostojewskij schon Anfang der 1860er Jahre geschrieben. »Die Familie ist das Naturgesetz, aber es ist doch abnorm und selbstsüchtig. Selbst dieser heiligste Besitz des Menschen auf Erden, die Familie, ist somit eine Manifestation des Ichs, welches die Fusion der Individuen in ein All universeller Liebe verhindert.« Das völlige Fehlen der Selbstsucht bei Myschkin, seine *Selbstlosigkeit* bezeichnet seine Abnormität und Auserwähltheit; in ihr ist sein Scheitern angelegt in einer Welt, die sich nicht mehr an dem Gesetz christlich-orthodoxer Leugnung des Selbst, sondern an dessen größtmöglicher eigener »Verwirklichung« orientiert.

Im logischen Anschluß an die Außensicht des Titels ist der Personalerzähler des *Idiot*, wie auch anderer Werke Dostojewskijs, eine gesellschaftlich akzeptierte Instanz, offenkundig wohlgelitten und, anders als Myschkin, Rogoshin oder Nastassja Filippowna, vollständig integriert in die Gesellschaft des Romans. Diese narrative Instanz hat offenbar Zugang zu allen respektablen Häusern und wird häufig ins Vertrauen gezogen, sonst wüßte sie von vielen der erzählten Vorgänge nicht alle skandalösen Einzelheiten und Mutmaßungen, die sie gewissenhaft berichtet, stets realistisch eingefärbt von den herrschenden sozialen Konventionen. Akzeptabel ist diese Instanz auch für den bürgerlich stabil situierten Leser, den allzu große Abweichungen auf der Bewertungsebene unangenehm berühren und mißtrauisch machen könnten und der durch die ihm verwandte Erzählinstanz die Erscheinung des Ungewöhnlichen, des von Myschkin gleichsam verkörperten *potentiellen Wunders* eher annehmen mag. Die beruhigende Normalität und Mittelmäßigkeit des Erzählers nimmt dem Geschehen zudem jede vordergründige Didaktik. Selbst seine ethischen Wertungen und vorsichtiges Moralisieren, obgleich explizit auf der Textebene nachweisbar, hat mit den komplizierteren auktorialen Intentionen wenig gemein und funktioniert sogar als Mittel ironischer Verfremdung. Der Leser kann diese Vexierspiele schon bald ohne Mühe durchschauen.

VII

Dostojewskij hat, ungewollt, mit der erst spät formulierten Tagebuchnotiz »Fürst Christus« den Rahmen für ein im engeren Sinne christliches Interpretationsschema der Hauptgestalt vorgegeben. Gerade dieser Rahmen sorgt immer wieder für Meinungsverschiedenheiten. Faßt man ihn nämlich zu eng (gleich ob mit positiv-affirmativer oder kritisch-ablehnender Absicht), im Sinne eines *Christusromans*, dann erzwänge das eine funktionale Lektüre dieses Textes als einer Art Erbauungsliteratur. Doch weder seiner Handlung noch seiner Gestalt nach entspricht *Der Idiot* diesem Genre – Myschkin ist und bleibt Mensch und kann keine Wunder vollbringen; die Wirkung der Lektüre kann schwerlich als erbaulich beschrieben werden, eher wohl als verstörend. Welchen Sinn hätte außerdem die belletristische Wiedererschaffung einer Gestalt, die, längst in gültiger Form erschaffen und weltweit verbreitet, ohnehin zur Glaubenswelt zahlloser Leser gehört? Eher mag es sich beim *Idiot* um eines jener erwähnten Gedankenexperimente handeln, die für Dostojewskijs gesamtes Schaffen charakteristisch sind (man denke nur an die *Legende vom Großinquisitor* aus den *Brüdern Karamasow*): Was geschähe, wenn es eine *dem christlichen Heiland in ihrem Verhalten nahe Gestalt* in Dostojewskijs Gegenwart, oder schlechthin in das moderne Zeitalter, verschlüge? In diesem Sinne sollte Fürst Myschkin durchaus als eine von der Christusfigur inspirierte Figur, als Verkörperung christlich-orthodoxer ethischer Ideale, aber keineswegs als Christusfigur gelesen werden.

Dostojewskijs *Idiot* sucht die faktische *Unrettbarkeit* der Welt zu beweisen. Als deren logische Konsequenz erscheint die Errettung des Menschen nur durch ein Wunder, also göttliche Intervention möglich - darin ist diese Geschichte eine christliche, allerdings im orthodoxen Sinne. Auf einer nichtmetaphysischen Ebene dagegen ließe sich das dem Roman zugrunde liegende ideelle und soziale Spannungsfeld folgendermaßen umreißen: Die Ablehnung der Moderne und ihrer Folgen im Namen universeller Menschlichkeit und Brüderlichkeit - und zugleich die Nicht-Lebbarkeit dieser Ablehnung.

So mögen zum Abschluß meiner Ausführungen Wesen und Bedeutung von Dostojewskijs Roman *Der Idiot* auf dreifache Weise bestimmt werden: erstens als autobiographisch inspiriertes, komplexes ethisches, orthodox-christliches *Credo* seines Autors; zweitens als realistischer Versuch einer Definition des Wesens und der Mission *Rußlands* in ihrer ganzen Widersprüchlichkeit; und drittens schließlich als programmatischer und problematischer Text der russischen *Gegenmoderne*. Der letztgenannte Prozeß, also der Widerstand Rußlands gegen die westliche Modernisierung, ist bis heute nicht abgeschlossen; damit kann es auch die Interpretation dieses Werkes nicht sein. Durch seine historische Offenheit und metaphysische Vielschichtigkeit kann Dostojewskijs *Idiot* gleichermaßen als ein Schlüsselwerk dieses Autors und als einer der großen Romane der Weltliteratur bestehen. Für eine endgültige Wertung ist es dennoch zu früh, ungeachtet der anderthalb Jahrhunderte, die seit seiner Entstehung vergangen sind. Die diesem Roman angemessene Geste scheint daher die der *Unentschiedenheit* zu sein, einer Unentschiedenheit, die im Werk selbst angelegt ist.

Bethea, David M.: The Shape of Apocalypse in Modern Russian Fiction, Princeton, N. J. 1989.

Billingon, James H.: The Icon and the Axe, New York o. J.

Dalton, Elizabeth: Unconscious Structure in The Idiot, Princeton, N. J. 1979.

Dostoevskij, F. M.: Idiot, in: Polnoe sobranie sočinenij v tridcati tomach, Bd. 8, Leningrad 1973.

Florinsky, Michael T.: Russia: A History and Interpretation, New York 1956 (2 Bde.).

Jones, John: Dostoevsky, Oxford 1983.

Kjetsaa, Geir: Fyodor Dostoyevsky. A Writer's Life, New York 1987.

Letopis' žizni i tvorčestva F. M. Dostoevskogo, 1821–1881, Bd. 2, Sankt Petersburg 1994.

Terras, Victor: The Idiot. An Interpretation, Boston 1990.

Ward, Bruce K.: Dostoyevsky's Critique of the West, Waterloo (Ontario) o. J.

KLAUS REICHERT

James Joyce, *Ulysses*

Dublin, Donnerstag, 16. Juni 1904. Ein Mann verläßt am Morgen das Haus, nachdem er seiner Frau das Frühstück ans Bett gebracht hat. Er streift ziellos durch die Stadt, trifft ein paar flüchtige Bekannte, nimmt an einer Beerdigung teil, versucht den Wiederabdruck einer Zeitungsannonce auszuhandeln – er ist von Beruf Anzeigenvermittler –, läuft weiter durch die Stadt, ißt und trinkt zwischendurch, traut sich nicht nach Hause, um seine Frau, eine mittelmäßige Sängerin, nicht zu stören, die ihn möglicherweise am Nachmittag betrügt, läuft weiter zum Strand, wo ihm ein Mädchen großmütig Einblicke in ihre Reize gewährt, gerät zweimal fast in eine Schlägerei und kehrt in der Nacht zum Ausgangspunkt zurück, einen versoffen-genialischen Studenten im Schlepptau, dem er zur Ausnüchterung einen Kakao kocht. Viel weniger kann in einem Roman kaum passieren. Und das auf rund 800 Seiten.

Muß man das lesen? Reich-Ranicki hat geschrieben, Joyce werde maßlos überschätzt, weil niemand ihn läse. Läse man ihn, so ließe sich sinngemäß fortfahren, dann käme man bald dahinter – es fragt sich bloß: wohinter? Gewiß, wer von dem Roman eine spannende Handlung erwartet, etwa ein Eifersuchtsdrama, kommt nicht auf seine Kosten. Auch die eben skizzierte Handlung steht so nicht da, wird nicht erzählt. Es heißt nicht: »er lief durch die Stadt«, sondern allenfalls: »an der und der Ecke bog er nach rechts«, aber auch hier müssen wir in der Mehrzahl der Fälle erschließen, daß er um die und die Ecke gebogen ist. Was sich an Nacherzählbarem zu einem dürren Handlungsgerüst zusammenfügen läßt – ein Tag im Leben eines fast ganz gewöhnlichen Mannes –, ist unter Tausenden von Details verborgen, wobei es, zumindest bei einem ersten Lesen, ununterscheidbar ist, ob etwas im Hinblick auf einen Handlungsablauf wichtig ist oder nicht, so wie ein gewöhnlicher Tag aus Myriaden von Augenblicken besteht, wobei erst im nachhinein und unter wechselnden Stimmungslagen sich Bestimmtes als bedeutsam, anderes als schon vergessen herausstellt und beides vom nächsten Tag wiederum als Illusion gesehen werden mag. Lassen Sie mich das noch einmal anders, mit einem für Joyce nicht abwegigen Vergleich sagen: Die Scherben, die der Archäologe ausgräbt, liegen verstreut nebeneinander; allmählich lassen sie sich zusammenfügen, bis etwas eine Gestalt annimmt, eine Kanne, ein Topf; anderes bleibt liegen, weil es nicht paßt, das heißt ein Splitter aus einer anderen Form ist; und schließlich läßt sich das Loch, das in unserem ersten Topf noch offen ist, nach langem Suchen – vom Roman her gesprochen: nach Hunderten von Seiten – auch noch schließen. Das klingt nach Arbeit, Schwerarbeit für den Leser. Lohnt sich die? Was kann uns reizen, uns für einen Dubliner Bürger und seine Frau zu interessieren, zu Beginn des eben verflossenen Jahrhunderts im katholischen Irland, das von England aus regiert wird? Wohl kaum seine nicht unüblichen Eheprobleme, obwohl manche frühe Leser über einige für saftig gehaltene Szenen empört waren und das Buch in England weder gedruckt noch verkauft werden durfte; kaum der Stoff, die karge Handlung; kaum der Alltag, zumal der der Kneipen, den wir inzwischen aus zischenderen Quellen kennen; schon gar nicht der politische oder kulturhistorische Zusammenhang. Was also sonst?

Fangen wir noch einmal von vorn an. Beim Titel. Weiter vorn kann man nicht anfangen. Der Roman heißt *Ulysses*, das ist die englische Form des lateinischen Namens ›Ulixes‹, der wiederum das Äquivalent von ›Odysseus‹ ist: Der Titelname ist also eine zweifache Übersetzung, und damit ist, abgesehen von dem, wofür er steht, zugleich etwas zum Verfahren des Romans gesagt: translatio, Übertragung, auf allen nur denkbaren Ebenen, nicht nur auf der vom Mythos zum Dubliner Alltag. In der Tat hat Joyce seinen *Ulysses* als moderne Odyssee angelegt. Die einzelnen, bezeichnenderweise Episoden genannten Kapitel folgen bis in Einzelheiten hinein der homerischen Vorlage; sie trugen sogar Überschriften wie ›Calypso‹, ›Nausikaa‹, ›Circe‹, ›Penelope‹, die erst beim letzten Korrekturvorgang geopfert wurden, um die Lesererwartung nicht allzu eindeutig zu steuern; der Titel sagte ja schon genug. Man darf sich auch nicht vorstellen, daß der Roman im geringsten Ähnlichkeit hätte mit den modernen Mythenadaptationen im Stil von Hofmannsthal oder Hauptmann, Gide oder Giraudoux. Joyces Figuren haben keine Ahnung, in welchen Korsetts sie stecken, welche Rolle sie spielen oder widerspiegeln: Sie sind normale Dubliner Bürger mit alltäglichen Biographien und sind gleichzeitig determiniert durch ein mythisches Substrat, dessen Vorlage Homer und seine Ausleger geliefert haben. Es ist schwer zu sagen, ob Joyce hier so etwas wie anthropologische Grunddispositionen im Auge hatte, die Allgegenwart des Mythischen in wie verwandelter Form auch immer unter dem aufgeklärten Anspruch der spätneuzeitlichen Rationalität, wie er in den Mythendebatten der zwanziger und dreißiger Jahre diskutiert zu werden beginnt, oder ob er, wie wir heute sagen würden, intertextuell verfuhr, also zwei literarische Schemata, das homerische und das eigene, aufeinander bezog. Er hätte für das erstere plädiert, denn ohne die Annahme anthropologischer Konstanten hätte er *Finnegans Wake* nicht schreiben können. Doch lassen wir das offen und sagen nur, daß der eine und der andere Bereich unabhängig voneinander bestehen und nur im Auge des Autors und mithin des Lesers in Gestalt permanenter Metamorphosen aufeinander abgebildet sind. Bloom weiß nicht, daß er der oder ein moderner Odysseus ist. Der Name *Ulysses* taucht in dem Achthundertseitenepos ganze vier Mal auf: zweimal als Vorname, zweimal in Verbindung mit Shakespeare, nie bezogen auf Bloom.

Nun also Bloom, Leopold Bloom. Wer ist dieser Bloom, der Held, der keiner mehr ist, aber auch kein Anti-Held im Sinne etwa Stavrogins, sondern ein fast gewöhnlicher Mann? Auch er trägt einen übersetzten Namen. Sein Vater, ein ungarischer Jude, hieß Rudolf Virag und übersetzte den Namen, als er nach

Irland kam: ›Flower‹ wäre richtiger gewesen, aber ›Bloom‹ klang weniger blumig, wenn auch unüberhörbar jüdisch. Und der Vorname Leopold ist im irischen Kontext zumindest unüblich und klingt wie eine Erinnerung an die Doppelmonarchie. Schon mit seinem Namen also ist Bloom gleich zweifach ausgegrenzt. Dabei ist er technisch gesprochen gar kein Jude: Seine Mutter war Katholikin, er ist protestantisch getauft (sicherheitshalber gleich zweimal), ist nicht beschnitten, kennt die Riten und Speisegesetze allenfalls vom Hörensagen, jedenfalls bedeuten sie ihm nichts. Und trotzdem versteht er sich selbst als Juden und wird von anderen dafür gehalten, dient als Projektionsfolie für die altbekannten antijüdischen und antisemitischen Klischees. Heißt das, daß einer sein Judesein nicht los wird, und wäre er zehnmal getauft, weil er in seinem Verhalten antizipiert, daß der andere ihn für einen Juden hält oder halten könnte? Heißt das weiter, daß die Außenseiterrolle, in die einer dadurch gedrängt wird oder sich gedrängt fühlt, dazu führt, daß er zum imaginären, zum eingebildeten Juden wird, so wie Spinoza sagte, der Antisemitismus habe den Juden das Überleben gesichert? Bloom zählt sie zur Selbstvergewisserung und mit Stolz manchmal auf, seine Leute: Karl Marx, die Mendelssohns, Spinoza, Maimonides, und im übelsten antisemitischen Kapitel nennt er zu seiner Selbstverteidigung auch noch Jesus und seinen Vater, was ihm unter besoffenen katholischen Nationalisten erwartungsgemäß schlecht bekommt. Fragen kann man sich natürlich, warum Joyce Bloom nicht zu einem ›richtigen‹ Juden gemacht hat. Die Antwort ist wohl einfach: Identitäten sind Verabredungen, imaginäre Konstrukte, die bestimmten Stabilisierungsbedürfnissen nach innen und außen dienen, aber nicht das haben, was die Scholastiker ein ›fundamentum in re‹ genannt haben. So gesehen lassen sie sich aber auch wieder in Frage stellen, sind auflösbar, neu verhandelbar. Das ist einer der Gründe, weshalb Joyce seinen Juden Bloom mit dem Griechen Odysseus überblendete: »jewgreek is greekjew« heißt es einmal ganz spät im Roman. Nebenbei bemerkt ist die Problematik der

Ich-Bildung bzw. die Erweiterung oder Auflösung der Ich-Grenzen ein Zentralthema des modernen Romans, von Virginia Woolf bis zu Beckett, Natalie Sarraute oder Claude Simon.

Joyce entlehnt also der Odyssee den Bauplan und im groben den Ablauf seines Romans. Er beginnt mit drei Kapiteln, die Joyce seine Telemachie genannt hat: Telemach ist der verbummelte, witzige, gelehrte Student Stephen Dedalus, dessen Entwicklungsgeschichte wir in Joyces erstem Roman, dem *Porträt des Künstlers*, nachlesen können. Stephen ist, natürlich ohne daß er es weiß, aber sozusagen unbewußt getrieben, den ganzen Tag über auf der Suche nach seinem nicht leiblichen, sondern konsubstantiellen Vater, eben Bloom. Damit tritt zur homerischen und zur jüdischen Ebene auch noch die christliche hinzu: Stephens Wanderungen lassen sich so auch als ein Leidensweg sehen; am Ende wird er zusammengeschlagen, aber sein gütiger Vater findet ihn und richtet ihn wieder auf. Der Roman endet mit den drei Kapiteln des Nostos: Die Helden kehren müde und angeschlagen, aber ungebrochen heim. Das letzte Wort hat Molly Bloom, die moderne Penelope, die in einem fünfzigseitigen Monolog ohne Punkt und Komma den vergangenen Tag und ihr bisheriges Leben, ihre Ehe, ihre Liebschaften, ihre Sehnsüchte und Alltagssorgen Revue passieren läßt, in einer gleitenden, assoziativen Sprache von Bild zu Bild, die aus dem Absinken des Bewußtseins ins Vor- und Unbewußte vor dem Einschlafen kommt und keinerlei Zensur durch die symbolische Ordnung kennt, schrankenlos, lockend, vital, vulgär. In solcher Offenheit, solcher Totale des Oben und Unten war in der Literatur vor Joyce noch nie die Stimme einer Frau vernommen worden. Was da raunt, kommt aus tieferen Schichten als denen unserer männlichen Kulturleistungen und ist vielleicht, auch, die Stimme der Muse, die Blooms ganze Irrfahrt in Gang gesetzt hat, und zugleich eine Reverenz an die Joyce faszinierende Theorie Samuel Butlers, wonach die Odyssee von einer Frau verfaßt wurde. Zwischen Telemachie und Nostos steht die eigentliche Odyssee in zwölf Kapiteln, von Calypso bis Circe. Da gibt es eine Hadesfahrt in Form eines Trauerzugs durch Dublin zum Friedhof im Nordwesten der Stadt; da gibt es einen Besuch beim Windgott Aeolus, bezeichnenderweise in der Windmacherei einer Zeitungsredaktion; da sitzt eine reizvolle Nausikaa am Strand und träumt sich einen Kitschromanhelden zurecht, den sie in dem sie voyeuristisch beobachtenden dunklen Fremden zu erkennen meint, der den Aufstand seiner Männlichkeit aus der Ferne befriedigt. Manchmal bietet Homer Optionen: Kirke nennt Odysseus zwei Wege zum Hades: durch Skylla und Charybdis oder durch die Irrfelsen. Odysseus nimmt den ersten Weg, Joyce bringt beide. Sein Irrfelsen-Kapitel – ›Wandering Rocks‹ – ist diejenige Episode, in der ganz Dublin wie ein Stadtplan vor dem Leser ausgebreitet liegt und er die Gänge der Figuren in verschiedenen Stadtvierteln gleichzeitig verfolgen kann.

Lassen Sie mich an einem Beispiel zeigen, wie eine solche Parallele gebaut sein kann, wobei der Roman natürlich die unterschiedlichsten Verfahren vorführt. Im ersten Kapitel bereitet Bloom das Frühstück. Er stellt den Wasserkessel auf den Herd und verläßt dann kurz das Haus, um bei dem jüdisch-ungarischen Schweinemetzger Dlugacz für sich zum Frühstück eine Niere zu besorgen. Zurückkehrend – »Be near her ample bedwarmed flesh. Yes, yes« – findet er zwei Briefe und eine Karte auf der Schwelle. »He stopped and gathered them. Mrs. Marion Bloom. His quickened heart slowed at once. Bold hand. Mrs. Marion.« Etwas stimmt hier nicht. »Mrs. Marion« ist eine ungebührliche Anschrift an eine verheiratete Frau; es hätte Mrs. Leopold Bloom heißen müssen. Und die Handschrift ist kühn; das sagt schon fast alles. Er weiß, obwohl er Molly scheinheilig danach fragt, daß der Brief von ihrem Konzertagenten stammt, dem potentiellen Verführer. Der Leser weiß das natürlich nicht, aber es schwant ihm, wenn Bloom immer wieder die Ausdrücke »Bold hand. Mrs. Marion« durch den Kopf gehen, daß es sich hierbei um eins der zahlreichen Eifersuchtsmotive handelt. Bloom bringt den Brief seiner Frau ans Bett, die ihn verstohlen unters

Kopfkissen schiebt. Als er wenig später mit dem Frühstückstablett ins Schlafzimmer kommt, lugt ein Stück des aufgerissenen Umschlags unter dem Kissen hervor. Kauend zeigt sie mit dem Finger irgendwohin. Er sucht unter den angeschmutzten Dessous, bis er endlich findet, was sie meint, ein Buch, das sich gegen den orangen Nachttopf rekelt. Mit ihrer Haarnadel sucht Molly den Text ab nach einem Wort, das sie nicht versteht. Als sie es gefunden hat, spricht sie es aus, aber wir hören nicht, was sie sagt, hören nur Blooms Verständnisfrage: »Met him what?« Viel später, durch Blooms Erinnerung, erfahren wir, daß sie »Met him pike hoses« gesagt hat, ein klares Verlesen natürlich mit sexueller Konnotation, das wörtlich übersetzt etwa »Traf ihn Hecht Schläuche« heißen würde – Wollschläger übersetzt: »Mit ihm zig Hosen« –, ebenso sinnlos wie erwartungsreich. Bloom liest das Wort dann richtig – »Metempsychosis« –, aber wann immer ihm das Wort später in den Sinn kommt, ist es in Mollys Form, gewissermaßen als Verwörtlichung des Verwandlungs- und Wanderungsvorgangs. Molly, natürlich, versteht nichts, als er das Wort ausspricht, sie ist ja Teil des Prozesses selbst, steht nicht auf dessen Metaebene: »Yes. Who's he when he's at home?« Bloom stammelt sich eine Antwort zurecht: »Metempsychosis, he said, frowning. It's Greek: from the Greek. That means the transmigration of souls.« Molly versteht natürlich noch immer nichts und erleichtert sich mit einem »O, rocks! Tell us in plain words.« (Was Wollschläger mit »Ach du dickes Ei!« übersetzt.) Unter dem Hinundher der Blicke der Ehegatten, dem Schlürfen des Tees, Satzfetzen über Mollys Lektürebedürfnisse kramt Bloom nach einer verständlichen Erklärung – »Reincarnation: that's the word« – und übersetzt sie so: »Some people believe, he said, that we go on living in another body after death, that we lived before. They call it reincarnation. That we all lived before on earth thousands of years ago or some other planet. They say we have forgotten it. Some say they remember their past lives.«

Als guter Didaktiker sucht er nach einem Beispiel, und dabei fällt sein Blick auf den gerahmten Billigdruck, der über ihrem Bett hängt: »Das Bad der Nymphe«: »Not unlike her with her hair down: slimmer.« Und bevor er die Nymphen dann beiläufig erwähnt – sie sind ja ein eher schiefes Beispiel für Reinkarnation, mit dem Molly für das Verständnis des Wortes vermutlich auch nicht viel hätte anfangen können –, ergötzt er sich an ihrer Vorstellung: »Naked nymphs: Greece: and for instance all the people that lived then.« Das Gespräch oder vielmehr Nichtgespräch wird dann abrupt unterbrochen durch den beißenden Geruch angebrannter Schweineniere aus der Küche.

Was ist das anderes als eine mild-schlüpfrige Boudoirszene unter nicht mehr jungen Eheleuten? Wir können uns einiges zusammenreimen über die Figuren: Sie, faul im Bett – während des ganzen Romans finden wir sie nur dort –, üppig, ein bißchen schlampig, attraktiv, ein bißchen ordinär, an heißem Lesestoff interessiert, ungebildet; er, beflissen, schüchtern-ergeben, geduldig, halbgebildet, aber erklärungsbegierig, obwohl seine Erklärungen meist leicht verwackelt sind, erotisierbar, obwohl ihm die Erotik seiner Frau seit Jahren unerreichbar geworden ist. Nur, und das ist der springende Punkt, wird uns das alles nicht erzählt von einer allwissenden Instanz, sondern wir müssen es uns selber zusammenstückeln aus Satzbruchstücken, Gesten, wahrgenommenen Gegenständen und abgebrochenen Gedanken im Bewußtsein Blooms, wobei manches erst beim zweiten Lesen, nach der Kenntnis des ganzen Romans, in seiner Bedeutung verstanden wird. Wir erfahren nicht mehr, als Bloom im Augenblick durch den Kopf geht, wissen oft nicht, worauf er anspielt, auf welches Ereignis aus seinem vergangenen oder womöglich vor ihm liegenden Leben er sich bezieht. Die hier verwendete Technik, die mit diesem Roman epochebildend wurde, ist die des inneren Monologs: Alles wird aus der Innenansicht einer Figur erzählt, auch wenn sie nicht spricht, wie Molly später in ihrem großen Monolog, sondern etwas scheinbar von außen gesehen oder berichtet wird. Unsere Szene wäre also kaum anderes als ein auf witzig-neue Weise erzähltes

Stück Alltag, außer daß wir vielleicht noch merken, daß hier etwas nicht stimmt, daß zwischen Molly und Bloom etwas Unausgesprochenes steht, dem beide auf ihre Weise aus dem Wege gehen, das aber mächtiger, sozusagen bewußtseinsfüllender ist als das Ausgesprochene und als die Gedankenfetzen, die das zensierende Bewußtsein passieren läßt. Wie mit den Kürzeln »Bold hand. Mrs. Marion« angedeutet, handelt es sich um die nicht unbegründete Eifersucht Blooms, die durch den versteckten Brief, die Dessous, den hingeräkelten Körper, die nackte Nymphe nur immer neue Nahrung bekommt. Auch diese Technik des Verschweigens, des Versteckens der Tiefe an der Oberfläche, ist freilich nicht neu - Joyce hat sie bei seinen Lehrmeistern Ibsen, Turgenjew, Flaubert, auch bei Freud, lernen können. So weit, so gut.

Nun heißt aber die Episode »Calypso«, will also verstanden werden, zugleich, als die Re-Inszenierung des ersten Erscheinens des homerischen Helden. Mit diesem Schlüssel bekommen die Alltagswendungen auf einmal einen doppelten Boden. Der beiläufig, über ein Mißverständnis und eine Fehlleistung eingeführte Begriff Metempsychose erweist sich auf einmal als das Programm des ganzen Buchs: »that we lived before«. Molly in ihrem Nichtwissen, Nichtverstehen ist beispielhaft für all die Figuren, die sich für selbstbestimmt halten, während sie »in Wirklichkeit« nur Wiederholungen längst geprägter Paßformen - freudianisch gesprochen: prädeterminiert - sind. Odysseus lebt sieben Jahre lang bei der Nymphe Calypso in ihrer Höhle. Der Name der Nymphe kommt von »kalyptein«, »verbergen«; der unterm Kopfkissen versteckte Brief spielt darauf an. Das Attribut der Nymphe ist »schönlockig«, und Molly gleicht der Nymphe auf dem Bild »with her hair down«. Das griechische Wort dafür, »euplókamos«, ist abgeleitet von »pleko«, das heißt »flechten, knüpfen«, im übertragenen Sinn »verwickeln, anzetteln, Ränke schmieden«. Dem Attribut der Nymphe liegt also eine Bedeutung zugrunde, die etwas über ihre Absichten verrät - sie versucht ihn zu umgarnen, von daheim fernzuhalten -, und bei

Molly ist dieser Aspekt in doppelter Weise angelegt: Sie schmiedet heimlich Ränke gegen Bloom und versucht, einen Freier in ihr Garn zu locken. Das Flechten bringt ein weiteres Motiv schon hier ins Spiel, denn Molly wird am Ende des Romans, im gleichen Bett, Penelope sein, und in ihrem Liebesbekenntnis zu Bloom ganz zum Schluß zeigt sich, daß die Freier letzten Endes besiegt sind. Man erkennt also schon hier, im ersten Bloom-Kapitel, daß es Joyces Absicht war, unterschiedliche, bei Homer getrennte Motivstränge miteinander zu verknüpfen, ja zu verwikkeln, so daß es aller Anstrengung und Aufmerksamkeit des Lesers bedarf, sie zu entwirren, voneinander zu lösen. Als topographischen Realort der Höhle Calypsos hat man übrigens Gibraltar ausgemacht; Molly ist in Gibraltar geboren; und ihren Ausruf »O rocks!« im Zusammenhang der Metempsychose verstehen die Joyce-Leser natürlich als Anrufung ebendieses Gebirges.

Bei Homer erscheint Hermes im Auftrag der Götter, um der Nymphe die Freigabe des vielgewanderten, vielgeschlagenen Mannes zu befehlen, damit er in die Heimat zurückkehren kann. Bloom hat beim jüdischen Schweinemetzger Dlugacz einen Stapel zurechtgeschnittenen Einwickelpapiers liegen sehen und nimmt sich das oberste Blatt: Eine Agentur bietet an, den Erwerb eines Streifens Land in Palästina zu vermitteln, um darauf Orangen und Eukalyptus (wieder ein von »kalyptein« abgeleitetes Wort) anbauen zu lassen. Das löste in Bloom eine längere, durchaus ambivalente Reverie über das Land seiner Väter aus, die auch während seiner Wanderschaft durch den Tag immer wieder auftaucht. Dlugacz ist sein Hermes, der ihn an seine Wurzeln erinnert und in ganz anderem Kontext an seine Heimkehr gemahnt. Umgeben von offenem oder verdecktem Antisemitismus – trotz seiner Anpassungswilligkeit, seiner Sanftmut und seinem Nichtwahrhabenwollen bleibt Bloom ein Fremder –, ist das für ihn zumindest eine Frage und damit zugleich ein Stück Alltagsoption um 1904 nach den Vorschlägen von Herzl, die er kennt. Wenn Bloom also im nächsten Kapitel sein Haus verläßt, folgt er zugleich dem homerischen Schema wie dem Memento Dlugaczs: Der moderne Odysseus ist heute der Wandering Jew, und beide streifen nicht ziellos umher, wie es erscheinen mag, sondern haben ein Ziel vor Augen. Wieder hat Joyce zwei ganz unterschiedliche Erzählstränge verknüpft und auf der Ebene einer Alltagsgeschichte zusammengezogen.

Odysseus und Leopold Bloom: Der Abstand erscheint, trotz der Parallele, unüberbrückbar groß, nur in einem allegorischen Schriftsinn gerechtfertigt. Wir würden die Parallelen nicht einmal bemerken, wenn wir nicht gesagt bekämen – gewiß, schon im Titel –, daß sie da wären. Aber sollte es nicht vielleicht Zwischenglieder, Plausibilisierungsvorgaben geben? Der blutjunge Joyce hielt an der katholischen Universität Dublins einen Vortrag über »Drama and Life«. Drama war für ihn die höchste Kunstform, allerdings nicht in einem technischen Sinn, sondern als Ausdruck der Conditio humana, ohne lyrische Befindlichkeit und gleichfalls ohne epische Distanz. Für diese Auffassung von Drama war es gleichgültig, in welcher Form es gestaltet war, ob im Roman oder auf dem Theater. Dieses Drama hatte auch keine privilegierten Sujets: »Ich glaube, daß selbst aus der öden Einförmigkeit der Existenz ein bestimmtes Maß an dramatischem Leben gezogen werden kann. Auch die durchschnittlichsten, auch die abgestorbensten unter den Lebenden können eine Rolle in einem großen Drama spielen. Die große menschliche Komödie, in der jeder mitspielt, bietet dem wahren Künstler ein unbegrenztes Betätigungsfeld, heute wie gestern und in längst vergangenen Zeiten. Die Formen der Dinge haben sich, wie die Kruste der Erde, verändert. Lohengrin, dessen Drama sich in einer Szenerie der Abgeschiedenheit im Halblicht entfaltet, ist keine Antwerpener Legende, sondern ein Weltdrama.« Wagner wird in dem Vortrag mehrfach, neben Ibsen, als das Leitbild dieser neuen Auffassung von Drama genannt. Nicht genannt wird der, der vor Joyce in Wagner den Erneuerer des dionysischen Dramas gesehen hatte: Nietzsche. Das wäre im bigotten irischen Klima um 1900 auch ganz undenkbar gewesen.

Aber ich glaube (beweisen kann ich es nicht), daß Nietzsches Tragödienbuch Joyces Auffassung vom Drama mitgeprägt hat und seine Polemiken ihn auf eine bestimmte Spur gesetzt haben. In der Polemik gegen Euripides steht zum Beispiel folgender Satz, der sich wie ein Klappentext zum *Ulysses* liest: »Odysseus, der typische Hellene der älteren Kunst, sank jetzt unter den Händen der neueren Dichter zur Figur des Graeculus herab, der von jetzt ab als gutmüthig-verschmitzter Haussclave im Mittelpunkt des dramatischen Interesse's steht.«

Euripides sei es auch gewesen, der die Alltäglichkeit, die Alltagssprache, die Mittelmäßigkeit auf die Bühne gebracht habe: »Und so hebt der aristophanische Euripides – Nietzsche spricht von den ›Fröschen‹ – zu seinem Preise hervor, wie er das allgemeine, allbekannte, alltägliche Leben und Treiben dargestellt habe, über das ein Jeder zu urtheilen befähigt sei.« Lesen wir daraufhin einmal die »Frösche« mit Joyces Augen, so sind die Parallelen zu seinem eigenen Unternehmen erstaunlich. Am auffälligsten ist sicher die Betonung des Gewöhnlichen, die ihm so viele Verweise eintrug. Selbstbewußt sagt der Tragiker von sich im Hades-Streit – ich zitiere die Übersetzung von Gilbert Murray, die Joyce gekannt haben dürfte: »I put things on the stage that came from daily life and business.« Sein großer Rivale Aischylos kann das nur verächtlich abtun:

»Our city through him is filled to the brim
With monkeys who chatter to every one's whim;
Little scriveners' clerks
With their winks and their larks,
But for wrestle or race not a muscle to trim!«

Es ist vor allem auch die Sprache, die kritisiert wird: Umgangssprachliche Wendungen stehen neben Archaismen und echtem oder hohlem Pathos. Euripides hat damit der neuen Komödie die Tür geöffnet »mit ihrem fortwährenden Triumphe der Schlauheit und Verschlagenheit« (Nietzsche), die ihrerseits den

Wortschatz noch um das Zotige und Vulgäre erweiterte. Eine Komödie wie die »Frösche« ist selber das erste große Werk der Intertextualität, Literatur aus Literatur. Nicht die ehrwürdigen Tragiker sprechen, sondern ihre Karikaturen, und hauen sich gegenseitig ihre, vom anderen meist mißverstandenen, Verse um die Ohren. Dionysos, der Gott der Tragödie, tritt selbst auf als lächerlicher feiger Weichling und hört dem Chor der Frösche zu – die alten Mystagogen sind in Frösche verwandelt –, die vom großen Dionysos singen. Einmal wendet sich der Gott sogar an seinen eigenen Priester im Publikum, der doch wissen müßte, wer er in Wahrheit ist, und der ihn vor dem Spott beschützen soll. Ständig arbeitet die Komödie mit Illusionsbrechungen, das heißt, der Zuschauer muß dauernd auf dem Quivive sein, um die wechselnden Positionen der Figuren im Spiel zu verstehen. Und daß einer zugleich zwei oder mehr Rollen verkörpert, ist gleich zu Beginn markiert, wenn Dionysos mit den Attributen des Herakles auftritt, so wie Joyce im Titel seines Romans zu verstehen gibt, daß seine Hauptfigur zugleich jemand anderen darstellt.

Nietzsche, Euripides, Aristophanes – das könnten die Zwischenglieder gewesen sein, die vom epischen Helden der Frühzeit zu unserem prosaischen Haussklaven geführt haben. Die Herabwürdigung der erhabenen Figuren mit ihrem sprichwörtlichen Pathos in die Verbürgerlichung, der Verwandlungsmechanismus, Doppelrollen, das unterschiedslose Nebeneinander aller Sprachschichten in der Alltäglichkeit, die Travestie eines Hades-Besuchs, alles das spricht dafür, sogar noch die spöttische Anrede im Publikum anwesender Personen. Als der *Ulysses* erschien, 1922, war bald bekannt, daß Joyce viele noch lebende Personen namentlich in sein Buch gesteckt hatte. Das war innerhalb der zeitgenössischen Literatur eine ungeheuerliche Frechheit, ohne Vergleich. Folglich kaprizierten sich die ersten Leser in Dublin auf die Frage: »Am I in it?«

Doch noch einmal zurück zu Homer. Joyce war fasziniert von den Theorien des heute vergessenen Victor Bérard. Zum einen hatte Bérard behauptet, die Odyssee sei griechisch-semitischen Ursprungs, wobei er die Phönizier als Semiten sah, was sich aus der Sprachverwandtschaft und dem ursprünglichen Siedlungsgebiet der Phönizier begründen ließ. Damit war die Verbindung des Hellenen mit dem Juden nicht mehr eine hübsche, wenngleich willkürliche Verbindung getrennter Erzählstränge, sondern ließ sich im Ursprung fundieren, von den Wurzeln her (»roots«), zu denen Bloom ja auch unterwegs ist auf seinen »routes«. Zum anderen hatte Bérard die Odyssee als phönizisches Navigationshandbuch gelesen und alle Stationen der Irrfahrt in der mediterranen Topographie identifizieren zu können geglaubt: Mit dem Buch in der Hand konnte der Seefahrer zum Beispiel wissen, daß mit Scylla und Charybdis die Meerenge der Straße von Messina gemeint war, daß die Sirenen an der Meerenge von Capri hausten, daß Circes Höhle auf der bewaldeten, kugeligen Berginsel des Monte Circeo bei Terracina lag, die Höhle Calypsos in Gibraltar im äußersten Westen der Mediterranea. Bérard hat die Routen des Odysseus genau rekonstruiert, von Gesang zu Gesang kartiert er das Meer und verzeichnet noch die kleinste Kursabweichung mit Richtungsangaben auf der Windrose. Es ist diese Meereskarte Bérards, die Joyce bis in die Einzelheiten auf den Stadtplan Dublins übertragen hat. Von Episode zu Episode folgt Bloom, folgt Stephen den vorgezeichneten Routen, von Nord-West nach Süd-Ost der eine, umgekehrt der andere, mit allen entsprechenden Umwegen dazwischen, bis ihre Wege sich irgendwo im Nord-Osten treffen. Die angesteuerten Ziele – der Friedhof, die Redaktion, die Wirtshäuser, die Bibliothek, der Strand, das Entbindungskrankenhaus, das Bordell – sind Häfen oder bisweilen versteckte Landemöglichkeiten, und was manchmal wie ein zielloses Wandern, ein Umweg, eine falsche Richtung, ein Sich-Verlaufen erscheint, hat seinen buchstäblich tieferen Sinn in den Seekarten Bérards. Bloom und Stephen – wie auch die zahllosen übrigen Figuren, die jeweils ihre homerische Entsprechung haben – werden also an Leinen geführt, die sie selbst nicht kennen, scheinen Herren ihrer Entscheidungen zu sein und gehen doch nichts als prädestinierte Wege. (Wenn man will, kann man dahinter auch eine ironische Pointe über die Allwissenheit Gottes sehen; bei dem Jesuitenzögling und Thomisten Joyce läge das nicht allzu fern.) Was mir aber der entscheidende Punkt zu sein scheint, ist folgendes: Mit den odysseisch-bérardschen Wanderungen hatte Joyce ein Raster gefunden, um das riesige Wahrnehmungsangebot einer modernen Großstadt mit ihren Reizüberflutungen, ihren Kontingenzerfahrungen sinnvoll zu strukturieren, nicht bei der additiven Beliebigkeit einer Stadt, wie sie sich dem wandernden Auge präsentiert, stehenzubleiben. Statt dem Tohuwabohu, dem Chaos, die Formung des Materials, bis es in eine vorbedachte Ordnung gefügt ist. Man kann das auch Reduktion von Komplexität nennen, die jeweils interessegeleiteten, bewußten oder unbewußten Mechanismen folgt. So sieht Bloom die Stadt anders, wenn er hungrig ist, als wenn er gegessen hat, wenn er einen Harndrang verspürt, als wenn er sich davon befreit hat, wenn er eifersüchtig ist, als wenn er darauf hofft, daß sich beim Besteigen einer Kutsche eine Damenwade offenbaren würde, wenn nicht im entscheidenden Augenblick leider eine Straßenbahn dazwischenführe. Aber das ist eben nur die obere, wenngleich außerordentlich kunstvoll, raffiniert und witzig geknüpfte Schicht, die im einzelnen zu entflechten schwierig genug ist.

Die Komplexitätsreduktion durch die homerischen Gänge steht auf einem anderen Blatt, die nichts mit Wahrnehmungskriterien zu tun hat. Sie ist ein Bauprinzip, das mehr mit der musikalischen Komposition als mit literarischen Verfahrensweisen bis zu Joyce zu tun hat. Wer eine Komposition hört, braucht ihre Struktur nicht zu kennen; kennt er sie, hört er freilich mehr. Man merkt dann zum Beispiel, daß eine bestimmte Tonfolge, die in den unterschiedlichsten Verwandlungen oder Modulationen wieder erscheint, sich einer nach bestimmten Regeln geleiteten, geradezu zwangsläufigen Arbeit am Material verdankt. Der Vergleich mit der Musik ist nicht zufällig. Joyce, der sich als junger Mann nicht sicher war, ob er nicht Sänger werden sollte, hat viel von der Musik gelernt. Ein ganzes Kapitel, die Sirenen-Episode, ist nach kompositorischen Baugesetzen gearbeitet, soweit das sprachlich überhaupt möglich ist, aber er geht über die Semantik hinaus und funktionalisiert schließlich nur noch Lautfolgen; er nannte die Technik des Kapitels eine »fuga per canonem«, und es finden sich darin sogar die für die Fuge typischen Engführungen, die sich, in einem anderen Schlüssel gelesen, auch als durch die Meerenge von Capri bedingt – auf deren Klippen singen die Sirenen – verstehen lassen. Und ein musikalisches Prinzip, das den ganzen Roman strukturiert, durch die ganz unterschiedlichen erzählerischen Raster der Kapitel hindurch, und das mit den Homer-Parallelen nichts zu tun hat, ist die von Wagner gelernte Leitmotivtechnik: wo immer »Mrs. Marion. Bold hand.«, »Met him pike hoses« und Dutzende anderer Kürzel auftauchen, auch in Zusammenhängen, in denen Verführung und Eifersucht keineswegs thematisiert sind, ist klar, daß sie sich in einer Schicht von Blooms Vor- oder Unbewußtem störend bemerkbar machen. So gelingt es, die ungleichzeitige Gleichzeitigkeit dessen, was sich in der Psychophyse eines Charakters abspielt, dem Leser erfahrbar zu machen. Die für das Erzählen ebenso konstitutive wie ärgerliche Folge des Nacheinander ist durch die Übertragung der Wagnerschen Innovation zu Simultaneitätsschichten zusammengezogen.

Das Meer, die Stadt, die Stadt als Meer. Seit dem 19. Jahrhundert ist die moderne Stadt ein Literatursujet, bei Eugène Sue, Balzac, Dickens, Poe, Baudelaire, Zola. Die Unübersichtlichkeit der Stadt, ihre Unermeßlichkeit, Gefährlichkeit, das Lauern von Unwägbarkeiten, die Spärlichkeit von Orientierungshilfen; daher die Richtungsirrtümer, die Gefahr, in ihr zu versacken, von ihr aufgesogen zu werden. Die Stadt als Dschungel, als Dickicht, als Labyrinth, als Sumpf, lauter Bilder, die wie das Meer den neuen Erfahrungsraum eher dämonisieren als erhellen. Nun geht es dem, der zum erstenmal den *Ulysses* liest, wie dem Neuankömmling in einer Stadt: Er kennt sich nicht aus, sucht nach Orientierungspunkten, verliert sich, erkennt nach langen Gängen durch gleichförmig erscheinendes Neben- und Nacheinander auf einmal etwas wieder - ein Leitmotiv! -, sucht sich den Weg zurück zu dem Punkt, wo dieses Etwas zum erstenmal auftauchte, und beginnt sich zu orientieren. Es scheint nur so, daß der Roman eine beliebige Wörteranhäufung ist wie die endlosen Straßenzüge in einem Häusermeer, einzig zusammengehalten durch die wechselnden Befindlichkeiten des Flaneurs Bloom. In Wirklichkeit bewegt sich Bloom in jedem seiner Schritte ganz exakt auf dem Stadtplan Dublins. Das wird zwar meistens nicht namentlich gesagt, und wir müssen es oft aufgrund kleinster Details erschließen, aber nie verliert sich seine Spur in irgendeiner fiktiven Ungenauigkeit. Joyce war besessen von der Präzision des Faktischen. Hier ist nichts labyrinthisch oder unübersichtlich. Joyce hat einmal gesagt, würde Dublin heute vom Erdboden verschwinden, man könnte es mit seinem Roman in der Hand exakt wieder aufbauen. Er hat auch, im gleichen Zusammenhang, gesagt, er habe keine Phantasie, er habe nur Gedächtnis. Die Wörter für sich-erinnern sind im Englischen anders als im Deutschen: re-member, re-collect. Darin hat sich etwas von der Aus-Wendigkeit der alten Gedächtniskunst, der Ars memorativa, erhalten. So gesehen ist Joyces Verfahren also dies: Er setzt eine Figur aus den »disjecta membra« des Odysseus neu zusammen (re-collect), ruft ihn damit ins Gedächtnis zurück (re-call, re-mind) und setzt ihn in eine Stadt, deren real existierende Bestandteile er ebenfalls, Stück um Stück, nach Plan, vor unseren Augen wieder zusammensetzt (re-member).

Im englischen Wort steckt »membrum«, Glied, Körperteil. Der ganze Roman ist zugleich wie ein riesiger Körper angelegt, den wir uns Glied um Glied zusammensetzen müssen. Jedem Kapitel ist ein von Joyce sogenanntes Organ zugeordnet, zusätzlich zu den schon genannten Erzählrastern. Diese Organe fungieren wie die memorativen Loci, in die ganz unterschiedliche Imagines gestellt werden können, auf die aber das Bewußtsein fixiert bleibt. Das Organ des ersten Bloom-Kapitels ist die Niere. Der erste Satz, den wir über ihn hören, lautet: »Kidneys were in his mind.« Und es ist die Niere, die das ganze Kapitel wie der Falke die Novelle durchgeistert, sich materialisiert und dann im Verdauungsprozeß wieder verschwindet. Eigentlich ißt er am liebsten gegrillte Hammelnieren, »which gave to his palate a fine tang of faintly scented urine«, aber die sind heute, am Donnerstag, nicht zu haben, folglich macht er sich auf zum Schweinemetzger, mit den genannten Folgen, die das für sein jüdisches Zachor – Erinnerung und Auftrag, Ruf aus der Vergangenheit, Aufbruch – hat. Die Niere, das Filterorgan, brutzelt in der Pfanne, während Bloom der teetrinkenden Molly Metempsychose zu erklären versucht, ein Wort, das durch sie ausgeschieden wird, von sich gegeben als »Met him pike hoses«, und aus einem Buch genommen ist, das sinnigerweise neben einem Nachttopf grätscht. Es ist dann die verbrannt riechende Niere, die das Gespräch jäh unterbricht und den nächsten Szenenwechsel veranlaßt. Vom Verbrannten befreit, wird die Niere verspeist, viel Tee dazu getrunken – von Flüssigkeiten ist in dem Kapitel oft die Rede –, und am Ende geht sie, wenn auch sie nicht selbst, sondern das von Blooms Niere Produzierte, in einem ausführlich beschriebenen Vorgang den Weg aller irdischen Nahrung. Das Kapitel beginnt also mit der Niere im Kopf und endet mit dem, was sie physiologisch-konkret produziert.

Lassen Sie mich noch ein paar weitere solcher Organbezüge nennen. In der Aeolus-Episode, die in einer Zeitungsredaktion spielt, sind die Lungen das Organ. Folglich wird alles Material eingesetzt, das im engeren oder weiteren Sinn mit Luft, Atem, Wind zusammenhängt, Druckfahnen wehen vom Tisch, Türen knallen, Reden werden geschwungen, bezeichnenderweise unterschieden nach den drei klassischen Genera. Im sozusagen reinen Stadt-Kapitel, der Irrfelsen-Episode, in dem Bloom nur ein Flaneur unter vielen ist, in dem die Figuren aneinander vorbeiströmen, sich zufällig begegnen oder verfehlen, ist das Organ das Blut und seine Zirkulation. Im Sirenen-Kapitel ist das Organ natürlich das Ohr – wir müßten das Kapitel eher hören als lesen –, und im voyeuristischen Nausikaa-Kapitel ist es das Auge. Technisch das interessanteste Kapitel, ›Die Rinder des Sonnengotts‹, spielt in einem Entbindungskrankenhaus. Zechende Medizinstudenten hocken zusammen und erzählen sich ihre Zoten, während irgendwo eine Frau ein Kind zur Welt bringt. Das Organ ist der Uterus, und das äußerlich belanglose Geschehen wird als das Wachsen eines Kindes im Mutterleib erzählt, von der Befruchtung über die einzelnen embryonalen Stadien bis zur Geburt. Joyce macht das aber gleichzeitig so, daß er es an der Entwicklung der englischen Sprache und Literatur vorführt: bestimmte Autoren oder Epochenstile parodierend, ist von Absatz zu Absatz zu verfolgen, wie die Sprache sich wandelt, vom altenglischen Staben bis zum fragmentierten Gestammel der Moderne, einer Art Selbstparodie, der Geburt von etwas Neuem.

Die Irrfahrten des Odysseus, Victor Bérards Reiserouten, die Heimkehr ins Gelobte Land, das Häusermeer der Stadt Dublin, die menschlichen Körperorgane – wie läßt sich so etwas schreiben, von einem alle Schichten gleichzeitig organisierenden Bewußtsein? Nun, es wurde auch nicht in einem herkömmlichen Sinne ›geschrieben‹, es wurde gewissermaßen Stein um Stein zusammengetragen, ›re-collected‹. Der Roman mit seinen zahllosen Kreuz- und Querverbindungen, dem komplizierten Motivgeflecht, den vorausweisenden Anspielungen, entstand im Grunde erst während der zahlreichen Fahnenkorrekturvorgänge. Joyce las nicht im üblichen Sinne Korrektur, sondern das Fahnenlesen war für ihn ein produktiver Vorgang. Erst im Nebeneinander der Kapitel konnte er sehen, worauf etwas hinauslaufen könnte, wie es vorzubereiten, wie es zu verzahnen wäre. So wurde der Roman erst im Prozeß der Korrekturvorgänge mit seinen manchmal kleinen hinzugefügten Details, manchmal seitenlangen Erweiterungen Schicht um Schicht schließlich zu dem komplexen Gebilde, als das wir den *Ulysses* kennen. Für den Leser bedeutet das dann analog, alle Teile des Romans gleichzeitig präsent zu haben: Das Verstehen beginnt frühestens bei der zweiten Lektüre.

Ein paar Schlußbemerkungen: Die sprichwörtlich verwikkelte Bauweise des *Ulysses* hat immer wieder Leser abgeschreckt, sich auf ihn einzulassen. Was gehen uns die Wanderwege des Odysseus an, was die Stadt Dublin 1904? Und doch, was Joyce vorschwebte, war mehr und anderes: Was er vorführen wollte, war nichts Geringeres als das moderne Ich, Bloom als der Jedermann. Dieses Ich ist aus vielen Schichten zusammengesetzt, sowohl als Individuum wie als Exponent der Gattung, es ist selbst da noch fremdbestimmt, wo es selbstbewußt zu handeln glaubt, Atavistisches und Archetypisches überkreuzt sich mit den die Psychophyse verändernden Erfindungen der Technik (Telefon, Telegraph, die Elektrische, das Auto), es steckt in wechselnden Rollen oder es ist fragmentiert in Teile, die mal nichts miteinander zu tun haben, mal jeweils anders zu einem brüchigen Ganzen zusammengefügt werden können. Ein solches Ich scheint übrigens heute, fast hundert Jahre nach dem von Hermann Broch so genannten ›Weltalltag der Epoche‹, mit den manipulierbar, neu zusammensetzbar gewordenen Teilen unserer Körper, bis in die Chromosomen und Gene hinein, konkrete Gestalt annehmen zu können.

HELMUT KOOPMANN

Narziß im Exil. Thomas Manns Jahre der Emigration und sein *Felix Krull*

Das eigene Urteil über seinen letzten Roman war vernichtend. Ein Jahr vor seinem Tod notierte Thomas Mann in sein Tagebuch: »Ich fürchte von dem Krull-Bande, dessen Ausgang zudem flau und flüchtig ist, eine entwürdigende Wirkung.« Schon im Juli 1953 hatte er vermerkt: »Wagner schrieb mit annähernd siebzig sein Schlußwerk, den Parsifal, und starb nicht lange danach. Ich habe ungefähr im selben Alter mein Werk letzter Konsequenz, den Faustus, Endwerk in jedem Sinn, geschrieben, lebte aber weiter. Der Erwählte, noch reizvoll, und Die Betrogene sind bereits überhängende Nachträge, schon unnotwendig. Was ich jetzt führe, ist ein Nachleben, das vergebens nach produktiver Stütze ringt.« Er traute sich die Vollendung des *Krull* nicht mehr zu; der Roman sei »stofflich unschicklich und erdrückend unabsehbar«. Er setzte damals hinzu: »Schrecklich zu denken, daß ich meine Produktionskraft überlebe, da bin und nichts mehr zustande bringe.« Ein Jahr später war aus dieser Furcht fürchterliche Gewißheit geworden. »Melancholie, Bangigkeit, Sorge um die Endzeit meines Lebens herrschen fort«, meinte er an seinem Geburtstag 1954. »Wie werde ich das anbrechende Jahr einigermaßen produktiv verbringen? Wie raffe ich mich noch einmal zu künstlerischem Unternehmen auf? Es droht das ›And my ending is despair‹.« Aber die Verzweiflung war längst da, und mit ihr die Einsicht, daß er sich selbst überlebt habe. Nach seinem Geburtstag zog er noch einmal eine endgültige Bilanz und meinte, daß er mit einigen Romanen, auch mit dem *Faustus*, »etwas wie einen kleinen Vollbringer abgeben konnte«. Und: »Ach, wie liebe und bewundere ich das Vollbringertum, das Werk – jetzt zumal, im Alter, wo es damit für mich aus ist. [...] Mein einziges Behagen ist Rauchen und Kaffee trinken, was beides schädlich.«

Drei Monate später wurde der *Krull*-Roman ausgeliefert. Ihm seien, so meint Thomas Mann, »fast peinliche Erfolgsprophezeiungen« vorausgegangen, und was kam, schlug aber auch restlos alles in den Wind, was Thomas Mann befürchtet hatte. Zehntausend Vorbestellungen, im November 1954 schon zwanzigtausend Exemplare des *Krull* vergriffen, weitere zwanzigtausend werden noch im gleichen Monat gedruckt. Thomas Mann konstatiert ungläubig: »Der Erfolg ist verblüffend.« Anfang Januar 1955 eine dritte Auflage bis zu sechzigtausend, im März 1955 wird die vierte, bis zum achtzigsten Tausend, vorbereitet. Es soll aus gewesen sein? Kein anderes Buch Thomas Manns hat in so kurzer Zeit einen so einzigartigen Erfolg gehabt. Während er meinte, daß sein wunderlicher Lebenstraum jetzt bald ausgeträumt sei, während er notierte: »Völlig unfähig zu arbeiten. Den ganzen Tag krank«, sah er den »enormen Erfolg« und schrieb: »Der Krull [...] erregt allgemeines Entzücken. War mir's nicht vermutend.« Und, wenige Tage später: »Der Erfolg ist verblüffend. Entzückte Briefe.« Ende Juni 1955: »Alle Vormittage waren ausgefüllt mit dankgeschäftlicher u. a. verwandter unproduktiver Arbeit im Gefolge des Geburtstages, von dem das Wort umgeht, daß selten oder nie ein Mensch so gefeiert worden sei. Kurios, kurios. Eine Merkwürdigkeit, dieses Leben.« Es endete einige Wochen später: am 12. August 1955.

Thomas Manns letzter Roman hat genau fünfzig Jahre lange Wurzeln in seinem Leben gehabt: Um 1905 tauchen erstmals Pläne zu einem »Hochstapler«-Roman auf, und damit ist *Felix Krull* gemeint. Die erste Konzeption von Anfang 1906 enthielt bereits den ganzen Roman: »*Der Hochstapler* lernt einen jungen Grafen kennen, der ein Liebesverhältnis hat und dem seine Familie, um ihn los zu machen, eine Reise um die Welt verordnet hat. Sie hat ihm eine große Summe dazu geschickt und verlangt Briefe von Stationen. Felix macht ihm den Vorschlag, zu tauschen. Er empfängt das Geld, sie schreiben zusammen nach dem Bädeker die Briefe, und Felix reist als Graf u. gibt die Briefe an den betreffenden Stationen auf, während der wirkliche Graf bei seinem Liebchen bleibt. – Dieser Fall gewöhnt ihn an die Vornehmheit u. den Reichthum. Es genügt nun nicht mehr, Herr Doctor zu heißen.« Das Hochstapler-Thema stand im übrigen in enger Verbindung mit dem Künstlerthema, und während der 1909 erschienene Roman *Königliche Hoheit* den Künstler sozial gesehen gewissermaßen bis in die höchsten Ränge hin steigerte, da dort aus der Künstler-Erzählung eine Fürstennovelle geworden war, in der der Künstler als zurückgezogener, als einsamer und nur der Repräsentation ergebener Ästhet gezeigt wurde, ging es, was das Hochstapler-Thema angeht, hinab: Krull sollte sich auch in den unteren Randzonen der Gesellschaft bewegen. Der Künstler also einmal als gesteigerte Ausnahmeexistenz, einmal in der Nähe von Dieben, Nichtstuern und Kriminellen: Man darf darin nicht persönliche Reflexe des Autors sehen, sondern nur Variationen des einen Themas, das in der Jahrhundertwende schon vielfach durchprobiert worden war. Wie sehr das Künstlerthema Thomas Mann interessierte, zeigt nicht zuletzt auch der frühe Plan zum *Doktor Faustus*, ein Dreizeilenentwurf, der von der Teufelsverschreibung eines syphilitischen Künstlers handeln sollte. Daß der Künstler mit dem Kriminellen zu tun hatte, war freilich nicht allein Thomas Manns Idee und auch nicht die seiner Künstler-Zeitgenossen; dafür hatten schon Autoren wie Cesare Lombroso gesorgt, der 1864 *Genio e follia, Genie und Irrsinn*, geschrieben hatte. Was Genie sei, konnte man bei Lombroso in aller Deutlichkeit lesen: Es sei »eine wirkliche Degenerations-Psychose aus der Gruppe des moralischen Irrseins«. Max Nordau hatte mit seinem Buch *Entartung* (1892/93) gewissermaßen das Gegenstück dazu geliefert. Die Abwärtsbewegung des Künstlers in die Nähe des Kriminellen entsprach im übrigen den Vorstellungen von einem allgemeinen Niedergang der Kultur, von einer zunehmenden Zivilisation, die nur noch deren Schattenseiten beinhalte, und Nietzsche hatte ebenfalls das Seine getan, um das alte Künstler-Hochglanzbild, wie es aus der Klassik überkommen war, zu schwärzen. Der Artist, so sagte er, »diese specifische Culturpflanze«, sei von der »Criminalität der That durch Willensschwäche« abgetrennt, zeige »sociale Furchtsamkeit«; er sei aber auf der anderen Seite auch noch nicht ganz reif für das Irrenhaus, obwohl er in die Nähe der Irren und der Verbrecher gehöre. Schiller hatte hundert Jahre zuvor noch der Idealisierung, der »Veredelung« das Wort geredet, aber bei Nietzsche hieß es jetzt: »Veredelung durch Entartung«. Lombroso hatte im übrigen auch *L'uomo delinquente, Der Verbrecher*, geschrieben, ein Buch, das Thomas Mann gekannt hat. Der berühmte epileptische Anfall in der Musterungsszene dürfte auf Lombroso zurückgehen, der den »furor epilepticus« dargestellt hatte. Bei Lombroso konnte er lesen: Ein »von Jugend auf Epileptischer sprach es aus, daß er von der Aushebung befreit sein würde, da er vor der Aushebungskommission einen Anfall simulirt habe. [...] Zur Wiederholung eines solchen veranlaßt, blieb er danach wie betäubt und verwirrt und gestand, daß er nach den simulirten Anfällen oft ebenso erschöpft sei wie nach den wirklichen.« Das konnte etwas später Felix Krull auch von seinem Erlebnis bei der Musterung berichten.

Der Künstler als Hochstapler: Es war wohl nicht zuletzt die Gründerzeitstimmung der Kaiserjahre, die einen solchen Typus hochgeschwemmt hatte; in ihm drückte sich der Protest gegen die Theaterwelt des Wilhelminismus aus – die Epoche dürfte aufmerksamen Zeitgenossen ohnehin wie eine Hochstaplerzeit vorgekommen sein. Aus dem Hochstapler-Thema sprach darüber hinaus auch ein Protest gegen bürgerliche Lebensformen, die ihrem Ende zugingen, gegen eine bürgerliche Moral, die sich als starre Ordnung in Vorschriften niederschlug, die das Leben bis in Einzelheiten hin regulierten. Zu den Begleiterscheinungen dieser protestierenden Künstler und Halbkünstler gehört damals das Künstlercafé, das Kabarett, der Zirkus, das Tingeltangel – soziale Phänomene, die noch bis tief in die zwanziger Jahre hinein begegnen. Viele Intellektuelle sind Gelegenheitsarbeiter, schreiben für Zeitungen, leben ihre Boheme-Existenz. Eigentlich sind die Literaten kraftlose Burschen, aber sie sind Möchtegernhelden, schwärmen nicht zuletzt deshalb für die Renaissance und für den starken Mann. Im Grunde sind sie alle haltlos. Doch sie führen ein reges literarisches Leben: Wedekinds Marquis von Keith gehört zur Künstler-Familie wie Bierbaums Prinz Kuckuck, aber auch so mancher Casanova aus dem Werk Schnitzlers und der Dandy: Artisten, wohin man sieht. Novellen Herman Bangs spielen in der Zirkuswelt, etwa *Fratelli Bedini*. Sternheims *Der Snob* paßt dahin, und zur Lektüre hat Thomas Mann sich nicht zufällig auch *Dorian Gray* von Oscar Wilde notiert. Richard von Schaukal schließlich porträtiert den Typus in *Leben und Meinungen des Herrn Andreas von Balthesser*, 1907 - nach dem Vorbild des berühmten Brümmel.

Das war Modeliteratur, und Thomas Mann versuchte mitzuschwimmen im literarischen Strom, versuchte die anderen zu übertreffen, nicht nur in Hinsicht auf die bessere Behandlung des literarischen Motivs, sondern auch dadurch, daß er einen Variationsreichtum in die Künstlerfiguren hineinbrachte, der anderswo unbekannt war. Aber der wichtigste Anreger ist noch nicht genannt. Wir lesen in den Notizbüchern: »*Der Litterat als Abenteurer*. Typus Henry. Man ist als Litterat innerlich immer Abenteurer genug. Äußerlich soll man sich gut anziehen, zum Teufel, und sich benehmen wie ein anständiger Mensch!«

Da haben wir es - nicht ein Werk des Bruders, sondern dieser selbst erscheint in seinem zugvogelartigen Dasein, seinem leichten Lotterleben und seiner Bindungslosigkeit, seinem Herumflattern in den literarischen Genres und Themen als Inbegriff des abenteuerhaften Literaten. Wir dürfen daraus folgern, daß bestimmte Ausformungen der Künstler-Figur also Reaktionen sind, auf Heinrich bezogen, Verwandlung seines Lebens ins Spielerisch-Entlarvende, Teile des großen Bruderzwistes, der seine so unendlich produktiven Aspekte hatte. Aber Thomas Mann hat in dieser Notiz eigentlich nur die Hälfte gesagt. Denn im *Felix Krull* sollte nicht nur der leibhaftige Bruder als Abenteurer und Literat auftreten, der geplante Roman Thomas Manns war vielmehr so etwas wie ein Gegenentwurf zu Heinrich Manns *Im Schlaraffenland*, wo es diesen Typus des naiven Glückskinds vom Lande gab, der in die große Welt verschlagen wurde und der dort als Pulcinello, als Fortunatus, als Hans im Glück, als liebe Einfalt und freundliche Naturschönheit auftrat. Andreas Zumsee, so der Name des Helden in Heinrich Manns Roman, stammt aus dem Rheinland, sein Vater ist Weinlieferant; aber die rheinische Welt ist ihm zu klein, und so zieht er nach Berlin, kommt dort erst in die Randzonen, dann ins Zentrum des Türkheimer-Imperiums, wird Geliebter der Frau des Hauses, gerät in die Wirtschaftswunderwelt von damals, die auf nichts anderem aufgebaut war als auf Schein, auf gesetzlich gerade noch erlaubtem Betrug, und innerhalb dieses Dschungels der Großstadt, der sich miniaturisiert in der Wohnanlage Türkheimers, in Berlin-Tiergarten gelegen, widerspiegelt, lebt Zumsee sein Fortunato-Schicksal, kommt überall, wenngleich es ihm auch an intellektueller Scharfzüngigkeit entschieden mangelt, heil durch, bis er aber dann Opfer dieser Hochstaplerwelt wird und wieder herunterstürzt, denn er muß die abgelegte Geliebte Türkheimers heiraten und fällt zurück in die unterste Gesellschaftsschicht und, was schlimmer ist, in die Banalität. So war er am Ende denn nur wie ein Zugvogel durch die Welt der Großen, durch die große Welt der Zeitungszaren und der Hochfinanz gekommen, die von dem Autor des Romans freilich in erbarmungsloser Satire bloßgestellt wurde als das, was sie war, nämlich als riesenhaftes Betrugsunternehmen. Heinrich Mann war nicht der einzige gewesen, der das alles gegeißelt hatte; im *Simplizissimus*, der satirischen Zeitschrift, fanden sich ähnliche Porträts, die sich dort freilich stärker gegen das Burschenschaftswesen oder vielmehr das Burschenschaftsunwesen, gegen den ewigen Leutnant, gegen den Verbindungsstudenten mit seinen Schmissen (»So ein Gesicht gehört in die Hose«, konnte man unter dem Bild eines solchen lesen), gegen die kaiserliche Volksbeglückungsschwindelei richteten. Der Held in Heinrich

Manns Roman durchschaute nicht alles völlig, aber der Leser durchschaut es um so besser, denn er sieht, wie sich diese Unschuld vom Lande durch die Glitzerwelt der Berliner Salons bewegt. Eines fehlte freilich Heinrich Manns Roman: ein quasi philosophischer Tiefgang. Das Scheinhafte des Wilhelminischen Zeitalters konnte jedermann erkennen, der über einigermaßen gute Augen verfügte, aber es war dem Helden des Romans nicht gegeben, daraus Schlüsse zu ziehen in bezug auf Leben und Existenz, und so wie es Zumsee an Souveränität fehlt, so auch an wirklicher Einsichtsfähigkeit. Das wäre verbesserungsfähig, mag Thomas Mann gedacht haben, und so entwarf er seinen *Felix Krull.* Natürlich war Thomas Mann auch angeregt von den Memoiren Manolescus *(Ein Fürst der Diebe)*, aber der eigentliche Ansporn dürfte von dem Roman des Bruders ausgegangen sein. Zwar stellt Thomas Mann zugleich auch fest, »daß ich den deutschen Bildungsroman als ›Memoiren eines Hochstaplers‹ zu *parodieren* im Begriffe bin«. Daß er sich den Bekenntnis- und Entwicklungsromanen, den autobiographischen Bildungsromanen anschließen wolle, geht aus einer Vorrede zu einer Lesung aus *Felix Krull* in München 1916 hervor. Aber das ist nicht mehr als literarische Hintergrundmusik. Es ging zunächst um Heinrich, doch bald sah Thomas Mann: Es ging vor allem um ihn selbst. Und so verkleidete er sich, spiegelte sich in eine Hochstapler-Existenz hinein, mit der er als Bürger so wenig und als Künstler so viel zu tun hatte.

Was wird aus dem Plan? 1916 war wohl nur die Geschichte der Kindheit ausformuliert. Das riesige Material, mehr als 200 Seiten in den Notizblättern, über 500 Ausschnitte aus Illustrierten, Tageszeitungen und anderem umfassend, enthält zahlreiche Details. So können wir uns ein recht genaues Bild von Person und Erscheinungsbild des Helden machen. Eine Notiz lautet: »Fortwährendes Bedürfnis, sich aeußerlich zu verändern. Wechsel der Barttracht, der Kragenform, des Kleiderschnittes als notwendiger Lebensreiz. Die Langeweile, immer das selbe ›Ich‹ zu sein, ist tötlich. Kunst. Metaphysik. Erotik. In einer Rolle geht eine mystische Vereinigung mit einem Stück Welt vor sich. Sein Leib ist nicht mehr nur er. Er genießt ihn.« Tiefer reicht die Notiz: »mundus vult decipi«. Thomas Mann fügt hinzu: »›Die Welt schreit von Ewigkeit danach, betrogen zu werden‹ – sehr gut. Aber auch seine Sehnsucht nach der Welt ist das Werk eines Betruges von seiten der Welt, das *Blendwerk* des Schleiers der Maja [...]. Es ist ein erotisches Betrugsverhältnis auf Gegenseitigkeit. Er hat von der Welt das Blenden gelernt und macht sich zum Ideal, zum Lebensreiz, zur Verführung ihr gegenüber – worauf sie gründlich hineinfällt. [...] Die Welt, diese geile und dumme Metze will geblendet sein – und das ist eine göttliche Einrichtung, denn das Leben selbst beruht auf Betrug und Täuschung, es würde versiegen ohne die *Illusion*. Beruf der Kunst.« Uns tut sich ein fesselndes Psychogramm auf. Krull ist Künstler, aber zugleich auch Lebenskünstler, in die Welt ebenso wie in sich selbst verliebt, ein Hochstapler, der nur dann mit sich selbst identisch ist, wenn er dieses nicht ist. Er betrachtet die Welt ebenso als Schlaraffenland wie als Venusberg, und während er alles haben möchte, hat er eines mit Sicherheit nicht: nämlich Gewissen, Verantwortungsgefühl und das, was zur Bürgerlichkeit gehört. Weil er das Gefühl hat, daß die ganze Welt ihm gehöre, bestiehlt er auch die ganze Welt, und so lebt er denn ein zutiefst widersprüchliches Leben, ohne dieses als solches zu empfinden. Er geht Dutzende von Beziehungen und Liebesverhältnissen ein, und er bleibt doch im Grunde von allen diesen unberührt. Das Reizvoll-Widersprüchliche an Krull reicht bis in Äußerlichkeiten. Er ist blond, aber seine Haut von goldiger Bräune, so daß unbestimmt bleibt, ob er nun blond oder brünett ist – so wie er Männer und Frauen gleichermaßen zu entzücken vermag. Er lebt intensiv in der Welt und scheint doch reichlich Schopenhauer gelesen zu haben, genug jedenfalls, um die Welt zu entlarven. Er bewegt sich in Illusionen und hat zugleich einen desillusionierten Blick auf die Welt, er ist mit ihr gleichsam in Liebe verbunden und nimmt sie gleichzeitig als großes Theater an. Er macht allen bei der Musterungsszene etwas vor und glaubt am Ende an das, was er sich nur ausgedacht hat. Er ist von unglaublicher Anpassungsfähigkeit und bleibt doch überall ein Fremder, er ist der Graf, der ins Gefängnis kommt, er spielt eine Rolle und durchschaut doch sein eigenes Rollenspiel, er nimmt nichts ernst und will doch von allen ernst genommen werden, er ist ein Glückskind, das schließlich aber Pech hat – es gibt noch viele Gegensätze, die in der Person des Felix Krull aufgehoben sind. Es fällt schwer, einen gemeinsamen Nenner zu finden. Krull ist natürlich auch eine Hermes-Figuration wie Tadzio im *Tod in Venedig*, Joseph in den Josephsromanen. Doch vor allen Dingen ist er eine Figuration des Narcissos, auch wenn Thomas Mann Freuds Schrift *Zur Einführung in den Narzißmus*, die schon 1914 erschienen war, wohl erst 1925/26 kennengelernt hat. Aber Freud war gar nicht notwendig. Denn im *Tod in Venedig* gibt es ja schon »das Lächeln des Narziß, der sich über das spiegelnde Wasser neigt, jenes tiefe, bezauberte, hingezogene Lächeln, mit dem er nach dem Widerscheine der eigenen Schönheit die Arme streckte«. Bei aller Weltliebe ist die Selbstverliebtheit ein stereotyper Zug in allem, was Felix Krull tut oder auch nicht tut, und für den Roman gilt, was Thomas Mann einmal notiert hat: »Liebe zu sich selbst ist immer der Anfang eines romanhaften Lebens.« Aber das alles ist bei Thomas Mann kein Spiel mit einem fremden Mythos, den er immer wieder durchvariiert. Narcissos: Das ist er selbst. So wie Thomas Mann später das Geburtsdatum des Felix Krull von 1871, dem Geburtsjahr Heinrichs, auf das Jahr 1875, sein eigenes Geburtsjahr, umgeschrieben hat, so ist auch aus dem »Anti-Heinrich«, als der sein Felix Krull anfangs gedacht war, am Ende so etwas wie ein Selbstbildnis geworden: *Seine* Wünsche, *seine* Fähigkeiten, *seine* Neigungen und *seine* Lebensphilosophie machen den Roman zu einer versteckten Autobiographie.

Das hat man seit langem gesehen, so wie man natürlich auch gesehen hat, daß hier das eigene Ich des Autors hochstilisiert und verfremdet worden ist. Die unglaubliche verbale Flexibilität, die Sprachmächtigkeit des Autors ist zugleich die seines

Romanhelden. Aus dem Künstlerthema der Jahrhundertwende ist das Thema des Lebenskünstlers geworden, und es gibt niemanden, der dieses virtuoser, überzeugender und sprachgewaltiger durchvariiert als Felix Krull. Oder sollen wir sagen: als Thomas Mann? Freuds Schrift über den Narzißmus konnte ihn nur bestätigen in dem, was er selbst längst wußte und niedergeschrieben hatte. Er hat einmal notiert: »Wozu, woher überhaupt Schriftstellertum, wenn es nicht geistig-sittliche Bemühung ist um ein problematisches Ich?« Das mag sein – aber hier ist es nicht ein problematisches Ich, sondern ein idealisiertes Ich, um das der Autor sich bemüht, und Thomas Mann konnte sich in diesem Roman so sehen, wie er einen kleinen Essay 1907 überschrieben hatte: *Im Spiegel*. Vielleicht dürfen wir auch sagen: Hier hat sich der so tief protestantisch geprägte Bürger Thomas Mann von diesem Erbe spielerisch befreit, indem er sich phantasievoll in die ebenso fragwürdige wie gloriose Existenz eines Lebenskünstlers entgrenzte, der um so mehr Künstler war, je weniger er sich an bürgerliche Konventionen hielt – ein Ausbruchsversuch, wie er Tonio Kröger mit seinem fragwürdigen Kompromiß am Schluß der Novelle, also der Künstler-Sympathie für die Blonden und Blauäugigen, nicht gelungen war.

Warum hat Thomas Mann seinen Roman damals abgebrochen? Es gibt eine Antwort, die alles erklärt und nichts besagt: *Die Bekenntnisse des Hochstaplers Felix Krull* mußten vor dem *Tod in Venedig* zurücktreten, und dann kam noch ein anderer Roman dazwischen: der *Zauberberg*. Aber warum kamen diese beiden Meisterwerke dazwischen? Offenbar bedurfte Thomas Mann einer stilistischen Veränderung und Erholung. So hat er es im *Lebensabriß* jedenfalls festgehalten, wenn er sagte: »Den Krull'schen Memoirenton, ein heikelstes Balancekunststück, lange festzuhalten, war freilich schwer, und der Wunsch, davon auszuruhen, leistete wohl der Konzeption Vorschub, durch die im Frühjahr 1911 die Fortsetzung unterbrochen wurde.« Er sprach auch sonst vom »Bedürfnis nach einem stilistischen Ausruhen in anderen Sphären der Sprache und des Gedankens«. Recht überzeugend ist das freilich nicht, denn bei anderen Werken hat er nicht das Bedürfnis verspürt, sich davon um des Ausruhens willen abzuwenden – sonst wären die Josephsromane wohl nie zu Ende geschrieben worden, und auch mit dem *Zauberberg* hätte er seine Schwierigkeiten gehabt. Vielleicht liegt eine Antwort näher: Das Künstlerthema war um 1910 nicht mehr recht aktuell, und die Übertragung ins Kriminelle hinein war es erst recht nicht mehr. Im Hintergrund stand freilich noch ein anderes Bedürfnis, nicht nur das nach stilistischer Veränderung: Er wollte auch im *Tod in Venedig* Heinrich antworten, der das Thema der Liebe in seinen Romanen der *Herzogin von Assy* auf eine Weise abgehandelt hatte, die Thomas Mann höchst suspekt war – nun war so etwas wie »neue Klassizität« das Stilideal, und da paßte die Arbeit am *Krull* natürlich nicht hinein, da sich Parodie nicht mit Klassizität vertrug. Heinrich bot aber noch einen weiteren Grund, von dem Hochstapler-Roman erst einmal abzulassen. An ihm sah er, wie gegenwartsbezogen man schreiben konnte, ja schreiben mußte, um Erfolg zu haben. Und im gleichen Maße, wie Heinrich Manns *Untertan* vorankam, mußte Thomas Mann erkennen, daß Heinrich ihm wieder einmal voraus war. Das Interesse am Einzelnen, am großen oder auch problematischen Individuum, also am Hochstapler und seiner singulären Existenz war inzwischen alles andere als zeitgemäß – Thomas Mann hatte das Gefühl, er könnte sich selbst überleben, schriebe er am Hochstaplerroman weiter. Und so ließ er es denn vorläufig bei dem Fragment bewenden. Einzelne Kapitel waren 1911 und zwischen 1919 und 1925 erschienen, ein Druck dessen, was bis dahin vorlag, kam 1937 im Amsterdamer Querido-Verlag heraus: Er umfaßte neben Buch 1 die ersten fünf Kapitel des 2. Buches.

Die Frage, warum er den Roman dann doch wiederaufnahm, läßt sich wesentlich schwieriger beantworten als die, warum er ihn damals liegenließ. Eine Antwort liegt zwar nahe, ist aber auch besonders unzureichend: Stoffarmut des Alters. Angst vor dem Vertrocknen – damit hat Thomas Mann sein Leben lang zu tun gehabt, so unbegründet uns das auch heute scheinen mag, und der Bruder hatte ihm überdies früh schon mächtig eingeheizt mit der Feststellung, daß vor allem jene Angst vor dem Vertrocknen zu haben hätten, die früh selbstgerecht hingetreten seien. Immerhin: Es gab ein riesiges Material, das er im Laufe der Jahre gesammelt hatte, und so lag es natürlich nahe, dieses auszuwerten, um den Roman, der irgendwie auf der Strecke geblieben war, fertigzumachen. Aber: Auch anderes war abgebrochen und nicht wiederaufgenommen worden, und die Unmenge an Materialien mußte nicht unbedingt ein Stimulans sein, sie konnte auch hindern. Oder wollte Thomas Mann noch einmal einen spielerischen Blick in den Spiegel tun, wollte er sich noch einmal der ebenso fragwürdigen wie hochfliegenden Künstlerexistenz vergewissern? Ein solches Argument ist im Prinzip immer richtig, erklärt aber in diesem Fall auch nichts. Da wäre schon verständlicher, daß Thomas Mann hier die Reihe spielerisch-parodistischer Romane fortgesetzt habe, also auf *Lotte in Weimar* den *Erwählten* habe folgen lassen und danach, als weitere Steigerung ins Parodistische, eben *Felix Krull*. Eine solche Überlegung wäre diskutabel, wäre da nicht der *Doktor Faustus*, der die Kette der parodistischen Spätwerke jäh unterbricht. Verständlich wäre auch, daß Thomas Mann hier eine mythische Figur, nämlich die Hermesfigur des Felix Krull, ins Spielerisch-Parodistische, ins Spätzeitliche transponiert habe, um den Typus des mythischen Romans noch einmal zu variieren. Aber: Recht befriedigen will das alles nicht, und vor allem: Wir haben so gut wie keine Aussagen Thomas Manns selbst. Hatte er vielleicht das Interesse am Überzeitlichen, am Öffentlichen, am Politischen, das ihm seinerzeit den Abbruch der Arbeiten am *Felix Krull* nahegelegt hatte, wieder verloren? Das will allerdings auch nicht glaubhaft erscheinen, denn das öffentliche Bewußtsein war ja eher noch größer als geringer geworden, und die ungebrochene Vortragstätigkeit Thomas Manns zeigt zur Genüge, daß man nicht etwa von einer Rückwendung zum individualistisch-persönlichen Bekenntnisstil sprechen kann. Oder, eine vorerst letzte Antwort: Hat Thomas Mann sich im Alter wieder der Schopenhauer-Philosophie zugewandt, tief überzeugt vom Nirwanahaften alles Gegenwärtigen und von der Scheinhaftigkeit der Welt? Schon denkbar – aber diese spezifische Form der Altersresignation wäre ein schlechter Motor gewesen, um den Roman voranzutreiben, und darüber hinaus ist es nicht unproblematisch, Thomas Mann so gründlich und so langzeitig auf die Schopenhauer-Philosophie festzulegen. Die Nirwana-Vorstellungen vom nichtswürdigen Gang der Welt hatte er ja doch mit dem *Zauberberg* über Bord geworfen, gründlich und ein für allemal, hatte sich zum Leben bekannt und eine neue Humanität gepredigt – und alledem wäre er untreu geworden, hätte er sich in das Schopenhauer-Erlebnis seiner Jugend zurückgeflüchtet. Allerletztens: Hat Thomas Mann hier in Fortsetzung der frühen Pläne sozusagen doch noch einmal sein Über-Ich ausgemalt, die glänzenden Welterfolge Krulls als ins Fremd-Fiktive übersetzte Eigenerfolge gefeiert, wobei er sich aber auch der Gefahren bewußt war, die ein solch übertriebener Individualismus zwangsläufig mit sich bringen mußte, und war der kriminelle Aspekt gewissermaßen der Gewissensvorbehalt des Autors Thomas Mann sich selbst gegenüber? Das führt schon tief in die Psychoanalyse hinein, und man wird sich fragen müssen, ob sich in der Spätzeit Hinweise und Belege für eine solche These im Roman oder in den Selbstaussagen Thomas Manns finden lassen. Aber: Auch da gibt es so gut wie nichts. Allenfalls könnte man sagen, daß dieser letzte Roman, wenn er denn auf den Narcissos-Charakter seines Autors bezogen sein sollte, der ideale Entwurf eines Schriftstellers war, der selbst sich früh als das genaue Gegenteil dessen charakterisiert hatte, was Felix Krull bieten konnte und erreicht hatte. Im Juli 1903 hatte Thomas Mann ein kleines Gedicht für sich geschrieben, und in dem fanden sich die Verse:

»Hier ist ein Mensch, höchst mangelhaft:
Voll groß und kleiner Leidenschaft,
Ehrgeizig, eitel, liebegierig,
Verletzlich, eifersüchtig, schwierig,
Unfriedsam, maßlos, ohne Halt,
Bald überstolz und elend bald,
Naiv und fünf mal durchgesiebt,
Weltflüchtig und doch weltverliebt,
Sehnsüchtig, schwach, ein Rohr im Wind,
Halb seherisch, halb blöd und blind,
Ein Kind, ein Narr, ein Dichter schier,
Schmerzlich verstrickt in Will' und Wahn.«

Felix Krull wäre das absolute Gegenstück zu diesem skeptischen Selbstbildnis, der höchst perfekte Künstler dem höchst mangelhaften Menschen gegenübergestellt. Aber: Der Weltbürger Thomas Mann brauchte nicht mehr aus der protestantischen Bürgerlichkeit seiner frühen Jahre auszubrechen – das hatte er selbst längst gründlich besorgt. Heinrich spielte keine Rolle mehr, sein Schlaraffenland-Roman erst recht nicht. Also: Was brachte Thomas Mann zum Weiterschreiben?

Es gibt eigentlich nur zwei tragfähige Deutungen: eine, die von Thomas Mann stammt, und eine, die wir selbst dem Roman unterlegen wollen. Aus der Sicht Thomas Manns gab es nur einen Grund, den Roman weiterzuschreiben, und über diesen Grund hat er sich in seinen späten Tagebüchern ausgelassen. Am 6. Juli 1953 hieß es: »Den Krull als einen Faust aufzufassen, den es zu beenden gilt, ist schwer möglich.« Was besagt die skeptische Bemerkung? Geht es darum, daß er seinen *Krull* beenden will, wie Goethe seinerzeit seinen *Faust* beendet hatte? Sicherlich, das auch. In seinem Aufsatz *Über Goethes Faust*, der schon 1939 entstand, sagt Thomas Mann über sein bewundertes Vorbild: »Es ist rührend zu sehen, wie sein alter und später Geist in die Jugend von Leben und Werk zurückgreift, um dem Fragmentarischen und Unvollendbaren die Einheit zu geben, nach der er im tiefsten trachtete. ›Das ist der glücklichste Mensch‹, sagt er, ›der das Ende seines Lebens mit dem Anfang in Verbindung setzen kann.‹« Da hat Thomas Mann sich im Grunde genommen selbst beschrieben. Und Thomas Mann dürfte auch in Erinnerung gehabt haben, was Goethe zu Eckermann am 6. Dezember 1829 sagte: »Da die Konzeption so alt ist [...], und ich seit fünfzig Jahren darüber nachdenke, so hat sich das innere Material so sehr gehäuft, daß jetzt das Ausscheiden und Ablehnen die schwere Operation ist.« Thomas Mann sah sich offenbar in der Rolle des alten Goethe, der ein Jugendwerk nach fünfzig Jahren vollendet. Aber *Felix Krull* und *Faust* haben noch ganz andere Gemeinsamkeiten, die Stoffe sind sich nahe – und daß dem so ist, zeigt eine Bemerkung aus dem Jahre 1943, die »die innere Verwandtschaft des Faust-Stoffes« mit dem Krull-Stoff betont. Damit war Goethes *Faust* gemeint, nicht etwa Thomas Manns eigener Roman vom *Doktor Faustus*, und Thomas Mann hat damals auch gesagt, worin diese innere Verwandtschaft der beiden Stoffe bestehe – sie beruhe »auf dem *Einsamkeitsmotiv*«; dieses sei in Goethes *Faust* »tragisch-mystisch« abgehandelt worden, bei ihm selbst hingegen „humoristisch-kriminell«. Damit aber wäre der letzte Roman Thomas Manns nichts Geringeres als ein Roman in der Nachfolge Goethes, kühne Variation des dramatischen Hauptwerkes der deutschen Klassik, und in der Tat: Dafür spricht einiges. Das Einsamkeitsmotiv ist vielleicht gar nicht einmal das Vordergründig-Sichtbarste, viel charakteristischer ist die im wahrsten Sinne des Wortes phantastische Macht, die Faust und Krull auszeichnet: Nichts kann sie hindern, die dem Menschen normalerweise gesetzten Grenzen zu überspringen – den Weltreisen ordnen sich imaginäre Reisen zu, und vor allem: Die Verwandlungsfähigkeit des Faust ist nicht sehr viel größer als die Verwandlungsfähigkeit des Felix Krull, der auch Identität eintauschen kann und der sich gerne als jemand vorstellt, der mehr ist als das, was er selbst zu sein scheint. Allerdings ist bei Felix Krull vieles verdoppelt und vervielfacht, was bei Faust nur als

Einzelnes beschrieben ist: Die Liebe zu Gretchen ist im *Felix Krull* zur Liebe allen möglichen weiblichen Gestalten gegenüber geworden, und manchmal hat Thomas Mann ein Faust-Motiv sogar umgekehrt: Als Gretchen kostbaren Schmuck in ihrem Zimmer findet, war es, mit Hilfe des Teufels, natürlich Faust, der ihn hineinpraktiziert hat. Konträr dazu ist Felix Krull derjenige, der den Schmuck der Madame Houpflé wegnimmt und stiehlt, mit ihrer freudigsten Erlaubnis. Aber das ist vor dem Hintergrund vieler Gemeinsamkeiten zu sehen. Der Abstieg Fausts in mythische Landschaften und Vorgänge bei Goethe, die Steigerung ins Mythische bei Thomas Mann; die Abenteuer- und Reiselust bei beiden; das Auserwähltheitsmotiv, die schier unbegrenzte Macht über alles und jeden, die Fähigkeit, in dutzendfach verschiedener Gestalt erscheinen zu können; schließlich die Sprachmagie Fausts und die des Felix Krull: Es gibt viel an Übereinstimmungen oder bewußten Kontrafakturen, mit einem gewichtigen Unterschied: Felix Krull braucht eigentlich keinen Mephisto. Nach der tragischen Darstellung des *Doktor Faustus* hier also die humoristisch-travestierende Variante, verbunden mit einem Gutteil eigener Bekenntnisfreudigkeit im Stile von Goethes *Dichtung und Wahrheit*? Die *Faust*-Parallele ist die tatsächlich sehr viel tieferreichende als etwa die zu Goethes *Wilhelm Meister*, und wenn *Felix Krull* in gewissem Sinne auch ein »Anti-Meister« ist, so wie er früher einmal ein »Anti-Heinrich« werden sollte, so ist der Roman doch vor allem eine Variation des Goetheschen *Faust*. Das ist um so glaubwürdiger, weil der Gegenroman zum *Wilhelm Meister* ja längst geschrieben war – das war Thomas Manns *Zauberberg* gewesen. Was schließlich beides verband, war das Hochstaplermotiv. Goethes Faust ist ein Hochstapler reinsten Wassers, da er mit Illusion und Täuschung, mit Betrug und Scheinwahrheit arbeitet – ganz wie Felix Krull. Auch bei Krull ist die Reise um die Welt zugleich eine Reise in die Tiefen der Erkenntnis – spätestens im Speisewagengespräch mit Professor Kuckuck muß er das erkennen. Kuckuck trägt zwar unverkennbar Züge Schopenhauers – aber irgendwo ist es auch noch einmal der alte Goethe im Gespräch mit Eckermann, der hier in der Unterhaltung Kuckucks mit Felix Krull wieder auftaucht. Daß zur Variation des Vorbildes nicht nur Gemeinsamkeiten, sondern auch Unterschiede gehören, versteht sich von selbst - aber die Gemeinsamkeiten überwiegen. Ja, Thomas Mann hat *Felix Krull* durchaus als seinen *Faust* aufgefaßt, den es zu beenden galt. Es schien schwer möglich zu sein, aber es war möglich - auch wenn der zweite Teil dann nie geschrieben wurde. Daß es überhaupt einen zweiten Teil geben sollte wie bei Goethe, mag ein äußerliches Indiz sein - aber: Es ist (auch) eines.

Diese Parallelität zwischen Goethes *Faust* und Thomas Manns Roman schließt andere partielle Nähen, Verwandtschaften und Übereinstimmungen nicht aus: Dazu gehört Grimmelshausens *Simplicissimus*-Roman, also der Typus des Schelmenromans, der natürlich hier ebenfalls hineinspielt. Vor allem aber war es eben doch der *Faust*, und wir haben zwei weitere briefliche Belege, daß dem so ist. Am 23. Dezember 1951 schreibt Thomas Mann an Paul Amann: »Ich habe allerlei Weiteres an den Krull-Memoiren geschrieben, laufe aber immer Gefahr, ins ›Faustische‹ zu geraten und die Form zu verlieren. So bringe ich den Helden, der ein Erotiker ist, in Kontakt mit der Idee des *Seins* selbst, das vielleicht nur eine Episode ist zwischen Nichts und Nichts, wie das Leben auf Erden nur ein Zwischenfall mit Anfang und Ende, da die Bewohnbarkeit eines Sterns limitiert ist. Dabei geht alles ohne genaue Grenze in einander über: Der Mensch ins Tierische, dieses ins Pflanzielle, das Organische ins unorganische Sein, das Materielle ins Immateriale, ins Kaum-noch-Sein und ins Nicht-sein, das ohne Raum und Zeit.« In der letzteren Bemerkung ist schon das Gespräch Kuckucks mit dem Adepten Krull im Speisewagen vorweggenommen. Auf die zumindest indirekte Parallele zu Goethes *Faust* weist auch eine Notiz gegenüber Adorno (vom 9.1.1952) hin: »Nach dem ›Faustus‹ hatte ich's abgeschworen, je wieder noch einen großen Roman zu schreiben. Nun tu ich's doch - und habe mir damit etwas aufgehalst, dessen Anforderungen an Laune und Erfindung wahrscheinlich über meine Jahre gehen. Wenn wenigstens nicht die verdammte Neigung wäre, alles und jedes, selbst etwas so Närrisches, ins ›Faustische‹ ausarten zu lassen und eine Wanderung durchs Unendliche daraus zu machen!« Die Wanderung durchs Unendliche: Das war die Wanderung des Autors durch alle Weltbezirke, aber es war auch die Wanderung Fausts, und es ist die Wanderung Felix Krulls. Aus der Abenteuer-Geschichte ist beide Male eine Welterfahrungsdichtung geworden, und ganz von ferne lugt auch noch die *Odyssee* als episches Muster durch die Stoffe hindurch. 1952 schrieb Thomas Mann an einen amerikanischen Gelehrten, Hermann Weigand, von der »faustischen Expansivität« seiner Bücher – damit war zunächst wiederum das Uferlose des Erzählens gemeint, aber auch mehr: der Goethesche Kosmos, der hier zum Reich des Felix Krull geworden war.

Geht man in Einzelheiten, stellt sich die Parallelität zwischen Goethes *Faust* und Thomas Manns letztem Roman noch deutlicher her. Dabei spielt nicht so sehr eine Rolle, daß Thomas Mann seinen *Felix Krull* nutzt, um noch einmal so verborgen wie ausführlich aus Goethes *Faust* zu zitieren – das hat er auch in anderen Romanen getan, ohne daß diese darum zum *Faust* Thomas Manns geworden wären. Modelle lieferten die klassische Walpurgisnacht, die Baccalaureusszene und die Laboratoriumsszene – das findet sich im Gespräch Krulls mit Kuckuck wieder, aber Kuckuck ist mehr, er nimmt kurzzeitig auch die Rolle Mephistos ein, wenn er sich Krull als Reisemarschall andient, der ihm Lissabon mit all seinen Mysterien zeigen will. (Den Namen Kuckuck hatte Thomas Mann wohl schon früh gefunden. Er kannte offenbar von Martin Kuckuck dessen *Die Lösung der Probleme der Urzeugung*, Leipzig 1907, und hat das Thema von seinem Professor Kuckuck im Speisewagengespräch auf dem Weg nach Lissabon noch einmal abhandeln lassen – mit sehr viel mehr Tiefgang, wie sich versteht.) Krulls Besuch im naturhistorischen Museum von Professor Kuckuck spiegelt Fausts

Gang zu den Müttern, und das Hinabsteigen ins Souterrain innerhalb dieses Museums gleicht dem Abstieg in den Hades. Ob Thomas Mann Krull in der Rolle des Faust gesehen hat, der, wenn er vor Zouzou steht, zugleich vor Proserpina steht, oder ob Felix Krull in seinem Gespräch über die Poesie der Liebe im 10. Kapitel des 3. Buches die Rede Fausts vor Gretchen wiederholt - das ist nicht zu klären, soll wohl auch gar nicht geklärt werden. Daß Thomas Manns *Felix Krull* und Goethes *Faust* miteinander etwas zu tun haben, das allerdings dürfte als gesichert gelten. Und so ist sein letzter Roman nicht nur ein Gegenstück zur eigenen Geschichte von *Doktor Faustus*, die satyrhaft-komische Variante eines ernsten Themas, das Thomas Mann wie kein anderes als sein ureigenstes betrachtete, sondern ein letztes Mal erzählerische Goethe-Nachfolge.

Das alles ist bedenkenswert und kaum widerlegbar, wenn wir die Frage angehen, warum Thomas Mann seinen alten Romanstoff in den letzten Jahren seines Lebens erneut vornahm. Was diese Überlegungen wieder einschränkt, ist die Tatsache, daß bei aller Suche *eindeutige* Parallelen, *unzweifelhafte* Bezüge dennoch spärlich und dann auch zumeist mehrdeutig sind - wenn Kuckuck etwa als Reisemarschall die Rolle des Mephisto einnimmt, so ist er gleichzeitig doch auch wieder Goethe, der Krull etwas über die Allsympathie in der Natur vorträgt. Wir wissen das deswegen, weil in *Lotte in Weimar* der erdichtete Goethe sich schon so ähnlich geäußert hatte, und so zitiert in diesem fast unübersehbaren Netz von Anspielungen Thomas Mann nicht nur den wirklichen Goethe, sondern auch den erdachten Goethe aus seinem eigenen Roman. Das alles spricht im übrigen nicht gegen die Auffassung, daß Thomas Mann sich hier ein letztes Mal als Narziß selbst gezeichnet habe, sondern bestärkt das nur: Zur Narzißhaftigkeit gehört eben, daß Narziß sich auch in anderen immer wieder spiegeln kann, und so hat es Thomas Mann in Goethe getan, nicht so sehr aus reiner Goethe-Verehrung als vielmehr aus Selbstliebe, auch aus Selbstbestätigung. Doch ist nicht vielleicht auch noch etwas anderes mit im Spiel, was das Aufgreifen und Ausgestalten des alten Romanstoffes angeht, etwas, was auch in den Bereich des Narzißtischen gehört und dennoch fern ist von aller Goethe-Reminiszenz? Oder, direkter gefragt: Spiegelt sich in Thomas Manns letztem Roman nicht zugleich seine eigene, gerade durchlebte Lebenssituation wider, mußte sie das nicht, wenn der Roman auch Autobiographie war? Reflektiert sich, kurz gesagt, nicht auch das nahezu zwanzigjährige Exil in diesem autobiographischen Roman, hat der nicht auch auf diese Weise mit der Biographie Thomas Manns zu tun?

Als Begründung dafür läßt sich immerhin anführen, daß kein Werk der Exilzeit frei geblieben ist von Spuren dieses Exils. In *Lotte in Weimar* von 1939 erscheint Goethe nicht in Übereinstimmung, sondern im Widerspruch zu seiner Nation, die ihn nicht mag – und so mag er sie auch nicht. Goethe – das ist die Position Thomas Manns, der sich nicht weniger im Widerspruch zu seiner Nation befand und der 1938 bei seiner Ankunft in Amerika erklärt hatte: »Wo ich bin, ist die deutsche Kultur.« Daß der kalifornische blaue Himmel ihn an den ägyptischen blauen Himmel seiner Josephsromane erinnere, hat Thomas Mann selbst ausdrücklich gesagt, hat die Wirtschaftsadministration Josephs dem New Deal Roosevelts abgesehen, und wenn der Stoff natürlich auch vorgegeben war, so ist das Dasein Josephs im Ägyptenland ein Dasein in der Fremde, die nie zur Heimat wird, so hoch Joseph dort auch steigen mag. Daß die Existenz des Dr. Serenus Zeitblom im *Doktor Faustus* die eines inneren Emigranten ist, sagt jener selbst. Spuren aber auch anderswo. In den *Vertauschten Köpfen*, der von Thomas Mann so genannten indischen Legende, spiegelt sich deutlich ein Emigrantenschicksal; nicht nur, daß von »Blut«, »strenger Herrenfrömmigkeit«, »Rauschdrang«, »trunkenem Kreisen und ungeheuerlichen Schauern« die Rede ist, also von Worten, mit denen sich die nationalsozialistische Massenhysterie beschreiben ließe – wir lesen dort auch von der Unterschiedlichkeit von Ich- und Mein-Gefühl, von Vereinzelung, von Zersplitterung des

Einen, von Erfahrungen einer dissoziierten Existenz und von solchen eines völligen Identitätsverlustes. Von grotesken Vertauschungen handelt diese indische Legende, und zu ihr könnte ein Satz passen, den Stefan Zweig einmal gesprochen hat: »Und ich zögere nicht, zu bekennen, daß seit dem Tage, da ich mit eigentlich fremden Papieren und Pässen leben mußte, ich mich nie mehr als Ganzes mit mir zusammengehörig empfand. Etwas von der natürlichen Identität mit meinem ursprünglichen und eigentlichen Ich blieb für immer zerstört.« Ähnliches geschieht auch in dieser indischen Legende. Thomas Mann hat sie einmal charakterisiert als »Entzweiungs- und Identitätsspiel, nicht sehr ernst, es wird höchstens ein Kuriosum«. Aber so kurios sei die Geschichte auch wieder nicht, schrieb er wenig später, und wenn man genauer hinsieht, spiegelt sich die Exilantensituation in Amerika deutlich, auch in dieser Erzählung. Wir lesen dort etwa: »Denn die Welt der Zurückgezogenen ist eine Welt wie eine andere, in der man Bescheid weiß, wenn man dazugehört, und in der es viel Klatsch, Bemängelung, Eifersucht, Neugier und Überbietungsbegierde gibt.« Alles das gab es auch unter den Exilanten, Thomas Mann hat es nur zu gut kennengelernt. Er hat zu den Werken seiner Exilzeit aber auch einmal in einem Brief gesagt: »Ich habe Joseph in Ägypten, Lotte in Weimar und die Vertauschten Köpfe geschrieben, Werke der Freiheit und Heiterkeit und, wenn Sie wollen, der Überlegenheit.« Überlegenheit, das ist die Überlegenheit des Exilanten, der die Sprache und sein Erzählen nutzt, um diese Freiheit von den widrigen Zuständen des Exils zu erreichen. Und wenn wir einen Blick vorauswerfen: Freiheit und Heiterkeit und Überlegenheit gibt es als glorreichen Zustand auch dort, wo der Held in der Fremde keine Grenzen mehr kennt: im *Felix Krull.*

Exilspuren auch sonst. Im *Erwählten* muß der spätere Papst Gregorius siebzehn Jahre lang auf einer Insel verbringen, abgeschlossen von aller Welt – ein überdimensionales Symbol einer Exulantenexistenz. Eines haben diese Geschichten alle gemeinsam: einen guten Schluß. Die Tragödien des Lebens werden überwunden, die Helden der Geschichten triumphieren – und das steht in strikter Übereinstimmung mit anderen Werken der Exilliteratur, in denen das gute Ende wider alle Vernunft und Wahrscheinlichkeit immer wieder dargestellt worden ist. Exilspuren selbst in Thomas Manns letzter Erzählung, in *Die Betrogene*. Man hat alles mögliche dort herauslesen wollen, eine verschlüsselte Beichte in eroticis, Autobiographie, von der eigenen Krebs-Erkrankung handelnd, erneutes Altersbekenntnis zu Schopenhauer, da die Welt hier eigentlich nur als Blendwerk der Maja erscheint, die Verknüpfung von Eros und Thanatos – alles das findet sich in der Tat in dieser Erzählung, aber es findet sich noch mehr. Die *Betrogene* ist auch noch einmal eine Verteidigung der Kultur, der europäischen Kultur, und im Gegenzug wird die amerikanische Kultur, die Thomas Mann selbst ja bestenfalls äußerlich berührt hatte, einer gnadenlosen Kritik unterworfen. Der junge Held der Geschichte ist Amerikaner und verkörpert etwas von der strahlenden Naivität der neuen Welt, und in seiner großen Natürlichkeit spiegelt sich geradezu ein Stück nationaler Jugendlichkeit: Er ist das Idealbild des naiv-attraktiven Amerikaners. Das ist sein Vorzug, aber es ist zugleich seine Grenze. Doch nicht nur das: Amerikanismen schleichen sich in die Erzählung ein, wenn vom *broker* die Rede ist, vom *realestate business* (von Thomas Mann übrigens falsch geschrieben). Der junge Amerikaner hat sich freilich von seiner amerikanischen Herkunft gelöst und verurteilt unerbittlich das Land seiner Herkunft – so wie Thomas Mann es seinerzeit mit dem seinen tat, als er Deutschland verlassen hatte. Amerika, das erkennt der Amerikaner, das ist nichts. Wir lesen: »Die amerikanischen Städte – he didn't care for them. Sie seien gestern hingestellt und könnten morgen ebensogut wieder weggenommen werden. Die kleinen seien stumpfsinnige Nester, von denen eines genau aussähe wie das andere, und die großen aufgeplusterte, grausame Ungeheuer mit Museen voll aufgekauften, ›continentalen‹ Kulturgutes. Aufgekauft sei ja besser, als wenn es gestohlen wäre, aber *viel* besser nicht.« So mancher europäische Emigrant mag über Amerika so geurteilt haben – von Brecht gibt es ähnliche Äußerungen über Los Angeles, die Hölle von Los Angeles. Und dann folgt bei Thomas Mann ein Loblied auf die alte Kultur Europas, auf französische Kathedralen, italienische Campagnile, Palazzi, Galerien, Schweizer Ortschaften und Deutschland. Deutschland? »Deutschland! Das war sein Lieblingsland«, und als der junge Amerikaner das gesagt hat, geht es erneut her über »Holy Kansas City« und den »Missouri-River«. Ist das, wie wir lesen, nur die »Europa-Schwärmerei des jungen Menschen«, der eine Passion für Jahreszahlen und für europäische Geschichte hat? Oder ist das noch einmal eine Liebeserklärung an Europa, von jemandem abgegeben, der dort nicht mehr zu Hause ist, der aber auch in Amerika keine neue Heimat gefunden hatte und der mit seiner Verteidigung der deutschen Kultur dort nur ein sehr mäßiges Echo hatte? Der Amerika-Komplex ist groß, und er beschränkt sich auch nicht auf die abschließende Feststellung: »Die in Amerika, die wüßten überhaupt nicht zu leben.« Natürlich spielt alles mögliche in die Geschichte mit hinein, aber es ist doch, liest man sie im Kontext der Exilerfahrungen anderer, so etwas wie eine Literarisierung eigener Erlebnisse, vielleicht auch eine Abrechnung mit dem eigenen amerikanischen Dasein. Wer ist eigentlich die Betrogene, wer ist um was betrogen worden? Kann man die Geschichte nicht auch so lesen, daß Thomas Mann selbst der Betrogene war, als er nach Amerika ging, Amerika als einen Teil der europäischen Kultur empfand, als Kulturterritorium des Abendlandes, aber dann feststellen mußte, daß er sich in Amerika durchaus nicht auf heimatlichem Boden befand? Aber wie dem auch sei: Die Erzählung läuft auf das Loblied der europäischen Kultur hinaus – und im gleichen Zuge auf eine Abrechnung mit Amerika.

Wie sah sein amerikanisches Dasein aus? Wir können es hier nur umrißhaft mit wenigen Strichen skizzieren, aber alles in allem ist zu sagen: Thomas Mann war ein schlechter Exulant, schlecht in dem Sinne, daß ihm die Akkulturation in Amerika eigentlich nicht gelang. Seine frühen amerikanischen Jahre, also von 1938 an, waren Jahre, in denen er *Maß und Wert*, so der Titel einer Emigrantenzeitschrift, verteidigen wollte, und in diesen Jahren sah er seine Aufgabe darin, so etwas wie ein Frontkämpfer für deutsche Kultur zu sein, und das bedeutete: Er mußte in seiner neuen Heimat ein Fremder bleiben. Wenn er später einmal sagte: »Als Amerikaner bin ich Weltbürger«, dann war das eine gewisse Huldigung an sein Gastland, aber der Begriff des Weltbürgertums hatte mit Amerika nicht das geringste zu tun – es war eine Kategorie des 18. Jahrhunderts. Gerade weil er die Kultur so nachdrücklich zu verteidigen gedachte, konnte er sich im Grunde genommen nicht assimilieren, aber sonderlichen Erfolg dürfte er mit seinen Kulturansprachen in Amerika ohnehin nicht gehabt haben. Als er nach seiner endgültigen Ankunft in Amerika 1938 mit seiner Rede über den kommenden Sieg der Demokratie auf Tournee ging, hörte man ihm respektvoll zu; die Zeitungen berichteten von ihm, aber er muß gespürt haben, daß er da in eine fremde Welt hineinsprach. Einmal vermerkt er nach dieser Rede indigniert im Tagebuch: »Wieder zurückhaltender Schlußbeifall, der auf den unpersönlichen Charakter des Vortrags zurückzuführen ist.« Nein, der unpersönliche Charakter des Vortrages war es sicherlich nicht, sondern das weitgehend völlige Unverständnis der Amerikaner für das, was der selbsternannte Kulturbotschafter Deutschlands da mitzuteilen hatte. Auf einer Rede zur Gründung der »American Guild for German Cultural Freedom« erklärte er als seine eigene Aufgabe, »jene deutsche Kultur, die den andern Völkern lieb und wichtig ist und an deren Erhaltung der Menschheit gelegen ist, zu bewahren und sie durch eine Zeit der Verfinsterung hinüberzuführen in eine Zukunft, wo sie auch bei sich zu Hause wieder eine Stelle haben wird«. Ob diese Kultur tatsächlich den anderen Völkern lieb und wichtig war, das dürfte im Laufe der Jahre immer zweifelhafter geworden sein. Und Morgenthau hätte auf die Frage, ob der Menschheit an der Erhaltung der deutschen Kultur gelegen sei, sicherlich eine nur allzu eindeutige Antwort gehabt, nämlich: nein.

Thomas Mann war in Amerika zweifellos gefragt, als Redner und Vorkämpfer für die Demokratie, als unerbittlicher Kritiker der Nazis und als Repräsentant der deutschen Literatur - aber von einer Einbürgerung konnte im Grunde genommen niemals die Rede sein. Wir kennen Tagebuchaufzeichnungen über das Stereotyp-Langweilige amerikanischer Gäste, die so fade seien, daß man drei Wochen erst einmal wieder von ihnen genug habe. Der öffentlichen Äußerung »Als Amerikaner bin ich Weltbürger« steht eine andere gegenüber, die aus dem Jahre 1941 stammt: »Ich bin nach Herkunft, Erziehung, Schicksal ein kontinentaler Europäer, nichts weiter.« In der Rede zur Gründung der »American Guild for German Cultural Freedom« und der Deutschen Akademie 1938 zeichnete sich schon deutlich ab, daß Thomas Mann in gewissem Sinne akkulturationsunwillig war, und diese Unwilligkeit übertraf vermutlich sogar noch seine Unfähigkeit, sich in Amerika zu assimilieren. Er setzte sich mit Argumenten auseinander, die darauf hinausliefen, daß man den transitorischen Zustand der Emigranten möglichst rasch beenden solle und »daß der deutsche Auswanderer weitaus am besten tue, seine ganze Energie darauf zu richten, in der Kultur seiner neuen Heimat möglichst rasch aufzugehen und sich nur noch als Bürger des neuen Landes zu führen«. Das ist der Slogan vom *melting pot* Amerika. Aber Thomas Mann dachte nicht daran, gleich zum Bürger des neuen Landes zu werden. Er setzte hinzu: »Ich meine aber doch, daß die Dankbarkeit und Loyalität gegenüber den Ländern, die uns aufgenommen, die Treue zur angestammten Kultur nicht ausschließen, und wenn wir in der Fremde fortfahren, die spezifischen Eigenschaften unserer Überlieferung zu bewähren, so könnte man gerade in einer Zeit autarkischer Verhärtung wie der gegenwärtigen in einer solchen Vermittlerrolle den Auftrag erkennen, den der Geist dem europäischen Emigrantentum erteilt.« Ob der Geist, was immer darunter auch zu verstehen sei, dem europäischen Emigrantentum tatsächlich diesen Auftrag gegeben hat, man kann es und muß es wohl bezweifeln. Deutlicher gesagt: Thomas Mann lehnte es hier schon ab, zum Amerikaner zu werden. Er hat im Grunde genommen bei aller Ausnahmeexistenz, die er in Amerika führte, dafür seinen Preis gezahlt; eigentliche Erfolgsautoren waren Franz Werfel und Lion Feuchtwanger, nicht Thomas Mann. Auch sie hatten sich nicht vollständig akkulturiert, waren in ihr Emigrantenland aber doch sehr schnell sehr viel tiefer hineingeraten als Thomas Mann, und es gab eine Zeit, wo die amerikanischen Ausgaben Lion Feuchtwangers die Zahl der deutschen bei weitem übertraf. Andererseits hatte Thomas Mann eine Sonderrolle inne, die weitaus prominenter als die der anderen war. Dafür hatten Glücksfälle seines Lebens gesorgt: so die Freundschaft mit Agnes Meyer, seiner für ihn so wichtigen Mäzenatin, seine Sonderstellung an der amerikanischen Nationalbibliothek, die Ehrendoktorwürden amerikanischer Universitäten – das alles konnte niemand sonst aufweisen, und was das Ausmaß der publizistischen Tätigkeit in Amerika angeht, so nahm er auch da eine Spitzenstellung ein. Aber Ziel seiner öffentlichen Auftritte war immer Deutschland und waren diejenigen, die aus diesem Deutschland einen Trümmerhaufen gemacht hatten. Die Lage verschlechterte sich, als Roosevelt starb und die Periode McCarthys begann: Aus dem amerikanischen Weltbürger wurde ein Kritiker Amerikas. Aus Amerika, so schrieb er an Agnes Meyer, dem Land der Pioniere und der Freiheit, sei ein Land geworden, das »das Alte, Verbrauchte, Faule, Korrupte unterstützt und in einer unaufhaltsam sich wandelnden Welt den policeman des status quo spielt«. Thomas Mann, der Amerika verdächtigte, seine alten Ideale im Stich gelassen zu haben, geriet aber selbst in die Reihe der Verdächtigten hinein. Das FBI legte ein Dossier über ihn an; Spektakuläres fand sich darin allerdings nachträglich nicht. Immerhin wurde sein Name im Zusammenhang mit dem Un-American Activities Committee genannt: Er stand im Ruf, hier und da mit dem Kommunismus sympathisiert zu haben. Seine Prominenz schützte ihn wohl vor weiteren Verdächtigungen. Doch der amerikanische Konsul in Hamburg berichtete noch im Juni 1953 an das State Department von einem Vortrag Thomas Manns an der Universität Hamburg und notierte: »Mister Mann payed warm tribute to America, but went on to say that the longer he remained in America, the more he became aware of being a European.« Das belegt noch einmal, wie wenig er sich tatsächlich in Amerika heimisch gemacht hatte. Es war bei prominenten Schriftstellern aus Deutschland nicht anders. Döblin schrieb: »Übler Stuß«, als er sich über die amerikanische Filmindustrie in Hollywood ausließ. Er sah sich in eine Bretterbude eingesperrt, die, wie er hinzusetzte, hier »bungalow oder flat« genannt werde. Brecht nannte die Häuser Garagen mit Anbauten. Ludwig Marcuse schrieb einmal: »Wir inszenierten society – und ahmten wenigstens nach, was uns versagt war.« Wer sich nicht anpaßte – und das war bei den meisten ja doch der Fall –, geriet zwangsläufig schnell in die Selbstisolation hinein. Nicht alle freilich gingen so weit wie Carl Zuckmayer; der »nahm es Herrn Hitler und seiner Vorsehung, dem Schicksal, dem lieben Gott und dem 20. Jahrhundert persönlich übel«, daß er nach Amerika auswandern mußte. Längst bevor er dort ankam, nämlich noch in Zürich, wußte er, was ihn erwartete: schlechtes Essen, seelische und erotische Frigidität. Hans Sahl überlieferte, daß in einem französischen Lager die meisten Insassen nach der deutschen Invasion eher sterben als nach Amerika emigrieren wollten. In Amerika gab es das gleiche, aus anderer Sicht. Ein emigrierter Regisseur schrieb über die Arbeitsbedingungen in Hollywood: »Die Konkurrenz ist hart und bösartig, und die europäischen Kreise haben nicht den besten Ruf.«

Sollte das alles ohne literarische Wirkung geblieben sein, sollte Thomas Mann auch seinen letzten Roman ganz unberührt von diesen Exiljahren geschrieben haben? Er war gerade erst zurückgekommen, aber von der Wirklichkeit seiner beiden letzten Schweizer Jahre findet sich so gut wie nichts im Roman. Um so deutlicher scheint er Spuren des Exils zu tragen. Natürlich ist Krull kein Exulant im üblichen Sinne, aber es gibt unterhalb der Erzähloberfläche ja häufig so etwas wie einen Subtext, eine andere Aussageschicht, und dieser Subtext braucht dem Autor gar nicht einmal bewußt gewesen zu sein – wir wissen vom *Zauberberg* her, daß Thomas Mann erst nachträglich darauf aufmerksam gemacht wurde, daß hier ein ganz bestimmter Typus, der Typus des Gralsuchers, des Neophyten, des tumben Toren aus dem Mittelalter hinter der Figur des Hans Castorp stehe, und er war entzückt, als er davon las. Anders gesagt: Unter der Oberfläche der erzählten Begebenheiten werden nicht selten bei Thomas Mann gewisse Ursituationen, Urverhältnisse sichtbar, und es ist nicht ohne Reiz, sich einmal vorzustellen, wie *Felix Krull* unter dem Aspekt des Exils zu lesen ist, also als ein Roman, in dem sich die Emigrationserfahrungen Thomas Manns gleichsam halb bewußt, halb unbewußt literarisiert haben könnten.

Im Gegensatz zur wirklichen Leidensgeschichte der Ausgebürgerten ist die Geschichte dieses Exulanten Felix Krull ein Triumphbericht, eine Erhöhungs- und Überlegenheitsgeschichte, wie sie strahlender und glanzvoller niemals von einem wirklichen Emigranten geschrieben worden ist, sein Weg ins Exil der Beginn einer neuen Weltfahrt. Daß Krull schon bald in die Hotelexistenz drängt, gehört in die Pläne der Frühzeit – aber das Hotel sollte für zahllose Emigranten jener transitäre Ort werden, der zugleich flüchtige Heimat war – Anna Seghers hat das in ihrem *Transit*-Roman eindrucksvoll geschildert. Die Hotelexistenz – das war ein Sinnbild jener, die eine feste Adresse gehabt, aber sie verloren hatten, und die unterwegs waren zu einer neuen, die häufig genug nie benannt werden konnte – immer dort zu Hause, wo man eigentlich nicht zu Hause sein kann. Aus der Nichtzugehörigkeit des Künstlers zur bürgerlichen Gesellschaft war hier die Lebensweise des Emigranten geworden, und wenn Thomas Mann in seinen Jugendwerken oft unwirklich-illusionäre Existenzformen dargestellt hat, so ist sie hier erzählerisch-spielerisch zu einem fast schon lebensfernen Ideal geworden. Nirgendwo ist die Gesellschaft zusammengewürfelter als im Hotel, nirgendwo auch zusammengewürfelter als im Exil – das gilt ebenso für die Exilkolonie in Sanary sur Mer wie für Los Angeles, wo damals 10000 Flüchtlinge lebten und das den schönen Namen »Weimar am Pazific« bekommen hatte. Im Hotel gibt es noch einen besonderen Ort, der wie ein symbolisches Konzentrat des Exulantendaseins wirkt: Das ist der Lift, den Krull in Paris, als er seine Domestikenexistenz so leichtfüßig beginnt, zu bedienen hat. Es geht hinauf und herunter mit dem schwebenden Kämmerchen, im Lift trifft sich die Hotelgesellschaft in durchmischter Enge, und man könnte sich kein besseres Sinnbild denken für das Auf und Ab einer Emigrantenexistenz als diese Fahrten im »erleuchteten Schwebestübchen«, wie es so hübsch heißt. Schon der Eintritt Krulls in das Hotel ist eines Idealemigranten würdig: Wie seinerzeit Peeperkorn auf dem *Zauberberg* antwortet Felix dem Direktor des Hotels, der ihn prüft, »in vielzüngiger Redensartlichkeit«, auch wenn seine »Zungenfertigkeit« manchmal einen »geisterhaften Hintergrund« hat. So parliert er sich geschwind durch das Französische, Englische und Italienische, so daß der Generaldirektor Stürzli, dem die Sprachübungen freilich ein wenig zu sehr ins Poetische geraten sind, bemerken muß: »Aber Ihr Akzent ist nicht übel, und über einige Sprachkenntnisse verfügen Sie, wie ich sehe. Das ist mehr, als ich erwartet hatte.« Auch das ist idealisiertes Emigrantentum – wir wissen nur zu gut, daß der Akkulturation in fremden Ländern zunächst einmal die Sprachunkenntnis im Wege stand. Thomas Mann sprach am Ende seiner Jahre ganz leidlich englisch, aber wenn es ans Diskutieren ging, mußte die Tochter Erika einspringen, und das tat sie dann auch auf manchmal genial-burschikose Weise, indem sie etwa begann mit: »Mein Vater würde sagen ...« Kortner fühlte sich zum Sprachclown erniedrigt, als er sich im Englischen versuchen mußte, und es gibt Schilderungen, nach denen hochrangige medizinische Spezialisten, Kehlkopfautoritäten und Kieferorthopäden, die vertrieben worden waren, schon Schwierigkeiten mit dem »th« im Englischen hatten; für Krull alles kein Problem. Ein Problem ist auch nicht, daß er jetzt plötzlich ein anderer ist, denn er heißt im Hotel nicht mehr Felix, sondern Armand, aber im Gegensatz zu manchen Emigranten verliert er mit seinem Namen nicht seine eigene Identität, sondern sieht diese, die Identität eines Heimatlosen, eigentlich erst recht bestätigt. Namenswechsel – dieses Exil-Phänomen hat Thomas Mann offenbar tief beschäftigt. Wir kennen das schon aus *Lotte in Weimar*. Ein kleines Zwischenspiel, lustig angelegt, aber mit sehr ernstem Hintergrund, findet sich im siebenten Kapitel, als der Kammerdiener eintritt, Goethe einen guten Morgen wünscht und dieser entgegnet: »Sollst auch einen guten Morgen haben, Carl.« – »Besten Dank, Ew. Exzellenz«, antwortet jener, »bei mir kommts ja nicht so darauf an.« Aber dann sagt Goethe: »Ist das curios, jetzt hab' ich wieder gedacht aus alter Gewohnheit, du wärest der Stadelmann, als du hereinkamst, der langjährige Carl, von dem du den Namen geerbt hast. Muß doch wunderlich sein, Carl gerufen zu werden, wenn man eigentlich – das mein' ich eben, wenn man eigentlich Ferdinand heißt.« Und dieser Ferdinand, der eigentlich Karl ist, oder dieser Karl, der eigentlich Ferdinand ist, entgegnet: »Dabei fällt mir gar nichts mehr auf, Ew. Exzellenz. Das ist unsereiner gewohnt. Ich hab' auch schon mal Fritz geheißen. Und eine Zeitlang sogar Battista.« Und Goethe tut, als fiele er aus allen Wolken, ruft aus: »Accidente! Nenn' ich ein bewegtes Leben. Battista Schreiber?« Und dann nennt er ihn weiterhin Carl.

Ein bewegtes Leben – es war das Leben der Emigranten. Der kleine Spaß mit den Namen fiele vielleicht nicht weiter auf, wenn wir nicht aus dem *Felix Krull* wüßten, wie es da zugehen kann. Der Name Krull wird schon bei der Musterungsszene verfälscht, weil er in die »Reihe der Knolls oder Krolls« gehört, die mit Felix auf das Urteil der Kommission warten. Als der arme und einsame Krull dann nach Paris kommt, da wird er von Herrn Stürzli, dem Hotelvorgesetzten, dadurch auf zweifelhafte Weise ausgezeichnet, daß der immer mit Erfolg gerade daneben trifft, denn er tituliert ihn abwechselnd als Knoll oder Knull und degradiert ihn schließlich endgültig mit der Bemerkung: »Meinetwegen könnten Sie Knall heißen.« Als er dann Louis de Venosta werden soll, nennt der wirkliche Graf ihn »Armand - ich meine Felix - ich meine Loulou«. Am Ende bekommt er eine groteske Identität: Er heißt »Armand de Kroullosta«. Aber schon in den Josephsromanen wußte Eliezer, der Knecht, nicht genau, ob es eine oder zwanzig Generationen bis zu seinem Vorfahren hin waren. Und in Ägypten wird Joseph zu Jehosiph oder Osarsiph, zu Jaschup und Joseph-El; im *Doktor Faustus* wird Nepomuk zu Echo, und zum Namensverhältnis zwischen Adrian und Serenus heißt es: »Es ist undenkbar, daß der Sechs- und Achtjährige nicht ebensogut Serenus, oder einfach Seren zu mir gesagt haben soll, wie ich zu ihm Adri. [...] Nur eben erwähnenswert schien es mir, daß ich ihn Adrian, er dagegen mich, wenn er nicht überhaupt einer Namensverwendung auswich, ›Zeitblom‹ nannte.« Aber seinen Höhepunkt feiert diese Verwechslungsorgie eben im *Felix Krull*, dem Roman über eine ideale Exulantenexistenz. Ähnliches findet sich übrigens in der Exilliteratur auch sonst nicht gerade selten; man lese nur etwa Stefan Zweigs *Rausch der Verwandlung*.

Zum Namentausch kommt später der Rollentausch, als er zum Marquis de Venosta promoviert wird. Er beginnt eine spielerische Schwindelexistenz, die ihn von Paris nach Portugal und von dort aus nach Südamerika führen wird - die große Emigrantenroute derer, die nicht rechtzeitig herausgekommen waren. Natürlich hat Krull nicht die Schwierigkeiten, die jeder Emigrant sofort hatte: Schwierigkeiten mit dem Paß. Wir kennen die verzweifelten Versuche der Flüchtlinge, Paß, Visum oder wenigstens doch ein Transitvisum zu erhalten, und sie konnten noch von Glück sagen, wenn sie nur als *displaced persons* angesehen wurden und nicht als *nobodys*, also als Leute, die es eigentlich gar nicht gab, weil sie eben keinen Paß hatten. Der Paß sei der edelste Teil am Menschen, hat Brecht sarkastisch in seinen *Flüchtlingsgesprächen* gesagt, aber Krull braucht keinen.

Er überschreitet leichtfüßig, hermesgleich die Grenzen, und das sind nicht nur Staatsgrenzen, sondern auch Grenzen der Moral und der Schicklichkeit: Sein Diebesgut bringt er mit großem Gewinn an den Mann, und die Grenzen zur guten Gesellschaft sind dem falschen Marquis auch kein Hindernis. Dieser Hochstapler wird nicht entdeckt, er wird nicht verfolgt, hat vielmehr überall freies Geleit. Krull gehört nicht zum Strandgut der Völker, unter denen die Vertriebenen nicht mehr geduldet sind, und erst recht gehört er nicht zu den *Rechtlosen* – so ist der letzte Roman von Walter Hasenclever überschrieben. In Thomas Manns letztem Roman ist die Exulantenexistenz immer und überall vergoldet. Thomas Mann hatte noch in seiner *Entstehung des Doktor Faustus* über sein eigenes Dasein in der Fremde geschrieben: »Der Zwang, mich in etwas Neues hineinzufinden, eine irritierende, halb krank machende nervöse Belastung.« Aber im *Faustus*-Roman sah das schon anders aus. Dort heißt es einmal: »Man fand [...] eine internationale Gesellschaft, kunterbunt und elegant.« Das könnte nur zu gut auch von jener Gesellschaft gesagt sein, in der Krull sich bewegt. Der Gesellschaftsdurchmischung entsprechen die Blutmischungen. Kuckuck, der seit fünfundzwanzig Jahren in Lissabon lebt – lebt er nicht auch in einem idealen Exil? In der Portugiesin, mit der er verheiratet ist, mischt sich »allerlei Phönizisches, Kathargisches, Römisches und Arabisches«. Mit fast gleichen Worten hat Anna Seghers die Welt und den Hafen von Marseille in ihrem *Transit*-Roman beschrieben, und wenn Amerika für Thomas Mann auch nicht der sprichwörtliche *melting pot* war – das Exil war es in viel höherem Maße.

Aber Krull kommt eben siegreich davon. Das Hinauf und Herunter, das für das Exilanten-Dasein so charakteristisch ist – Krull wiederholt es im Naturkundemuseum in Lissabon, wenn er von oben nach unten und dann wieder heraufsteigt. Wir kennen die kläglichen Bemühungen von Flüchtlingen, irgendeinen Beruf zu ergattern, irgendeine Rolle zu spielen – Krull meistert das alles problemlos, er ist Kellner und Marquis, Dieb und

Schwindler, und alles immer mit Erfolg. Der Liftboy in der Fremde wird zum Grafen – der substantialisierte Wunschtraum eines jeden Emigranten. Wirkliche Bindungen kann er freilich nicht eingehen – das gilt für das Abenteuer mit Diane Houpflé ebenso wie für das mit Miß Twentyman, und wenn er Zouzou liebt, dann weiß er nicht so ganz, ob er nicht auch deren Mutter liebt. Aber vorher gab es schon ein Liebesdurcheinander. Krull also liebt, verständlicherweise, die Jüngere mehr als die Ältere, also Zouzou, die Tochter des allwissenden Kuckuck, aber er hatte auch mit Zaza kokettiert, der Geliebten des echten Marquis de Venosta. Er träumt bereits von einer Art Verschmelzung der beiden Namen und Gestalten, als er zwar die eine, aber noch nicht die andere gesehen hat – im Traum hört er Zouzou sprechen, sieht den Armen der so Angerufenen aber an, daß er es mit Zaza zu tun hat, mit einem Doppelwesen also, das dennoch mit sich identisch ist. Kuckuck hat das »Allsympathie«, »Panerotik« genannt, und »Neubegierde« nennt das Krull. Das alles sind Siegeszüge eines vorsätzlich Heimatlosen auch in *eroticis*, aber die Kehrseite ist deutlich erkennbar: Der Emigrant, der keine Bindung eingehen will, kann auch keine eingehen. Nicht zufällig blickt Krull immer wieder in den Spiegel, dieses Lieblingsmobiliar auch Thomas Manns. Im Hotelschlafsaal in Paris fühlt er sich nicht wohl, denn: »An Spiegeln fehlte es ganz.« Aber der Roman ist ein einziger Spiegel des Emigranten, und er wirft das Spiegelbild dessen, der hineinsieht, gesteigert, verschönt, idealisiert zurück.

Schopenhauersche Ideen scheinen den Roman zu durchziehen – aber bei genauer Betrachtung muß es gar nicht einmal die Weltverneinungsphilosophie von Thomas Manns früherem Lieblingsphilosophen sein, die da an die Oberfläche des Romans dringt. Als Krull im Hotel seinen Dienst versieht, da überfällt ihn eines Tages, genauer gesagt, im dritten Kapitel des dritten Buches, eine Vision: Er stellt eine Betrachtung an, einem Gedanken folgend, der ihn zuweilen schon beschäftigte, und diese Betrachtung handelt, in Kürze zusammengefaßt, von folgendem: »Es war der Gedanke der *Vertauschbarkeit*. Den Anzug, die Aufmachung gewechselt, hätten sehr vielfach die Bedienenden ebensogut Herrschaft sein und hätten so mancher von denen, welche, die Zigarette im Mundwinkel, in den tiefen Korbstühlen sich rekelten – den Kellner abgeben können. Es war der reine Zufall, daß es sich umgekehrt verhielt – der Zufall des Reichtums; denn eine Aristokratie des Geldes ist eine vertauschbare Zufallsaristokratie.« Das klingt fast so, als habe das ein Kommunist geschrieben. Aber es hat bloß ein scharfsichtiger Emigrant notiert.

Ist es nur die vertauschbare Zufallsaristokratie des Geldes? Aber dahinter steckt nichts anderes als eine sehr typische Emigrationserfahrung, denn die vorher Reichen waren als Flüchtlinge ja auch plötzlich verarmt, aus den Herrschenden waren auch im Exil Bedienende geworden. Bei Brecht heißt es in seinem Gedicht *Verhalten in der Fremde*:

»Früher
Lebend in dem Land, in dem ich geboren war
Gebrauchte auch ich meine Ellbogen in dem Gewühl
Wünschte abgefertigt zu werden nach der Reihe
Setzte mich, wenn die andern saßen und verlangte
Daß mir gehalten wurde, was mir unterschrieben war.
[...]
Jetzt
Lebe ich in fremdem Land, verjagt aus meiner Heimat
Stehe vor Sitzenden, mache Platz den nach mir Gekommenen
Und schweige, wenn ich angeschrieen werde.«

Das ist wieder der Gedanke der Vertauschbarkeit, für den man nicht die schopenhauersche Philosophie herbeizitieren muß – die Wirklichkeit des Emigranten sah tagtäglich so oder so ähnlich aus. Aber sie ist eben in Thomas Manns Roman zur Ausnahmeerfahrung, ja zur Idee der Weltbeherrschung hochgesteigert; was dem wirklichen Emigranten in der Regel verschlossen war, wird hier ausgelebt. Wenn das tatsächliche Dasein der Emigranten sich eigentlich nur in Absturzgeschichten beschreiben ließ, so wird Krull, wie vorher schon Gregorius, zum Erwählten, und wenn er auch in die Grube des südamerikanischen Gefängnisses fahren sollte, er wäre wieder herausgekommen, so wie auch Joseph im biblischen Roman aus der Grube, in die ihn die Brüder geworfen hatten, wieder herausgekommen war. Das ist der gute Mythos vom Exulanten, der hier zur frohen Botschaft geworden ist, und es gibt wohl keinen anderen Roman, in dem der Domestik derart leicht und geschwind zum Allüberwinder wird.

Ein Wunschtraum Thomas Manns? Im *Krull*-Roman stellt Krull fest: »Es ist nicht anders: das scheue und nicht sowohl stolze als in sein Schicksal willigende Gefühl eines Menschen, daß es etwas Besonderes mit ihm ist, schafft um ihn herum eine Luftschicht und Ausstrahlung von Kühle, in welcher, beinahe zu seinem eigenen Bedauern, treuherzige Anträge der Freundschaft und Camaraderie, wir wissen nicht wie, sich verfangen und steckenbleiben. So ging es Stanko mit mir.« Ging es nicht auch so Thomas Mann mit der Welt? Es könnte keine bessere Selbsterklärung geben als diesen Satz in seinem Roman, der sein Wesen und sein Verhältnis zu den Menschen deutlicher bezeichnet als alles, was in den Tagebüchern steht. So ist es am Ende wohl erlaubt, den letzten Roman Thomas Manns *auch* als einen Emigrantenroman zu lesen. Wir wissen, daß alle seine Geschichten und Romane einen doppelten Boden haben. Und wir werden quasi legitimiert durch den Roman selbst, nämlich durch das Ende des vierten Kapitels des zweiten Buches, wo Krull feststellt: »Hier herrscht das Wort, – dies matte und kühle Mittel, dies erste Erzeugnis zahmer, mäßiger Gesittung, so wesensfremd der heißen und stummen Sphäre der Natur, daß man sagen könnte, jedes Wort sei an und für sich und als solches bereits eine Phrase. Das sage ich, der, begriffen in dem Bildungswerk meiner Lebensbeschreibung, einem belletristischen Ausdruck gewiß die erdenklichste Sorgfalt zuwendet. Und doch ist mein Element die wörtliche Mitteilung nicht – mein wahrstes Interesse ist nicht bei ihr.« Vielleicht gibt uns das die Erlaubnis, die wörtlichen Mitteilungen nicht nur als wörtliche Mitteilungen zu nehmen, sondern als einen etwas verborgenen und doch sehr enthüllenden Bericht über die Exilzeit Thomas Manns. Wir lesen im Roman auch, »daß im Gleichnis leben zu dürfen eigentlich Freiheit bedeute«. Das ist die Freiheit des Erzählers, vielleicht auch die Freiheit des Exulanten, der sich im Wort tatsächlich über sein Schicksal erheben kann. Und wir nehmen uns die Freiheit des Lesers, diesen Roman also auch als »Gleichnis« zu lesen.

Eine eindeutige Interpretation dieses Spätwerks ist nicht möglich. Aber viele bieten sich an. Der Roman ist zweifellos ein *Schelmenroman*, und die Traditionslinien dieses europäischen Typus sind alle sichtbar: die Geschichte vom Aufsteiger, der aus zweifelhaften Verhältnissen kommt, der Bericht von seiner Weltfahrt, das Auf und Ab durch alle Schichten und Sphären der Gesellschaft, die Rückkehr in die Anfänge hinein: Alles trifft im *Felix Krull* zu. Doch er ist auch ein *autobiographischer Roman* als Roman seines Autors, der sich hier ins Phantastische hineinspiegelt: Felix Krull als Alter ego Thomas Manns, mitsamt seiner Selbstliebe, seinem Glückskindbewußtsein, seiner Skepsis gegenüber aller Wirklichkeit, seiner Neigung, die Welt als großes Theatrum mundi zu sehen, seiner Sprachgewandtheit und seinem Vergnügen an distinguierten Formen, der Selbstentlarvungsneigung, des darin verborgenen Protestantismus, aber auch der Vorliebe für Zaubereien (Thomas Mann war nicht ohne Grund »Der Zauberer« im familiären Wortgebrauch), bei allem Wissen um das »mundus vult decipi«. Weiterhin ist er ein *Künstlerroman*, wobei der Künstler als Lebenskünstler zu verstehen ist: bindungslos, eigentlich auch heimatlos, ortlos, ein transitäres Dasein, das immer wieder den Blick von außen auf die Welt gestattet. Der Künstler ist zugleich der Durchschauende, nicht weniger aber auch der Komödiant, der seinen Part so glänzend spielt, daß ihn niemand je entlarven kann. Doch der Künstler steht auch in der Nähe zum Kriminellen, zum Betrüger, zum Dieb und Falschspieler. Der Künstler als der im Grunde seines Wesens sogar tief unglückliche, aber mit der Welt immer wieder liebäugelnde gewissenlose Spieler: Auch das enthält der Roman. Weiterhin: der Roman als Kontrafaktur zum *Bildungsroman* deutscher Provenienz, als spaßhaft-verzerrte Parodie auf *den* deutschen Romantypus schlechthin; hier, bei Thomas Mann, alles ins Komische gezogen, was ernsthaft bei Goethe war, der Aufstiegswille, die Neigung, sich in Adelsgegenden aufzuhalten, der Drang zum Höheren und der Entschluß zur Selbstbestimmung, koste es, was es wolle: Thomas Manns *Zauberberg* war schon eine Parodie auf den Bildungsroman gewesen, jetzt folgt die Kontrafaktur. Schließlich: der Roman als wiederholte »Dichtung und Wahrheit«, als *Parodie auf Goethes Selbstbekenntnisbuch*, wobei zu bedenken ist, daß der Parodierende mit dem Parodierten immer noch mehr Gemeinsames als Trennendes hat. Oder ist Thomas Manns Roman ein *Weiterschreiben am »Faust«*, die komische Variante der tragischen Geschichte vom *Doktor Faustus*, das spielerische Umgehen mit Goethes sehr ernsten Scherzen, was das phantastische Sich-Durchmogeln durch die Welt angeht?

So viele Deutungsmöglichkeiten, so viele Interpretationsangebote. Nicht zuletzt ist der Roman aber auch ein *mythologischer Roman*: Felix Krull, das ist eigentlich Hermes, und sämtliche Epitheta des listigen Gottes treffen auf den Sohn des Schaumweinfabrikanten zu: Schönheit, Leichtigkeit, Anmut, das Täuschen-Können und das Sich-verwandeln-Können, das Erträglich-Machen der Narzißhaftigkeit im göttergleichen spielerischen Umgang mit der Welt. Und allerletztens: der *Emigrationsroman*, die Geschichte von einem, der auszog, das Siegen zu lernen, und der, ein hochstilisiertes Idealbild, sich vom wirklichen Emigranten so weit entfernt wie der Wunsch von der oft grausamen Wirklichkeit. Thomas Manns letzter Roman ist alles das, und nichts ist er ganz. Wenn Heterogenität und Multiperspektivismus Kennzeichen der Moderne sind, dann ist Thomas Manns Roman der moderne Roman par excellence. Aber zugleich ist er ein traditioneller Roman: James Joyce hatte mit seinem *Ulysses* das alles schon so ähnlich gemacht.

Der Leser scheitert zwangsläufig bei jedem Versuch, Eindeutiges dem Roman zu entnehmen: Seine Vielschichtigkeit, in der jede Lesart die andere relativiert, macht seinen Rang aus, macht es zum großen Spielwerk. Auf Belehrung und Erkenntnis ist dieser Roman sicherlich nicht aus – und doch ist ihm mehr an Erkenntnis zu entnehmen als manchem philosophischen Werk. Der Roman ist schlechthin Universalgeschichte, eingepaßt und eingepreßt in das Dasein eines Nomaden, der überall und nirgends zu Hause ist. Der Roman selbst enthält seine eigene Poetologie – dort, wo Professor Kuckuck den mitreisenden jungen Falschspieler und Lebensvirtuosen über das Weltall aufklärt, sich über das Episodenhafte von Zeit und Raum ausläßt und darüber, daß immer alles gleichzeitig versammelt sei, »alle Zustände der Kultur und Moral, alles, vom Frühesten bis zum Spätesten, vom Dümmsten bis zum Gescheitesten, vom Urtümlichsten, Dumpfesten, Wildesten bis zum Höchst- und Feinstentwickelten«. Thomas Manns letzter Roman erfüllt alles, was hundert Jahre zuvor mit Karl Gutzkow als *Roman des Nebeneinander* auf die Welt kam. So wie Bruder Heinrich in seinem letzten Roman *Der Atem* noch einmal alles darein versammelte, was er an Romanexperimenten im Laufe seines Lebens gewagt hatte, so enthält auch Thomas Manns letzter Roman eine Summa seines erzählerischen, seines erzählten Lebens. Thomas Mann meinte früher einmal, daß es mit der Kunst des Romans mit ihm zu Ende gekommen sei. Aber wir sehen, daß die Kunst des Romans hier auf ihren Höhepunkt gelangt ist.

GUNTRAM VOGT

Robert Musil: *Der Mann ohne Eigenschaften*[1]

Robert Musils *Mann ohne Eigenschaften* erschien mit seinem Ersten Band zur Jahreswende 1930/31, zwei Jahre danach, 1932/33, folgte der Zweite Band, der allerdings nur den ersten Teil eines weit umfangreicher geplanten Abschlußbandes enthielt. Beide Bände wurden sogleich besprochen und auch gerühmt. In wenigen Monaten war gut die Hälfte von 5200 Exemplaren der 1. Auflage verkauft. Danach blieb allerdings der Verkauf hinter den Erwartungen zurück, um so mehr, als 1933 mit den Nationalsozialisten die Bedingungen für diese Literatur immer schwieriger wurden. 1938 wurde der Roman im »Deutschen Reich« verboten. Als Musil im Frühjahr 1942 im Genfer Exil plötzlich starb, zweiundsechzig Jahre alt, arbeitete er an der Fortsetzung und an möglichen Schlußideen. Der 1978 von Adolf Frisé, dem Herausgeber der Werke, publizierte Nachlaß umfaßt allein zum Roman rund tausend Seiten. 1992 wurden weitere 6000 Manuskript- und Notizblätter auf einer CD-ROM dem interessierten Leser zugänglich gemacht. Der Roman ist Fragment geblieben.

Kann etwas Unvollendetes, ein Fragment, im traditionellen Sinn dieses Wortes ein »Meisterwerk« sein? Wie stark der Zwei-

1 Ich widme diesen Vortrag zwei Musil-Forschern, die im Alter gut fünfzig Jahre auseinander liegen – dem bekannten Musil-Herausgeber und -Kommentator Adolf Frisé, Ehrendoktor der Philipps-Universität Marburg, und Friedrich Bringazi, der mit seiner Marburger Dissertation zum Thema *Musil und die Mythen der Nation* 1998 ein erstaunliches Buch vorgelegt hat. Ich verdanke beiden in ganz unterschiedlicher Weise wichtige Einsichten in Robert Musils Roman. – Robert Musil: Der Mann ohne Eigenschaften. Hrsg. von Adolf Frisé, Reinbek b. Hamburg 1978. Zitiert als *MoE*. – Musils Tagebücher. Hrsg. von Adolf Frisé, 2 Bde., Reinbek b. Hamburg 1976. Zitiert als TB I und II.

fel daran sich eines Großkritikers bemächtigen kann, sah man 1980 zu Robert Musils 100. Geburtstag, als der mit Kürzungsideen u. a. auch zum *Ulysses* hervorgetretene Marcel Reich-Ranicki äußerte, Musils Roman gleiche einer »Wüste mit herrlichen Oasen«, und daher geschehe es im Sinn der Leser, zu überlegen, ob man nicht eine stark gekürzte Ausgabe herstellen solle. Karl-May-Freunde erinnern sich an ihre Jugenderfahrung mit den *Winnetou*-Bänden – sie haben alles überblättert, was nicht pure Aktion und Dialog-Handlung war. Bisher gab es allerdings keine Karl-May-Debatte zu Kürzungsvorschlägen.

Der zu Lebzeiten Musils veröffentlichte Roman mit dem aparten Titel *Der Mann ohne Eigenschaften* unterteilt sich, wie erwähnt, in zwei Bücher. Jedes dieser zwei Bücher hat seinen eigenen Rhythmus, aber beide Teile bedingen und ergänzen sich. Angesichts des Fragmentarischen ragen sie jedoch auch wie Brückenhälften in die Luft. So hat Musil es selbst gesehen.

Fragmente können neugierig machen. Im Falle Musils wird diese Neugier durch seinen Erfindungsreichtum im Hinblick auf Titel und Überschriften noch gesteigert. Bereits der Erste Band von 1930 beginnt mit der merkwürdigen Überschrift *Eine Art Einleitung* und setzt sich fort im umfangreichen zweiten Teil mit dem noch merkwürdigeren Titel *Seinesgleichen geschieht*. Auch der Zweite Band von 1933 trägt eine eher noch verblüffendere Überschrift: *Ins Tausendjährige Reich (Die Verbrecher)*.

1. Der Roman-Titel und der Roman-Beginn

Musils Roman-Titel hat längst zu formelhaftem und schlagwortartigem Gebrauch geführt. Die zur Redefigur erstarrte Formulierung vom *Mann ohne Eigenschaften* bietet eine Projektionsfläche für Zeitgeistiges und für modische Denkmuster bis hin zum Werbespot, der einen Mann oder eine Frau *ohne Eigenschaften* präsentiert.

In Musils Roman erhält der Begriff *ohne Eigenschaften* zwei grundlegend verschiedene Bedeutungen. Zunächst meint er jene Theorie der Moderne, derzufolge es immer schwieriger, ja unmöglich geworden sei, als unverwechselbare Person, als Individuum die diese Unverwechselbarkeit begründenden *Eigen*schaften zu erwerben und zu erhalten. *Eigen*schaften sind, mit einer Musilschen Formulierung, *Aller*schaften geworden. Neben dieser soziologischen und sozialpsychologischen Definition verleiht Musil dem Begriff der Eigenschaftslosigkeit den Sinn mystischer Überlieferungen. Dem mystischen Erlebnis einer Einheit mit Gott gilt das Ablegen aller Eigenschaften als zwingende Voraussetzung.

Zum ersten Bedeutungsbereich heißt es im Kapitel 39 des *Mann ohne Eigenschaften* mit der Überschrift: *Ein Mann ohne Eigenschaften besteht aus Eigenschaften ohne Mann:*

»[...] Man ist früher mit besserem Gewissen Person gewesen als heute. [...] Heute [...] hat die Verantwortung ihren Schwerpunkt nicht im Menschen, sondern in den Sachzusammenhängen. Hat man nicht bemerkt, daß sich die Erlebnisse vom Menschen unabhängig gemacht haben? Sie sind aufs Theater gegangen; in die Bücher, in die Berichte der Forschungsstätten und Forschungsreisen, in die Gesinnungs- und Religionsgemeinschaften, die bestimmte Arten des Erlebens auf Kosten anderer ausbilden wie in einem Experimentalversuch, und sofern die Erlebnisse sich nicht gerade in der Arbeit befinden, liegen sie einfach in der Luft; wer kann da heute noch sagen, daß sein Zorn wirklich sein Zorn ist, wo ihm so viele Leute dreinreden und es besser verstehen als er?!

Es ist eine Welt von Eigenschaften ohne Mann entstanden, von Erlebnissen ohne den, der sie erlebt, und es sieht beinahe aus, als ob im Idealfall der Mensch überhaupt nichts mehr privat erleben werde und die freundliche Schwere der persönlichen Verantwortung sich in ein Formelsystem von möglichen Bedeutungen auflösen solle. Wahrscheinlich ist die Auflösung des anthropozentrischen Verhaltens, das den Menschen so lange Zeit für den Mittelpunkt des Weltalls gehalten hat, aber nun schon seit Jahrhunderten im Schwinden ist, endlich beim Ich selbst angelangt; [...].«

Dieses Zitat, das sich durch weitere ergänzen ließe, skizziert jene Modernitäts-Erfahrungen, die sich mit Stichworten wie Entfremdung, Arbeitsteilung, Ich-Dissoziierung u. ä. umschreiben lassen. Dieser Bedeutungsbereich bestimmt den Teil des Romans, den Musil mit der erwähnten Überschrift *Seinesgleichen geschieht* versehen hat. Von den verschiedenen hier verarbeiteten Denkströmungen führt eine auf den positivistischen Erkenntniskritiker Ernst Mach zurück, mit dessen Theorien Musil sich in seiner Dissertation von 1908 kritisch auseinandergesetzt hatte. Machs oft zitierte Formel »Das Ich ist unrettbar« bleibt für Musil eine Herausforderung, der er im Roman, literarisch-ästhetisch und erkenntniskritisch, das Programm der Errettung der Eigenheit entgegensetzt. Wie schwer er sich in der romanhaft-narrativen Proportionierung von Literarästhetik und Erkenntniskritik getan hat, wird uns am Schluß noch kurz beschäftigen.

Die andere, gleichermaßen wichtige Bedeutung des Roman-Titels *ohne Eigenschaften* entfaltet sich im Zweiten Band, wenn der Roman-Held Ulrich die alles bestimmende Frage »Wie kann man richtig leben?« mit seiner »wiedergefundenen« Schwester Agathe durchlebt und diskutiert. Diese Frage nach dem »richtigen Leben«, die nach Nietzsche wie ein Orgelton die Zeit durchzieht, nach den alles umstürzenden Erfahrungen des Ersten Weltkriegs mit neuer Intensität formuliert wird – ob bei Max Weber oder Martin Heidegger, um nur diese zwei Namen zu nennen –, übergibt Musil an seinen Romanhelden und dessen Schwester Agathe. Mit ihr zusammen kommt es zu den ebenso erotisch getönten wie kontemplativ gegründeten Begegnungen und Gesprächen, zu den »heiligen Gesprächen«, wie es einzelne Kapitelüberschriften nennen.

In diesem sinnlich-kontemplativen Abenteuer entsteht der Bezug zu mystischen Traditionen. Das gewollte Abtun aller

Eigenheit wird im Roman als Bedingung der Möglichkeit eines neuen Verhaltens zur Welt und Wirklichkeit durchdacht und ansatzweise erlebt. Es geht nicht um eine Imitation der Mystiker, nicht um eine *unio mystica* in deren Sinn, sondern um die Frage nach den utopischen Möglichkeiten einer weltlichen »ekstatischen Sozietät«. Für diese Utopie wählte Musil die Wortschöpfung *der andere Zustand*. Im Zusammenhang mit der alles fundierenden Synthese von *Genauigkeit und Seele* und in Abgrenzung zu allem Geraune spricht er von der *taghellen Mystik*, die sich gegen jede Schleudermystik wendet.

Festzuhalten ist also: Die Titel-Formulierung *ohne Eigenschaften* signalisiert ebenso die ironische Negation moderner Vergesellschaftung wie die kontemplative Position utopischer Lebensformen. In beiden Existenzerfahrungen verankern sich die ambivalenten Begriffe, die Musil schon in seinem ersten Roman, *Die Verwirrungen des Zöglings Törleß*, angelegt hatte und die umgangssprachlich in der Opposition von *Gefühl* und *Verstand* formelhaft aufgespießt werden. Heute diskutiert man dies unter dem Schlagwort von der »emotionalen Intelligenz«.

Ich komme zum oft zitierten und bewunderten Roman-Beginn. Die Überschrift des Ersten Kapitels, wieder einer dieser Musilschen Kernsprüche, lautet: *Woraus bemerkenswerter Weise nichts hervorgeht*. Das Kapitel setzt ein mit einem 12-Zeilen-Wetterbericht, einer zwischen meteorologischer Fachbeschreibung und Allegorisierung pendelnden Alltagsmeldung: »Über dem Atlantik befand sich ein barometrisches Minimum; es wanderte ostwärts, einem über Russland lagernden Maximum zu, und verriet noch nicht die Neigung, diesem nördlich auszuweichen. Die Isothermen und Isotheren taten ihre Schuldigkeit. Die Lufttemperatur stand in einem ordnungsgemäßen Verhältnis zur mittleren Jahrestemperatur […].« Am Ende dieses einigermaßen ungewöhnlichen Roman-Auftakts folgt ein Satz, dessen Pointe ebenso trivial wie unerwartet erscheint: »Mit einem Wort, das das Tatsächliche recht gut bezeichnet, wenn es auch etwas altmodisch ist: Es war ein schöner Augusttag des Jahres 1913.«

Von Anfang an ist damit im Kontrast eine zweipolige sprachliche Realitätsaneignung gesetzt: Wirklichkeit wird bestimmbar in den Terminologien der Wissenschaft wie im Sprachgebrauch des Alltags (was übrigens zur gleichen Zeit den österreichischen Sprachphilosophen Ludwig Wittgenstein anhaltend beschäftigte).

In Musils Roman folgt diesem ersten Auftakt ein zweiter, der diesmal den Ort des Geschehens, die Großstadt, als Wahrnehmungs- und Beschreibungsproblem zu erfassen sucht. Man könnte denken, der Erzähler sei gern ins Kino gegangen, denn aus seiner Darstellung ergeben sich Assoziationen nicht nur zu Fritz Langs *Metropolis*-Film von 1926 und zu dem im Jahr darauf gezeigten Walter-Ruttmann-Film *Berlin – Die Sinfonie der Großstadt*, sondern auch zu weniger bekannten urbanistischen Avantgarde-Filmen der zwanziger Jahre:

»Autos schossen aus schmalen, tiefen Straßen in die Seichtigkeit heller Plätze. Fußgängerdunkelheit bildete wolkige Schnüre. Wo kräftigere Striche der Geschwindigkeit quer durch ihre lockere Eile fuhren, verdickten sie sich, rieselten nachher rascher und hatten nach wenigen Schwingungen wieder ihren gleichmäßigen Puls. Hunderte Töne waren zu einem drahtigen Geräusch ineinander verwunden, aus dem einzelne Spitzen vorstanden, längs dessen schneidige Kanten liefen und sich wieder einebneten, von dem klare Töne absplitterten und verflogen. An diesem Geräusch, ohne daß sich seine Besonderheit beschreiben ließe, würde ein Mensch nach jahrelanger Abwesenheit mit geschlossenen Augen erkannt haben, daß er sich in der Reichshaupt- und Residenzstadt Wien befinde. Städte lassen sich an ihrem Gang erkennen wie Menschen. Die Augen öffnend würde er das gleiche an der Art bemerken, wie die Bewegung in den Straßen schwingt, bei weitem früher, als er es durch irgendeine bezeichnende Einzelheit herausfände. Und wenn er sich das zu können nur einbilden sollte, schadet es auch nichts. Die Überschätzung der Frage, wo man sich befinde, stammt aus der Hordenzeit, wo man sich die Futterplätze merken mußte […].«

Mit diesem zweiten Roman-Auftakt nach der Wetterlage und der Jahresangabe 1913 wissen wir nun auch den Ort; aber offenbar legt der Erzähler mit seiner futuristisch-kubistischen Beschreibung wenig Wert auf die Unverwechselbarkeit der Stadt Wien. Im Gegenteil, die Anonymität wird bewußt verstärkt, wenn anschließend von zwei Personen die Rede ist, deren Identität völlig unklar bleibt. Als anonyme Passanten werden sie Zeugen eines Verkehrsunfalls, wobei die Dame angesichts des Verletzten »etwas Unangenehmes in der Herz-Magengrube« fühlte, »das sie berechtigt war, für Mitleid zu halten«, während der Herr ihr dieses unangenehme Gefühl erleichtert, indem er darauf hinweist, das Auto habe einen »zu langen Bremsweg«, was die ebenso mechanisch-seelenlose wie menschlich-leibliche Angelegenheit sogleich in eine technologische Ordnung bringt. Außerdem weiß der Herr, daß »nach amerikanischen Statistiken« dort angeblich »jährlich durch Autos 190000 Personen getötet und 450000 verletzt« werden, womit die Sache nun auch noch in eine statistische Ordnung gerückt ist. Beides bewirkt bei der Dame Beruhigung, beim Leser Neugier: Wie geht dieses Spiel mit Wahrnehmungs- und Deutungsmustern weiter?

Schaut man aus der Kenntnis des ganzen Romans zurück auf dieses Einleitungskapitel, so erschließt sich dessen Überschrift *Woraus bemerkenswerter Weise nichts hervorgeht* fast wie von selbst. Es ist eben *bemerkenswert*, daß aus anonym-unpersönlicher Stadtwahrnehmung, aus Technik und Statistik allein noch *nichts hervorgeht* im Sinn der den Roman einzig motivierenden Frage nach dem »richtigen Leben«. Die hier auf zwei Pole reduzierte Realitätskonstruktion bildet also nur den Ausgangspunkt des Romans für seine weitverzweigte, geradezu unendliche Versuchsanordnung im »Morallaboratorium«, die in der These von der anzustrebenden *Synthese aus Genauigkeit und Seele* Lösungen sucht für ihre Frage.

Übrigens ließe sich zeigen, wie im Auftakt zum Zweiten

Band, zur Geschwisterbegegnung, an die Stelle der anonymen Stadtwahrnehmung die unmittelbare, menschliche, leibliche und seelische Erfahrung tritt, so daß sich die Stadt als dispositiver Wahrnehmungs- und Erfahrungsraum zuerst als rationalisierte Effizienz, dann als emotionale Intensität modelliert.

2. Die Hauptfigur: Ein Mann mit und ohne Eigenschaften

Im Ersten Band wird, nach diesem Auftakt, durchgehend aus der Perspektive der männlichen Hauptfigur erzählt und gedacht. Ulrich, zweiunddreißig Jahre alt, Sohn eines wohlhabenden Vaters, nimmt sich, wie es heißt, »ein Jahr Urlaub vom Leben«. In diesem Jahr möchte er mit aller existentiellen Konsequenz herausfinden, wofür zu leben es sich lohne. Und vor allem: wie das zu machen sei. Die Frage und Suche nach dem »richtigen Leben« ist uns nicht unbekannt. Sollte hier der späteste Nachhall eines alten Märchenmotivs anklingen, das Bewährungs-Motiv jener jungen Männer der deutschen Epen und Romane, des tumben *Parzival*, des einfältigen *Simplizissimus*, des ausbildungshungrigen *Wilhelm Meister*, des romantischen *Taugenichts* oder des realitätssüchtigen *Grünen Heinrichs*? Erneut einer, der auszieht, das Leben zu lernen, erneut einer aus dieser so typisch deutschen Reihe der Träumer und Sucher und Selbstverwirklicher? Neuzeitlich gesprochen, ein Entwicklungs- und Bildungs-Roman?

Er ist es nicht. Musils Abkehr vom epischen Erzählen unterscheidet sein Projekt von allen vorausgehenden Entwicklungs- und Bildungs-Romanen. Indem er direkt und indirekt das epische Prinzip durch das essayistische ersetzt, macht er sich und seiner Titel-Figur den Weg frei in jene Denk- und Lebensform, der die Wirklichkeit nicht mehr bedeutet als die Möglichkeit. So heißt es in der Überschrift des 4. Kapitels: »Wenn es Wirklichkeitssinn gibt, muß es auch Möglichkeitssinn geben.« Der »Möglichkeitsmensch« ist daher, neben dem »Mann ohne

Eigenschaften«, eine der Formeln, die man assoziiert, wenn der Name Musil auftaucht.

Schon als Schüler hatte Ulrich sich den Unwillen seiner Lehrer zugezogen, als er in einem Aufsatz schrieb, »daß wahrscheinlich auch Gott von seiner Welt am liebsten im Conjunctivus potentialis spreche, [...] denn Gott macht die Welt und denkt dabei, es könnte ebenso gut anders sein« (*MoE*, S. 19). Mit diesem Sinn für das mögliche Wirkliche, dazu intelligent, vielseitig interessiert, nachdenklich, sportlich, gut aussehend, Frauen zugetan und von ihnen begehrt, von der Führungsschicht der Wiener Gesellschaft bereitwillig in ihre Salons aufgenommen, müßte man sich im Hinblick auf diesen mit so vielen Qualitäten ausgestatteten Roman-Helden doch eher wundern, daß ausgerechnet er ein Mann *ohne* Eigenschaften sein soll. Wie läßt sich ein solcher Widerspruch erklären?

Dieser Ulrich, so will es der Erzähler, war mit seinen vielseitig entwickelten Eigenschaften und sozialen Rollen bisher nie lange einverstanden. Dreimal hatte er versucht, mit seinen hervorragend ausgebildeten Begabungen »ein bedeutender Mann zu werden«, zuerst als Leutnant, dann als Ingenieur und schließlich als Mathematiker. Wieder stellt der dreimalige Anlauf ein märchenhaft anmutendes Motiv dar, entspricht jedoch gleichzeitig ziemlich genau jenen drei Berufsausbildungen, die Musil selbst absolviert hatte. Keine dieser offenbar autobiographisch angeregten Berufskarrieren gilt Ulrich als befriedigende Selbsterfahrung. Im Gegenteil: Diese drei Versuche, »ein bedeutender Mann zu werden«, enden für ihn zuerst lächerlich, dann entmutigend, schließlich ernüchternd.

Dies unterscheidet den Mann ohne Eigenschaften fundamental von den Roman-Helden des frühen 19. Jahrhunderts, wie sie uns bei Stendhal oder Balzac oder Flaubert begegnen. Sie kämpfen – oft vergeblich – um einen Platz in den Häusern und Institutionen der Bourgeoisie. *Illusions Perdues*, verlorene Illusionen, nennt Balzac einen seiner bekanntesten Romane. Solche Töne vernimmt man in Ulrichs drei Versuchen nur noch wie ein fernes Echo. Denn Musils Erzähler hat mit seiner Titelfigur etwas ganz anderes vor, als sie in einen sozial definierten Konkurrenzkampf zu schicken. Dieser Ulrich ist auch nicht, wie Leopold Bloom im *Ulysses* von Joyce, ein ausfabulierter Alltagsmensch, an dessen Unscheinbarkeit sich der »Weltalltag« (Hermann Broch) zeigt. Vielmehr ist er eine Probefigur für extremes Verhalten zwischen den zeitgemäßen Polen von wissenschaftlicher Exaktheit und rationalitätsüberschreitender Ekstase. Wenn Klaus Reichert im Blick auf Joyce sagen konnte, »er war besessen von der Präzision des Faktischen«, so läßt sich mit einer Formulierung Alexander Kluges im Blick auf Musil sagen, er war besessen von der »Präzision des Ungefähren«.

Zunächst gilt: Ulrichs Wunsch, ein »bedeutender Mann« zu werden, kann nach den literarischen Vorgängern bei Balzac, Stendhal oder Flaubert – und nunmehr in der ersten Hälfte des 20. Jahrhunderts – nur noch als Satire erzählt werden. Schon in den frühen Vorarbeiten zum Roman notierte Musil in sein Arbeitsjournal: »Ein großer Mensch werden: Wie macht man das? Darin liegt die satirische Seite.« (TB, S. 600)

Da der Autor und Erzähler seine Titel-Figur gleichzeitig liebt und kritisiert, sie kritisiert, weil er sie liebt, verlagert er die Satire in die Innenperspektive der Figur. Ulrich selbst schaut mit kritisch-satirischem Blick zurück auf seine drei Versuche, ein berühmter Mann zu werden. Nehmen wir im Hinblick auf die drei ausprobierten Berufskarrieren nur den dritten Versuch, der auch der wichtigste ist: der Mathematiker und sein Tätigkeitsfeld. In einem einzigen 15zeiligen Wenn-dann-Satz lesen wir:

»Wenn es die Verwirklichung von Urträumen ist, fliegen zu können und mit den Fischen zu reisen, sich unter den Leibern von Bergriesen durchzubohren, mit göttlichen Geschwindigkeiten Botschaften zu senden, das Unsichtbare und Ferne zu sehen und sprechen zu hören, Tote sprechen zu hören, [...] mit lebenden Augen erblicken zu können, wie man zwanzig Jahre nach seinem Tode aussehen wird, in flimmernden Nächten tausend Dinge über und unter dieser Welt zu wissen, die früher niemand gewußt hat, wenn Licht, Wärme, Kraft, Genuß, Bequemlichkeit Urträume der Menschheit sind, – dann ist die heutige Forschung nicht nur Wissenschaft, sondern ein Zauber, eine Zeremonie von höchster Herzens- und Hirnkraft, vor der Gott eine Falte seines Mantels nach der anderen öffnet, eine Religion, deren Dogmatik von der harten, mutigen, beweglichen, messerkühlen und -scharfen Denklehre der Mathematik durchdrungen und getragen wird.« (*MoE,* S. 39)

Wenn das »Kühne und Neue« dieser Gedankenwelt so faszinierend ist, was bewegt dann den Mann ohne Eigenschaften, auch auf diese Karriere zu verzichten? Offenbar ist es nicht die Mathematik, auch nicht die an ihr orientierte Wissenschaft, in der es »so stark und unbekümmert und herrlich« zugeht, »wie in einem Märchen«; es ist die Diskrepanz zwischen der möglichen Präzision des Denkens und der gewöhnlichen Trägheit der Gedanken im Alltag, eine Diskrepanz, die Musil lapidar so bezeichnet: »Ihr Gefühl hat noch nicht gelernt, sich ihres Verstandes zu bedienen [...].« (*MoE,* S. 37)

Ich erinnere an den Verkehrsunfall im Einleitungskapitel, worin zum erstenmal die Erkenntnismodi von Gefühl und Mathematik angespielt worden waren, allerdings als rationalisierende Vereinfachung des Lebens. Die Menschen – so sieht es der Mathematiker Ulrich – »haben keine Ahnung, wie man schon denken kann«. Würden sie es wissen und können, dann »würden sie auch anders leben« (*MoE,* S. 41). *Anders leben* aber ist nach diesen Versuchen das treibende Motiv des Unzufriedenen und Weiterdrängenden. Und hier setzt die Erfahrung der *Eigenschaftslosigkeit* ein. Angesichts der Desillusionierung in drei Berufen verstärken sich in Ulrich die Gefühle »von Ohnmacht und Einsamkeit«. Mehr und mehr wird daraus »eine universale Abneigung« gegen das Realitätsprinzip mit seinen Eigenschaftszuweisungen.

Endgültig wird diese *universale Abneigung,* als er im Sportbericht einer Zeitung liest, wie ein Rennpferd mit der Eigenschaft »genial« versehen wird. Es ist dieses »geniale Rennpferd«

als pars pro toto einer Welt, in der Ulrichs Identitätsgebäude mit einem Schlag zusammenbricht:

»In wundervoller Schärfe sah er [...] alle von seiner Zeit begünstigten Fähigkeiten und Eigenschaften in sich, aber die Möglichkeit ihrer Anwendung war ihm abhanden gekommen; und da es schließlich, wenn schon Fußballspieler und Pferde Genie haben, nur noch der Gebrauch sein kann, den man von ihm macht, was einem für die Rettung der Eigenheit übrigbleibt, beschloß er, sich ein Jahr Urlaub von seinem Leben zu nehmen, um eine angemessene Anwendung seiner Fähigkeiten zu suchen.« (*MoE*, S. 47)

Womit tröstet sich einer, der »ein berühmter Mann werden wollte« und sehen muß, daß es für alles, was dazu nötig wäre, nur einer scharfen Zuspitzung weniger Eigenschaften auf Kosten aller anderen bedarf? – Die Antwort auf diese Frage sucht Musil dort, wo Ulrich beginnt, von der Erfolgsleiter des Spezialisten herunterzusteigen, um der Experte seines eigenen Lebens zu werden. Da er es sich – wie schon gesagt – als Sohn eines reichen Vaters finanziell leisten kann, zieht er sich von allen bürgerlichen Pflichten zurück und gibt sich ein Jahr, in dem er herausfinden möchte, wie er seinem Leben Sinn verleihen kann. Gelinge es ihm nicht, werde er sich das Leben nehmen.

Dieses ethisch-ästhetische Lebensexperiment bestimmt die eine von zwei Ebenen des Romans. Die Suche nach dem richtigen Leben wird im Übergang zu den erwähnten Begriffen der »taghellen Mystik« und des »anderen Zustands« zum völlig neu bestimmten Motiv des Zweiten Bandes, in der Geschichte der Geschwister Ulrich und Agathe.

3. Die Parallelaktion und ihre Figuren

Ich komme zu jener Erzählebene, die mit dem Existenzversuch des Mannes ohne Eigenschaften vielfach verschränkt ist. Wir befinden uns, wie Sie aus dem Einleitungskapitel bereits wissen, im Wien des August 1913. Es ist die ausgehende Epoche der Kaiserlich-Königlichen Monarchie, die Musil in Anspielung auf die Abkürzung k.u.k. Monarchie einfach als *Kakanien* bezeichnet (*MoE*, Kap. 8).

In diesem Jahr 1913, so die Idee des Erzählers, entsteht in Preußen-Deutschland der Plan, das dreißigjährige Regierungsjubiläum Kaiser Wilhelms II. im Juni 1918 mit einer Feier zu würdigen. Diese Feier solle der Welt »die Größe und Macht Deutschlands ins Gedächtnis prägen« (*MoE*, S. 78). Um gegenüber dieser Festfeier der Deutschen nicht zurückzustehen, wird von den führenden Kreisen der österreichischen k.u.k. Monarchie eine mindestens ebenso große Festlichkeit geplant. Und da trifft es sich günstig, daß im gleichen Jahr 1918 der österreichische Kaiser Franz Joseph I. das siebzigjährige Jubiläum seiner Thronbesteigung feiern kann. In Wien kommt also – wie es heißt – »eine Aktion« in Gang, um »das volle Gewicht« eines siebzigjährigen Jubiläums gegenüber einem bloß dreißigjährigen »zur Geltung zu bringen«. Diese Aktion erhält, da sie sich ja parallel zur Aktion der Deutschen entfaltet, den Namen »Parallelaktion«. Diese Romanidee ist in ihrer satirischen Ironie glänzend und grausig zugleich: 1913 ist das Jahr vor dem Beginn des Ersten Weltkriegs. 1918 ist das Jahr, in dem mit dem Weltkrieg die k.u.k. Monarchie ihr Ende erfährt, ebenso wie die preußisch-deutsche Kaiserherrschaft. Eine Epoche geht zu Ende, und der Roman macht daraus in der Perspektive der herrschenden Kakanier von 1913 das ironisch-bitter anvisierte »Friedensjahr« von 1918.

Die Figuren des Romans wissen von diesem Ende nichts, aber auf unterschiedliche und sich selbst belügende Weise bereiten sie es vor. Es gehört mit zur Ironie dieser Selbsttäuschung, wenn der Erzähler ausgerechnet der jungen Zofe Rachel im Salon der Parallelaktion den naiven Ausruf in den Mund legt: »Jetzt sprechen sie vom Krieg!« (*MoE*, S. 180f.) Sie hatte am Schlüsselloch gelauscht und dabei ein Gespräch über das geplante »Friedensjahr« mitgehört. Intuitiv deutet sie die Substanz dieses Gesprächs richtig. Auch wir Leser erkennen, daß die Personen der Parallelaktion in all ihrem umtriebigen Aktionismus nichts anderes tun, als auf ein solches Ende zuzutreiben, auch zuzusteuern, im Sinn der Formel des *Seinesgleichen geschieht*. Und so sehen wir ihnen zu, wie sie – gemäß dem lateinischen Sprichwort – vom Frieden reden, während sie auf vielerlei Weise den Krieg vorbereiten. Der Erzähler läßt uns teilnehmen an ihren endlosen Konversationen um das »wahre Österreich«, um »Ideal und Moral« und all die Phraseologie und Ideologie, die der Parallelaktion und ihren Ausschüssen von innen und außen zugetragen werden. Eine der zahlreichen Pointen findet sich in einem Ausschuß mit dem Titel »Zur Fassung einer besonderen Idee« (*MoE*, S. 585).

Es sind nahezu zwanzig Figuren, die teils zum adligen Kreis der Parallelaktion gehören, teils als bürgerliche und kleinbürgerliche Vertreter bestimmter Ideologien, Institutionen und Aktionslinien agieren. Seien es lebensphilosophische oder vulgärmarxistische oder nationalistische oder rassistische oder sonstige sektiererische Weltanschauungen, alle diese Ismen erscheinen uns als Karikaturen des in wechselnden Verkörperungen gestalteten diffusen Zeitgeists, Verkörperungen, wie sie teilweise schon bei Karl Kraus in seinem Weltkrieg-Drama *Die letzten Tage der Menschheit* aufgetreten sind. In Musils Roman-Konzept spielt das Verfahren der Figuren-Karikatur zusammen mit dem Verfahren der Zitat-Montage eine wichtige Rolle. Im Tagebuch notierte er einmal diesbezüglich: »Denksysteme karikieren« (TB II, S. 1068), und an anderer Stelle: »Einen Menschen ganz aus Zitaten zusammensetzen! Mindestens 100 Figuren aufstellen, die Haupttypen des heutigen Menschen.« (TB I, S. 356 und S. 443)[2]

Um Karikaturen nicht auf Klischees zu reduzieren, wechselt

2 Siehe dazu die entsprechenden Notate in Walter Benjamins *Passagen*-Werk zur reinen Fakten-Konstruktion und zur Montage aus Zitaten (Gesammelte Schriften Bd. V,2, S. 1030 und S. 1073).

Musil mittels der großen Zahl seiner Figuren die dadurch ermöglichten Perspektivierungen auf die Gesellschaft. Unmöglich, sie alle hier auch nur zu nennen, unmöglich auch, die damit verbundenen zahlreichen Anspielungen auf real lebende Personen aus Musils Lebenskreis sowie seine Adaptionen zeitgeschichtlicher Figuren darzulegen. Ich möchte jedoch, um Sie auf Musil auch als großartigen Karikaturisten seiner Zeit neugierig zu machen, an drei Gestalten der Parallelaktion dies wenigstens annäherungsweise verdeutlichen. Eine von ihnen ist jene üppig-schöne Dame, die als Gattin eines leitenden Hofbeamten, des Sektionschefs Tuzzi, einen Salon unterhält, den sie zum geselligen Zentrum der Parallelaktion macht. Vorzugsweise betont sie in diesem palavernden Kreis die »Befreiung der Seele von der Zivilisation«. Ulrich, der mit ihr cousinenhaft verwandt ist, nennt sie in ironischer Anspielung an die aus Platons *Symposion* bekannte Priesterin der Liebeskunst *Diotima*.

Diotima ist auch deshalb eine interessante weibliche Romanfigur, weil sich an ihr (wie auch an anderen Frauenfiguren) Ulrichs teilweise prekäres Frauenbild entlarvt. Auch in dieser Figur verkörperte Musil eine der Spiegel-Rollen des *Mann ohne Eigenschaften*, von denen noch die Rede sein wird. Ulrich bemerkt nämlich ärgerlich, daß Diotima bei verschiedenen Gelegenheiten seine eigenen Worte in Zusammenhängen benutzt, die ihm wie Entwertungen vorkommen. Um sich dagegen zu schützen, verstärkt er im Gespräch mit ihr seine Sarkasmen. Als er einmal mit ihr im österreichischen Staatsforst unter Fichten und Tannen spazierengeht, zitiert sie Eichendorffs populäre Gedichtzeile *Wer hat dich du schöner Wald, aufgebaut so hoch da droben*, worauf er spöttisch antwortet: »Die Niederösterreichische Bodenbank« (*MoE*, S. 280). Derartige Ernüchterungen erweisen sich jedoch als unwirksam gegenüber Diotimas unverbesserlicher Neigung zur Täuschung und Selbsttäuschung. Ihre Versuche, für »die verschiedenen menschlichen Betätigungen« so etwas wie eine »religiöse Einheit« zu finden, nannte sie »[...] Kultur und gewöhnlich mit einem besonderen Zusatz die alte österreichische Kultur. [...] Sie verstand darunter: Die schönen Bilder von Velasquez und Rubens, die in den Hofmuseen hingen. Die Tatsache, daß Beethoven sozusagen ein Österreicher gewesen ist. Mozart, Haydn, den Stefansdom, das Burgtheater. Das von Traditionen schwere höfische Zeremoniell. Den ersten Bezirk, wo sich die elegantesten Kleider- und Wäschegeschäfte eines Fünfzigmillionenreichs zusammengedrängt hatten. Die diskrete Art hoher Beamter. Die Wiener Küche. Den Adel, der sich nächst dem englischen für den vornehmsten hielt, und seine alten Paläste. Den manchmal von echter, meist von falscher Schöngeistigkeit durchsetzten Ton der Gesellschaft. Sie verstand auch die Tatsache darunter, daß ihr in diesem Lande ein so großer Herr wie Graf Leinsdorf seine Aufmerksamkeit schenkte und seine eigenen kulturellen Bestrebungen in ihr Haus verlegte.« (*MoE,* S. 101f.)

Während Diotima auf der öffentlichen Bühne der High Society auftritt, agieren hinter den Kulissen Personen wie der Graf Leinsdorf, die »wahrhaft treibende Kraft der großen Aktion«. Wie er sich die Zielsetzung der Parallelaktion vorstellt, kommt beispielhaft in seinem Satz zum Ausdruck: »Schaun Sie, das Volk verlangt heute eine starke Hand; eine starke Hand braucht aber schöne Worte, sonst läßt sich das Volk sie heute nicht gefallen.« (*MoE,* S. 850)

Mit solchen Rede- und Dialog-Beiträgen führt der Erzähler die Parallelaktion immer näher an ihr Ziel. Aus all den ebenso abstrusen wie gefährlichen Debatten, die aufgrund ihrer satirischen Überspitzungen teilweise durchaus amüsant anmuten, formt sich mehr und mehr die sogenannte »Parole der Tat« – mit dem durchvariierten Slogan: Nach dem vielen Reden müsse endlich etwas geschehen. Und so spielen sie sich die Bälle zu in einem Spiel, das in Musils beißender Satire den Leser von einer Sottise und Camouflage zur anderen führt: »Die Vorstellungen, mit den Mitteln eines ganzen Reichs und vor den aufmerksamen Augen der Welt etwas verwirklichen zu müssen, was einer der größten Kulturinhalte sein sollte, [...] wirkte auf Diotima, als ob die Türe ihres Salons aufgesprungen wäre und an ihre Schwelle schlüge wie eine Fortsetzung seines Fußbodens das unendliche Meer. [...], und plötzlich stellte sie die Behauptung auf, das wahre Österreich sei die ganze Welt. Die Welt, erläuterte sie, werde nicht eher Beruhigung finden, als die Nationen in ihr so in höherer Einheit leben wie die österreichischen Stämme in ihrem Vaterland. Ein Größer-Österreich, ein Weltösterreich, darauf habe sie in diesem Augenblick Se. Erlaucht gebracht, das sei die krönende Idee, die der Parallelaktion bisher gefehlt habe.« (*MoE,* S. 174)

In diesem gleichermaßen fiktiven wie realen Kontext agiert als weitere wichtige Figur der Parallelaktion der General mit dem vieldeutigen Namen Stumm von Bordwehr. In verschiedenen Einzelheiten aus Musils Reminiszenzen seiner Militärdienstzeit 1914 bis 1918 und seiner anschließenden Arbeit im österreichischen Staatsamt für Heereswesen zusammengesetzt, repräsentiert der General den militärischen Arm Kakaniens. Abgeordnet, um aus der Sicht des Kriegsministeriums in der Parallelaktion die entsprechenden Interessen wahrzunehmen und zu steuern, umschreibt er den wahren Sachverhalt der kriegerischen Aufrüstung mit Begriffen und Metaphern der allgemeinen Lebensführung, speziell der *Ordnung*. Ausgehend von der militärischen Ordnung macht er kleinere Gedankenausflüge in zivile und ansatzweise auch künstlerische Ordnungsvorstellungen, um danach jedesmal gestärkt durch das darin erkannte Chaotische wieder bei der militärischen Ordnung anzukommen. In den vielen Gesprächen der Parallelaktion gegen die aufkommende Überbewertung des Verstandes auf Kosten der Gefühle meint der General: »Ich stehe nicht an zu behaupten, daß eine wirklich gewaltige Lebensanschauung nicht erst auf den Verstand warten darf; im Gegenteil, eine wirkliche Lebensanschauung muß geradezu gegen den Verstand gerichtet sein, sonst kommt sie nicht in die Lage, daß sie ihn sich unterwerfen kann.« (*MoE,* S. 1453)

Es ist das Besondere an diesem General, daß er betont bildungsbeflissen auftritt, und dies von allen Figuren am schönsten im Sound des Wiener Hofjargons. Sein Habitus verhüllt das Kriegerisch-Martialische und ist für den Leser dennoch enthüllend bis zur Deutlichkeit. Das Kapitel 100 über den Besuch des Generals in der Österreichischen Nationalbibliothek gehört mit zu den humorvollsten des ganzen Buches, Musil hat es einige Male in Lesungen vorgetragen.

Eine der wichtigsten Figuren des Romans insgesamt und der Parallelaktion im besonderen ist der preußische Großindustrielle, Politiker und Schriftsteller Dr. Arnheim. Er kommt inoffiziell als Gast nach Wien, angeblich, um sich angesichts des »Barockzaubers alter österreichischer Kultur ein wenig vom Rechnen, vom Materialismus, von der öden Vernunft eines heute schaffenden Zivilisationsmenschen zu erholen« (*MoE,* S. 109), tatsächlich aber, um die Interessen des Deutschen Reiches insgesamt, nicht zuletzt an den galizischen Ölfeldern zu sichern. Im schwadronierenden Propaganda-Zentrum der Parallelaktion, dem Salon Diotimas – die sich in schwärmerischer Seelenfreundschaft in Arnheim verliebt –, ist er es, der, nachdem die Sitzungen allzu lange vor sich hindümpeln, den rettenden Einfall hat. Das entsprechende Kapitel trägt die Überschrift: »Der Parallelaktion wird durch Arnheim eine Idee geboren: ›Vereinigung von Seele und Wirtschaft‹« (*MoE,* S. 107).

In dieser Formulierung kommt ironisch zugespitzt der Kern von Arnheims politischer Philosophie zum Ausdruck. Das Vielschichtige dieser Figur läßt sich in der Kürze kaum ansatzweise anzeigen. Zur Modellierung Arnheims mußte vor allem Musils Zeitgenosse, der bedeutende, von antisemitischen und nationalistischen Gruppen durch ein Attentat 1922 ermordete deutsche Außenminister, Schriftsteller und Großindustrielle Walther Rathenau herhalten.[3] Wenn der Erzähler durch Ulrichs Augen auf

3 Arnheim verkörpert in einigen Zügen und Formulierungen unter dem Slogan *Der Großschriftsteller* (*MoE,* Kap. 95) auch etwas von Musils ambivalenten Gefühlen gegenüber Thomas Mann. Wie Brecht,

Arnheim schaut und dabei dessen »Sicherheit« erkennt, eine »Sicherheit«, die auch Arnheims Bücher »besaßen«, so können wir den distanzierenden Sarkasmus heraushören, wenn es über diesen »Königskaufmann« heißt: »Die Welt war in Ordnung, sobald sie Arnheim betrachtet hatte.« (*MoE,* S. 178)

Wieder, wie schon beim General, spielen auch bei dieser Führungsfigur Ordnungs-Vorstellungen eine zentrale Rolle. Arnheim wird zu einer der profiliertesten Gegenfiguren Ulrichs. Während der Mann ohne Eigenschaften als Möglichkeitsmensch die Wirklichkeit vor allem mit den Augen des Potentialis, einer möglichen Wirklichkeit, sieht, ist Arnheim derjenige, der stets die handfeste Interessen-Realität von Politik und Kapital im Auge hat und gleichzeitig mit Worten wie denen vom »Wahren, das uns not tut« (*MoE,* S. 140) und vom Verlangen der Welt nach »Erlösung« (*MoE,* S. 140 f.) seine politisch-ökonomischen Interessen kaschiert. Außerdem, und darin liegt seine entscheidende Bedeutung für Ulrich, spielt er in der Motivreihe des Ersten Bandes die Rolle des Versuchers. Nachdem er sich im vertraulichen Gespräch zuerst gegen Ulrichs aggressive Behauptung, er sei ein »preußischer Geschäfts-Militarist«, gewehrt hat, bietet er ihm plötzlich unerwartet die Stelle eines Generalsekretärs in seinen Unternehmungen an. Um die Pointe dieses Angebots zu verstehen, muß man wissen, daß Ulrich einmal in einer Mischung aus Spott und Hoffnungslosigkeit zu den Realpolitikern der Parallelaktion folgendes gesagt hatte: »[...] es gibt nur eine einzige Aufgabe für die Parallelaktion: den Anfang einer geistigen Generalinventur zu bilden! Wir müssen ungefähr das tun, was notwendig wäre, wenn ins Jahr 1918 der Jüngste Tag fiele, der alte Geist abgeschlossen werden und ein höherer beginnen sollte. Gründen Sie im Namen seiner Majestät ein Erdensekretariat der Genauigkeit und Seele; alle anderen

z. T. auch Döblin, gehörte Musil zu jenen Schriftstellerkollegen, die den erfolgreichen und gefeierten Thomas Mann immer wieder zur Zielscheibe ihres heimlichen Neides und ihrer Spötteleien machten.

Aufgaben sind vorher unlösbar oder Scheinaufgaben!« (*MoE*, S. 596f.)

Arnheims Angebot nun, ihn als Generalsekretär in seine ganz realen Unternehmungen aufzunehmen, soll eben jenen Ulrich der radikalen »geistigen Generalinventur« bürgerlich-kapitalistisch zähmen. An diesem Punkt der großen Versuchung kippt die Handlung der Parallelaktion aus dem *Seinesgleichen geschieht* des Ersten Bandes um in die Voraussetzungen für den Zweiten Band mit dem Untertitel *Ins Tausendjährige Reich*.

Ehe ich darauf näher eingehe, möchte ich am Beispiel von zwei weiteren Roman-Personen Musils Figurenensemble noch weiter differenzieren. Ich benutze für sie den Begriff »Spiegelfiguren«.

4. Spiegelfiguren des »Mann ohne Eigenschaften«

Mit den exemplarischen Hinweisen auf Diotima, Graf Leinsdorf und Arnheim sollte erkennbar geworden sein, wie Musil die Entwertung der Eigenschaften zu *Allerschaften* dadurch belegt, daß er sie in wechselnden Figurenkonzepten als auswechselbare Folien einsetzt. Sie sind typisierte Verkörperungen zeitbezogener Denk- und Handlungsmuster. Neben diesen Figuren des Romans gibt es einzelne Gestalten, die wie gebrochene Spiegel oder verzerrte Gegenbilder und Teilvarianten der Hauptfigur erscheinen. Dies ist zunächst Clarisse, die Frau von Ulrichs Jugendfreund Walter.

In Clarisse, einer ebenso fanatischen wie beharrlichen und glühenden Nietzsche-Anhängerin, bringt Musil die zeitgemäße Perversion eines Übermenschen-Erlösungsgedankens unter. Ich möchte das an einem Zitat verdeutlichen: »Eines Tages – sie hätte auf den Tag ausrechnen können, wann das geschah – war sie aus dem Schlaf der Kindheit erwacht, und da war auch schon die Überzeugung fertig gewesen, daß sie berufen sei, etwas auszurichten, eine besondere Rolle zu spielen, vielleicht sogar zu etwas Großem ausersehen sei.« (Kap. 38: *Clarisse und ihre Dämonen,* S. 145)

Unschwer ist aus diesen Worten herauszuhören, wie Ulrichs *drei Versuche ein bekannter Mann zu werden* darin widerhallen. In anderen Clarisse-Beschreibungen erkennen wir in gespiegelter Verzerrung auch die Radikalität, mit der der Mann ohne Eigenschaften seine erkenntniskritische und erkenntnisasketische Utopie des exakten Lebens sich ausdenkt. Wenn Clarisse sich ihrem Ehemann Walter körperlich verweigert, seine Begeisterung für die Musik von Richard Wagner aber teilt, nimmt sie sich die Formel *Mann ohne Eigenschaften* als Vorbild und sagt, »daß man sich alles zu tun weigern müsse, was nicht mit ganzer Seele geschieht, und damit war sie mitten in der aufgewühlten tiefen Wirklichkeit ihrer Ehe. Ein Mann ohne Eigenschaften sagt nicht Nein zum Leben, er sagt Noch nicht! und spart sich auf; das hatte sie mit dem ganzen Körper verstanden. [...] Sie wußte nun, daß sie etwas Titanenhaftes tun werde; was es sein würde, vermochte sie noch nicht zu sagen, aber einstweilen empfand sie es am heftigsten bei Musik [...].«

Die Clarisse-Handlung läuft wie ein roter Faden durch Musils Roman-Textur. Clarisses anwachsender Erlösungs-Wahn führt sie genau am Zeitpunkt des Kriegsausbruchs – in der *Parallelaktion* spricht man ständig von »Erlösung«! – in die geschlossene Anstalt der Psychiatrie. Es ist aber zugleich mit der Kritik am Nietzsche-Fieber das Besondere dieser Figuren-Erfindung, daß sie, abgesehen von Ulrichs Schwester Agathe, diejenige ist, die Ulrich am besten, am innigsten versteht. Die im Nachlaß enthaltenen Kapitel, in denen Musil ausführlich erzählt und skizziert, wie Clarisse in den Wahnsinn sinkt, gehören zu den berührendsten Teilen des ganzen Roman-Projekts.

Eine weitere Zerr- und Gegenbild-Figur Ulrichs begegnet uns im Prostituiertenmörder Moosbrugger, dessen Fall zu eben dieser Zeit gerichtlich verhandelt wird und die Gesellschaft aufs stärkste beschäftigt: »Man seufzte zwar über eine solche Ausgeburt, aber man wurde von ihr innerlicher beschäftigt als vom eigenen Lebensberuf. Ja, es mochte sich ereignen, daß in diesen Tagen beim Zubettgehn ein korrekter Herr Sektionschef oder ein Bankprokurist zu seiner schläfrigen Gattin sagte: ›Was würdest du jetzt anfangen, wenn ich ein Moosbrugger wäre …‹«. (*MoE,* S. 69)

Dieser Moosbrugger (wie Arnheim und zahlreiche Figuren des Romans aus realen Bezügen, in diesem Fall aus Zeitungsmeldungen, konstruiert und gestaltet) ist Zimmermannsgeselle, groß, stark, gutmütig – »man blieb wie angewurzelt stehen, wenn man diesem von Gott mit allen Zeichen der Güte gesegneten Gesicht zum erstenmal begegnete« (*MoE,* S. 68). Ähnlich wie Clarisse gehört auch Moosbrugger zu jenen Romangestalten, deren Habitus und Mentalität den Leser nachhaltig angehen, gerade auch deshalb, weil er nicht als einseitig abstoßender Mörder gezeigt wird, sondern als eine soziale Randexistenz, der nicht Ulrichs Mittel und Möglichkeiten zur Verfügung stehen, um an diesem Existenzrand die Balance zu finden. Man kann sagen, Musil habe in diese Außenseiter seiner Figuren-Schöpfung – Clarisse und Moosbrugger – kaum weniger innere Anteilnahme deponiert als in die von Ulrich und Agathe.

»Moosbrugger war als Junge ein armer Teufel gewesen, ein Hüterbub in einer Gemeinde, die so klein war, daß sie nicht einmal eine Dorfstraße hatte, und er war so arm, daß er niemals mit einem Mädel sprach. Er konnte Mädels immer nur sehn; auch später in der Lehre und dann gar auf den Wanderungen. Nun braucht man sich ja bloß vorzustellen, was das heißt. Etwas, wonach man so natürlich begehrt wie nach Brot und Wasser, darf man immer nur sehn. Man begehrt es nach einiger Zeit unnatürlich. […]

Und wer denkt daran, was es heißt, sich tage- und wochenlang nicht richtig waschen zu können. Die Haut wird so steif, daß sie nur grobe Bewegungen erlaubt, selbst wenn man zärtliche machen wollte, und unter einer solchen Kruste erstarrt die lebendige Seele.« (*MoE,* S. 70)

Zu Moosbrugger gibt es einige Kapitel, die für sich genommen als Meisterstücke Musilscher Prosa gelten können (Kap. 59: *Moosbrugger denkt nach.* - Kap. 87: *Moosbrugger tanzt*). Der Erzähler hat die Figur dieses Frauenmörders im weitesten Kontext der Parallelaktion und des juristisch verfaßten Staates als derart zentrale Spiegelfigur angesehen, daß er Ulrich über Moosbruggers Verhalten einmal denken läßt: »Das war deutlich Irrsinn, und ebenso deutlich bloß ein verzerrter Zusammenhang unsrer eigenen Elemente des Daseins. [...] Und Ulrich fiel ein: Wenn die Menschheit als Ganzes träumen könnte, müßte Moosbrugger entstehn.« (*MoE,* S. 76)

Es ist der schwärzeste Menschheits-Traum, der hier aufscheint, der mörderische Traum vom Krieg. Aufs allerkürzeste gesagt: Moosbruggers Funktion im Roman ist die des affektiven Individual-Verbrechens im Kontrast zur überlegt geplanten Mordaktion des Krieges.

5. Ulrichs »Weg«

Kehren wir wieder zurück zur Titelfigur Ulrich. Wir hatten ihn verlassen am Punkt seiner frustrierend ausgefallenen drei Versuche. Jetzt begegnen wir ihm in der Beschäftigung mit völlig neuen Erprobungen, Gedankenexperimenten der ungewöhnlicheren Art. Unter den verschiedenen Aspekten und Akzenten dieser gedanklichen Experimente müssen die von ihm als *Utopien* bezeichneten Anleitungen zum »richtigen Leben« genannt werden. Mit diesen Utopien seines Romans gehört Musil in den Gesamtkontext eines weitverzweigten utopischen Denkens der Zwischenkriegsjahre, dem er eine völlig eigenständige und ungewöhnliche Konzeption entgegensetzt. Dabei kommt es ihm mit seiner Romanfigur Ulrich nicht auf irgendeine fixierbare Programmatik an. Dieser Ulrich will nicht Utopien *haben*, sondern er experimentiert mit der Fähigkeit, sich utopisch *verhalten* zu können. Auch diese Experimente stehen unmittelbar im

Zusammenhang mit allen anderen Gedanken- und Figuren-Experimenten zur *Synthese von Genauigkeit und Seele*. Eine dieser utopischen Existenzweisen nennt Musil-Ulrich die *Utopie des exakten Lebens*.

Im gleitenden Hin und Her zwischen dem auktorialen Erzähler und seiner Figur entwickelt sich die Frage, wie ein exaktes, d. h. an den Prinzipien der Mathematik orientiertes Leben zu führen wäre. »[...] es lag in der Luft«, heißt es, »daß man vielleicht exakt leben könnte.«

»Man wird heute fragen: Was heißt das? Die Antwort wäre wohl die, daß man sich ein Lebenswerk ebenso gut wie aus drei Abhandlungen auch aus drei Gedichten oder Handlungen bestehend denken kann, in denen die persönliche Leistungsfähigkeit auf das Äußerste gesteigert ist. Es hieße also ungefähr soviel wie schweigen, wo man nichts zu sagen hat; nur das Nötige tun, wo man nichts Besonderes zu bestellen hat; und was das Wichtigste ist, gefühllos bleiben, wo man nicht das unbeschreibliche Gefühl hat, die Arme auszubreiten und von einer Welle der Schöpfung getragen zu werden! Man wird bemerken, daß damit der größere Teil unseres seelischen Lebens aufhören müßte, aber das wäre ja vielleicht auch kein so schmerzlicher Schaden. [...] Es würde dann allerdings nicht viel Gutes geschehn, aber einiges Besseres; es würde kein Talent übrigbleiben, sondern nur das Genie; es würden aus dem Bild des Lebens die faden Abzugsbilder verschwinden, die aus der blassen Ähnlichkeit entstehen, welche die Handlungen mit den Tugenden haben, und an ihre Stelle deren berauschendes Einssein in der Heiligkeit treten. Mit einem Wort, es würde von jedem Zentner Moral ein Milligramm einer Essenz übrigbleiben, die noch in einem Millionstelgramm beglückend ist. [...] dieser exakte Mensch ist heute vorhanden! Als Mensch im Menschen lebt er nicht nur im Forscher, sondern auch im Kaufmann, im Organisator, im Sportsmann, im Techniker; wenn auch vorläufig nur während jener Haupttageszeiten, die sie nicht ihr Leben, sondern ihren Beruf nennen. Denn er, der alles so gründlich und vorurteilslos nimmt, verabscheut nichts so sehr wie die Idee, sich selbst gründlich zu nehmen [...].« (*MoE,* S. 246f.)

Ich müßte jetzt die Übergänge von der *Utopie des exakten Lebens* zur *Utopie des Essayismus* skizzieren. Ein ganzes Kapitel dreht sich ausschließlich darum. Schön wäre es auch, Musils Unterscheidung zwischen einer »pedantischen« und einer »phantastischen Genauigkeit« zu betrachten, sodann die Überlegungen zu lesen, in denen dieser Essayismus als ein »innerlich schwebendes Leben« bezeichnet wird. Halten wir nur wieder so viel fest: Eine *essayistisch-utopische* Lebensweise setzt darauf, daß alle moralischen Ereignisse in ihrer Bedeutung und Funktion von allen anderen abhängen, daß dergestalt ein »unendliches System von Zusammenhängen« entsteht, »in dem es unabhängige Bedeutungen, wie sie das gewöhnliche Leben [...] den Handlungen und Eigenschaften zuschreibt, überhaupt nicht mehr (gibt)« (*MoE,* S. 251).

Mit diesen Methoden-Utopien[4] sind zunächst nur Gedanken-Wege eröffnet zu dem, was den Mann ohne Eigenschaften immer mehr aus der Vorstellung herausführt, er könne an irgend etwas motiviert teilnehmen. Immer mehr glaubt er, dies sei erst wieder möglich, wenn er den Ausgleich oder die *Synthese* in sich gefunden habe zwischen seiner Lust am logischen Ordnen und Organisieren und der gleichermaßen vorhandenen Lust am innerlich schwebenden Leben. Für diesen Ausgleich zwischen sachlicher Nüchternheit und asketischer Leidenschaft, zwischen Wissen und Ahnen, zwischen Wissenschaft und Poesie, Mathematik und Kontemplation usw. benutzt er das schon genannte Begriffspaar von *Genauigkeit und Seele.* Es gehört zu den weiträumigen Gedanken dieses ganzen Komplexes, daß Musil diese Synthese im Sinn einer wechselseitigen Steigerung und Kontrolle der einzelnen Fähigkeit ausgestaltet, ohne damit Dogmen oder Heilslehren zu verkünden. Ihm geht es im Erzäh-

4 Ich benutze hier einen Begriff aus Roger Willemsens glänzender Einführung: *Robert Musil. Vom intellektuellen Eros,* München 1985.

len und Reflektieren darum, die Schärfe der Exaktheit durch die diffundierende Qualität der Gefühle aufzulockern und gleichzeitig den Überschwang der Gefühle durch die Präzision des Denkens zu kontrollieren.

Zurück zur Roman-*Handlung*. Wie geht es weiter? Gegen Ende des Ersten Buches ist das »Jahr Urlaub« schon halb vorbei, und Ulrich ist es nicht gelungen, »mit irgendeiner Frage in Ordnung« zu kommen (*MoE,* S. 662). Erotische Beziehungen zu Frauen bleiben flüchtig, gesellschaftliche Beziehungen zu den einflußreichen Personen der Parallelaktion interessieren ihn nicht mehr. Er gerät in Zustände tiefer Resignation, Selbstmordgedanken tauchen auf. Mit dem plötzlichen Tod seines Vaters – die Mutter lebt schon lange nicht mehr – entsteht in ihm das Gefühl, »als wäre ein Ankertau zerrissen« (*MoE,* S. 655), der Zustand der Fremdheit und des Alleinseins in der Welt erscheint ihm total. So kommen wir mit ihm zum letzten Kapitel des Ersten Bandes mit der bezeichnenden Überschrift *Die Umkehrung* (Kap. 123, S. 654–665). Damit führt der Erzähler den Leser an den Krisenpunkt in Ulrichs Lebensexperiment. Wieder schimmert ein altes Märchen- und Mythenmotiv hindurch: Der Held mit seinen *drei* Versuchen, ein berühmter Mann zu werden, und mit allerlei *Versuchungen* (die vorletzte war Arnheims Angebot, die letzte ein Liebesversuch Clarisses) gelangt über einen einschneidenden Wendepunkt zu einer Art zweiter Geburt.

In dieser Stimmung erlebt Ulrich ein Gefühl, das ihn schon einmal aufs tiefste betroffen hat: *Die vergessene, überaus wichtige Geschichte mit der Gattin eines Majors* (Kap. 32) erzählt im Rückblick die Liebesgeschichte des jungen Leutnants mit einer verheirateten Frau. In dieser Liebesgeschichte steckt die Präfiguration der späteren Begegnung Ulrichs mit seiner Schwester Agathe, die am Beginn des Zweiten Bandes unter der Überschrift *Die vergessene Schwester* erzählt wird. Das eine hebt sich im anderen auf, findet dort seine Fortsetzung und seine unvollendete Vollendung. Erzwungene Formen des Vergessens müssen überwunden werden, um den von Musil gesuchten *inneren*

Menschen zu ermöglichen. Wenn wir in der Liebesgeschichte mit der *Frau Major* lesen, Ulrich »war ins Herz der Welt geraten« (*MoE,* S. 125), so bahnt sich damit der in der Liebesgeschichte mit Agathe betretene Weg in den *anderen Zustand* an. »Herz der Welt« und »anderer Zustand« sind zwischen Immanenz und Transzendenz oszillierende Chiffren.

In einem Vortragstext sind das nur die kahlen Worte. Die von Musil evozierte ästhetische und ethische Substanz liegt in der langsamen Lektüre all dieser Kapitel. Sie erzählen den Umwandlungsversuch, den Versuch der Neugeburt des Mannes ohne Eigenschaften. Am Ende des Ersten Buches, im Kapitel *Die Umkehrung*, zerspringt für Augenblicke das männlich verpanzerte Ich, und ein neues, offen-bewegliches Verhältnis zur Wirklichkeit deutet sich an. Blitzartig wird Ulrich seine latent immer schon verspürte Einsamkeit in dieser Parallel-›Welt‹ des *Seinesgleichen geschieht* bewußt. Der bisher durchmessene Raum dieser verengten ›Welt‹ der Wiener Vorkriegsgesellschaft erweist sich als leer und existenzlos: »›Welche Welt?‹ dachte er. ›Es gibt ja gar keine!‹« (*MoE,* S. 664)

Mit der Abwendung vom statisch-verengten und statistisch-erstarrten Raum der Parallelaktion öffnet sich nunmehr eine ›andere Welt‹. Raum und Zeit werden dynamisch, Erinnerungsbilder erscheinen. An die Stelle der rationalisierten Effizienz des Ersten Kapitels tritt die gedanklich-emotionale Intensität. Der Tod des Vaters macht es notwendig, Beerdigung und Nachlaßangelegenheiten zu ordnen. Ulrich reist in die Stadt seiner Kindheit und begegnet dort seiner um fünf Jahre jüngeren Schwester Agathe. Zwischen den Geschwistern entsteht eine immer intensivere Vertrautheit. Mehr und mehr ziehen sie sich von allen gesellschaftlichen Angelegenheiten zurück, um sich nunmehr zusammen der Frage nach dem »rechten Leben« zu stellen.

Mit der Gestalt der *vergessenen Schwester* tauchen im Zweiten Band bezeichnenderweise zuerst die Erinnerungen an die Kindheit auf und dann die Gedankenspiele um ein *anderes Leben,* auch dies jedoch immer in der gefährlichen Nähe zur Erstarrung, nunmehr in den ›Still-Leben‹ der inselhaften Gesprächssituationen. In diesen oft wie endlos erscheinenden Dialogen erkennen sich Bruder und Schwester an der Schwelle zu einem unwirklichen *Reich der Liebe*. Dorthin versucht der Roman den Durchbruch mit Hilfe erdachter Metamorphosen des Subjekts-in-der-Welt. Liebe wird aus dem Sonderfall der Mann-Frau-Beziehung in utopischen Modellen zu einem fundierenden Weltverhältnis weitergedacht.

6. Ins Tausendjährige Reich (Die Verbrecher) und der Fortgang der Parallelaktion

Zunächst wieder die merkwürdigen Überschriften – *Ins Tausendjährige Reich* und *Die Verbrecher*. Sie stehen in einem polaren Verhältnis zu denen des Ersten Bandes: Hieß es dort: – *Eine Art Einleitung* und *Seinesgleichen geschieht*, womit Statik und Stillstand angedeutet werden, so drücken diese Überschriften Dynamik und Bewegung aus. Der Titel *Ins Tausendjährige Reich* knüpft an alte chiliastische Überlieferungen an (das Kommen des Messias; die Wiederkunft Christi). In der Nazizeit wurde das Wort vom *Tausendjährigen Reich* blasphemisch umgepolt für ihr »Drittes Reich«, um dann in der Nachkriegsgeschichte wiederum als Distanzierung zu dieser Blasphemie Verwendung zu finden.

Im *Mann ohne Eigenschaften* lesen wir diese Formulierung zum erstenmal im Rahmen der Parallelaktion, wenn der Erzähler den Großindustriellen Arnheim in ein satirisch-fiktives Gespräch mit Gott bringt. Arnheim ist ja derjenige, dessen zweideutiger Hang zum Höheren in besonderer Weise hervorgehoben wird. »Wenn Gott heute zurückkehrte«, so lesen wir da, »um das Tausendjährige Reich unter uns aufzurichten«, dann »träte Paul Arnheim vor und spräche zum Herrn: ›Herr, wozu!‹ Und Arnheim würde Gott die Einrichtung eines *Tausendjährigen*

Reichs freundlich, aber bestimmt ausreden, vor allem mit dem Hinweis, es seien doch ›Ichsucht‹, ›Zwang‹ und ›Geld‹ weitaus verläßlichere Funktionen des menschlichen Lebens.« (*MoE,* S. 508) Im Ersten Romanteil erhält diese Formel also noch keine positive, sondern eine satirische Konnotation. Eine tiefere Bedeutung gewinnt der Ausdruck das *Tausendjährige Reich* erst im Zweiten Romanteil in der Begegnung der Geschwister, genau dann, wenn Agathe, die im Begriff ist, sich von ihrem ungeliebten Ehegatten scheiden zu lassen (sie erwägt auch, ihn zu töten), dem Bruder, der unschlüssig abwartend reagiert, fragend vorschlägt: »Kann ich denn in der nächsten Zeit nicht einfach bei dir wohnen [...]?« (*MoE,* S. 801) Mit dieser Frage – und in ihr liegt der Beginn des neuen Lebensversuchs – begreift Ulrich, daß damit sein »Leben auf Urlaub« in jeder Hinsicht abgeschlossen ist. Und dieser Gedanke bezaubert ihn. In seiner Phantasie verändert sich sein bisher für viele offenes Haus »zu einer Muschel, in der man wie einen fernen Strom das Rauschen der Stadt hört« (ebd.). Als habe Agathe seine Gedanken gelesen, sagt sie: »Wir werden wie die Eremiten leben.«

Und Ulrich erwidert ihr: »Weißt du, daß wir in das Tausendjährige Reich einziehn?«

»Was ist das?« fragt sie ihn.

»Wir haben schon so viel von jener Liebe gesprochen, die nicht wie ein Bach zu einem Ziel fließt, sondern wie das Meer einen Zustand bildet! [...] du mußt dir jetzt vorstellen, daß dieses Meer eine Reglosigkeit und Abgeschiedenheit ist, die von immerwährenden kristallisch reinen Begebenheiten erfüllt wird. Alte Zeiten haben versucht, sich ein solches Leben schon auf Erden vorzustellen: Das ist das Tausendjährige Reich, geformt nach uns selbst und doch keins der Reiche, wie wir sie kennen! Und so werden wir leben! Wir werden alle Selbstsucht von uns abtun, wir werden weder Güter noch Erkenntnisse, noch Geliebte, noch Freunde, noch Grundsätze, noch uns selbst sammeln: Demnach wird sich unser Sinn öffnen, auflösen gegen Mensch und Tier und so in einer Weise erschließen, daß wir gar nicht mehr wir bleiben können und uns nur in alle Welt verflochten aufrechterhalten werden!« (*MoE*, S. 801 f.)

Der Erzähler, der immer darauf achtet, daß die Gefühle nicht überborden, beschließt diesen Dialog der Geschwister mit dem lapidaren Satz: »Dieses kleine Zwiegespräch war ein Scherz gewesen!« (802) Es ist aber, wie der Leser im Fortgang erfahren wird, mit diesem »Scherz« der Auftakt gegeben zu jenem Lebens- und Liebesabenteuer der Geschwister, das den zweiten und insbesondere den unabgeschlossenen Teil des ganzen Romans ausmacht, die umfangreichen Nachlaßkapitel und -skizzen, worin das bis zuletzt mehrfach umgearbeitete Kapitel *Atemzüge eines Sommertags* (*MoE*, S. 1232–1239) eine besondere Lektüre-Belohnung darstellt. Intensiver noch als in anderen Zusammenhängen kommt darin das *Schwebende* dieses Zustands und sein *Gleichnis*-Charakter zum Ausdruck.

Musil hat dieses Geschwister-Abenteuer durchgehend ambivalent angelegt, sowohl in sozialer als auch in existentieller Hinsicht. Es erscheint in seinem radikalen Rückzug von der Gesellschaft und in seiner geistigen und sinnlichen Freiheit ebenso faszinierend wie anstößig. Es ist wie mit einem Vexierbild, das uns je nachdem nur das eine oder nur das andere Bild zeigt, aber beide in sich enthält. Von daher beantwortet sich auch die Frage nach dem merkwürdigen Untertitel *Die Verbrecher*. Man könnte aus heutiger Sicht denken, der Autor habe mit der Kombination *Tausendjähriges Reich* und *Die Verbrecher* auf die Hitler-Diktatur anspielen wollen. Wörtlich kann davon nicht die Rede sein. Gemeint sind mit *Die Verbrecher* neben den Aktivitäten der Parallelaktion, die den Krieg vorbereiten, vor allem verschiedene Gesetzes-Brüche der Geschwister Ulrich und Agathe, wozu auch das Tabu der Geschwisterliebe gehört.

Mit dieser, in den nicht publizierten Teilen ausprobierten Wendung zum Inzest ergibt sich ein sozusagen unterirdischer Quergang zum Ausgang der Parallelaktion. Beides nicht endgültig ausgeführt, mündet bereits in seinen Entwurfsformen – wenn auch auf vollkommen verschiedene Weise – in Katastrophen. »Fürchterliche Gewalt der Wiederholung« nennt Musil einmal die Situation der Geschwister nach dem Inzest. Und die Tendenz der Parallelaktion deutet sich in folgendem Satz aus dem Mund des Erzählers an: »Man ist gewalttätig, weil die Eindeutigkeit der Gewalt nach langem ergebnislosem Reden wie eine Erlösung wirkt.« (*MoE,* S. 594)

Solche Sätze stellen explizit das Umschlagen der Weltflucht in Zerstörung dar. Ich kann diesen kryptischen und widersprüchlichen Zusammenhang zwischen ekstatischer Geschwister-Liebe und fanatischem Menschen-Krieg hier nur erwähnen. Im Roman spielt in diesem Zusammenhang das verschieden kodierte und konnotierte Wort *Erlösung* eine wichtige Rolle. Aus den zahlreichen Notizen Musils zu diesem Komplex zitiere ich nur noch eine Zeile: »Beginnt mit 1000j Reich, endet mit normalverbrecherischem Sexus.« (*MoE,* S. 1838) Indirekt und verbrämt in einem verrutschten Geschichtsbild drückt diese Eindeutigkeit einer Gewalt-(Er-)Lösung der General Stumm von Bordwehr aus, wenn er gegen Ende des veröffentlichten Romanteils zu Ulrich sagt: »Ich habe mir geradezu manchmal gedacht, das beste wäre schon, wenn über alle diese Unlösbarkeiten einmal ein rechter Trottel käme, ich meine so eine Art Jeanne d'Arc, der könnte uns vielleicht helfen.« (*MoE,* S. 1040)

Der Leser, der die Zwei- und Vieldeutigkeiten solcher Redeweisen, die Ideologismen der Salongespräche, das Durchdrehen Moosbruggers, die Wahnideen Clarisses und auch die angespannten und überspannten Ekstasen der Geschwister inzwischen kennt, liest heraus, was darin auf die Realität der Jahre und Jahrzehnte nach 1914 verweist. Musil schrieb im Blick auf die verschiedenen Figuren- und Problemkonstellationen den unüberlesbaren Satz: »Alle Linien münden in den Krieg. Jeder begrüßt ihn auf seine Weise.« (*MoE,* S. 1902).

Daß die versuchte Synthese aus *Genauigkeit und Seele* mißlingt und daher auch dieser Versuch zum Krieg führt – solche Gedanken notierte Musil vielfach in seinen Überlegungen zum Plan des Ganzen. Somit wäre der *Mann ohne Eigenschaften* auf der Ebene seiner fragmentarischen *Handlung* durchaus an einem plausiblen Endpunkt angelangt. Aber der Roman erzählt seine *Geschichte* nicht in dieser Geschlossenheit. Und da beide Teile wie Brückenhälften ins Unvollendete ragen, kommt alles auf den Spürsinn des Lesers an, der im 20. Jahrhundert gelernt hat, Fragmentarisches so zu lesen, daß, wie Alexander Kluge es oft formuliert, die Lücken mitgelesen werden. Der Leser muß die vielen, teils ausformulierten, teils angedeuteten Spuren kombinieren. Diese Spuren zeichnen sich am deutlichsten ab in den satirischen und ironischen Konstruktionen und Gestaltungen der einzelnen Figuren-Mentalitäten. Sie bilden das vielschichtige und verschlungene Motivgefüge der den Zustand eines labilen Friedens nicht mehr aushaltenden Gesellschaft. Einer *Vor-Kriegs*-Gesellschaft also.

Es gibt Musil-Exegeten, die darauf hinweisen, daß jene komplexe Vorkriegsmentalität in einer fragmentarischen Konzeption am besten zu erfassen sei. Sie tritt am stärksten hervor in jenen Passagen, in denen der Erzähler gleichsam unmittelbar neben seiner Titelfigur hergeht, ihr zuhörend, sie kommentierend, ihre Gedanken aufgreifend und sie aus dem persönlichen Bezug zu grundsätzlichen Überlegungen weiterführend. Um dieses vielschichtige Motivgefüge erzählerisch zu bewältigen, habe sich Musil von der epischen Narration abgewandt und im essayistischen Denken und Darstellen den Zugang zu einem aktiv mitdenkenden Leser gesucht. Ein förmlicher Abschluß sei angesichts dieser essayistischen Offenheit ohnehin nicht zwingend.

Das Argument ist nachvollziehbar, allerdings mit Einschränkungen. Denn Musils Essayismus führt auch zu einem Dilemma. Um erkenntniskritisch und psychologisch der Frage nach möglichen Synthesen von *Genauigkeit und Seele* nachzugehen, wachsen die entsprechenden essayistischen Kapitel und Skizzen zu immer eigenständigeren Gedankenkomplexen an. Damit gerät das Roman-Projekt in Probleme der Proportionen. Musil starb über den Versuchen, diese Probleme zu lösen. Am Todestag überarbeitete er zum wiederholten Male das Kapitel *Atemzüge eines Sommertags*, das noch in den Druckfahnen vom Satz wieder zurückgezogen worden war.

Die Absage an den epischen Roman zugunsten eines essayistisch-reflexiven und karikaturistisch-satirischen Erzählens macht das gleichermaßen Unterhaltsame und Anstrengende der Lektüre aus. Unterhaltsam ist durchgehend die konstruktive Ironie oder, wie Musil es einmal nennt, »der geistige Humor«; anstrengend ist, vor allem in den nachgelassenen Entwurfsteilen, die gedanklich dichte, oft psychologisch fundierte Motivforschung. Sozusagen von beiden Seiten wird dem Leser im Lektüre-Prozeß eine Art Seelen- und Zeitanalyse auferlegt. Man spürt von Anfang an das Zeit-Diagnostische auch als Selbstdiagnose. Auch darin begründen sich gleichermaßen Anstrengung und Vergnügen. Während man den satirischen Witz in so vielen Passagen genießt, empfindet man zugleich den bezwingenden Anspruch dieser analytischen Strenge. Mehr und mehr erkennt der Leser, wie er sich selbst liest, sich eigener und umfassender Dispositionen bewußt wird, indem er den Spuren dieses *Mannes ohne Eigenschaften* folgt.

Was aber könnte den Rang eines Romans besser begründen als seine Tauglichkeit, uns in der Lektüre mit der eigenen Existenz derart zu konfrontieren, daß wir darin auch das Bild der Zeit erkennen?

WINFRIED MENNINGHAUS

Siegel, Name und Zeit
Zu Paul Celans Gedicht *Mit Brief und Uhr*

MIT BRIEF UND UHR

Wachs,
Ungeschriebnes zu siegeln,
das deinen Namen
erriet,
das deinen Namen
verschlüsselt.

Kommst du nun, schwimmendes Licht?

Finger, wächsern auch sie,
durch fremde,
schmerzende Ringe gezogen.
Fortgeschmolzen die Kuppen.

Kommst du, schwimmendes Licht?

Zeitleer die Waben der Uhr,
bräutlich das Immentausend,
reisebereit.

Komm, schwimmendes Licht.[1]

1 Celan 1983, Bd. 1, S. 154. Das Gedicht entstammt dem Band *Sprachgitter* (1959). Eine frühere Fassung wurde unter dem Titel *Stilleben mit Brief und Wanduhr* in der Zeitschrift Akzente veröffentlicht (3. Jg., 1956, S. 300).
Auf eine Auseinandersetzung mit den bisherigen Interpretationen des Gedichts verzichte ich hier. Vgl. Robinson 1977, S. 93–120, und Pöggeler 1986, S. 77–82. Inka Mülder-Bach und Uta Werner danke ich für ins Detail gehende und vieles anregende Gespräche über das hier behandelte Gedicht, Werner Hambacher und Martin von Koppenfels für weitere Hinweise.

I

Die Überschrift »Mit Brief und Uhr« läßt eine feststehende Verbindung[2] mitlesen, deren letzte Position sie umbesetzt hat: *mit Brief und Siegel.* Das aus dieser Verbindung verdrängte Siegel kehrt in den beiden ersten Versen um so manifester wieder: in Gestalt seines Materials, des Wachses, sowie dessen Bestimmung für die Handlung des Siegelns. Die rhetorische Operation der Überschrift stellt daher nicht nur eine (metaphorische) Substitution dar, sondern ebenso eine metonymische Verschiebung: Was in der Überschrift ersetzt wird und selbst ungeschrieben bleibt, bestimmt gerade das Geschriebene der Verse. Das verschobene Auftauchen des Wortes »siegeln« und die darauf bezogene Reihe »Wachs« - »wächsern« - »Waben«, die das ganze Gedicht strukturiert, akzentuieren rückwirkend an der Überschrift eben dasjenige, was in ihr nur abwesend anwesend ist. Das Gedicht ergänzt buchstäblich und variiert in seiner Gesamtheit das Wort, das in seinem Titel zum Verschwinden gebracht ist: Siegel.

Ein Siegel ist ein Supplement der Schrift, die es besiegelt. Es wird ihr als bekräftigendes Zeichen - das Wort Siegel referiert auf lateinisch *sigillum*, eine Verkleinerungsform von *signum* - ihrer Echtheit, Authentizität, Gültigkeit hinzugefügt. Negativ bedeutet dies einen wesentlichen Mangel, eine wesentliche Ergänzungsbedürftigkeit des Briefes oder der Urkunde: Ihre Schrift allein vermag aus sich heraus nicht ihre Authentizität zu verbürgen. Damit sie Zeugnis sein kann, bedarf sie der Bezeugung ihres Zeugnis-Seins durch ein zusätzliches Zeichen, das sie entweder unterschreibt oder verschließt. Was dieses Zeichen einem Text hinzufügt - seine Echtheit, Authenti-

2 Donna Elaine Robinson hat diesen feststehenden Charakter des Titels offenbar übersehen; ihre Überlegungen zur Motivation des Wortes »mit« sind nur auf der Basis dieses Übersehens verständlich. Vgl. Robinson 1977, S. 101.

zität, Gültigkeit –, ist etwas in dem besiegelten Text an sich selbst »Ungeschriebnes«, und es muß seinerseits erbrochen, in seiner Integrität zerstört werden, um den Brief lesbar zu machen, dessen Echtheit und Vertraulichkeit es doch nur als Unversehrtes bezeugen kann. Ein besiegelter Text ist Text plus eines »x«, das am Wortlaut nichts ändert und dennoch über die Gültigkeit entscheidet. Als Verschluß bewirkt das Siegel zugleich die Verborgenheit und Unlesbarkeit des Briefes, den es versiegelt. Im »Buch mit sieben Siegeln«, das, aus der Offenbarung des Johannes stammend, als feststehende Wendung ebenso Aufnahme ins System der *langue* gefunden hat wie die Verbindung »mit Brief und Siegel«, ist das Siegel geradezu zur Metapher von Unlesbarkeit und Unverständlichkeit geworden. Das Siegel regelt mithin sowohl das Lesen wie die Unlesbarkeit eines Textes. Es transzendiert die Opposition von lesbar und unlesbar ebenso wie diejenige von versehrt und unversehrt.

In der profanen Praxis fallen zwei verschiedene Funktionen des Siegelns auseinander: Das *Ver*siegeln eines Briefes verbirgt seinen Text und bestätigt allein die Authentizität des Absenders, nicht aber die Gültigkeit seines Inhalts; das *Be*siegeln einer Urkunde dagegen bekräftigt mit der Authentizität des Unterschreibenden zugleich die Gültigkeit des Textes, den es *nicht* verbirgt. In mystischen Vorstellungen dagegen werden diese Funktionen verbunden: Je verschlossener und verborgener eine göttlich versiegelte Schrift, desto höher zugleich ihr Gültigkeitsanspruch. Das Gedicht *Mit Brief und Uhr* spielt, wie ich zeigen möchte, auf solche mystisch-theologischen Interpretationen des Siegelns an. Mehrere Grundvorwürfe von Celans Dichtung und Poetik sind daher im Phänomen des Siegelns angesprochen: die Frage des Zeugnisses; die Kryptierung, das Unlesbarwerden gerade der »authentischen« Schrift; die Fundierung aller Sprache und Schrift in etwas, das ihnen aus eigener Kraft zu erreichen versagt bleibt.

Ein Brief ist darüber hinaus ein sprachliches Gebilde des

»Unterwegsseins«[3] und »Sich-einem-Anderen-Zusprechens«[4]: Er wird auf Reisen geschickt und damit einem unsicheren Ankommen ausgesetzt. Er ist eine »Flaschenpost«[5]. Seine Mitteilungsform unterscheidet sich vom Gespräch durch die Intervention von Raum und Zeit: Die räumliche Abwesenheit des Empfängers bewirkt zugleich das zeitliche Auseinandertreten von »Senden« und »Empfangen«. Dieses Intervall, dieses Unterwegssein des Briefes ist eben die Zeit des Siegels. Seine emblematisch-allegorische Repräsentation in einem »Stilleben« – so zunächst der Titel des Gedichts[6] – ist die »Uhr«. Ohne Zeit kein Siegel: Sie ist seine Voraussetzung; und zugleich gilt: Das Siegel hütet die Zeit des Briefes, die »Epoche« seines Unterwegsseins. Deren Dauer ist durch zwei Daten begrenzt: die von Absenden und Empfangen bzw. von Versiegeln und Erbrechen des Siegels. Das Siegel hütet indes nicht nur die Zeit zwischen zwei Daten, es steht zugleich in einer (metonymischen) Beziehung räumlicher Kontinuität zum Datum des Briefes selbst. Siegel und Datum sind – wie Adressant, Adressat und Unterschrift – metonymische Paratexte des »eigentlichen« Brieftextes. Der Paratext des Datums darf sowenig fehlen wie das Siegel: Kein Brief, keine Urkunde, kein Vertrag kann ohne Datierung Gültigkeit beanspruchen. Ihre Emanzipation von der zeitlichen und räumlichen Gebundenheit der Sprache bezahlt die Schrift mit der Angewiesenheit auf eine Ergänzung eben der Daten, die sie um den Preis eigener Inauthentizität überlebt. Das Datum seinerseits ist bereits im Moment seiner Fixierung vergangen, verschwunden und überliefert sich – als Rest dieses Verschwindens – einer Geschichte seines Nicht-mehr-Seins;[7] analog über-

3 Celan 1983, Bd. 3, S. 186.
4 Celan 1983, Bd. 3, S. 198.
5 Celan 1983, Bd. 3, S. 186.
6 Vgl. Anmerkung 1.
7 Vgl. Jacques Derrida: Schibboleth, in: Hamacher/Menninghaus (Hrsg.) 1988, S. 61–80.

antwortet das Siegel die Aktualität des autorisierenden Aktes einer Nachgeschichte, die auf kein präsentes Subjekt mehr verweist. Datum und Siegel sind nekrologisch und testamentarisch. Das Siegel unterhält mithin eine doppelte Beziehung zu seinem Substitut (»Uhr«) in der Überschrift: Es »bewacht« die Integrität eines Briefes in der *Zeit* des Unterwegsseins; und es ist zugleich eine Metonymie des Brief-*Datums*, die ihrerseits noch durch Ähnlichkeitsrelationen metaphorisch eingefärbt ist.

II

Seit Petschaft und Siegelring kaum noch benutzt werden, hat sich die Verbindung von Brief und Siegel in eine rhetorische Figur verwandelt: in die Metapher der Bekräftigung, des Beschließens, des Beurkundens. Indem die Gedichtüberschrift diese Figur selbst wieder einer rhetorischen Operation unterzieht, potenziert und defiguriert sie zugleich deren Rhetorizität. Die Irritation durch diese (De-)Figurierung einer Figur wird in Strophe 1 vor allem durch zwei Formen der Inversion fortgesetzt. Die erste bestimmt das »Wachs« dazu, nicht ein Schriftstück, sondern »Ungeschriebnes zu siegeln«. Das Ungeschriebne erlaubt mehrere Deutungen seiner negativen (Un)-Bestimmtheit. Es kann, in der immanenten Reflexion des Gedichts, dasjenige bezeichnen, das in der Überschrift ungeschrieben geblieben war: eben das Siegel. Die beiden ersten Verse würden dann ein Wachs setzen, das ein Siegel siegelt. Diese Verdopplung ist keineswegs völlig abwegig oder gar sinnlos. Sie öffnet vielmehr das Siegeln einer skeptischen Reflexion: Wenn das Siegel die Echtheit einer Schrift garantiert, bedarf es dann nicht selbst wieder einer Instanz, welche die autorisierende Potenz des Siegels garantiert? Der Abbruch dieser Vergewisserungsbewegung konstituiert die letztinstanzliche Funktion des Siegels und stellt zugleich seine Bekräftigungsleistung in Frage. Nichts anderes geschieht in Celans berühmtem Satz

»Niemand/zeugt für den/Zeugen«,[8] in dem das Bezeugen – wie das Besiegeln – in den Horizont eines virtuell unendlichen Regresses des Gültigkeitserweises gestellt wird, den es kraft seines Anspruchs auf autoritative Selbst- und Letztbegründung gerade unterbricht.

Eine zweite Lesart sieht im Ungeschriebnen ein Jenseits aller Schrift benannt, das zugleich Grenze aller Deutung und Topos emphatischer Bedeutung ist. Hugo von Hofmannsthal hat seine – nicht zuletzt durch Walter Benjamins späten Sprachaufsatz prominent gewordene – Formel »Was nie geschrieben wurde, lesen« als Erläuterung des Ausdrucks »was nicht deutbar, dennoch deuten« geprägt.[9] Er hat im Lesen des Ungeschriebenen also eine Grenzüberschreitung, den Versuch seiner (unmöglichen) hermeneutischen Anverwandlung als ein Gedeutetes gesehen. Celans Siegeln des Ungeschriebnen kann dagegen als Bekräftigung seines Ungeschriebenseins und damit auch seiner »Unlesbarkeit«[10] gelesen werden. Gerade kraft dieser Besiegelung aber wird das Setzen des »Ungeschriebnen« in der Gestalt der Schrift vollends paradox und verfällt erneut einer Grenzüberschreitung, einer Bewegung des Verfehlens, die ihm allerdings nicht – wie bei Hofmannsthal – von außen durch die Deutungswut des Menschen, sondern im Modus der Selbstdekonstruktion zustößt.

Die Offenbarung des Johannes, in der es weitgehend um Ver- und Entsiegeln geht, erlaubt eine dritte und ganz unparadoxe Lesart des Siegelns von Ungeschriebenem: »Und da die sieben

8 Hamacher/Menninghaus (Hrsg.) 1988, Bd. 2, S. 72.

9 Hugo von Hofmannsthal: Der Tor und der Tod, in: Hofmannsthal 1979, S. 297f. Walter Benjamin zitiert diesen Satz in: Über das mimetische Vermögen, in: Benjamin 1977, Bd. II, 1977, S. 213. Paul Celan hat den ›Topos‹ des Ungeschriebenen ein zweites Mal in dem Gedicht A la pointe acérée ›zitiert‹ (Celan 1983, Bd. 1, S. 251).

10 Vgl. Celans Gedicht Unlesbarkeit dieser/Welt (Celan 1983, Bd. 2, S. 338).

Donner ihre Stimmen geredet hatten, wollte ich sie schreiben. Da hörte ich eine Stimme vom Himmel sagen zu mir: Versiegle, was die sieben Donner geredet haben; schreibe es nicht!«[11] Der Imperativ des Versiegelns postuliert hier geradezu das Nicht-Schreiben – allerdings um den Preis des Metaphorisch-Werdens des Siegelns, das darin nurmehr das Verschließen von Gehörtem im Herzen, ein Verschweigen und verbergendes Für-sich-Behalten, damit zugleich den Ausschluß aus dem allgemeinen (Schrift-)Gedächtnis bedeutet. Etwas zu versiegeln, ohne bzw. statt es zu schreiben, etwas also *gegen* den Eingang in die Schrift zu versiegeln, könnte dann auch in Celans Gedicht auf ein Verbot, ein Tabu oder eine Unmöglichkeit verweisen: auf eine Erfahrung, die nicht schriftlich festgehalten und tradiert werden darf oder kann.

Die zweite Inversionsfigur der ersten Strophe – »das deinen Namen/erriet,/das deinen Namen/verschlüsselt.« – führt sowenig zu einer *restitutio ad integrum* oder negativen Aneignung wie die erste.[12] Sie beginnt mit einer syntaktischen Ambivalenz: Das Relativpronomen »das« kann sich gleichermaßen auf »Wachs« wie auf »Ungeschriebnes« beziehen. Die Gegenläufigkeit von Erraten und Verschlüsseln kann als eine Hermeneutik des Siegels selbst verstanden werden. Die Prägung des Siegels stellt ja emblematisch kryptiert, verschlossen, verschlüsselt einen Namen dar. Diesen Namen kann es aber nur in ein Wachsbild verschlüsseln, weil es ihn immer schon erraten hat. Die Differenz der Tempora – Imperfekt des Erratens, aber Gegenwart des Verschlüsselns – entparadoxiert die Inversionsfigur durch Verzeitlichung und bezeichnet gerade durch dieses asymmetrisierende Moment in der scheinbar symmetrischen Opposition die Situation einer Lektüre des Siegels: Das in ihm verschlos-

11 Offenbarung des Johannes 10,4.

12 Vgl. Werner Hamacher, Die Sekunde der Inversion. Bewegungen einer Figur durch Celans Gedichte, in: Hamacher/Menninghaus (Hrsg.) 1988, S. 81–126.

sene Erraten hat immer schon stattgefunden, ist vergangen, vielleicht vergessen; die Kryptierung dagegen ist aktuell, überlebt das Erraten. Sie ist das, was bleibt, was übrigbleibt und nur als dieser Rest sich zu lesen gibt. Weniger auffällig verzieht noch ein zweites asymmetrisierendes Moment die Inversion in eine Figur des Spalts oder der Spaltung statt der negativen Identität. Das genaue Komplement des Verschlüsselns – das übrigens auch darin seine sowohl phonetische wie semantische Affinität zum Versiegeln bekundet, daß es die ganze Strophe beendet, versiegelt – wäre nicht das Erraten, sondern das Entschlüsseln. Beide können durch zwei Momente unterschieden werden. Das Entschlüsseln ist eine stärker regelgeleitete Operation als das Erraten: Computer können entschlüsseln, decodieren, aber nicht erraten oder – wie es in der Hermeneutik heißt – »divinieren«. Außerdem zielt das Entschlüsseln nicht direkt auf den zu entschlüsselnden Text, sondern zunächst auf den Schlüssel, *mittels* dessen er entschlüsselt werden kann; Das Erraten dagegen vermeidet diesen instrumentellen Umweg: Das lösende Wort ist kein Schlüssel *zur* Entschlüsselung, sondern an sich selbst die Lösung des Rätsels. Der negative Parallelismus von erraten und verschlüsseln wird durch diese Differenz gekrümmt: Strenggenommen ist er keiner und die Inversion nur eine trügerische, deren Semantik nicht hält, was die grammatische Symmetrie verspricht.

Der Schein der Spiegelung entsteht nicht zuletzt durch die Verbindung der »inversen« Verben mit jeweils dem gleichen Objekt, das überdies die reinste Form des positiven Parallelismus annimmt: die Wiederholung. Das anaphorische Wiederaufnehmen der Worte »das deinen Namen« gerät durch ihre Separierung zu je einem vollständigen Vers und die damit signalisierte rhythmische Verselbständigung in die Nähe des mechanischen Stotterns einerseits, der magischen Beschwörungsformel andererseits. In jedem Fall werden »Wachs«, »Ungeschriebnes« und »siegeln« dadurch nachdrücklich auf jenen Topos des Namens bezogen, der so viele Gedichte Celans regiert. Das in Wachs geprägte Siegel ist Darstellung des Namens der Person oder der Institution, die es führt. Es verbürgt die Echtheit einer Schrift, weil es die Identität des Unterschreibenden verbürgt. Der Name ist das Zeichen dieser Identität wie das Siegel das Zeichen des Namens. Durch Emblematisierung des Namens erlaubt das Siegel eine bekräftigende Identifikation – so wie Celans Gedicht zu einer Identifikation der Verse 3 (»das deinen Namen«) und 5 (»das deinen Namen«) verhält. Die Identifikationsleistung des Namens-Siegels beschränkt sich aber auf die Bekräftigung der formalen Identität einer bestimmten Person mit dem Autor oder Unterzeichner einer bestimmten Schrift. Sie identifiziert, ohne darin etwas über das Wesen, die mehr als formale Identität des Signatars auszusagen, dessen Namen das Siegel darstellt. Diese Grenze wird von Celan überschritten. Der »Name« erfährt bei ihm durchweg – vor allem aus der durch Scholem vermittelten Tradition der jüdischen Mystik – eine magisch-mystische Aufladung, die ihn nicht länger nur das abstrakte Identitätszeichen des Benannten sein läßt. Im Zeichen dieser Aufladung wird auch das Siegeln ein Prozeß, in dem es in einem mehr als formalen Sinn um Genealogie und Identität, um das Sich-Herschreiben-von-etwas geht.

»Sprache ist Namen«, schreibt Scholem 1926 in seinem *Bekenntnis über die Sprache* an Franz Rosenzweig: »Im Namen ist die Macht der Sprache beschlossen, ist ihr Abgrund versiegelt.«[13] Diese Korrelation von Namen und Siegel geht weit über die in der gewöhnlichen Praxis des Briefschreibens hinaus. Der Name, sonst nur das im Siegel Bezeichnete, wird seinerseits zu einem Siegel, und zwar zu dem der Sprache selbst. Scholems Aufsatz *Der Name Gottes und die Sprachtheorie der Kabbala* berichtet mehrere Varianten, dieses provokant spekulative Theorem zu denken. Ihnen gemeinsam ist die Vorstellung

13 Gerhard Scholem: Bekenntnis über unsere Sprache. An Franz Rosenzweig; 7. Tewet 5687 (Dezember 1926), zit. nach: Brocke 1986, S. 149.

»von dem großen und gewaltigen (das heißt: machtvollen) Namen Gottes [...], durch den die Schöpfung erfolgte oder mit dem sie versiegelt ist«.[14] Die Schöpfung selbst erfolgt aus den magischen Potenzen der Buchstaben des göttlichen Namens; ihr Ende und Resultat wird wiederum im mystischen Namen erkannt, bekräftigt, versiegelt. Celans Topik des Namens alludiert zuweilen durchaus an solche theologisch-kosmologischen Überlieferungen. Meistens jedoch, so auch hier, vermeidet sie direkte Anspielungen darauf. Ihr Skandalon wird dadurch allerdings nicht geringer, verlangt sie doch in jedem Fall ein Nachdenken darüber, was den Namen, den göttlichen oder auch den menschlichen Eigennamen, vor allen anderen Elementen der Sprache auszeichnet. Walter Benjamins früher Aufsatz *Über Sprache überhaupt und über die Sprache des Menschen* ist dafür ebenso hilfreich wie Gershom Scholems Studie zur Sprachtheorie der Kabbala. Celan hat mit großer Sicherheit beide gekannt.

Als Minimalkonsens aller nicht-konventionalistischen Namenstheorien hat Scholem die Überzeugung formuliert, »daß zwischen (dem Namen) und seinem Träger eine enge und wesensmäßige Beziehung besteht«.[15] Walter Benjamin hat dieser Beziehung schärfere Konturen gegeben, indem er sie nach zwei Seiten begrenzt hat: Sie ist weder eine der mystischen Identität[16] noch erlaubt sie – so eng sie auch sein mag – eine Ableitung des Namens aus dem Benannten oder umgekehrt. Und eben diese Unableitbarkeit in der »wesensmäßigen Beziehung« teilt der Name mit dem Siegel: »Wie die Form eines Siegels unableitbar ist aus dem Stoff des Wachses, unableitbar aus dem Zweck des Verschlusses, unableitbar sogar aus dem Petschaft, wo konkav ist, was dort konvex, wie es erfaßbar erst demjenigen ist, der je-

14 Scholem 1973, S. 18.

15 Brocke 1986, S. 13.

16 Walter Benjamin: Über Sprache überhaupt und über die Sprache des Menschen, in: ders. 1977, Bd. II, S. 150.

mals die Erfahrung des Siegelns hatte, und evident erst dem, der den Namen kennt, so ist abzuleiten der Gehalt der Sache weder aus der Einsicht in ihren Bestand noch durch die Erkundung ihrer Bestimmung, noch selbst aus der Ahnung des Gehalts, sondern erfaßbar allein in der philosophischen Erfahrung ihrer göttlichen Prägung, evident allein der seligen Anschauung des göttlichen Namens.«[17] Philosophische Erfahrung wird hier, kraft der Unableitbarkeit ihrer Synthesis, geradezu gleichgesetzt mit der »Erfahrung des Siegelns«. In ihr »fällt zuletzt«, so Benjamin, »die vollständige Einsicht in den Sachgehalt der beständigen Dinge mit derjenigen in ihren Wahrheitsgehalt zusammen«, indem sie beide nicht sowohl versöhnt als den Sprung zwischen ihnen wiederholt. Denn wie der »seligen« Erfahrung ihres »Zusammenfallens« die Geschichte ihres »Auseinandertretens«, ja sogar das »Absterben« der Sachgehalte einbeschrieben bleibt,[18] so treten auch im Akt des Siegelns Petschaft und Siegelwachs nur zusammen, um sich zu trennen. Mehr noch: Erst durch die Trennung des Kontakts von Siegel und Siegel – der prägenden und der geprägten Form, die beide auch in der Sprache »zusammenfallen« – wird das Siegel anschaubar.[19] Seine Einheit hat es von Gnaden dieser Trennung und der darin stattfindenden Wiederholung; seine Echtheit ist die einer Reproduktion. Aus der Parallelisierung dieser »Erfahrung des Siegelns« mit der »Anschauung des Namens« folgt für Benjamin noch strenger als später für Scholem, daß der Name »als das Siegel erfaßt werden muß, das sie [die Sache, das Benannte; W. M.] darstellt«.[20] Es gibt wohl keinen Satz, in dem Celans Verbindung von Siegeln und Name so prägnant vorge-

17 Walter Benjamin, Goethes Wahlverwandtschaften, in: ders. 1974, Bd. I, S. 128.

18 Benjamin 1974, Bd. I, S. 125.

19 Vgl. dazu Gutbrodt 1991, S. 555–588, insbes. S. 557–559.

20 Benjamin: Goethes Wahlverwandtschaften, in: Benjamin 1974, Bd. I, S. 128.

bildet ist wie in dem zitierten aus Benjamins *Wahlverwandtschaften*-Essay.[21]

Ein zweites Motiv für Benjamins wie Celans Theorie des Namens ergibt sich aus der linguistischen Besonderheit von Eigennamen. »Die Theorie des Eigennamens«, so Benjamin, »ist die Theorie von der Grenze der endlichen gegen die unendliche Sprache«; im Eigennamen erlange »die Menschensprache den innigsten Anteil an der göttlichen Unendlichkeit des bloßen Wortes«.[22] Auch wo Celan das Wort »Name« setzt, geht es fast durchweg nicht um Gattungsnamen wie Fuchs, Lampe usw., sondern um Eigennamen singulärer Wesen oder Ereignisse. In *Mit Brief und Uhr* wird dies durch das Possessivpronomen »dein« signalisiert, das im Namen den Eigennamen eines einzelnen Angesprochenen erwarten läßt. Eigennamen haben, weil sie idealiter singuläre Termini sind, zwar einen Referenten,

21 Folgt man den Spuren von Benjamins Wahlverwandtschaften-Essay, so ergeben sich auch Möglichkeiten, Celans Gedicht direkt mit Goethes Roman in Verbindung zu bringen, insbesondere mit der Wirtshausszene, in der Eduard und Ottilie aufeinandertreffen, um sich sogleich und ohne ein Wort Ottilies wieder zu trennen. Eduard hatte in Ottilies Zimmer einen Brief geschrieben, angesichts ihres in den Hof rollenden Wagens aber keine Zeit mehr zum »Siegeln« gefunden. Bei seiner überstürzten Flucht aus dem Zimmer der »Geliebteste[n]« läßt er zunächst »die Uhr mit dem Petschaft noch auf dem Tisch« liegen (Goethe [10]1981, Bd. 6, S. 473). Ersetzt man das Wort Petschaft durch Siegel, dann liegen auf Ottilies Tisch Brief, Uhr und Siegel – die drei bestimmenden Elemente von Celans Gedicht *Mit Brief und Uhr*. Das »Stilleben«, als das Celan die erste Gedichtfassung betitelt hatte, wäre ganz unmetaphorisch auf Ottilies Tisch wiederzufinden. Der erste Gedichttitel spricht allerdings genauer von einem »Stilleben mit Brief und Wanduhr«, was die Parallele sogleich wieder in ihre Grenzen weist: Denn Eduards Uhr ist sicher keine »Wanduhr«.

22 Walter Benjamin: Über Sprache überhaupt und über die Sprache des Menschen, in: Benjamin 1977, Bd. II, S. 149.

aber keine Bedeutung. Sie teilen nichts mit über das Benannte – von etymologischen Nebeneffekten des Namens abgesehen[23] –, sondern geben ihm »nur« einen Namen: Walter, Paul usw. Gerade kraft dieser Bedeutungs- und Mitteilungslosigkeit, so Benjamin, teilt sich im Geben des Eigennamens in reinster Form das Wesen der Sprache selbst mit – sofern sie nämlich nicht in der instrumentellen Mitteilung von Signifikaten aufgeht. Gerade diese Bedeutungs-, ja Sinnferne des Namengebens instituiert die Bedeutung, den Sinn des Sprechens selbst und vermag sogar – zumindest in magischer Perspektive – performativ zum »Schicksal«[24] des Benannten zu werden. Eine ähnliche Logik hat Scholem in der »Theorie« des einen und wesentlichen Gottesnamens entdeckt: »Dieser Name hat für die Kabbalisten keinen ›Sinn‹ im gewöhnlichen Verstande, keine konkrete Bedeutung. Das Bedeutungslose des Namens Gottes weist auf seine Stellung im Zentrum der Offenbarung hin, der er zugrunde liegt. Hinter aller Offenbarung eines Sinnes in der Sprache und, wie es die Kabbalisten sahen, durch die Tora steht dies über den Sinn hinausragende, ihn erst ermöglichende Element, das, ohne Sinn zu haben, allem anderen Sinn verleiht.«[25] Vielleicht steht dieses Moment der Bedeutungs- und Sinnlosigkeit – als Bedingung der Möglichkeit aller Bedeutung in Sprache und Schrift – in direktem Zusammenhang mit dem »Ungeschriebnen«, dem Celans Gedicht eben in seiner Asignifikanz das Erraten und Verschlüsseln des Namens überantwortet.

Die kabbalistische Theologie kennt sowohl eine Versiegelung im Namen wie eine Versiegelung des Namens selbst. Letztere führt wiederum auf Motiv und Praxis der kryptierten Schrift

23 Daher ist es auch unwahrscheinlich, daß der Ausdruck »schwimmendes Licht« den verschlüsselten »Namen« darstellt, wie D. E. Robinson nahelegt (Robinson 1977, S. 102).

24 Benjamin: Über Sprache überhaupt und über die Sprache des Menschen, in: ders. 1977, Bd. II, S. 150.

25 Scholem 1973, S. 69.

und der Unlesbarkeit. Der göttliche Urname, der *Schem Ha-meforasch*, gilt vielen Kabbalisten als geheimer und verborgener Name, der nicht einmal in der Tora geschrieben steht, sondern durch mystische Erkenntnis und Rekombination der Buchstaben erst gewonnen werden muß. Seiner Verborgenheit werden mehrere Gründe nachgesagt. Der erste ist der praktische eines Schutzes vor Mißbrauch seiner magischen Kraft durch Unbefugte.[26] Ein anderer gewinnt der Unlesbarkeit eine geschichtsphilosophische Dimension ab und deutet sie als intermediäre Funktion der Abwesenheit des Messias: »Nur im jetzigen Äon ist in der uns lesbar gewordenen Form der Tora das Tetragramm an die Stelle dieses Urnamens getreten, aber in der messianischen Zeit, die das Ende dieses Äons einleitet, wird es durch den ursprünglichen Namen wieder verdrängt werden.«[27] Von dieser kabbalistischen Vorstellung ist es nur ein kleiner Schritt zu Walter Benjamins dritter geschichtsphilosophischer These, daß »erst der erlösten Menschheit [...] ihre Vergangenheit in jedem ihrer Momente zitierbar wird«.[28] Die Bibel kennt eine ähnliche eschatologische Signatur des Versiegelns, wenn es etwa im Buch Daniel 12,4 heißt: »verbirge dieses Wort, und versiegele diese Schrift, bis auf die letzte Zeit«. Auch Celans Praktik des Namens – der entweder, wie in *Brief und Uhr*, gänzlich ungenannt bleibt oder als beschworener sein Geheimnis nie ohne Rest preisgibt – mag einen geschichtsphilosophischen Index seiner Unlesbarkeit bei sich führen. Sie ist eine »Flaschenpost«[29], die vielleicht erst in einem anderen Äon ankommen soll und sich gegen unzeitige Enthüllung durch Versiegelung, durch Kryptierung schützt. Name und Siegel werden in dieser Lesart zu einer direkten Funktion der Zeit, des Datums, der »Uhr«: die

26 Vgl. Scholem 1973, S. 42f.

27 Scholem 1973, S. 44.

28 Benjamin: Über den Begriff der Geschichte, in: Benjamin 1977, Bd. I, S. 694.

29 Celan 1983, Bd. 3, S. 186.

Zeitigung des Namens zu seiner Versiegelung, die Versiegelung zu der ihm eigenen Zeitlichkeit – unter den Bedingungen einer »unerlösten« Zeit, die auch nur unerlöste, nur verstellt zitierbare Namen zuläßt.

Als esoterische Praxis versuchte die Kabbala, die Namen im Äon ihrer Verborgenheit wiederzufinden und damit an der Heraufkunft des Messias mitzuarbeiten. Das Gebet wurde zu einer Sprachmeditation und eben darin soteriologisch: »In der Sprache des Menschen den Namen wiederzufinden, das ist im Grunde das Anliegen, das hinter der kabbalistischen Auffassung von der Natur des Gebets steht. Schon die Tradition der sogenannten deutschen Chassidim im 12. Jahrhundert hat in den Mittelpunkt ihrer Meditationen über die Gebete die Besinnung auf die Namen gestellt, die hinter den Worten stehen.«[30] Ist »Aufmerksamkeit« mit einem Wort von Malebranche, das Celans *Meridian* nach Walter Benjamins Kafka-Essay zitiert,[31] »das natürliche Gebet der Seele«, so Aufmerksamkeit auf den Namen das esoterische Gebet des mit Sprache experimentierenden Kabbalisten. Celans Gedicht *Mit Brief und Uhr* trägt, wie etliche seiner anderen, Züge eines solchen Gebets: das Pathos des Anrufs; die meditative Versenkung in wenige Worte, die eine Permutation, eine Auffächerung in verschiedene Richtungen erfahren; die magische Dreizahl der Gesamtbewegung; der gehobene Ton, die repetitiven Strukturen und der rituelle Refrain der jeder Strophe respondierenden Formel. Nimmt man wiederum Gershom Scholem zu Hilfe, so bestätigt auch die Semantik des epistrophischen Refrains diese Deutung. Denn die Erkundung des Namens hat in der Kabbala oft teil an illuminierenden Potenzen und »intelligiblen Lichtern«[32], und Celan selbst hat sogar einmal, wiederum aus Scholem schöpfend, den überirdischen Lichtglanz »Ziw« als »jenes Licht« kabbalistischer Mystiker

30 Scholem 1973, S. 48.

31 Celan 1983, Bd. 3, S. 198.

32 Scholem 1973, S. 37.

zitiert.[33] Das Kommen dieses dreimal angerufenen Lichtes wäre dann das gewünschte Resultat der betenden Versenkung in den Namen. Und wenn man das Possessivpronomen »deinen« in Strophe 1 auf denselben Referenten bezieht wie das Personalpronomen »du« des Refrains – nämlich auf das »schwimmende Licht« –, dann könnte man »Ziw« sogar als den beschworenen Namen – eben den Namen des schwimmenden Lichts – identifizieren.

III

Die zweite Strophe stellt einen radikalen Einspruch gegen diese kohärente »mystische« Lesart dar – die darum allerdings nicht aufhört, für einen beträchtlichen Teil von Celans »Produktion« relevante Deutungsparadigmen zu liefern. Nach dem »Wachs« als Material des aus der Überschrift verschobenen Siegelns werden nun dessen Operatoren angesprochen, die »Finger«, die mit Petschaft oder Siegelring dem weichen Wachs die Form des Siegels aufprägen. Diese Finger sind selbst metonymisch von dem Wachs angesteckt, ja zu dem geworden, was sie im Siegelvorgang instrumentell bearbeiten: »auch sie« sind »wächsern«. Diese Verdopplung des Wachses auf der Seite des Prägematerials einerseits, der Seite des Prägenden andererseits läßt – wie schon die Verbindung von Wachs und Schrift (Brief) – an Freuds Modell des psychischen Apparats denken: den Wunderblock, dessen Wachsmasse – das Unbewußte – mittels eines selber wächsernen Blatts – dem System W-Bw, das seinerseits noch von einer schützenden Zelluloidplatte als Reizschutz bedeckt ist – beschrieben wird. Ohne eine nicht-wächserne, unemp-

33 »Ziw, jenes Licht«, lautet die letzte Zeile des Gedichts Nah, im *Aortenbogen* (Celan 1983, Bd. 2, S. 202). Die Referenz dieser Stelle auf eine Scholem-Lektüre hat zuerst Joachim Schulze nachgewiesen (Schulze 1976, S. 50).

findliche Schutzschicht, welche »die Größe der ankommenden Erregung herabsetz[t]«[34], wäre in Freuds Modell das Wachspapier (W-bw) der direkten Zerstörung und die Wachstafel (Ubw) der Traumatisierung ausgesetzt. Was Celans Gedicht evoziert, scheint beides, sowohl traumatisierend als auch buchstäblich tödlich zu sein. Das Wachs der Finger ist einer Hitze ausgesetzt gewesen, die ihren wahrnehmungsempfindlichsten Teil, die »Kuppen« – in Freuds Wachs-Modell wären dies die der »Außenwelt« entgegengestreckten »Fühler«[35] –, hat fortschmelzen lassen. Und die Ringe, die als apotropäische schädliche Einflüsse abwehren und insofern der nicht-wächsernen, schützenden Instanz des Freudschen Apparats entsprechen könnten, sind abgezogen worden[36] und haben dabei selbst Schmerz verursacht.

Das Durchziehen von versengten, teilweise fortgeschmolzenen Fingern durch Ringe läßt, wie so vieles bei Celan, an die Vernichtung der Juden durch die Nationalsozialisten denken. In jedem Fall erweist das Attribut »wächsern« die Finger als tote: sowohl als Farbe (wächsern im Sinne von bleich, blaß, leichenblaß) wie als materiale Beschaffenheit (Aus-Wachs-Sein). Als »fremde« und »schmerzende« sind die Ringe, »durch« welche tote Finger passiv »gezogen« werden, nicht länger Symbol der eigenen Identität oder der positiven Verbindung mit anderen. Ein Siegelring erfüllt diese beiden Funktionen zumeist simultan, da er in der Regel nicht das exklusive Identitätszeichen eines Einzelnen ist, sondern das von einer ganzen Familie geteilte. An toten, abgeschmolzenen Fingern dagegen verwandelt sich der (Siegel-)Ring aus einem Mal der Identität in ein

34 Sigmund Freud: Notiz über den »Wunderblock«, in: Freud 1975, Bd. III, S. 368.

35 Freud 1975, Bd. III, S. 369.

36 Das befremdliche Durchziehen von Fingern durch Ringe kann nicht mit Sicherheit in seinem Resultat mit dem Abziehen von Ringen identifiziert werden. Dafür spricht allerdings, daß es vor allem das Abziehen ist, das tendenziell Schmerz bereitet.

schmerzendes (Denk-)Mal ihrer Zerstörung, in der das Eigene »fremd« wird. Die Betonung der Fremdheit der »Ringe« – schon der unbestimmte Plural der »Finger« und »Ringe« verweist auf ein unpersönlich-anonymes Geschehen, in dem der emphatische Singular »deine[s] Namen[s]« und seiner individuellen Versiegelung negiert wird – spielt zugleich auf einen anderen Ringtyp an. Ringe können ja neben Funktionen der positiven Verbindung und der schützenden Ausschließung (Abwehr böser Geister usw.) auch solche der gewaltsamen Bindung und Fremdidentifikation ausüben: die eisernen Ringe als schmerzende Fesseln um Hände und Füße, die Vögeln aufgezwungenen Ringe als Kennmarken für »fremde« Zwecke (Celan spricht an anderer Stelle[37] auch direkt vom »Ring« einer »Brieftaube«).

Der Vers »fortgeschmolzen die Kuppen« läßt vollends die Vorstellungsreihen des Wachses und des Siegelns auseinandertreten, deren Verbindung die erste Strophe evoziert. Das Wachs der Finger hat nicht nur die in der Regel rote, grüne oder schwarze Farbe des Siegelwachses mit wächserner Leichenblässe eingetauscht, es hat sich auch darin in naturfarbenes Kerzenwachs verwandelt, daß es nur noch schmelzender Entstaltung statt prägender Gestaltung unterliegt. In diesem Fortschmelzen geht gerade das verloren, worin die Finger wie das Siegel Identitätszeichen sind und womit sie sogar direkt unterschreiben und siegeln können: »die Kuppen«. Den toten Fingern, die nicht mehr siegeln können, fehlt selbst das Siegel ihrer Identität. Statt Beschluß und Bekräftigung, Zeugnis von Echtheit und Authentizität, Kryptierung des Namens und Identitätsmal zu sein, reduziert sich das Wachs auf seine jeder symbolischen Bedeutung entleerten Materialeigenschaften der Leblosigkeit und Schmelzbarkeit. Tote, abgebrannte Finger können nicht mehr (unter)schreiben, nichts mehr bekräftigen, nichts mehr verschließen, nichts mehr bezeugen. Das Gedicht ersetzt das Siegel nicht, das in der Überschrift fehlt, sondern besiegelt

37 Celan 1983, Bd. 1, S. 282.

gerade die Unmöglichkeit des Siegelns. Auch der Refrain ruft unter diesem Vorzeichen nicht mehr einen mystischen Erlösungsschein an, sondern das Licht, das seinerseits auf eine brennende Kerze verweist und darin ebenfalls die Topik des Wachses variiert, gehört ebensosehr ins negative Paradigma des Abbrennens und Fortschmelzens. Das Abschmelzen von Wachs bedeutet zugleich eine Dekonturierung seiner Form, ein Verfließen, ein »Schwimmen« des flüssigen Wachses. Das »schwimmende Licht« ist insofern zugleich, in metonymischer Vertauschung von Ursache und Wirkung, dasjenige, welches das Wachs zum Schwimmen bringt.

Analog zum Fortschmelzen des Wachses von den wächsernen Fingern kann der formale Aufbau des ganzen Gedichts als Darstellung eines Schmelzvorgangs gelesen werden, in dem die Sicherheiten, auf die der Titel noch im Modus der Reserve, der Zurückhaltung des entscheidenden Wortes der Gültigkeitsverbürgung anspielt, buchstäblich dahinschmelzen. Der Refrain schmilzt in jeder Wiederholung um ein Wort – vielleicht liegt vor allem darin, und nicht in irgendeiner apokryphen Codierung durch volkstümliche Gebräuche oder mystische Vorstellungen, seine »Bedeutung«. Auch die drei Hauptstrophen unterliegen einem Gesetz kontinuierlicher Schrumpfung. In der ersten Fassung des Gedichts hat es ebenfalls die Form einer arithmetisch exakten –1-Degression, eines Kürzerwerdens um je einen Vers (5-4-3). In der zweiten Fassung gilt die gleiche 5-4-3-Sequenz nun für die Wortzahl des Refrains, während die Degression der Strophen die Sequenz 6-4-3 Verse ergibt. Dieses kontinuierliche Schwinden des Gedichts schließt aus der Fülle der Variationen von »Wachs« eine phonetisch naheliegende direkt aus: die des Wachstums. Im Wachs, das es benennt, beschreibt das Gedicht – statt darin als gültig verbürgt und versiegelt zu werden – nur die Kurve seines eigenen Schmelzens.

Im Dahinschwinden seiner »Materie« wie seiner sprachlichen Darstellung und durch den Bezug auf wächserne Finger gerät das schwimmende Licht in eine starke Affinität zum Tod. In anderen Gedichten Celans werden Schwimmen und Tod auch ganz direkt und unzweideutig korreliert.[38] Der Artikel über schwimmende Lichter im *Handwörterbuch des deutschen Aberglaubens* bestätigt diesen Zusammenhang.[39] Zwei seiner Unterpunkte beziehen den Brauch der Lichterschwemmen auf Todesvorstellungen, ja auf die Identifikation von Toten oder solchen, die bald sterben werden. Das Kommen des schwimmenden Lichts verweist insofern auf eine direkte Todeserwartung oder einen Todeswunsch dessen, zu dem es kommt bzw. kommen soll.

Einem Toten galt auch die Lichterschwemme, deren Erinnerung Goethes Gedicht *St. Nepomuks Vorabend* bewahrt hat.[40] In seiner Dreiteiligkeit und der sie beherrschenden Variationssequenz »Lichtlein schwimmen« – »Lichtlein schwinden« – »Lichtlein, schwimmet!« dürfte dieses Gedicht ein direkter Referenztext für Celan gewesen sein.[41] Weil Nepomuk, der Beichtvater der Königin Johanna von Böhmen, König Wenzel IV. nicht seine Beichtgeheimnisse verraten wollte, wurde er in die Moldau geworfen. Sein schwimmender Leichnam soll von wunderbaren Lichtern oder Sternen begleitet worden sein. Als Erinnerung an dieses Zeichen himmlischen Weiterlebens wurden Lichterschwemmen auf der Moldau inszeniert.[42] In dieser Heiligenvita

38 Vgl. etwa die Zeilen »Zu zweien schwimmen die Toten« (Celan 1983, Bd. 1, S. 101), »Ihr Toten, ihr Schwimmer« (ibid., S. 141), »Wenn die Totenmuschel heranschwimmt« (Celan 1983, Bd. 1, S. 147).

39 Bächtold-Stäubli (Hrsg.) 1935/36, Bd. V, Sp. 1260 f.

40 Goethe 1977, Bd. 1, S. 374.

41 Für das fragende und das imperativische Anrufen von Licht gibt es auch bei Hölderlin Parallelen. Die Ode *Chiron* beginnt: »Wo bist du, Nachdenkliches! das immer muß / Zur Seite gehn, zu Zeiten, wo bist du, Licht?« In der gleichfalls alkäischen Ode *Vulkan* wird zusätzlich Celans »Kommst du nun« bzw. »Komm« als »Jetzt komm« präfiguriert; das Licht wird dabei allerdings nur in der Lichtgestalt des Feuers angeredet: »Jetzt komm und hülle, freundlicher Feuergeist«. Vgl. Hölderlin 1951, Bd. 2,1, S. 56 und S. 60.

42 Hölderlin 1951, Bd. 2,1, S. 694 f.

ist auch bereits eine Verbindung von Siegel und schwimmendem Licht angelegt. Denn mit seinem Gelübde, das Beichtgeheimnis zu wahren, versiegelt der Priester seinen Mund: »nicht verkünden/Durft er anvertraute Fehde«. Die Bewahrung dieses Siegels bezahlte der heilige Nepomuk mit dem Tod im Wasser, dessen wunderbare Begleiterscheinung die schwimmenden Lichter waren. Wunderbar waren diese Lichter aber nicht als Zeichen des Todes, sondern im Gegenteil als Zeichen erhöhten Lebens: der Aufnahme in den Himmel (»Also löste sich die Seele/Unsres Heil'gen«), deren irdisches Korrelat das ruhmvolle Nachleben in der volkstümlichen Wiederholung der Lichterschwemme ist. Goethes schwimmende »Lichtlein« verhalten sich daher negativ zu dem Tod, der Anlaß ihres Erscheinens war: Sie verwandeln ihn in Leben. Ihr Licht bereitet ein zwar nicht unbeschwertes, wohl aber ein von »Andacht« begleitetes »Entzücken«, in dem die Negativität des Todes zugunsten einer beseligenden Gewißheit überwunden ist. Solch wie immer hintergründiges »Verkündige[n]« eines sinnvollen Todes und seiner Transformation in ein »Stern«-gleiches ewiges Leben liegt Celans Gedicht, zumal angesichts der zweiten Strophe, fern. Es evoziert im Kommen des schwimmenden Lichts eher das Kommen des Todes selbst als seine leuchtende und trostvolle Überwindung.[43] An die Stelle von Plural und Diminutiv (»Lichtlein«) tritt ein beschwerter Singular (das eine entscheidende »Licht«), und mit der liedhaften Süße von Melodie und Rhythmus verschwindet zugleich der Klang als Sachgehalt des Gedichts: Die tönende Begleitung des Licht-Entzückens, Glockenklang (»Glocke, Glöckchen«) und Kindergesang (»Kinder-Chor, o singe, singe«), wird ersetzt durch die stumme Instanz der Schrift (»Brief«), durch deren tote Operatoren (»wächserne Finger«) und durch eine Handlung (das Siegeln), kraft deren sie zusätzlich zu ihrer Stummheit auch noch unsichtbar wird.

43 Zur anti-mystischen Negativität des Lichts bei Celan vgl. Menninghaus 1980, S. 25–28.

IV

Die erste Strophe evozierte im Infinitiv »Ungeschriebnes zu siegeln« nicht die Wirklichkeit eines Siegelvorgangs, sondern allein dessen Möglichkeit als Bestimmung des beschworenen Wachses. Die zweite setzt die Unmöglichkeit dieses symbolisierenden Aktes, und zwar im Medium einer Variation der Wachs-Topik selbst. Antithetisch verhalten sich auch Phonetik und Rhythmus der beiden Strophen: Der Getragenheit und den ritualistisch fließenden Effekten der ersten Strophe tritt ein härterer, eher feststellender als incantatorischer Duktus entgegen.[44] Zugleich wird das Zeitmoment der Zukunft, das Unterwegssein des Briefes und die offene Möglichkeit des Siegelns zugunsten einer geschlossenen Negativität der Gegenwart gekappt, die selbst nur Effekt vergangener, im Partizip Perfekt (»fortgeschmolzen«) benannter Entstellungen ist.[45] Die dritte Strophe nun findet mit der Öffnung auf Zukunft (»bräutlich«, »reisebereit«) auch wieder Anschluß an formale Qualitäten der ersten Strophe. Deren ritueller Ton wird sogar bis ins Feierliche gesteigert: durch das gehobene Vokabular (»zeitleer«, »bräutlich«, »Immentausend«) und die ausschließliche Dominanz der langen Vokale und Diphthonge.[46] Stellt die dritte Strophe also eine Negation der Negation, ein doppelt inverses Wiederfinden des »Projekts« von Strophe 1 oder gar eine dialektische Synthese dar?

Die Sequenz »Wachs« – »wächsern« – »Waben«, die parallel zum dreimal angerufenen »Licht« die sprachliche Topik des Gedichts regiert, führt unter der Perspektive von Brief und Siegel nicht auf ein Wiederfinden des Ursprungs, sondern reflektiert eine sich steigernde Entfernung von ihm. Nachdem das »Wachs« der ersten Strophe noch ausdrücklich dem aus der Überschrift verschobenen Siegel als seiner hochsymbolischen

44 Vgl. Robinson 1977, S. 110.
45 Vgl. Robinson 1977, S. 112.
46 Vgl. Robinson 1977, S. 114.

Bestimmung zugewiesen war, die Bekräftigungsleistung allerdings bereits keiner Schrift mehr, sondern Ungeschriebnem galt; nachdem den »wächsernen Fingern« der zweiten Strophe mit ihren Kuppen zugleich die Fähigkeit zu schreiben und die Möglichkeit siegelnder Identitätsbekräftigung »fortgeschmolzen« war, wird in Strophe 3 vollends das Wachs selbst zum »Telos« des Gedichts: Statt des Siegels und dessen, was es besiegelt, werden der materielle Herkunftsort des Wachses - die »Waben« - und seine Produzenten - die »Immen« - gefunden.

»Bräutlich« und »reisebereit« ist das »Immentausend« - Attribute, die nach den wächsernen Todesmalen der zweiten Strophe ein neues Leben aus dem Wachs der »Waben« hervorgehen zu lassen versprechen. In der Bereitschaft zur geschlechtlichen Vereinigung und zum Aufbruch ins Draußen findet das Gedicht an seinem Ende den Anfang, oder genauer: die Voraussetzung einer Handlung, die mit Celans eigenen Worten als eine »ins Offene und Leere und Freie weisende«[47] gedeutet werden kann. Die hochgestimmte Positivität dieser Bereitschaft überwindet die Signale des Scheiterns und der Unmöglichkeit in Strophe 2. Insofern gewinnt die dritte Strophe in der Tat etwas von der emphatischen »Richtung«[48] und Bestimmung der ersten wieder. Aber diese Signale des Positiven sind an sich selbst vom Umschlag ins Gegenteil gezeichnet. Der Hochzeitsflug der Bienen ist zugleich ein Flug in den Tod, ihre Reise nicht nur ein Anfang, sondern zugleich ein Ende, die letzte Reise. Hier trifft buchstäblich Freuds Bemerkung zu: »Abreisen ist eines der häufigsten und am besten zu begründenden Todessymbole.«[49] Galten in der Antike die Bienen als ›reine‹ Wesen ohne Sexualität, deren Leben aus Aas, aus Totem hervorgeht, so blieb diese Verschränkung von Tod und Leben nach der Entdeckung ihrer lange geheimnisvollen Fortpflanzung als umgekehrte erhalten:

47 Celan 1983, Bd. 3, S. 199.

48 Celan 1983, Bd. 3, S. 188.

49 Sigmund Freud: Die Traumdeutung, in: Freud 1972, Bd. II, S. 377.

Das Leben der Bienen entsteht nicht aus Tod, sondern der lebenspendende Akt führt selbst in den Tod. Es ist vielleicht dieser gemeinsame Bezug auf den Tod, der den starken Binnenreim von »schwimmendes« und »Immen« begründet.

Auch der Kollektivsingular »Immentausend« bricht die Positivität des Aufbruchs in den Elementen seiner eigenen Setzung. Das Wort »Imme« bezeichnete ursprünglich nicht die einzelne Biene, sondern den ganzen Schwarm; die neologische Prägung »Immentausend« stellt diesen alten Kollektivsingular wieder her, indem sie das Moment der Vielzahl, der großen Masse verdoppelt. Sie verschärft damit die Entindividualisierung, die schon von Strophe 1 zu Strophe 2 zu beobachten war: Auf den einen »Namen« folgte die unbestimmte Vielzahl der »Finger« und »Ringe« und nun das anonyme Tausend der Bienen. Große Kollektiva sind bei Celan tendenziell immer mit Angst besetzt, und zwar um so mehr, je straffer eine Masse gegliedert, jeder einzelne dem Ganzen untergeordnet ist: Eben darin repräsentiert das Bienenvolk ein Maximum, gilt es doch seit je als Inbegriff eines hochorganisierten Staates. Die poetische Patina des Wortes »Immentausend« ist darüber hinaus durch eine weitere semantische Selektion gebrochen. Was in Antike und Mittelalter die Biene oft zu Attribut und Metapher des Dichters oder des Predigers prädestiniert hat – der Honig als Analogon der süßen Rede –, fehlt in Celans Gedicht völlig: Die Waben sind »leer«.

Mit diesem Leer-Sein der »Waben der Uhr« beginnt bereits die durchgängige Entgegensetzung der dritten Strophe in sich selbst. Einerseits signalisiert das Bildfeld der Entleerung in mystischer Tradition die Vorbereitung des Geistes (der *facultates animi*) auf die mystische Empfängnis und Reise zu Gott. Neben der Austrocknung des Willens und der Verdunkelung des Intellekts gehört insbesondere die Entleerung der *memoria* zu den Präliminarien mystischer Erfahrung. Das Attribut »zeitleer« paßt insofern bruchlos in den hochgestimmt-positiven Bedeutungshof von »bräutlich« und »reisebereit«. Ganz ähnlich gilt das wörtliche Leer-Sein der Waben von Honig als notwendige

Voraussetzung für das sammelnde Ausschwärmen der Bienen. Die Menge des Honigs in den Waben repräsentiert geradezu die Zeit, macht die Frist ablesbar, bis zu der ein Bienenstock ohne neuerliches Ausschwärmen überleben kann. Sie verkörpert in doppelter Weise Zeit: die Zeit der vergangenen Arbeit und die Zeit des Überlebens ohne neue Arbeit. Die Bienen sammeln Zeit ein, speichern sie im Wachs und entleeren sie periodisch. Der Imker verfügt, wie der Mystiker, über Techniken, um diese Entleerung von Zeit künstlich herbeizuführen. Zeitleer, leer *von* Zeit meint in diesem Sinn das Gegenteil der leeren qualitätslosen Zeit: nämlich die Vorbereitung und Bedingung einer emphatischen »Bräutlichkeit« und »Reisebereitschaft«.

Andererseits metaphorisiert die zeitleere, die abgelaufene Uhr die »letzte Stunde«, die bereits zuungunsten des Lebens entschiedene Todeskrisis. Sie verstärkt damit eine entgegengesetzte Deutung der »Reise«, die sie als die letzte Reise, die in den Tod, versteht. Der abschließende Refrain wiederholt diese kontradiktorische Ambivalenz. Einerseits kann der Übergang von den Fragen »Kommst du nun, schwimmendes Licht?« und »Kommst du, schwimmendes Licht?« zu dem Imperativ »Komm, schwimmendes Licht.« als wachsendes Vertrauen in die Kraft des Gedichts gelesen werden. Andererseits schmilzt mit der Elision des »nun« und der persönlichen, Nähe indizierenden Anrede »du« eben dieses Vertrauen in die Evokationspotenz des Gedichts dahin: Während zunächst nur fraglich scheint, ob das »schwimmende Licht« nun oder später kommt, ist am Ende offen, ob es überhaupt kommt,[50] ja ob es überhaupt von der Anrede erreicht wird. Der Imperativ wäre dann eher ein letzter Appell, eine verzweifelte Geste der Ohnmacht als ein der eigenen Macht und ihres Erfolges bewußter Akt der Aufforderung oder gar des Befehls. Die Schwäche dieses Imperativs wird auch grammatisch signalisiert: Er bringt es nicht bis zu dem seiner Setzung adäquaten Ausrufungszeichen, sondern mündet in ei-

50 Vgl. Robinson 1977, S. 113.

nen schlichten Punkt. Das Gesetz der Schrumpfung, die Mimesis an das Schmelzen von Wachs, dem Vers- und Wortbestand des Gedichts unterworfen sind, kann ebenfalls als eine doppelte Inszenierung gelesen werden: der positiven Entleerung einerseits, des schwindenden Vertrauens in das eigene Sprechen andererseits.

Direkte Selbstentgegensetzungen prägen schließlich auch noch weitere Phänome des Gedichts. Das schwimmende Licht kombiniert die Vorstellungen von Feuer und Wasser. Seiner Beziehung zum Tod steht im Volksbrauch die konträre auf neues Leben entgegen: nicht nur als Feier himmlischen Lebens wie in Goethes Gedicht, sondern ebenso als Feier des Frühlings bzw. der Vermehrung des Tageslichts[51] oder als Orakel künftiger Lie-

51 Lichterschwemmen werden – und darin mag auch ihr Zusammenhang mit der Zeit-Problematik in Celans Gedicht vorgeprägt sein – im älteren Brauchtum bevorzugt an Kalenderdaten begangen, die eine Wende der Zeit in ihrer Beziehung zum Licht markieren: an den Tagen »des Mittwinters (Winter-Solstitium) oder der Frühlings-Tag-und-Nacht-Gleiche (Äquinoctium)«. Am kürzesten Tag im Jahr, der »Wintermitte allerweitester ›Sonnenferne‹« – vor der Gregorianischen Kalenderreform 1582 war dies der Luzientag (13. XII.) –, dienten die Lichterschwemmen vermutlich dazu, »die Kräfte der Sonne wiederum herbeizuwünschen«. Sie leiteten also die Zeit der wieder länger werdenden Tage ein. Das Frühlings-Äquinoktium markierte dann jenes Datum in der Vermehrung des Sonnenlichts, von dem an es an Dauer die Nacht übertrifft. An diesem Frühlingstag hörte »man in Handwerkerkreisen einstmals brauchtümlich auf, bei künstlichem Licht zu arbeiten, stellte die Lichter beiseite und konnte sich der länger werdenden Helligkeit erfreuen. Das auf dem Wasser schwimmende kultbrauchtümliche Licht läßt sich eben wohl nur solcherart sonnenmagisch im Bezug auf das Sonnenjahr und seine scheinbaren Festpunkte deuten.« Im regionalen Brauchtum variieren diese kalendarischen Termine allerdings zum Teil erheblich, und zusätzlich wurde ihre zeitmagische Bedeutung oft stark – wie beim Tag des heiligen Nepomuk – von sekundären, meist kirchlichen Motivationen überlagert. Vgl. Kretzenbacher 1962, S. 440–450; ders.: Lichterschwemmen als Kultbrauch, 1962, S. 281–294, insbes. S. 288–292.

besverhältnisse.[52] Im Kontext frühlingshafter Bräutlichkeit der Immen liegen auch solche Bedeutungsmöglichkeiten des schwimmenden Lichts nicht völlig fern. Vor allem aber weisen die Bewegungssignale von Strophe und Refrain in entgegengesetzte Richtungen. Die Bräutlichkeit und Reisebereitschaft evoziert geradezu emphatisch einen Aufbruch, eine Bewegung auf etwas anderes zu; der Refrain dagegen impliziert ein Auf-der Stelle-Verharren dessen, zu dem etwas anderes kommen soll.[53] Gespannt zwischen Losgehen und Erwartung des Kommens eines Anderen, bebt das Gedicht in sich selbst und läßt die Möglichkeit einer eigenen »Richtung« kritisch werden.

Die beiden Richtungen, die beiden Pole, die in den Strophen 1 und 2 noch relativ klar und antithetisch getrennt waren, werden also in der dritten Strophe bis zur Unentscheidbarkeit übereinander gelagert: Die Darstellung der zeitleeren Zeit der Reisebereitschaft und der Entscheidung zur Vereinigung (»bräutlich«) erlaubt selbst keine Entscheidung mehr über das, wozu sich das Gedicht in ihr entscheidet. Dieses Zugleich-Sein von These und Antithese in einer doppelten Einschreibung ist nicht dialektisch und nicht integrativ: Die »Synthese« desintegriert vielmehr sich selbst, indem sie nur ein abstraktes und virtuell endloses Hin- und Herspringen zwischen Position und Negation erlaubt. An die Stelle einer Vermittlung auf erweiterter Stufe setzt sie eine unversöhnte Wiederholung in »abge-

52 Vgl. Bächtold-Stäubli (Hrsg.) 1935/36, Bd. V, Sp. 1260f.; ders.: Lichterschwemmen als Kultbrauch, 1962, S. 285.

53 Diese Gegenläufigkeit der Richtungen ist um so stärker markiert, als Celan sie erst durch Umkehrung der mit Lichterschwemmen verbundenen Bewegung hergestellt hat. Denn das Aussetzen schwimmender Lichter impliziert gewöhnlich deren Fortschwimmen, eine Entfernung und Abreise ins Unbekannte statt ein Kommen oder gar eine Ankunft. Die mögliche, ja naheliegende Bewegungsparallele von Reisebereitschaft und schwimmendem Licht wird also von Celan in eine Opposition verwandelt.

schmolzener«, geschrumpfter Gestalt. Auch darin entbehrt das Ende des Gedichts jener Kraft des Siegels, die es in Überschrift und Anfang beschwört: Das Ende beendet nichts, verschließt nichts, sondern eröffnet gerade ein noch unbestimmtes Geschehen; und es bekräftigt nichts, erweist nichts als gültig, sondern oszilliert unentschieden zwischen einander entgegengesetzten Richtungen. Dasjenige, dem sich das Gedicht zuspricht, ist zugleich dasjenige, was es sich abspricht: Siegel, Name und Zeit.

Bächtold-Stäubli, Hanns (Hrsg.): Handwörterbuch des deutschen Aberglaubens, Berlin/Leipzig 1935/36.

Benjamin, Walter: Gesammelte Schriften, Hrsg. Rolf Tiedemann und Hermann Schweppenhäuser, Frankfurt am Main 1977.

Brocke, Michael: Franz Rosenzweig und Gerhard Scholem, in: Grab, Walter/Schoeps, Julius G. (Hrsg.): Juden in der Weimarer Republik, Stuttgart/Bonn 1986.

Celan, Paul: Gesammelte Werke, Hrsg. Beda Allemann/Stefan Reichert, Frankfurt/Main 1983.

Derrida, Jacques: Schibboleth, in: Hamacher, Werner/Menninghaus, Winfried (Hrsg.): Paul Celan, Frankfurt am Main 1988.

Freud, Sigmund: Notiz über den ›Wunderblock‹, in: ders.: Studienausgabe, Bd. III, Frankfurt am Main 1975.

Goethe, Johann Wolfgang von: Werke. Hamburger Ausgabe, Hrsg. Erich Trunz, München [10]1981.

Gutbrodt, Fritz: Wahl: Verwandtschaft. Benjamins Siegel, in: Modern Language Notes 106, 1991, S. 555–588.

Hamacher, Werner/Menninghaus, Winfried (Hrsg.): Paul Celan, Frankfurt am Main 1988.

Hölderlin, Friedrich: Sämtliche Werke, Hrsg. Friedrich Beissner, Stuttgart 1951.

Hofmannsthal, Hugo von: Der Tor und der Tod, in: Gesammelte Werke I: Gedichte und Dramen I, Hrsg. B. Schoeller, Frankfurt am Main 1979.

Kretzenbacher, Leopold: Begegnungen in Erbe und Erlebnis. Zur Volkskultur im deutsch-slawischen Grenzraum der Südostalpenländer, in: Ostdeutsche Wissenschaft, Bd. IX, 1962, S. 440–450.

Ders.: Lichterschwemmen als Kultbrauch. Zu Geschichte, Verbreitung und Sinngebung eines Feuerbrauches in Mittel- und Südosteuropa, in: Festband des Zbornik za narodni zivot i obicaje Juznih Slavena, Agram 1962, S. 281–294.

Menninghaus, Winfried: Paul Celan. Magie der Form, Frankfurt am Main 1980.

Pöggeler, Otto: Spur des Worts. Zur Lyrik Paul Celans, Freiburg i. Br./München 1986.

Robinson, Donna Elaine: Paul Celan's Ich-Du-Dilemma: Its Relationship to the Themes of Poetic Language and the Holocaust, Cincinnati 1977.

Scholem, Gershom: Der Name Gottes und die Sprachtheorie der Kabbala, in: ders.: Judaica III. Studien zur jüdischen Mystik, Frankfurt am Main 1973.

Schulze, Joachim: Celan und die Mystiker. Motivtypologische und Quellenkundliche Kommentare, Bonn 1976.

MARIA DIEDRICH

Toni Morrison, *Beloved* (1987)

In Toni Morrisons bisher erfolgreichstem Roman *Beloved* (1987) begegnen wir einem Sklaven namens SixO. Er lebt auf der kleinen Sweet Home Plantage in Kentucky, deren Besitzer, die Garners, die wenigen Sklavinnen und Sklaven, die sie besitzen, ungewöhnlich gut behandelt. Dennoch verläßt SixO Sweet Home sooft nur möglich, um sich mit seiner Geliebten, der Thirty-Miles Woman, zu treffen. Die anderen belächeln ihn ob seiner ausgedehnten Nachtwanderungen, doch SixO läßt sich nicht beirren. Warum dies so ist, erfahren wir aus seiner Liebeserklärung an die Thirty-Miles Woman: »She is a friend of my mind«, erklärt er. »She gather me, man. The pieces I am, she gather them and give them back to me in the right order. It's good, you know, when you got a woman who is a friend of your mind.« (B: 273f.)

Warum beginne ich meine Ausführungen zu *Beloved* mit einer Episode, die für die Romanhandlung von untergeordneter Bedeutung erscheint? »Sie sammelt mich zusammen, die Stücke, aus denen ich bestehe, und gibt sie mir in der richtigen Reihenfolge zurück.« Könnte man präziser das Anliegen des Romans formulieren – nämlich verneinte, verdrängte, nur noch fragmentarisiert vorhandene Erinnerungen über die größte Herausforderung afroamerikanischen Seins, nämlich die Zeit der Sklaverei, wiederzubeleben und für die Betroffenen ebenso wie für die nachfolgende Generation aufzuarbeiten, also Zeugnis abzulegen und Geschichte – oder besser: Geschichten – zu rekonstruieren? Könnte es passendere Illustration für Toni Morrisons Selbstverständnis als weiblicher Griot geben – dieser afrikanischen Bewahrerin persönlicher, familiärer und kommunaler Geschichte – als eine Frau, die es, wie ihr afrikanisches Vorbild, als ihre vornehmste Aufgabe betrachtet, dem schwarzen Amerika – sie spricht von »my village«, also »meinem Dorf« – ein Wissen um seine spezifische Geschichte, seine spezifische historische Erfahrung wiederzugeben und zu bewahren?

Ihre Romane sind, so Morrison, sowohl Erzählungen für die schwarze Gemeinschaft als auch Erzählungen, die, aus der Gemeinschaft kommend, der Gemeinschaft gehören, sind Revisionen amerikanischer Geschichte aus der Perspektive einer schwarzen Frau. Aus dem schwarzen Amerika bezieht Morrison nicht nur ihre ProtaginistInnen und Inhalte; das Fortbestehen mündlicher Erzähltraditionen in dieser Kultur bestimmt auch die Form dessen, was Morrison in einem Interview »a truly aural novel«, also einen »Hör-Roman« nennt, und sie erwartet von dieser Gemeinschaft zugleich, daß sie sich als aktive Leserinnen und Leser am Prozeß des Geschichtenerzählens beteiligen. Schriftstellerin und Leserin arbeiten also zusammen, um eine kommunale Erzählsituation zu erzeugen, in der, so Morrison in ihrem Essay »Rootedness«, »the writer is one of them, when the voice is not the separate, isolated ivory tower voice of a very different kind of person but an implied ›we‹ in a narration«.

Toni Morrison wurde 1931 in Loraine, Ohio, geboren. Sie studierte Literaturwissenschaft und war zunächst Dozentin, bis sie 1965 ihre Tätigkeit als Verlagslektorin in New York aufnahm. Ihren ersten Romanen, die sie in diesen Jahren schrieb – *The Bluest Eye* (1969), *Sula* (1973), *Song of Solomon* (1977) und *Tar Baby* (1981) –, war nur mäßiger Erfolg vergönnt; der Durchbruch erfolgte mit dem Sklavereiroman *Beloved*, dem sie wohl den Nobelpreis verdankt, und der Teil einer historischen Trilogie ist, zu der auch die Romane *Jazz* (1992) und *Paradise* (1998) gehören.

Morrison wuchs einerseits in einer Familie auf, die, wie sie in Interviews berichtet, die Tradition des Geschichtenerzählens praktizierte und das magische afroamerikanische Traumbuch konsultierte – »brought up on ghost stories«, erzählt von Menschen, »who believed it«. Andererseits war sie eine begeisterte Leserin – Tolstoj, Dickens, Faulkner und Joyce, Jane Austen, Virginia Woolf und Emily Dickinson gehörten zu ihrer Lektüre –, und ihre Magisterarbeit an der Cornell Universität beschäftigte sich mit William Faulkner und Virginia Woolf. Wenn wir sie also als eine Schriftstellerin sehen, die zum einen zutiefst in der afroamerikanischen Volkskultur verwurzelt, zum anderen von einer soliden Vertrautheit mit dem westlichen Kanon geprägt ist, so wird deutlich, daß ihr Entschluß, »Dorfgeschichten« zu schreiben, keinesfalls Ausdruck einer herablassenden oder nostalgischen Hinwendung zu einem statischen Konstrukt von *black folk* ist. Es geht vielmehr um das Bekenntnis einer afroamerikanischen Intellektuellen zu einem dynamischen postmodernen und feministischen Traditionalismus.

Bestimmend für *Beloved* ist Morrisons Entschluß, die Miß-Repräsentation von Sklaverei, wie sie die von angloamerikanischen männlichen Wissenschaftlern bestimmte amerikanische Geschichtsschreibung über mehr als ein Jahrhundert dominierte, zu konfrontieren mit Repräsentationen dieser Geschichte aus afroamerikanischer Perspektive. Als Schriftstellerin der Postmoderne kann es Morrison nun aber nicht nur darum gehen, diesem weißen Monolog einen schwarzen monologischen Gegentext gegenüberzustellen. Sie schreibt vielmehr aus dem Bewußtsein um die Konflikte zwischen Sieger- und Verlierergeschichte, um die Problematisierung von Wahrheitsanspruch und einem Konzept Objektivität, von Fakt und Fiktion, aus dem Wissen auch um die Rolle der Aspekte Genus, Rasse und Klasse in Versuchen einer Rekonstruktion von geschichtlicher Erfahrung.

Der Roman basiert auf einem tatsächlichen historischen Ereignis: Als 1855 die entlaufene Sklavin Margaret Garner in Cincinnati von Sklavenhäschern aufgebracht wurde und in den Süden zurückverschleppt werden sollte, tötete die Frau ihr eigenes Kind, um es vor einem Leben in Ketten zu bewahren. In *Beloved* flieht die hochschwangere Sklavin Sethe mit ihren drei Kindern nach Cincinnati und findet im Haus ihrer Schwiegermutter Baby Suggs Unterschlupf. Dort findet sie ihr Besitzer, der »Lehrer«, und in ihrer Verzweiflung versucht Sethe, ihre Kinder umzubringen, schafft es jedoch nur, ihr zweijähriges namenloses Töchterchen zu töten. Der Roman gestaltet nun die qualvollen Versuche Sethes und ihrer Umgebung, diese Ereignisse zu bewältigen - zunächst durch Verdrängung als Überlebensstrategie. Dann, viele Jahre nach der Tat, als Sethe mit dem Ex-Sklaven Paul D ein neues Leben beginnen will, taucht plötzlich die achtzehnjährige Beloved in Sethes Haus auf, und ihre Gegenwart zwingt die Menschen in die Auseinandersetzung mit ihrer individuellen und kommunalen Vergangenheit.

In diesem Roman gibt es nicht diese eine, mit Autorität bestückte Stimme, die das Vergangene sinnstiftend und chronologisch für uns zusammenfaßt. Morrison arbeitet vielmehr mit den Erinnerungen vieler Beteiligter - Sethe, ihre Tochter Denver, Beloved, Paul D, Stamp Paid, Baby Suggs, die schwarzen Frauen Cincinnatis, um nur einige zu nennen; sie wählt den Weg von der Einstimmigkeit zur Polyphonie gleichberechtigter Stimmen. Und Erinnerung entsteht keinesfalls kontinuierlich; sie besteht aus Bruchstücken, die in einem dialogischen Verhältnis zueinander stehen. An die Stelle chronologischen Erzählens tritt ein Durchbrechen westlicher Zeitkonzeptionen; das Erinnern trägt uns hinein in die Vergangenheit, in zirkularen Bewegungen; dann ein spiralförmiges Herauskatapultieren aus der Zeitebene und ein Hineinwerfen in den Raum. Doch jedes Stück des Erinnerns ist von solch unerträglichen Qualen und Zweifeln geprägt, daß der Prozeß von den Betroffenen immer wieder abgebrochen wird, ja abgebrochen werden muß. Wir werden also konfrontiert mit Erinnerungsfragmenten einer Vielzahl von Protagonistinnen und Protagonisten, und es gibt keine verläßliche Stimme, keine Autorität im Text, die sie für uns zusammenfügt. Vielmehr sind wir als Leserinnen und Leser in der Rolle der Miterzählenden, denn nur als Miterzählende, in einem Dialog Eingebundene haben wir eine Chance zu einer Sinnstiftung, die wiederum nur offen und in Fluß befindlich sein kann.

Wir können diesem schwierigen Text in der Kürze der Zeit, die uns zur Verfügung steht, natürlich nicht gerecht werden. Meine Ausführungen werden sich daher auf zwei Aspekte konzentrieren, in denen Morrisons Umgang mit afroamerikanischer Geschichte in besonders prägnanter Weise zum Tragen kommt:

1. Morrisons Hinterfragung westlicher Konzeptionen von Zeit und Wirklichkeit, und
2. ihre Infragestellung der Tabus, die die etablierte afroamerikanische Geschichtsschreibung und Literatur aus Gründen des Selbstschutzes errichtet haben, ihr Entschluß also, »to rip that veil drawn over ›proceedings‹ too terrible to relate«.

In ihrem dritten Roman, *Song of Solomon*, überschritt Morrison erstmals bewußt die Grenzziehung zwischen dem Faktischen und dem Magischen, als sie ihren Helden Milkman Death auf seiner Suche nach sich selbst in neue Erfahrungsdimensionen hineinzwang – etwa in die Begegnung mit lebenden Toten, mit Hexen, mit Menschen mit magischen Kräften. In Reaktion auf die heftige Kritik, die dieser Ansatz hervorrief, betonte Morrison ihre Überzeugung, eine afroamerikanische Revision amerikanischer Geschichte dürfe sich nicht damit begnügen, existierenden Dokumenten lediglich neue hinzuzufügen: Es genügt nicht, der »weißen« Geschichte eine indianische, schwarze, asiatische, weibliche »andere« in einer Art historischem Quilt hinzuzufügen, denn eine solche Vorgehensweise verdammt die Minderheitenstimmen lediglich zur Ghettoisierung, während sie die angloamerikanische Version letztlich unangetastet läßt. Noch wichtiger: eine schwarze Geschichtsschreibung, die lediglich den engen faktischen Ansatz der weißen Geschichtsschreibung, deren Abhängigkeit vom geschriebenen Wort und deren Konzeption von Wirklichkeit imitiert, verfälscht, so Morrison in ihrem Aufsatz »Memory, Creation, and Writing« aus dem Jahre

1984, zwangsläufig prägende Aspekte der schwarzen Erfahrung, die eben nicht in diesen Konzeptionen erfaßt werden können: »If my work is to confront a reality unlike that reality of the West, it must centralize and aninmate information discredited by the West – discredited not because it is not true or useful or even of some racial value, but because it is information held by discredited people, information dismissed as ›lore‹ or ›gossip‹ or ›magic‹ or ›sentiment‹.«

Morrions Überzeugung, daß das Magische »eine andere Art des Wissens« ist, ihre tiefe Verwurzelung im Jetzt in Kombination mit ihrer Akzeptanz des Übernatürlichen läßt die Vergangenheit nicht einfach lebloses Dokument oder das Vergangene sein. Sie ist vielmehr in der Gegenwart physisch präsent und aktiv. Leben ist als Kontinuum definiert; es reicht zurück vor die Geburt und über den Tod hinaus. Diese radikale Aufhebung der Grenze zwischen Realität und dem Magischen arbeitet mit westafrikanischen Konzepten von Zeit und Wirklichkeit, und hier besonders mit der Vorstellung der lebenden Toten. In *Sula* forderte Morrison ihre Leserinnen auf, mit Sula vom Leben in den Tod zu driften. In *Song of Solomon* begleitet der ermordete Farmer Jake seine Tochter Pilate auf ihrem Lebensweg, und in *Tar Baby* konfrontiert uns Morrison mit den blinden Geisterreitern des Regenwaldes.

In *Beloved* wird diese Vorstellung der lebenden Toten, einer physisch gegenwärtigen Vergangenheit, zu einem prägenden Motiv des Romans. Beloved ist der Name auf dem Grabstein des Kindes, das von seiner Mutter Sethe erschlagen wurde und nun wieder in das Leben der Überlebenden eintritt – als junge Frau mit der Haut einer Zweijährigen, den emotionalen und intellektuellen Fähigkeiten und Bedürfnissen eines Kleinkindes, aber dem Körper einer Erwachsenen. Der Roman porträtiert Beloved als eine von widersprüchlichen Emotionen zerrissene Kreatur – zerrissen zwischen Haß auf ihre Mörderin, der Sehnsucht des Kindes nach mütterlicher Liebe auf der einen, und dem Bedürfnis als Kind, die Mutter zu lieben, auf der anderen Seite; zwischen der Lust an der Rache und dem Sehnen nach Verstehen. Sethe hatte Jahre damit verbracht zu vergessen, »had worked hard to remember as close to nothing as was safe« (B: 6), aber die körperliche Präsenz ihres toten Kindes zwingt sie, das Bedürfnis des Kindes und ihrer Umgebung nach Erklärungen als ihre persönliche Herausforderung anzunehmen. Nach einem qualvollen, immer wieder unterbrochenen Prozeß der Selbstbefragung lernt Sethe schließlich, die ausgestreckten Hände anderer schwarzer Frauen und ihres Lebensgefährten Paul D zu ergreifen, die sie aus ihrer selbstauferlegten inneren Paralyse befreien wollen. Erst nachdem sie sich dieser erschütternden Begegnung mit ihrer Vergangenheit gestellt hat, erwirbt sie für sich das Recht, Beloved wie einen Alptraum zu vergessen, und am Ende des Romans steht das Prinzip Hoffnung, personifiziert in Paul D. »Sethe«, fleht er sie an, »me and you, we got more yesterday than anybody. We need some kind of tomorrow.« (B: 273)

Lassen Sie uns nun einen Blick werfen auf die besonders unter schwarzen Intellektuellen heftig umstrittene Entscheidung Morrisons, »(to) rip that veil over ›proceedings too terrible to relate‹«, also auf ihre radikale Hinterfragung etablierter Tabuzonen der afroamerikanischen Literatur und Geschichtsschreibung. Um ihre Leserinnen und Leser zu einer radikalen Horizonterweiterung zu zwingen, verwirft Morrison traditionelle binäre Repräsentationsmuster – das starre Gegenüber von schwarzen Leidens- und weißer Schuldkultur, von weißem Täter und schwarzem Opfer. Sie verweigert sich damit auch den Erwartungen ihrer schwarzen Leserschaft nach ausschließlich positiven Selbstbildern, die in scharfem Kontrast zur Negativrepräsentation alles Weißen stehen, und fordert sie statt dessen auf, die enttabuisierte Suche nach dem Selbst zu wagen. Es ist diese Forderung nach einer konsequenten Neubetrachtung afroamerikanischen Seins und afroamerikanischer Geschichte, dieses Insistieren auf einer Revision etablierten Erinnerns – ihre Heldin erfindet für diesen Prozeß den Begriff *rememories* –, die

Morrison zur Zielscheibe heftiger Angriffe besonders aus dem schwarzen Lager gemacht haben.

Was bezweckt sie mit diesem Eindringen in afroamerikanische Tabuzonen? In zahlreichen Interviews betont Morrison, daß sie ihre Karriere als Schriftstellerin in einer Zeit begann, in der Bürgerrechtsbewegung, schwarzer Nationalismus und Black Power eine Revision afroamerikanischer und damit amerikanischer Geschichte erzwangen - eine Revision, die Morrison uneingeschränkt unterstützte. Zugleich wird aber auch ihre Ambivalenz gegenüber diesem Kampf um die Selbstrepräsentation sichtbar, wenn sie, in Übereinstimmung mit ihrer Schriftstellerkollegin Alice Walker, zum einen beklagt, daß aus politischen Motiven dampfwalzenartig alles überrollt wurde, was nicht »programmgemäß« war; wenn sie sich zum anderen auflehnt gegen eine simplizistische *black is beautiful*-Ideologie, die die vielfältigen Ausdrucksformen einer dynamischen schwarzen Volkskultur zu statisch leblosen Exponaten einer verfremdeten politischen Nostalgie pervertierte. Sie sieht es als ihre Aufgabe als Schriftstellerin an, einen Gegenpol zu diesem afroamerikanischen Exotismus zu schaffen, indem sie für ihre Leserschaft - *the village* - das rekonstruierte, was sie in ihrem Artikel »Rediscovering Black History« »the useful past«, eine brauchbare Vergangenheit, nennt, eine Vergangenheit also, die prägende, tragende und vitale Komponente von afroamerikanischer Gegenwart und Zukunft sein kann.

Die Konsequenz, mit der Morrison ihre Revision betrieb, löste Unruhe aus: Seit der Sklavenautobiographie des 19. Jahrhunderts sprach die afroamerikanische Literatur primär eine angloamerikanische Leserschaft an, die als Verbündete gegen Sklaverei und Rassismus gewonnen werden sollte. Schwarze Autorinnen und Autoren suchten die Reformbereitschaft dieser Leserinnen und Leser zu stärken, indem sie sich in der Gestaltung schwarzen Lebens weitgehend der Tyrannei ihrer Erwartungen unterwarfen. Mit der Zielsetzung positiver Sympathielenkung schufen sie für diese potentiellen Verbündeten schwarze Protagonistinnen und Protagonisten, die weder durch Gewalt noch Ungerechtigkeit ihrer Menschlichkeit beraubt werden konnten; Leid brutalisiert diese Menschen nicht, sondern adelt sie.

Morrison aber adressiert eine andere Leserschaft. Akzeptieren wir ihre These, daß sie *village literature* schreibt, also Texte, die Leserinnen und Leser aus der eigenen kulturellen Matrix ansprechen, so kann die Schriftstellerin davon ausgehen, daß dieses Publikum ihre Haltung zu Rassismus und Diskriminierung ebenso teilt wie ihr Wissen um die Bereitschaft des schwarzen Amerika, Widerstand zu leisten und zu überleben. Befreit von der Aufgabe, Außenstehende zu belehren und zu bekehren, widmet Morrison ihre Kreativität statt dessen einer Gestaltung der komplexen und widersprüchlichen Innenstrukturen, die die schwarze Gemeinschaft prägen.

Toni Morrison feiert in ihren Texten also nicht nur die Kreativität, die Afroamerika in der Entwicklung von Überlebensstrategien zeigte; sie besteht auch darauf, den furchtbaren Preis zu benennen, den die Überlebenden für dieses Überleben zahlten, und bis zum heutigen Tage zahlen; sie weiß, wie es ihre Kolleginnen und Kollegen in einem Manifest formulierten, um die »tragedies of absolute, interior dislocation«, also um das Tragische einer absoluten inneren Verwerfung. Alle ihre Romane basieren auf der Einsicht, daß Menschen, die bis jenseits des Ertragbaren terrorisiert und gequält werden, nicht nur einen fast übermenschlichen Willen, Kreativität und Kraft des Ertragens und Überlebens entwickeln; ihr ununterbrochener und endloser Kampf führt auch zu inneren Verwerfungen, die, wie es ihre Dichterkollegin June Jordan und der Kulturkritiker Houston Baker bestätigen, jede Gemeinschaft, Familie, Liebe ersticken oder in den Wahnsinn treiben müssen.

Zur Veranschaulichung dieser Argumentation ist der Blick auf eines der prägenden Motive in *Beloved* sinnvoll, in dem Morrisons feministische Position und ihr Entschluß, die Tabus afroamerikanischer Literatur und Geschichtsschreibung zu hinterfragen, in besonderer Weise konvergieren – auf ihre Repräsentation der afroamerikanischen Frau als Mutter. Im Eröffnungskapitel des Romans lebt Morrisons Protagonistin, die achtunddreißigjährige Sethe, mit ihrer Tochter Denver in Cincinnati. Als sich Paul D und die mysteriöse Kind-Frau Beloved der Rumpf-Familie anschließen, löst dieses Zusammensein eine Agonie der Erinnerungen – »rememories«, wie Sehte sie nennt – aus, Erinnerungen, die fest verankerte Konstrukte revidieren, und aus denen sich langsam die Ursache für das paralysierende Gefühl des Geschlagenseins herauskristallisiert, das die Frau charakterisiert.

Langsam und zögerlich entfaltet sich die Erzählung: während Sethe und Paul D sich bemühen, eine tragende Beziehung für sich aufzubauen, drängen Erinnerungen an ihr Leben in der Sklaverei gewaltsam an die Oberfläche, Erinnerungen, die oft so grausam und unaussprechlich – »unspeakable« (B: 58) – sind, daß sie sie ersticken, bevor sie in kommunizierbare Information umgesetzt werden. Wir werden konfrontiert mit Fragmenten von Schmerz, Angst, Demütigung; wir sind aufgefordert, die Konvulsionen der ProtagonistInnen mitzuerleben, die Lücken zwischen isolierten Lichtpunkten multidimensionaler Wahrheiten zu erkennen und Brücken zwischen ihnen zu konstruieren, bis wir schließlich selbst die völlige physische und emotionale Erschöpfung der gequälten Liebenden verspüren.

In diesen revidierten Erinnerungen wird Sethe porträtiert als eine jugendliche Sklavin mit metallenen Augen und Rückgrad – »with iron eyes and backbone to match« (B: 9). Es ist eine Härte, die aus den Erfahrungen einer Kindheit als Sklavin – die Mutter wurde vergewaltigt und zu Tode gefoltert, Sethe selbst sah sich härtester Arbeit und sexuellem Mißbrauch ausgesetzt – entstand; die relativ humanen Lebensbedingungen auf Sweet Home ermöglichen es ihr jedoch, auch andere Seiten ihrer Persönlichkeit zu entwickeln: Sie liebt ihren Mann, den Sklaven Halle, und sie ist ihren beiden Söhnen eine fröhliche und liebende Mutter. Dann aber löst der Tod ihres Besitzers eine tragische Kette von Ereignissen aus, die Sethes Gesicht zu einer Maske mit gnädig ausgestanzten Augen verwandeln – »a mask with mercifully punched-out eyes« (B: 9). Sethes neuer Herr, *the schoolteacher*, sieht in ihr nicht nur ein Sachgut, das er nach Belieben ausbeuten, abmessen, verkaufen und mißbrauchen kann; er verleugnet auch ihr Selbstverständnis als Mutter – ihr Recht, ihre Kinder zu lieben und zu schützen. Ihre Antwort ist Widerstand – eine wütende Verteidigung ihrer mütterlichen Pflichten. Mutterliebe wird zum Akt der Rebellion gegen weißen Despotismus.

Morrisons Darstellung schwarzer mütterlicher Liebe und Entschlossenheit korrespondiert mit den positiven Repräsentationen dieser Thematik in der afroamerikanischen Literatur seit der Sklavenautobiographie. Aber dann tritt Morrison bewußt hinter den Vorhang – *the veil* –, um aufzuarbeiten und künstlerisch zu gestalten, wie selbst »the best things we do so often carry seeds of one's own destruction«. Ihre Analyse wird zu einem schonungslosen Angriff auf die Stereotypen schwarzer Mutterschaft, die sowohl die afroamerikanische als auch die liberale angloamerikanische Literatur *(Uncle Tom's Cabin; Gone with the Wind)* seit mehr als einem Jahrhundert prägen, indem sie etablierte Tyranneien der Erwartungen hinterfragt. Denn da es Sethes Mutterliebe versagt ist, sich natürlich zu entfalten, pervertiert sie zu einer mörderischen Über-Liebe, die ihr Leben und das ihrer Kinder zerstört. Ihr Wille, ihre Kinder gegen die absolute Macht ihres Besitzers zu lieben, zu nähren und zu schützen, fordert ihre ganze Kraft, und da nichts für sie bleibt, verkümmert ihr starkes Selbst, ihr kostbares inneres Leben zu einem Nichts.

Diese Verwerfung ihres Selbst wird zu einer absoluten Größe in dem Augenblick, da der Master sie als selbsternannter »Wissenschaftler« Gewalt-Experimenten unterwirft, um das Durchhaltevermögen seines Besitzgegenstandes Sethe zu testen. Er fordert seine Neffen auf, die schwangere Frau zu prügeln und zu vergewaltigen, und um ihre Demütigung vollständig zu machen, rauben sie die Milch, die sie für ihre jüngste Tochter trägt. Sethe erträgt stoisch die Schläge und die Vergewaltigung, doch die Tatsache, daß die Männer ihr die Milch nehmen, die ihr Körper für ihr Baby produziert, ist ein Trauma, das sie für den Rest ihres Lebens verfolgt. Als Sethe ihrem Gefährten Paul D zwei Jahrzehnte später von diesem Martyrium berichtet, betont Morrison dieses ausschließliche Selbstverständnis ihrer Heldin als Mutter durch Sethes manische Wiederholung des Satzes »they took my milk«. Dieser Satz wird zum Schlüsselmotiv des Blues, den Sethe vorträgt und lebt:

> »... those boys came in there and took my milk. That's what they came in there for. Held me down and took it ...«
> »They used cowhide on you?«
> »And they took my milk.«
> »They beat you and you was pregnant?«
> »And they took my milk.« (B: 17)

Sethe hat jede Spur ihres Selbst in sich ausgelöscht, und so reagiert sie mit der Kälte einer Toten, wann immer es um ihr eigenes Leben geht. Als sie aus Sweet Home in den Norden, nach Cincinnati, entläuft, verteidigt sie konsequenterweise nicht sich selbst, sondern die Frau, die ihre Kinder zum Überleben brauchen, die Brüste voller Milch, nach denen sich ihr Töchterchen sehnt. Selbst die machtvolle Predigt ihrer Schwiegermutter, sich selbst zu heilen und zu lieben, kann Sethe nicht mehr erreichen. Sie opfert ihre Identität dem, was ihr allein noch wertvoll und wunderbar erscheint – ihren Kindern: »The best thing she was, was her children. Whites might dirty *her* all right, but not her best thing, her beautiful, magical best thing – the part of her that was clean.« (B: 251)

Dieses Zurückdrängen des Ich, diese fast manische Fokussierung auf »the life of her children's mother« (B: 30) geben ihr die Kraft, Torturen zu ertragen und zu überleben, die ihren Mann, der unfreiwilliger und heimlicher Zeuge ihrer Vergewaltigung wird, in den Wahnsinn treiben. Dennoch läßt Morrison keinen Zweifel daran, daß diese absolute Hingabe an andere eine Form der Selbstzerstörung ist. Die Schriftstellerin hinterfragt damit die Gültigkeit etablierter Standards von Weiblichkeit als Todesfallen für afroamerikanische Frauen in einer Gesellschaft, die ihre Zugehörigkeit zur menschlichen Rasse verneint und alles Natürliche in ihrem absolut gesetzten Materialismus pervertiert.

Der afroamerikanische Kulturkritiker Standley Crouch warf Morrison in seinem 1987 in *The New Republic* erschienenen Artikel »Aunt Medea: Toni Morrison's Soap Opera« vor, *Beloved* verfestige das Bild der schwarzen Frau »as the most scorned and rebuked of the victims«. Was Crouch als »sentimental feminist ideology« denunziert, ist Morrisons feministische Überzeugung, daß sich selbst innerhalb des afroamerikanischen Erfahrungsrahmens die Geschichte von Frau grundlegend von der Geschichte von Mann und von der Geschichte der Gemeinschaft unterscheidet – HERstory also von HIStory and OURstory: Sethes innere Verwerfung, durch weißen Despotismus verursacht, verstärkt sich durch ihre Enttäuschung angesichts des Zusammenbruchs ihres Mannes, den sie als repräsentativ für das Verhalten und für die Schwäche aller schwarzen Männer erachtet. Was ist der Anlaß für diese Haltung? Als sie die Willkür ihres Herrn nicht mehr ertragen können, entschließen sich Sethe und Halle zur Flucht, aber Halle erscheint nicht am vereinbarten Treffpunkt, und die hochschwangere Sethe, die ihre Kinder bereits mit Hilfe der Fluchtorganisation Underground Railroad nach Cincinnati geschickt hat, zieht ohne ihn los. Sie wird nie ihre Verbitterung über Halles scheinbare Fahnenflucht überwinden. Selbst als sie zwanzig Jahre später den Grund für seine Abwesenheit erfährt, kann sie ihm nicht verzeihen. Denn Halle flüchtete in den Wahnsinn, gezwungen, den Folterungen seiner Frau zuzusehen, während diese Qualen Sethe nur in ihrer Entschlossenheit bestärkten, in den freien Norden zu entkommen. Die Frau, deren einzig vitales Selbst ihre Kinder sind, kann es sich nicht leisten zu zerbrechen: »Other people went crazy, why couldn't she? Other people's brains stopped and went on to something new, which is what must have happened to Halle ... What a relief to stop it right there. Close. Shut. Squeeze the butter. But her three children were chewing sugar teat under a blanket on their way to Ohio and no butter play would change that.« (B: 70f.)

Enttäuschung über schwarze Männer und Stolz über ihre eigene Stärke ergänzen einander in Sethe, und unter den extremen Herausforderungen eines Flüchtlingslebens in Cincinnati pervertiert dieses Selbstvertrauen zum Anspruch auf eine gottgleiche Autonomie, die sie von der menschlichen Gemeinschaft isoliert und vor allem dazu verleitet, selbst Gott zu spielen.

Als ihr früherer Herr sie aufspürt, versucht Sethe eine Wiederversklavung durch die Tötung ihrer Kinder zu verhindern, und sie schafft es, ihrer kleinen Tochter die Kehle durchzuschneiden. Wie bereits erwähnt, basiert diese Episode auf tatsächlichem historischen Geschehen, und es werden mehrere vergleichbare Vorfälle in den Sklavenautobiographien des 19. Jahrhunderts skizziert, aber Morrison verschließt sich konsequent etablierten Rechtfertigungen für ein solches Handeln. Verzweiflung und heroische Selbstaufgabe stellen in Morrisons feministisch-revisionistischer Deutung nur eine Seite der Tat dar. Das wahre Grauen liegt in ihrer Erkenntnis, daß die Kindstötung das Produkt eines obsessiven Selbstvertrauens und einer Pervertierung aller positiven Aspekte von Mutterschaft ist. Trotz ihrer mütterlichen Kraft ist Sethe eine verstümmelte Persönlichkeit, und folglich müssen die Liebe und der Schutz, die sie anbietet, zu lebensverneinenden Besitzansprüchen pervertieren:

> »Simple: She was squatting in the garden and when she saw them coming and recognized schoolteacher's hat, she heard wings. Little hummingbirds stuck their needle beaks right through her headcloth into her hair and beat their wings. And

if she thought anything, it was No. No. Nono. Nono. Simple. She just flew. Collected every bit of life she had made, all the parts of her that were precious and fine and beautiful, and carried, pushed, dragged them through the veil, out, away, over there where no one could hurt them.« (B: 163)

Das Leben ihrer Kinder kam aus ihrem Körper, und sie hegte und nährte es, und nun beansprucht sie für sich, dieses Leben auch wieder zu zerstören, wenn es nicht den Weg einschlagen kann, den sie für es vorgezeichnet hat. Mutterliebe, der freie und kreative Entfaltung verweigert ist, wird zur Mörderin – »a killer«, wie Toni Morrison in einem Interview in der *New York Times* von 1987 insistierte.

Sethes verzweifelte Gewalttätigkeit erzwingt zwar den Rückzug ihres früheren Herrn, doch die Auswirkungen der Tat für die ehemalige Sklavin und ihre Umgebung sind zerstörerisch: Sethe läßt keinen Zweifel in sich aufkeimen, daß die Tötung gerechtfertigt war – »what she had done was right because it came from true love« (B: 251) –, und so weigert sie sich auch konsequent, Buße zu tun oder ihr Verhalten ihrer Familie und ihrer Nachbarschaft zu erklären. Wie Sula in Morrisons gleichnamigem Roman nimmt sie stolz und bewußt die Rolle der Außenseiterin an. Das Resultat: Die Frau, die Gott spielte, muß nun die Einsamkeit eines Gottes ertragen. Sie entzieht sich gewaltsam jedem Ansatz des Erinnerns. Ihre Familie, der sie ihr kostbares innerstes Ich opferte, zerfällt. Ihre Schwiegermutter flieht in den Tod; ihre beiden Söhne ertragen es nicht, in einem von der Vergangenheit heimgesuchten Haus zu leben, und fliehen vor der Killer-Liebe ihrer Mutter; ihre auf der Flucht in den Norden geborene Tochter Denver, die allein bei ihr verbleibt, zieht sich in Feindseligkeit und Schweigen zurück. Die Schwarzen Cincinnatis, die der Sklavenmutter auf ihrem gefahrvollen Weg in die Freiheit Schutz gewährten, sich aber von ihrem Stolz und ihrer Stärke letztlich abgestoßen fühlten, isolieren die Frau völlig – nicht, weil sie ihr Kind tötete, sondern wegen ihrer »outrageous claims, her self-sufficiency«, dafür, daß sie alles allein erledigen wollte, mit hocherhobenem Haupt. Morrison bestätigt: »More important than what Sethe had done was what she claimed« (B: 164).

Morrisons couragierte Entscheidung, »to rip that veil drawn over ›proceedings too terrible to relate‹«, führt auf den ersten Blick zu einem düsteren, fast defätistischen Bild afroamerikanischen Lebens. Dennoch ist Toni Morrison weder eine Vertreterin der berüchtigten Pathologie- und Viktimisierungsthese, noch läßt sie sich als Sprecherin einer paralysierenden postmodernistischen Verzweiflung mißbrauchen. Wie die Lieder von Blues-Sängerinnen basieren ihre Texte auf einem Ballanceakt zwischen Klage und Versprechen, Verzagen und Hoffnung. Im Zentrum ihrer Erzählungen steht nicht Leiden als Selbstzweck, sondern die Suche nach den Werten und Kräften, die Afroamerikanerinnen und Afroamerikaner ihre amerikanische Herausforderung überleben ließen. Ihre Romane sind getragen von der Überzeugung, daß Fragmentierung, innere Verwerfung und Orientierungsverlust überwunden werden können, wenn Afroamerika nur die afrikanische Diaspora in allen ihren Konsequenzen annimmt. Mit ihren Romanen stellt Morrison sich ihnen als Begleiterin auf dieser Reise zu einer Wiederentdeckung dessen zur Verfügung, was sie jene »old verities« nennt, »that made being Black and alive in this country the most dynamic existence imaginable«.

Als weibliche Griot geht es Toni Morrison also nicht darum, an unserer zeitgenössischen Gier nach dem Grausamen und Sensationellen zu verdienen, in Tränen um ein schwarzes Martyrium zu baden oder sich an einem feministischen Schuldzuweisungsspiel zu beteiligen, wie Stanley Crouch behauptet. Wie die Thirty-Miles Woman in *Beloved* stellt sie sich Fragmentierung und innerer Verwerfung mit dem Ziel, zu einem Heilungsprozeß beizutragen. Erst nachdem sie sich wie keine andere afroamerikanische Schriftstellerin in die Abgründe begeben hat, die hinter dem von ihr beschworenen Vorhang der Verdrängung liegen, kann sie dem Versprechen von Leben und

Zukunft beistimmen, das ihr Protagonist Paul D der zu Tode erschöpften Sethe gibt; kann sie dieses Versprechen auch in ihre Botschaft an »ihr Dorf« übersetzen, ohne selbst Opfer eines nostalgischen Eskapismus zu werden.

»You your best thing, Sethe. You are.« (B: 273)

AUTORINNEN UND AUTOREN

Dieter Borchmeyer, Prof. Dr., lehrt Germanistik und Theaterwissenschaft an der Universität Heidelberg. *Das Theater Richard Wagners* (1982), *Weimarer Klassik* (1994), *Goethe der Zeitbürger* (1999).

Maria Diedrich, Prof. Dr., lehrt am englischen Seminar der Universität Münster. *Kommunismus im afroamerikanischen Roman* (1979), *Ausbruch aus der Knechtschaft: Das amerikanische Slave Narrative* (1986), *Love Across Color Lines: Ottilie Assing and Frederick Douglass* (2000).

Jürgen Grimm, Prof. Dr., lehrt Romanische Philologie an der Universität Münster. *Molière* (1984), *Jean de La Fontaine* (1987).

Bodo Guthmüller, Prof. Dr., lehrt Romanische Philologie an der Universität Marburg. *Studien zur antiken Mythologie* (1986), *Mito, Letteratura, Arte* (1995).

Andreas Kablitz, Prof. Dr., lehrt am romanischen Seminar der Universität Köln. *Lamartines Méditations poétiques* (1985), *Literarhistorische Begegnungen* (1993).

Helmut Koopmann, Prof. Dr., lehrt Neuere deutsche Literaturwissenschaft an der Universität Augsburg. *Der schwierige Deutsche. Studien zum Werk Thomas Manns* (1988), *Reflexe der Französischen Revolution im literarischen Deutschland zwischen 1789 und 1840* (1989). *Thomas-Mann-Handbuch* (^{2}1995), *Schiller-Handbuch* (1998).

Winfried Menninghaus, Prof. Dr., lehrt an der FU Berlin Vergleichende Literaturwissenschaft. *Paul Celan, Magie der Form* (1980), *Lob des Unsinns. Über Kant, Tieck und Blaubart* (1995), *Ekel. Theorie und Geschichte einer starken Empfindung* (1999).

Gerhard Neumann, Prof. Dr., lehrt Literaturgeschichte an der Universität München. *Studien zu Goethes Torquato Tasso* (1965), *Ideenparadiese. Untersuchungen zur Aphoristik* (1976), *F. Kafka. Das Urteil* (1981).

Hans-Jörg Neuschäfer, Prof. Dr., lehrt Romanistik an der Universität Saarbrücken. *Macht und Ohnmacht der Zensur in Spanien* (1991), *Spanische Literaturgeschichte* (^{2}2001).

Klaus Reichert, Prof. Dr., lehrt Anglistik und Amerikanistik an der Universität Frankfurt am Main. *Fortuna und die Beständigkeit des Wechsels* (1985), *Vielfacher Schriftsinn. Gesammelte Essays zu Finnegans Wake* (1989), *Der fremde Shakespeare* (1998).

Peter Rollberg, Prof. Dr., lehrt Russische Literatur und Filmgeschichte an der George Washington University in Washington, D. C. *Invisible Transcendence* (1993), *The Modern Encyclopedia of East Slavic, Baltic and Eurasian Literatures* (1996), *And Meaning for a Life Entire* (1998).

Arbogast Schmitt, Prof. Dr., lehrt am Institut für Klassische Philologie an der Universität Marburg. *Selbständigkeit und Abhängigkeit menschlichen Handelns bei Homer* (1990), *Subjektivität und Innerlichkeit* (1991).

Guntram Vogt, Prof. Dr., lehrt am Institut für Neuere Deutsche Literatur und Medien in Marburg. Veröffentlichungen zu Robert Musil und anderen Autoren sowie zum Film. *Die Stadt im Kino. Spielfilme 1900–2000* (2001).